MAZARIN

DU MÊME AUTEUR

Familles marchandes sous l'Ancien Régime, 1959.
Beauvais et le Beauvaisis au XVIIe siècle (thèse d'État) 1960.
Population in History (en collaboration) 1965.
1789 : les Français ont la parole, 1965, coll. Archives, Julliard.
Louis XIV et vingt millions de Français, 1966, éd Fayard, nouv. éd., coll. Pluriel, 1982.
Histoire économique et sociale de la France (1660-1789) (en collaboration), 1970, Presses Universitaires de France.
La Vie quotidienne des campagnes françaises au XVIIe siècle, 1982, Hachette.
Initiation à l'histoire de la France, 1984, Fayard-Tallandier.
L'Ancien Régime (en collaboration avec Daniel Roche), Armand Colin, 1984, 2 vol.

Pierre GOUBERT

MAZARIN

FAYARD

À trop de voix chères qui se sont tues,
À Christiane et à Denis, qui m'ont tellement aidé.

AVANT-PROPOS

Il est possible que la genèse de ce livre, rêvé depuis longtemps, remonte à ma prime adolescence, bercée par tant de livres, et très tôt par ceux d'Alexandre Dumas, ses mousquetaires en tête.

Il est sûr que l'idée première, centrée sur la Fronde, est issue d'une rencontre inopinée. D'une part, d'heureuses et longues années consacrées aux vieux papiers du XVII*[e] siècle, ceux des seigneurs et des tribunaux, des évêchés et des abbayes, des bureaux d'impôts et des bureaux de charité, qui faisaient revivre des dizaines de milliers de paysans et bien moins de citadins, saisis dans l'un de ces vieux « pays », chair du royaume de France : le Beauvaisis, sondé de 1945 à 1957 avec un certain amour bien qu'il ne fût pas ma « patrie » au seul sens réel et profond du mot, la terre des ancêtres. D'autre part, grâce aux* Annales *de Febvre, Braudel et Mandrou, qui me confiaient alors des livres pour compte rendu, la découverte d'une brève et forte thèse de l'université de Leyde, simplement intitulée* La Fronde, *rédigée en 1954 dans notre langue par Ernst Kossmann et pourtant passée inaperçue. Le livre secouait à la fois rudement et finement le cocotier lourdement chargé des idées reçues — mais étaient-ce vraiment des idées ? Il se trouvait que mon* *travail sur archives peu connues et sur livres anciens m'amenait à des constatations voisines ; par surcroît, il en nourrissait quelques autres, de caractère à la fois économique, démographique et même social, alors à peu près neuves — et oubliées depuis, ou passées sous silence, les modes qui gouvernent Clio ayant changé, et le langage ayant parfois remplacé le travail.*

Bref, vers 1960, je méditais, avec l'illusion d'une jeunesse tardive et prolongée, un livre « neuf » (en est-il ?) sur la Fronde qui fasse justice à la fois des banalités rassurantes et des increvables anecdotes, des princes amoureux et des princesses comploteuses, des parlementaires « démocrates » (un comble !) et des pitoyables interprétations qui, depuis Michelet et trop d'autres, répandaient ou bien le mépris pour les « folies » frondeuses, ou bien les graves sentences des tenants d'une « révolution » aristocratique, parlementaire, libérale, réactionnaire, européenne ou manquée, qui aurait travaillé le royaume de France entre 1648 et 1653. Enhardi par ces provocations souvent inconscientes, j'avais le sentiment qu'un monde disparaissait avec la Fronde, pour ne plus jamais renaître : constatation devenue banale, que les fabricants de formules ont appelé la fin de l'âge baroque (que vient faire ici le barroco, *cette perle irrégulière ?) et le début de l'âge classique, tandis que le siècle numéro 17 allait devenir subitement « grand ». Le livre qui aurait pu sortir de ces réactions ne fut jamais écrit ; mais il fut beaucoup « parlé », dans ce pays et ailleurs.*

En fin de compte, il aurait abouti à une sorte de tableau des décennies 40 et 50, peut-être de la période 1635-1661. Au fond, ce qu'on va lire est un peu cela.

Dès 1958 commencèrent le long excursus et le (relatif) silence de plume dus à une « carrière » (universitaire) bien trop chargée qu'il fallut terminer vingt ans après (mais termine-t-on jamais ?). Était alors venu le beau temps des longues biographies dont le succès a pu étonner, mais peut s'expliquer par la médiocrité ou la tristesse du contexte. On y trouvait parfois le meilleur ou le pire, plus souvent l'acceptable et le dormitif. Mises à part quelques éclatantes réussites, je n'éprouvais pour ce genre volontiers insignifiant et laudatif aucun attrait particulier. Il arriva pourtant qu'on me proposa une biographie de Mazarin : suggestion d'abord mal reçue, faut-il m'en excuser ?

Et pourtant, en dehors de souvenirs d'enfance liés à d'Artagnan et quelques autres, le personnage m'avait toujours fasciné, pour deux raisons.

D'abord, l'extraordinaire habileté avec laquelle il s'était hissé au pouvoir et s'y était maintenu, malgré une conjonction ahurissante, mais désordonnée, d'inimitiés, de jalousies, de complots, de calomnies, de brutalités, d'échecs apparents ou momentanés : spectacle saisissant d'une intelligence, surtout politique, qui surclassait tout ce qu'on pouvait observer à son époque, et à beaucoup d'autres. A vrai dire, je ne vois guère que la subtilité d'un Talleyrand qui puisse lui être comparée — avec l'humour en plus. Le second titre de séduction découlait sans doute du précédent, mais allait plus loin encore. Il se résume en deux remarques, qui ne choqueront que les obstinés et les aveugles : l'une concerne Richelieu ; l'autre, Louis XIV.

On constate tout naturellement qu'à la mort de Richelieu (décembre 1642) puis à celle de Louis XIII (mai 1643) ni la guerre contre l'Espagne ni la guerre contre l'Empire n'étaient achevées, les deux ayant connu ce qu'on peut appeler des hauts et des bas. La double victoire fut l'œuvre de Mazarin et de son équipe (dont Turenne après Condé), et c'est grâce à lui qu'en 1648, puis en 1659 l'Alsace, l'Artois, le Roussillon, la Cerdagne, le sud du Luxembourg et quelques autres lieux furent réunis au royaume. Certes, Mazarin avait, comme on dit, « achevé » l'œuvre de Richelieu. Il faut fermement observer, et publier que, sans l'Italien, il n'y aurait pas *eu d'œuvre de Richelieu — les affaires protestantes exceptées. Et soutenir aussi fermement qu'il n'exista pas un « grand cardinal », mais bien deux : sans le second, le premier eût-il laissé un tel souvenir ?*

D'autre part, faut-il rappeler que ce ne furent pas les assez pâles précepteurs de Louis XIV qui le formèrent, mais, outre sa vigilante mère, son parrain (père spirituel) le cardinal qui lui apprit, dans le secret de son propre cabinet, avec les intrigues de Cour, l'Europe des princes et des diplomates, des intrigues à démêler, des consciences à acheter et que tout homme, fût-il roi, est vénal. Il put lui enseigner aussi la maîtrise de soi, la nécessité de compter patiemment avec le temps, l'opportunisme, l'insensibilité, la gravité et l'impérieuse nécessité de gouverner seul, au moins de se réserver les décisions essentielles (et qu'avait-il fait d'autre, ce grand cardinal second ?). Plus évident encore, le legs à son royal filleul de la totalité *de son personnel gouvernemental, y compris son serviteur Colbert et Le Tellier, père de Louvois ; personnel que, sauf Fouquet (mais c'est une autre histoire, définitivement contée par Daniel Dessert), celui qui, comme un roi de Perse, se fit appeler le « Grand Roi » conserva jusqu'au bout, enfants compris, pour aboutir à ce Desmaretz, génie étourdissant bien que de la lignée Colbert, qui sut assurer les peu glorieuses échéances financières de la fin de ce règne qu'on se tue à nous dire grand, et qui fut incontestablement long.*

Pour toutes ces raisons, et parce que c'est lui, et non pas son prédécesseur ou son successeur, qui forme le pivot, le nœud central du siècle numéro 17, il fallait bien se décider à consacrer à Jules Mazarin ou Giulio Mazzarino quelque chose qui puisse ressembler à une biographie.

Seront déçus sans doute les férus d'anecdotes et les curieux de vie privée, de petits détails et d'inventaires de caleçons (que n'ignorent pas telles mazarinades), ou de fines allusions à de possibles débordements de jeunesse et à un éventuel « vice romain » (même la pieuse Motteville a osé ces allusions) que rien ne prouve et qui, même authentiques, demeureraient sans importance tant ils étaient répandus dans le beau monde, Cour et armée comprises. Les légendes les plus ressassées — comme celle du coquin originaire de Sicile — ont la vie dure, les insignifiantes surtout.

En revanche, profitant des recherches fines et souvent neuves (pas toujours, l'Allemand Federn travaillait avant 1914 et paraît aujourd'hui un peu oublié), parmi lesquelles celles, très remarquables, de Madeleine Laurain-Portemer, on s'est risqué, et fort distrait, après avoir respiré ses traces dans Rome, à retracer ce qu'on peut savoir de la carrière du jeune Giulio Mazzarino (ou degli Mazzarini ?) jusque vers sa quarantième année : elle offre quelque chose de prodigieux et de réjouissant, et témoigne sûrement de l'agilité intellectuelle du personnage. Et puis, on ne s'est pas ennuyé à reconstituer, comme on a pu, ce roman vrai.

Après le portrait d'une ambition, viendra ce qu'on trouve plus rarement : le portrait du royaume de France tel que put le connaître — incomplètement — et l'exploiter — à fond — le nouveau ministre. Un tableau qui s'efforcera seulement d'être exact.

L'action et la réaction du royaume et du ministre nous feront ensuite forcément tomber dans le plus prosaïque « événementiel ». Il a naturellement sa place dans tout travail historique, que celui-ci se réclame, ou non, d'une « école » ou d'une autre, « nouvelle » ou non. Un événementiel à expliquer et interpréter, bien sûr. La Fronde l'obsède inévitablement.

Osera-t-on ensuite une approche plus ou moins psychologique des divers aspects du personnage fascinant — c'est vraiment l'épithète qui convient — qui a été l'objet ou le prétexte de ce livre ? On osera. Par surcroît, anticipant sur les débuts du règne personnel, on essaiera de montrer comment il prolonge les années d'après-Fronde. On tentera ainsi de réagir — vainement sans doute — contre le culte éperdu du Grand Règne et du Grand Roi, redevenu une sorte de maladie mentale, qu'on croyait assoupie, renaissant dans les mêmes milieux que jadis ; comme s'il existait une indestructible réserve d'adorateurs plus passionnés que nostalgiques, récrivant une histoire simpliste avec l'assurance des exaltés, des injustes, parfois des incultes, ignorant tout ce qui gêne, et réduisant des millions d'hommes à une poignée d'aristocrates, de prélats et de généraux — tout ce qui brille beaucoup et prétend penser bien.

Ce livre voudrait plaider encore pour une histoire sereine, épurée de jargon comme de théorie obsédante, solidement documentée, toujours critique, qui sache sortir du carcan de la France grande et seule, — une histoire qui fasse des humbles et des médiocres aussi bien que des puissants, le large, le généreux, le vivant et le rigoureux objet de ses recherches et de ses livres.

PREMIÈRE PARTIE

Le Romain et le royaume
1602-1642

CHAPITRE PREMIER

Portrait d'un ambitieux

ROME ET MAZARIN

Rome, 1600

Saccagée et plus qu'à demi détruite en 1527 par les soudards de Charles Quint, pourtant empereur du Saint Empire romain de nation germanique (tel était son titre) et Roi Catholique s'il en fut, la Ville dite éternelle avait vu des ruines nouvelles s'ajouter aux ruines antiques, et sa population descendre à une cinquantainc de milliers d'habitants, quatre fois moins que Paris ou Naples.

Aux ruines matérielles s'en ajoutèrent d'autres, plus difficiles à relever. Dans le cours du XVIe siècle, la chrétienté occidentale dont elle était capitale, mais dont les pontifes n'avaient pas toujours étonné le monde par leurs vertus, perdit, cinq cents ans après l'Europe orientale, l'Europe du Nord et du Nord-Ouest, une partie de celle du centre, et put douter de la France durant quelques décennies. En fin de compte, outre l'Italie et la moitié des princes d'Allemagne, trois grands royaumes lui restaient fidèles, ceux des Habsbourg de Vienne et de Madrid et celui du Bourbon. Sans doute, sur les pas des conquérants et des marchands, de courageux missionnaires convertissaient, au moins apparemment, les « sauvages » des Indes occidentales, les vrais Américains. Le poids de la compensation n'apparaîtrait que plus tard, mais au moins les trésors arrachés à l'Amérique arrivèrent très tôt et purent contribuer à irriguer le renouveau catholique, en Espagne et à Rome notamment.

Le pape ne se contente pas de résider à Rome : Rome est la chose du pape ; malgré la survivance, au Capitole, d'une ancienne administration laïque, surtout ornementale et magnifique — et d'ailleurs confisquée par les proches du Saint-Père — c'est lui qui décide, qui gouverne, qui lève les taxes et qui construit. Par surcroît, le maître de Rome est aussi le souverain d'un État temporel qui va de l'Adriatique à la Méditerranée, de Bologne et de Ravenne jusqu'à mi-chemin de Naples (espagnole) ; un État pontifical qu'il travaille à bien exploiter et à agrandir, notamment par la force. Avec l'enclave avignonnaise et comtadine en terre française, les revenus temporels du pape (trois ou quatre fois les revenus spirituels) étaient tels que, le 1er février 1590, les coffres du château Saint-Ange contenaient en réserve plus de 9 tonnes d'or et de 34 tonnes d'argent (selon Jean Delumeau).

En même temps, les papes avaient aussi essayé de reconstituer les forces du catholicisme. Au courant de réforme (de « prétendue réforme », dira-t-on bientôt) qui était passé sur les terres chrétiennes, et qui en avait capté la moitié, les papes se devaient de répliquer par un train de mesures de réaction et de « vraie » réforme tout à la fois, un train assez long à s'ébranler. Le concile de Trente mit dix-huit dont deux intermèdes, pour les dresser, de 1563 ; restait à passer à l'application. Plus rapi Compagnie de Jésus avait déjà entamé une ac pédagogique, missionnaire et politique d'une au efficacité : les papes comprirent vite, et Grégoir XIII, vers 1580, consacra plus de 140 000 écus (41 quintaux d'argent fin) à la construction de leur célèbre et énorme Collegio Romano qui a bravé les siècles, et essayé de former le compagnon des princes Colonna, Giulio Mazzarino.

Ainsi, dans la seconde moitié du XVIe siècle, la papauté avait pu mener avec un certain bonheur la triple tâche qui lui incombait : réformer l'Église, qui en avait besoin ; renforcer un pouvoir temporel qui lui procurait l'essentiel d'un revenu qui avait largement doublé en un demi-siècle, et se montait en 1605 à 52 tonnes annuelles d'argent pour le moins ; enfin retracer, rebâtir, repeupler, orner, nourrir, abreuver, enrichir et magnifier la ville prestigieuse, capitale des capitales, siège de la seule vraie religion, ville du Successeur de Pierre, souverain temporel autant que souverain pontife.

Voici trente ans, Jean Delumeau inaugurait une bien belle carrière en nous présentant Rome dans la seconde moitié du XVIe siècle. Rappelons après lui que la population de la ville doubla largement : cent dix mille personnes vers 1600, surtout dans la partie alluviale et la boucle du Tibre : un grouillement d'artisans, de boutiquiers, d'aubergistes, de clercs, de pèlerins, de mendiants, de prostituées ; le tout progressivement taillé et remodelé par une trentaine de rues nouvelles, un peu plus larges, et traversé par le Corso, l'antique Via Flaminia, dominé et magnifié par les masses imposantes ou légères d'une soixantaine de palais dont le premier Vatican ou le palazzo Colonna, au bas des collines bientôt escaladées (où Mazarin installa plus tard sa famille, sur le monte Cavallo, face au Quirinal — trop remanié, le bâtiment existe encore, longeant la via... Mazarino —). Presque autant d'églises dans le même demi-siècle, sévères comme le Gesù (au moins sa façade) dans un premier temps, vite plus contournées et plus gaies, et ornées de quelle manière ! Au-delà de la puissance, de la splendeur ou de la grâce que révèlent tant de riches constructions, que le jeune Mazarin put croire achevées en 1633 avec l'énorme et pourtant riant Palazzo Barberini, qu'il contribua à animer, il convient d'insister sur l'utile merveille des jardins et surtout des eaux. Ajoutant trois aqueducs nouveaux (dont l'Acqua Paola — du nom du pape Paul V — achevée en 1612) et quelques dizaines de fontaines, grandioses ou charmantes, lieux de fraîcheur et de rencontres, papes et cardinaux richement pourvus procuraient à leurs sujets quelque 180 000 mètres cubes d'eau pure par jour, soit 1 700 litres par personne, performance longtemps inégalée, en quantité, en qualité, et en charme.

Dans cette ville reconstruite, aérée, renouvelée, pleine de merveilles artistiques, bruissante des clameurs de rue et de marché, égayée par les processions, les bruyants carnavals, les fêtes colorées et volontiers pétaradantes, dans cette ville où le travail des artisans, des boutiquiers et des scribes ne cessait guère, on trouvait un certain Pietro Mazzarino (ou degli Mazzarini ?), qui occupait une sorte d'emploi de majordome, ou d'intendant, d'homme d'affaires peut-être, mais modeste, chez un des princes Colonna, qui l'avait marié à l'une de ses filleules, Hortensia Bufalini, vers 1600. Pietro et Hortensia eurent six enfants, du moins six enfants qui vécurent. L'aîné s'appelait Giulio. Enfant, il promettait beaucoup.

Il tint.

Jeunesse : Giulio, Trevi, Colonna

Le nombre et le niveau des malveillances presque indéfiniment répétées qui furent répandues, de son vivant et longtemps après, sur l'enfance et la jeunesse de Giulio Mazzarino dépassent l'entendement. Le cliché du faquin sicilien (voire napolitain, écrivit l'illustre Lavisse dans un moment d'aberration), comme la légende des origines obscures, voire basses, sont à rejeter fermement.

Il ne naquit pas du tout à Rome (comme on l'a écrit assez récemment), mais bien dans les Abruzzes, à Pescina, alors sous domination espagnole (une gageure !), le jour de la Saint-Bonaventure, un 14 juillet, lorsque le siècle avait deux ans. L'un de ses bons biographes, un peu oublié, Karl Federn, put visiter avant 1922 (date de la publication de son livre en allemand) les restes de sa maison natale, détruite par le tremblement de terre de 1915, et déchiffrer son acte de baptême dont il donne le texte *in extenso*. Sa mère avait simplement fui l'épouvantable été romain pour aller accoucher de son premier-né auprès de la maison abbatiale de l'un de ses frères, qui jouissait donc là d'un bénéfice ecclésiastique non négligeable. Hortensia Bufalini descendait d'une honnête famille noble de Citta di Castello, en Ombrie. Un autre de ses frères était chevalier de Malte (d'aucuns disent commandeur ?), signe habituellement solide de bonne noblesse, d'autant qu'il avait rédigé un traité sur les duels, sujet illustre en ce temps. Par surcroît, Hortensia était filleule de l'un des princes Colonna, cette antique famille de l'aristocratie romaine qui donna à la Ville éternelle des cardinaux, des ambassadeurs et des généraux, dont l'un des vainqueurs de la fameuse bataille de Lépante (1571), remportée sur les infidèles. Race et milieu n'appartiennent évidemment pas au petit peuple, ni même à la bonne bourgeoisie : ils côtoient les sommets.

Du côté paternel, l'origine sicilienne est certaine. Pietro Mazzarini, propriétaire foncier, et non portefaix (!), y possédait peut-être un petit domaine, sûrement des terres, qu'il allait visiter de temps à autre ; ces terres devaient se trouver proches ou même dépendantes des vastes domaines également siciliens de deux Colonna, qui d'ailleurs prirent femme dans l'île, alors possession espagnole. Le frère aîné de Pietro Mazzarini, justement prénommé Giulio, appartenait à la Compagnie de Jésus, qui n'admettait pas n'importe qui en son sein ; par surcroît, il était tout à fait illustre par ses talents de prédicateur, à tel point qu'une trentaine de ses sermons furent traduits en français par un certain Soulier, qu'on nous dit Limousin, et publiés à Paris en 1612 par un certain Huby : ils parlaient surtout de la Sainte-Trinité et de la gloire du Père. L'éminent jésuite prêcha une quarantaine d'années, et ne mourut qu'en 1621, à soixante-dix-sept ans : son neveu et homonyme (cette homonymie ne peut être un hasard) atteignait alors sa dix-neuvième année. On ne peut s'empêcher de penser que, surtout en pays méditerranéen, une telle carrière put ouvrir bien des portes à sa sicilienne famille. En premier lieu, celles du tout neuf et magnifique palais Colonna au père du futur cardinal ; son saint homme de frère avait dû le former, l'éduquer et l'introduire. Pietro fut donc placé par le connétable Philippe Colonna dans la nombreuse cohorte de ses serviteurs, mais au niveau des intendants, « gens de sa Maison », « domestiques » au sens presque noble du mot (de *domus*, maison). On a des raisons de penser que Pietro fut utilisé comme administrateur de quelques domaines, collecteur d'impôts, intendant, majordome, tâche à vrai dire mal connues qu'il semble avoir accomplies avec un bonheur inégal, sans faire une vraie fortune, en rencontrant de rudes obstacles et en commettant quelques imprudences, qui continuèrent dans l'administration pontificale où il entra plus tard ; il est sûr que son fils aîné dut intervenir pour arranger certaines de ses bévues : il fut même accusé d'assassinat, à tort semble-t-il. Le génie Mazzarini ne provient pas de ce côté.

Quoi qu'il en soit, la famille était destinée à vivre au cœur de Rome, dans l'orbite des Colonna, donc dans le *rione* de Trevi (où n'avait pas encore été construite la fontaine monumentale), quartier à la fois populaire, ecclésiastique et princier, dans un beau grouillement de peuple où se côtoyaient le sordide et le magnifique, le cavalier et le mendiant, le prélat et la putain. Quelque chose comme la tête, le cœur et les entrailles de l'illustre cité pontificale. Mis à part quelques séjours à Pescina, chez l'oncle abbé ou chez une nourrice, le jeune Giulio grandit donc là : sa famille, bientôt accrue d'un second garçon et de quatre filles, habitait au pied du Quirinal, une petite rue proche de l'église paroissiale Saint-Vincent et Anastase (qui existe toujours, presque en face de la fameuse fontaine, et que le jeune garçon devenu cardinal embellit, ainsi que le rappellent ses armes et son nom, encore lisible) ; tout près aussi du palais

Colonna (détruit et reconstruit au XVIIIe siècle), que hantaient régulièrement le père et le fils aîné.

Le jeune Giulio fut sans doute suffisamment apprécié pour sa mine, sa première éducation (maternelle ?) et son intelligence pour qu'il soit envoyé, probablement dès l'âge de sept ans, suivre l'enseignement du prestigieux Collegio Romano en compagnie de Girolamo Colonna. Il s'agissait du second fils du *padrone* de Pietro, lui-même petit-fils de l'illustre vainqueur de Lépante, couramment appelé connétable ou duc de Palliano : en réalité grand connétable de Sicile, titre qui haussait (?) ce descendant d'antique noblesse romaine au rang de Grand d'Espagne. Un cumul qui devait servir un temps le futur cardinal.

On sait que, champions émérites de la Contre-Réforme, les jésuites avaient institué à l'intention des futures élites un nouveau style pédagogique appelé à une vogue longue et sans doute méritée : le *Ratio studiorum* joignait, dans une atmosphère d'ardente émulation, les exercices de la piété à ceux du corps et de l'esprit et la culture antique, donc païenne, à une culture chrétienne soigneusement épurée ; la géométrie et ce qu'on savait d'astronomie y côtoyaient la patristique et la métaphysique. À deux pas du palais Colonna, l'énorme et sévère quadrilatère (toujours debout de nos jours), récemment construit, bientôt accru de la merveilleuse église dédiée tout naturellement à saint Ignace de Loyola, pouvait accueillir jusqu'à deux mille élèves, qui recevaient une éducation aussi solide qu'éclectique, que toute l'Europe catholique imita jusqu'à Voltaire et même après.

Du jeune Mazzarino compagnon de collège et sans doute de jeux du fils du connétable, deux récits nous sont parvenus : l'un, très chaleureux, d'un ami,

Benedetti ; l'autre, plus aigre, d'un anonyme. Tous deux assurent que les études de Giulio furent brillantes et fort remarquées, ainsi que son air avenant et, un peu plus tard, son talent de comédien. Aussi paraît-il probable que ceux qu'on appelle les bons pères désirèrent vivement accueillir un tel disciple au sein de leur compagnie, d'autant qu'un de ses oncles, de même nom, l'avait illustrée et l'illustrait encore.

Même si sa jeunesse est médiocrement connue, l'attitude du jeune Giulio ne laisse pourtant place à aucun doute : il refusa toujours de devenir jésuite, et même prêtre, on le verra, et il nourrit obstinément, sa vie durant, une méfiance certaine envers l'illustre société, qu'il connaissait vraisemblablement trop bien. Prudemment sans doute, il n'accepta jamais de se confesser à un de ses membres. En outre, l'obéissance passive ne dut pas constituer l'une de ses vertus majeures ; une souple et intelligente autorité lui souriait davantage ; et d'ailleurs il préférait l'exercer lui-même.

Collégien sans doute de 1608 aux environs de 1616, il a peut-être commencé des études de droit à la Sapienza (l'université romaine), ce qui ne préjugeait pas nettement d'une vocation ecclésiastique. Il est plus probable qu'il fréquenta surtout le palais Colonna et quelques autres, qu'il y mena une existence agréable, peut-être dissipée, qu'il y joua beaucoup, y perdit souvent (ce qui plus tard lui arriva rarement) jusqu'à une culotte de soie, a conté l'un de ses chroniqueurs. Tout laisse à penser qu'il offrait déjà la figure du jeune et beau cavalier à l'œil fort vif que montrent des dessins postérieurs.

Ce style de vie ne ravissait sans doute pas sa famille, surtout sa pieuse mère. Aussi dut-elle accueillir avec joie l'offre du connétable Colonna :

que son fils accompagne le sien pour étudier l'un et l'autre droit (le civil et le canon) à l'université espagnole d'Alcala de Hénarès (et non de Salamanque, comme on l'a parfois écrit) : université qui offrait en outre l'avantage de ne pas être trop éloignée de la capitale. Les deux jeunes gens, Giulio comme compagnon — et non comme valet —, étudièrent vraisemblablement la Cour d'Espagne et la bonne société madrilène autant que le droit à Alcala. Mazarin a raconté, bien plus tard, qu'il y fut « fort empressé auprès des dames », formule qui ne signifie pas grand-chose, surtout sous sa plume. La légende veut qu'il ait aimé la fille d'un notaire madrilène... qui lui avait justement prêté de l'argent pour rembourser des dettes de jeu. Le dernier détail est seul vraisemblable. Giulio gendre d'un notaire ? Éventualité qui — sauf aberration passagère — cadre fort mal avec un personnage qui visa toujours fort au-dessus de ce niveau de bourgeoisie probablement moyenne. Il est seulement certain qu'il apprit le castillan, langue d'ailleurs très parlée dans les meilleurs milieux de Rome et de Paris, ce qui lui servira par la suite. Il paraît également fort probable que son intelligence aiguë dut saisir que la Cour de Philippe III vieilli offrait plus de solennité guindée que de puissance réelle. Quoi qu'il en fût, cette expérience de deux années (1619-1621 ?) ne put qu'être bénéfique : elle ne l'incita en rien à servir l'Espagne, même indirectement. Il avait sans doute perçu les faiblesses d'un pays figé dans sa grandeur.

Après le retour d'Espagne (il semble que les deux jeunes gens furent rappelés d'urgence), lors des grandes fêtes de la canonisation d'Ignace de Loyola (mai 1622), le jeune Mazzarini, requis au pied levé par les bons pères pour remplacer le comédien, malade, qui devait tenir le rôle du saint dans les splendeurs théâtrales de la fête, s'en tira avec un tel talent que l'émotion, les larmes et l'enthousiasme envahirent l'assistance : ce fut le premier grand rôle de comédien de Giulio ; son dernier aussi dans le registre de la sainteté, carrière qu'il ne semble avoir jamais eu l'intention d'embrasser.

Il dut retourner ensuite à la Sapienza et subir, au milieu de bien des intrigues et des fêtes, les faciles épreuves du doctorat en droit (civil ?), simple formalité pour un familier des Colonna. Quant au droit canon, la cérémonie eut lieu en avril 1628, sans doute parce que Giulio allait devenir secrétaire du nonce apostolique à Milan et que ce beau titre pouvait le servir, sinon l'illustrer. Il avait alors vingt-six ans, et déjà l'amorce d'une carrière derrière lui. Désormais, ses études se feraient sur le terrain.

De cette longue jeunesse, inégalement et médiocrement connue, se dégage tout de même un signalement fort net, qui s'accorde mal avec les opinions reçues, moins encore avec les calomnies véhiculées par des adversaires qui ne reculaient devant rien, fût-ce l'ignoble, et qu'ont suivies trop de folliculaires et parfois d'historiens presque sérieux.

L'aîné des Mazzarini (conservons-lui la graphie adoptée par son père), pourvu par le patron de son père, par sa noble et pieuse mère et son oncle jésuite de hautes protections, religieuses et princières, reçut une forte éducation, intellectuelle, physique, mondaine, religieuse et sans doute morale — une morale romaine, pleine de subtilités et de facilités : la même que celle de Girolamo Colonna, son compagnon, qui, comme il est de coutume dans la haute société, deviendra très vite cardinal, à vingt-trois ans, et naturellement sans être prêtre. Il ne lui a pas manqué non plus la formation de l'humaniste voyageur, ou plutôt du politique voyageur, vers l'Occident espagnol, près de la capitale d'un empire sur lequel le soleil se couchait encore, et qu'il devait par la suite tant combattre ou séduire. Quel que soit l'enthousiasme des contemporains et amis qui ont raconté cette jeunesse, ils ont montré que Giulio étala aux yeux de son entourage des qualités dont les plus éclatantes étaient l'élégance, le charme, surtout l'intelligence, cette dernière poussée à un rare degré de finesse et de rapidité.

Après sa vingtième année, dans cette ville de Rome où tout était possible, il avait le choix entre les vocations ou les carrières de la piété, de l'armée, des affaires, de la diplomatie ou de la politique. Il contourna la première, effleura la seconde, et s'en tint aux trois dernières, qu'il cultiva à un degré que personne, même lui, du moins vers sa vingtième année, ne pouvait imaginer. Il est moins sûr qu'il ait pu choisir entre la condition laïque et le statut ecclésiastique : peut-être aurait-il préféré la première, mais il dut accepter le second.

En attendant que se produise le grand choc qui détermina toute sa vie, la rencontre avec Richelieu, il lui fallut bien s'accommoder de ce qui se présentait à lui, dans ce monde romain des années 1620 et suivantes, presque inconcevable pour un Français de notre temps, et même du sien.

Le cavalier Mazarin : de l'armée à la diplomatie

Dans la Ville et l'État pontifical, comme dans beaucoup d'autres et à bien des époques, il fallait, pour faire carrière, une famille convenable, si possible frottée de noblesse, une formation et une éducation sérieuses, de préférence chez les jésuites et, par-dessus tout, de très solides protections. La recherche de *padroni* (mais le terme français n'a pas vraiment la forte et complexe signification de l'italien) à la fois puissants et aimables était donc fondamentale.

Les premiers patrons furent naturellement ceux de son père, les Colonna. Giulio avait accompagné l'un de leurs fils au Collegio Romano et à Alcala : il était déjà cardinal. On sait que le jeune Mazarin fréquente le palais, s'y complaît et joue, en attendant de trouver sa voie. Surviennent quelques années dont on ne connaît pas grand-chose, sinon quelques rumeurs, et tout de même quelques faits attestés. Ainsi, à vingt-deux ou vingt-trois ans, on le retrouve capitaine dans une armée pontificale que commandait justement un Colonna, le prince de Palestrina. Cette armée, dont la réputation militaire était assez médiocre (on disait qu'elle n'apercevait l'ennemi que de loin) devait intervenir en Valteline, une vallée située au nord du lac de Côme que se disputaient protestants et catholiques et se trouvait indispensable aux Espagnols pour faire passer leurs troupes de leur Milanais vers la Franche-Comté (espagnole) et l'Empire allié. La France cherchait à leur interdire le passage, et le duc de Savoie à tirer profit du conflit. Le pape offrait ses services et sa neutralité, que garantirait sa petite armée : imbroglio incessant, sujet à variations et marchandages — où l'on trouvera un peu plus tard Mazarin, qui adorait les complications. Pour le moment, on trouve sa compagnie et l'armée du prince cantonnés à Lorette, près d'Ancône, fort loin des lieux du conflit (1625). L'année suivante, elle s'en rapprocha, mais ne dépassa pas Monza, près de Milan. Puis le pape décida de licencier une armée coûteuse et inutile.

Pendant ces années sans gloire, on aperçoit de temps en temps Mazarin. Il se déplace à Rome pour aller chercher quelques soldats susceptibles de compléter une compagnie sans doute peu fournie ; il revient embrasser sa mère et défendre son père accusé d'homicide, sans doute à tort (septembre 1625). Les quelques lettres retrouvées montrent qu'il se plaignait fort des marécages de Lorette et montrait beaucoup de persévérance pour se faire rembourser ses frais de mission. Et pourtant, il commençait à élargir sa connaissance du monde en se frottant à des militaires de diverses nations (et cette variété ne l'a jamais troublé). À Monza, en 1626, il était passé sous les ordres de Torquato Conti, sorte de *condottiere* qui avait longtemps servi en Allemagne. Celui-ci semble avoir apprécié la compagnie de ce capitaine de vingt-quatre ans ; il lui confia même ses deux premières missions : assurer la liaison de l'armée pontificale avec l'espagnole, commandée de Milan par le duc de Feria et Gonzalve de Cordoue. En mai, il avait simplement porté un message et rapporté la réponse. En janvier 1627, il s'agit d'une véritable négociation avec Cordoue, promu gouverneur dans l'intervalle. Mazarin osa le réveiller en pleine nuit ; après avoir essuyé une brève colère de l'Espagnol, il obtint ce qu'il devait demander : l'acceptation du départ des troupes pontificales. Succès brillant et rapide, fort admiré à Rome, d'autant que le négociateur lui-même avait astucieusement rédigé un compte rendu laudateur.

La carrière militaire du futur cardinal se termina là, alors que s'esquissait le début de son activité diplomatique. En attendant, il se trouvait en quelque sorte « sur le pavé ». Son peu de goût pour l'état ecclésiastique comme pour la pratique du droit (il était deux fois docteur, *in utroque* comme on disait), son penchant pour la vie facile et pour le jeu, et peut-être un certain sentiment d'indépendance concourent à expliquer ces pauses, ces sortes de « blancs » qui apparaissent dans la carrière de l'ex-capitaine — et aussi une hésitation dans le choix des *padroni*. Mais de l'armée il n'était plus question : Richelieu, qui le connaissait bien, s'amusera à l'appeler « frère Coupe-Chou », connotation plaisamment monastique sans doute, mais sentiment aussi que l'épée de l'ex-capitaine n'avait jamais dû couper que des végétaux...

N'empêche que ce fut sous les traits d'un cavalier séduisant et fringant que cet homme jeune parut d'abord : cheveux longs, bouclés et flottants, œil noir velouté, moustache et barbiche légères et élégantes, bottes, épée, pourpoint, rubans et dentelles, tel que le montre encore (partiellement) le gracieux dessin aux trois crayons de Daniel Dumonstier, exécuté peut-être en 1632. C'est ainsi qu'il se présenta à Richelieu, à Louis XIII, à la Cour, aux ministres, puisqu'il ne devait revêtir l'habit ecclésiastique — sans enthousiasme sans doute — qu'en mars 1633, après sa seconde mission en France. Ce rappel de carrière et cette figure de brillant cavalier aident à corriger l'idée qu'on se fait habituellement du futur cardinal, qui ne s'habilla de pourpre qu'à l'âge de quarante ans et pour vingt années seulement, moins de la moitié de sa vie active.

Les « seconds débuts » du cavalier Mazzarino manquèrent d'éclat : il fut simplement autorisé à suivre comme secrétaire, parmi d'autres, le nouveau nonce à Milan, Jean-François Sacchetti. Ce dernier était chargé par le pape de ramener la paix compromise par l'affaire embrouillée de la succession de Mantoue qui mettait aux prises l'Espagne, la France, l'Empire, la Savoie (intéressée surtout par un morceau de la succession, le Montferrat, limitrophe du Piémont) et les voisins d'Italie. Ici se place pour le secrétaire Mazarin un coup de chance inattendu : le frère du nonce, banquier du pape Urbain VIII, tombe gravement malade (il mourra bientôt), et ledit nonce est rappelé à Rome pour le suppléer. Mais, en partant, il charge son protégé d'assurer l'intérim de sa mission, ce qui est approuvé par le secrétaire d'État, le cardinal-neveu Francesco Barberini (1629). Désormais, Mazarin peut se consacrer, avec une activité incroyable, à ce qui correspond à sa nature profonde, la diplomatie. Par là, il va bientôt se révéler à Richelieu, puis à l'Europe entière — l'Europe qui compte —, avec quel éclat !

Pourtant, avant d'en venir à cette année 1630, décisive à tant d'égards, il faut tâcher de voir clair dans les *padroni* simultanés et successifs de notre homme, présenter les Sacchetti et surtout les Barberini, qui viennent au premier plan.

Les derniers padroni *romains*

Les deux familles sortaient de la grande marchandise et de la banque florentine. Elles jouissaient de revenus considérables, sinon énormes. Selon l'esprit du temps, il semblait normal que quelques-uns se hissent à la dignité cardinalice. Maffeo Barberini accéda même au pontificat où, sous le nom d'Urbain VIII, il se maintint plus de vingt ans (1623-1644). Il y déploya une activité intense, politique, diplomatique et plus spécialement édilitaire et artistique : on retrouve ses armoiries — trois abeilles — dans bon nombre d'églises et de monuments romains, et naturellement dans le palais somptueux, mirifique (et toujours debout) qu'il fit ériger au bas du Quirinal par les artistes les plus fameux, dont le Bernin. Poussant le népotisme à un rare degré, il fit de ses trois neveux de très grands personnages, et les couvrit de bénéfices et de revenus fabuleux. Taddeo avait épousé Anne Colonna, fille du premier *padrone* des Mazzarini, et devint préfet de Rome, fonction honorifique, brillante, princière ; Francesco et Antonio furent rapidement faits cardinaux ; le second avait tout juste vingt ans et, bien sûr, n'était pas prêtre. Le premier, plus âgé, devint le chef de la diplomatie pontificale, avec le titre de secrétaire d'État ou cardinal-neveu, deux expressions alors synonymes : triste, sévère, érudit, sans doute peu génial, mais redoutable, il était tout dévoué à l'Espagne, et ses nécessaires relations avec Mazarin ne furent pas toujours faciles. Il en fut tout autrement avec le jeune « cardinal Antoine », artiste passionné, délicat esthète, mondain assez dissipé, que Mazarin sut amuser, conquérir et amener doucement au « parti de France ».

Il avait en effet compris, dès l'élection d'Urbain VIII, qu'il lui fallait s'écarter progressivement de la protection des Colonna, auxquels il devait tant, et conquérir absolument ceux de qui toute carrière dépendrait désormais à Rome et dans les affaires de Rome. L'amitié des Sacchetti (dont il fréquentait le palais, toujours debout via Giulia) l'y aida quelque peu ; mais l'accueil du Saint-Père et de son cardinal-neveu ne fut pas franchement chaleureux. On lui refusa une fois d'entrer dans la « maison » (au sens noble) du cardinal Antoine, et il dut se contenter d'un épisode militaire apparemment modeste : le départ pour Milan était dû à l'amitié de Sacchetti, qui le choisit ensuite pour assurer son intérim, ce que ne pouvait refuser le cardinal-neveu. En réalité, il fallut que Mazarin attende octobre 1630, c'est-à-dire ses premiers grands succès, pour que le Souverain Pontife daigne s'occuper de lui et lui faire espérer une carrière... ecclésiastique.

Pourquoi ce silence et cette méfiance (qui reprendront plus tard, mais s'expliqueront alors par la francophilie de Mazarin) ? Une trop modeste naissance ? une réputation de légèreté, d'amour exagéré du monde, des fêtes et du jeu ? son refus d'entrer dans les ordres comme firent ses oncles et comme fera son frère cadet ? sa méfiance à l'égard de la Société de Jésus qu'il connaissait trop ? un certain esprit d'indépendance chez ce bel et brillant cavalier ? une intelligence trop vive ? trop d'adresse ? Autant d'éléments plausibles d'explication. On peut penser aussi que Mazarin avait dû jauger la valeur réelle non exceptionnelle de l'oncle pape et du neveu ministre et que son sentiment avait pu filtrer à travers une soumission excessive. D'ailleurs, il était sur le point de rencontrer des hommes d'une autre envergure, vers qui monteraient tout naturellement son admiration et son dévouement.

1630 : l'année des révélations

Passé au service de la diplomatie pontificale, qui a tout de même apprécié son talent, Mazarin s'emploie, par des déplacements incessants et des flots de paroles habiles, à ramener dans l'Italie du Nord cette paix que souhaite tant le pape. Les affaires compliquées de la Valteline, de la succession de Mantoue et du Montferrat opposent en gros, à travers plusieurs candidats à l'héritage, les Habsbourg qui veulent sauvegarder le passage entre terres espagnoles (Milanais) et terres d'Empire, la France qui voudrait bien les bloquer en prenant comme gages quelques forteresses (Mantoue, Casal, Saluces, Pignerol) et la Savoie qui souhaite conserver les deux dernières et se garantir à l'est comme à l'ouest. Cette situation inextricable permit à Mazarin de montrer son ingéniosité et de rencontrer des personnages importants et utiles. Il connut d'illustres généraux, comme le Génois Spinola, commandant les forces espagnoles, l'illustre vainqueur de Breda, que Retz devait comparer plus tard à César et à Condé ; il connut des maréchaux français, Créqui, Toiras ; il connut le vieux duc de Savoie Charles-Emmanuel et sa brûlante belle-fille, Madame Chrestienne, sœur de Louis XIII mais vraie fille de son père Henri IV : bien accueilli à Turin, il s'y plut, y revint et contribua plus tard à rapprocher le duché du royaume.

Mais il rencontra surtout Richelieu, puis Louis XIII, et l'essentiel est là. La prodigieuse destinée de Mazarin naît à Lyon le 28 janvier 1630, quand le cardinal-duc et l'émissaire pontifical se rencontrent pour la première fois ; ils parlent pendant plus de deux heures, ce qui signifie que le jeune cavalier (il a vingt-sept ans) a réussi à intéresser l'impressionnant ministre. Mazarin déclarera plus tard que, dès ce jour, il s'est en quelque sorte donné à Richelieu « *per genio* » (par intuition, mais le terme italien est plus fort que le français). Certes, il n'avait jamais rencontré de personnalité de cette trempe, et les dix années qui suivirent montrent qu'il ne renonça jamais à son choix, quoi qu'il pût lui en coûter — et il lui en coûta. Venu pour convaincre Richelieu de suspendre toute opération militaire, il obtint seulement la promesse d'une entente prompte et sûre. Mais il fut surtout profondément impressionné par la puissance et l'ordre de plus de vingt mille cavaliers et fantassins prêts à franchir les Alpes, et cette visible force militaire lui prouvait clairement la force politique (et donc économique) du royaume qui l'avait mobilisée... Il avait aussi compris que la cause de la paix que le pape lui faisait plaider n'était pas de saison ; de fait, il put apprendre, quelques semaines plus tard, la chute de Pignerol, en Savoie piémontaise.

Persistant cependant dans sa mission d'accommodateur de paix, Mazarin allait d'un pays à l'autre, d'une armée à l'autre. Il se donnait ainsi l'occasion de revoir au moins deux fois Richelieu (juin et juillet 1630) et de connaître le père Joseph et Louis XIII (sans doute à Grenoble, en mai). Il semble que le roi ait été fort impressionné par l'allure, l'adresse et probablement le charme de l'envoyé du Souverain Pontife. En revanche, Richelieu, dans un remords ou un mouvement d'humeur passager, écrivait en juin à Marie de Médicis que l'homme lui paraissait peu sûr, trop habile à se renseigner, trop « savoyard ». Quelques semaines plus tard, après avoir observé le diplomate, il revient pourtant à sa première impression, qui persista et se renforça.

Après la conquête de Richelieu, celle de l'Europe : toujours sur le théâtre italien, mais plus à l'est. La puissante citadelle de Casal défendait Mantoue, objet de litige entre les grandes puissances. Spinola l'assiégeait depuis près de deux ans ; Toiras défendait la citadelle, qui tenait toujours. Mazarin réussit enfin à négocier une trêve entre Espagnols et Français (début septembre 1630). Mais une armée française de secours, sous Schomberg (un protestant), était déjà partie et se présentait pour la bataille, le 26 octobre. Se place alors le plus beau morceau de théâtre et le plus surprenant exemple de courage dont peut être capable un Romain de vingt-huit ans qu'on osera plus tard accuser de couardise.

Entre les deux armées en ordre de bataille, prêtes à en découdre, on vit soudain surgir un fringant cavalier agitant une écharpe blanche, ou un chapeau, ou un crucifix, ou le texte de la trêve et criant : « *Pace ! Pace !* » C'était notre Giulio, et ce fut l'un de ses plus remarquables exploits, d'autant que les deux armées lui obéirent, que la bataille ne s'engagea pas, du moins ce jour-là, et que l'affaire de Mantoue finit par se régler.

Quelques mois plus tard, tous les almanachs de la chrétienté, et notamment ceux de France, qui tiraient à des dizaines de milliers d'exemplaires, offraient — parmi les signes du zodiaque, les recettes d'apothicaire et les phases de la lune —, une mauvaise gravure où l'on pouvait discerner le cavalier galopant entre les deux armées, brandissant une chose blanche surmontée d'une sorte de « bulle » où ceux qui savait lire pouvaient déchiffrer le mot miraculeux. Giulio Mazarini — par quel autre miraclc ? — faisait ainsi son entrée sur le fertile terrain de l'histoire anecdotique sous les traits d'un militaire pacifiste. Un tel exploit impressionna ou ravit Richelieu (dont la religion, si l'on peut dire, était déjà faite) et convainquit enfin Urbain VIII de s'occuper sérieusement du héros et de s'en servir à nouveau dans de délicates négociations avec les Cours d'Europe, qui aboutirent à régler le guêpier de la succession de Mantoue (provisoirement) et à débarrasser (provisoirement aussi) l'Italie non espagnole de toute troupe étrangère.

À vrai dire, si l'on écarte l'hypothèse du miracle, la

réussite de ce coup d'audace paraît tout de même surprenante. Peut-on songer à une subtile et secrète mise en scène. Mais de qui ? de Spinola et de Toiras, ces deux généraux ennemis qui s'estimaient ? Aucune preuve sérieuse n'a jamais été fournie. Plus surprenante encore, la reprise massive et en image de cet exploit insigne par les plus grands moyens d'information du temps, ces almanachs qui touchaient des myriades de gens, jusqu'au petit peuple, ne laisse pas une impression de hasard ou d'innocence. Franche orchestration ? (pontificale ?) ; suggestion habile ou insistante aux imprimeurs ? « Scoop » bien exploité ?

Quoi qu'il en soit, une grande carrière allait s'ouvrir pour Mazarin. Mais lentement.

Étapes brillantes et étapes obscures (1631-1639)

Quelques jours après le « coup » de Casal, en octobre 1630, Mazarin apprit par son ami et *padrone* Sacchetti que le pape allait s'occuper sérieusement de sa carrière, mais à condition qu'il accepte de se faire prêtre. Nous savons qu'il s'y refusa toujours, même s'il y a peut-être songé à la veille de sa mort.

Cette esquive paraît étrange aujourd'hui. En ce temps-là, elle n'était pas exceptionnelle, et bien d'autres personnages, y compris des cardinaux, il est vrai de grande famille, n'éprouvèrent pas le besoin de recevoir les ordres sacrés, peut-être par une manière de snobisme, plus probablement parce qu'ils se réservaient la possibilité de se marier « utilement » quelque jour — ce qui arriva plusieurs fois, notamment dans la famille de Savoie. En interprétant quelques lettres, on a pu se demander si Mazarin père (dont le cadet était déjà dominicain), ne poussa pas Giulio dans ce sens, afin qu'il puisse transmettre un jour le patronyme... Il y tenait sans doute, puisque, bien plus tard, il le perpétua par l'intermédiaire de l'un de ses neveux par alliance, Armand de La Porte, marquis de La Meilleraye, qu'il fit duc Mazarin. C'était un proche parent de Richelieu, dont il portait exactement le nom. Ainsi allaient se rejoindre les descendances latérales des deux grands cardinaux, et ainsi fut sauvegardé (sans brio) le nom de Mazarin...

Alors l'explication ? Il est vraisemblable que le cavalier Mazarin refusa la prêtrise, et même les ordres mineurs, parce qu'elle ne lui était pas utile, qu'elle pouvait encombrer son existence (messes, obligations d'un probable épiscopat), et donc lui faire perdre quelque peu de ce temps qui était pour lui un bien précieux, qu'il utilisait avec une belle dextérité et une parfaite patience. De surcroît, chrétien honnête et mesuré, ni la piété qui s'exalte ni la théologie qui ergote ne le passionnèrent jamais. Les protestants ne l'ont jamais gêné ; bien au contraire, il a connu beaucoup des plus fameux, notamment des militaires, et les a fort bien utilisés. On sait combien il se méfiait des jésuites, qu'il connaissait trop depuis son enfance. Quant aux jansénistes, tant qu'ils ne se mirent pas à fronder, ce qu'il supporta mal, leur sévérité et leur morale ne l'avaient jamais ni séduit ni troublé.

Et cependant, malgré sa méfiance pour les degrés simples et sacrés de la hiérarchie ecclésiastique, il ne fut pas mécontent de recevoir la tonsure qui fit de lui un clerc, apte donc à recevoir des bénéfices. Il se montra moins ravi de se voir conférer un peu plus tard la dignité et surtout le costume de prélat qu'il fut désormais contraint de toujours porter. Mais, à partir de là, il pouvait toujours espérer la dignité cardinalice, qui fut bien longue à venir...

Après Casal, la tâche du diplomate pontifical qu'était devenu Mazarin consistait à faire respecter les trêves conclues entre Espagnols, Impériaux, Français et Savoyards, puis à jeter les bases d'un traité de paix, spécialement entre Louis XIII et son beau-frère de Turin. Discussions, voyages et rencontres incessants pour le jeune négociateur, qui se plaît beaucoup à la joyeuse et très française Cour de Turin, et y noue de précieuses relations (dont le diplomate Abel Servien, l'un de ses futurs et excellents collaborateurs).

Puis, pour sa joie, le voici à Paris, de la mi-janvier à la mi-février 1631. Il y prépare les traités de Cherasco (avril) et de Mirafiori (octobre) qui ramèneront la paix entre France et Savoie : il réussit même, au dernier moment, à conserver à Louis XIII la forteresse de Pignerol. Mais surtout son amabilité, sa convivialité, sa générosité et sa réussite séduisent tout ce qui compte à la Cour et au gouvernement et emportent les derniers doutes que Richelieu pouvait nourrir sur ce personnage très habile. Désormais, la confiance paraît totale, et le sévère cardinal va commencer à affubler l'élégant chevalier de diminutifs et de surnoms charmants, presque puérils, mais qui sont bien d'une époque où l'affection entre hommes, les embrassades, la chambre et même le lit commun ne revêtent aucune des significations plus ou moins salaces inventées par le bigot XIXe siècle. Ce joyeux et subtil compagnon, qui couvrait chacun de compliments et de cadeaux, avait aussi bien réussi à la Cour et à la Ville que dans le ministère (Chavigny, chez qui il logea, le portait aux nues). Au printemps suivant, Richelieu, dans deux précises dépêches adressées à son ambassadeur à Rome, réclame pour lui le poste et la dignité de nonce à Paris à la première vacance ; or la nonciature de Paris mène imparablement à la pourpre. Disons immédiatement qu'Urbain VIII refusera toujours, parce qu'il devenait de plus en plus pro-espagnol, et parce qu'il se méfiait de ce Giulio, peu docile et trop francophile malgré son exquise politesse et ses protestations de fidélité.

Pour le moment (fin 1631-1632), le tortueux Saint-Père chargeait Mazarin, qui paraissait lié à la Cour de Savoie presque autant qu'à celle de France, de retourner à Paris pour négocier avec Richelieu une affaire aussi singulière que promise à l'échec : rien de moins que l'appui de la France au mirifique et très catholique projet savoyard de s'emparer de la calviniste Genève et des riches campagnes d'alentour, ce qui pourrait compenser la perte de Pignerol. Or Richelieu avait absolument besoin de la neutralité des Ligues suisses qui lui fournissaient d'excellents soldats et tenaient une partie des cols alpins, dont la fameuse Valteline, éternel sujet de discorde. Il n'allait donc pas s'embarquer dans cette galère, et Mazarin le savait bien. Cette négociation évidemment impossible lui procura néanmoins la grande joie de découvrir Paris au printemps (avril-juin 1632), de parcourir une partie du royaume et de retrouver ses amis qu'il combla une fois de plus de cadeaux (parfums, gants, savonnettes, en attendant mieux). Il semble que ce fut alors qu'il vit la reine pour la première fois : cette femme de goût dut recevoir avec grâce les gants et les parfums qu'elle appréciait beaucoup et ne put manquer de remarquer la prestance de ce cavalier du même âge qu'elle et qui, de plus, parlait assez bien le castillan.

Ce fut aussi lors de ce voyage qu'il reçut la tonsure : exactement le 18 juin 1632, de la main du nonce Bichi (qui deviendra son ami), à Sainte-Menehould où ce dernier allait prendre possession d'une abbaye que Louis XIII lui avait donnée. Ce gentil coup de ciseaux, qui dérangea à peine la grâce de sa chevelure bouclée, faisait néanmoins de Mazarin un *clerc*, c'est-à-dire quelqu'un qui échappe au « for » (en bref, à la justice civile) et surtout devient apte à recevoir des bénéfices ecclésiastiques, l'une des grandes cornes d'abondance du temps : c'était bien là l'essentiel, et le nouveau clerc en profita superlativement, sans trop oublier les obligations de sage conduite qu'entraînait son nouvel « estat » clérical.

Au retour de cette mission malicieusement manquée, mais qui achevait de le convertir à la France et en quelque sorte de l'y installer par avance, il revint à Turin, où il essaya de rendre raisonnables le duc Victor-Amédée qui était sot, la duchesse Chrestienne, qui était légère, et ses beaux-frères le prince Thomas et le cardinal Maurice (qui se maria plus tard), qui étaient jaloux. Il se plaisait aussi en cet aimable pays et dut savoir ne pas sourire quand le duc, qui portait le titre de roi de Chypre issu d'un lointain passé, le pria de demander au pape de l'aider à conquérir cette île...

Mazarin finit donc par regagner Rome où l'attendaient quelques honneurs et pas mal de soucis.

Du cavalier au Monsignore,
ou comment Mazarin se vêtit de violet,
sans être évêque ni même prêtre

Au lendemain de l'exploit de Casal, le pape, qui avait dû déjà octroyer quelques frais de mission et de représentation à son émissaire, le pourvut d'une légère récompense : une sorte de pension, voire de mini-bénéfice sur une école grecque de Rome, ce qui lui valut sans doute le titre de *scolaro romano* que lui donne le premier acte pontifical connu le concernant. Il s'agit d'un bref de mai 1632, se rapportant au premier grand bénéfice qui lui fut conféré, rien moins qu'un canonicat à Saint-Jean de Latran (quelques mois plus tôt, il avait été question de Sainte-Marie-Majeure, ce qui n'aboutit pas). Honneur considérable, revenus fort honnêtes : la prébende, officiellement estimée à 500 ducats romains de revenu annuel, doit équivaloir à près de vingt kilogrammes d'argent fin ou 1,5 kg d'or ; à quoi s'ajoutaient diverses « distributions » en nature ou en espèces, liées à l'assiduité au chapitre, réelle ou virtuelle, plus des suppléments non négligeables qui, comme en France, sont bien difficiles à connaître et à évaluer.

L'office lié à ce bénéfice entraînait des obligations qu'avaient rigoureusement précisées des textes pontificaux de la fin du XVIe siècle : porter la tonsure apparente et la soutane, résider, assister à toutes messes, psaumes et réunions capitulaires, etc.). Mais le pape, souverain absolu au spirituel comme au temporel, pouvait édicter en faveur de qui il voulait autant d'exceptions qu'il désirait à la législation de ses prédécesseurs, et même à la sienne : cela s'appelait des indults. Mazarin bénéficia et bénéficiera de bon nombre de ces sortes de grâces. Mais il fallut bien, après avoir été tonsuré en juin, qu'il prenne l'habit ecclésiastique, la soutane, l'*habito longo*, comme écrivaient les *avvisi* (feuilles de nouvelles) à Rome le 20 novembre 1632, exactement le même jour que la *Gazette de France*.

Presque au même moment, le Souverain Pontife, en veine de grâces (mais sans doute pour compenser son refus persistant de le nommer nonce à Paris), élevait Mazarin au rang de prélat, digne du titre de *Monsignore*, et colorait de violet l'*habito longo* qu'il venait tout juste de revêtir. Pour cela, il lui conférait la dignité et le titre de protonotaire apostolique (qui existe toujours), qui ne comportait aucune charge ni obligation, mais beaucoup d'honneurs : il l'intégrait au plus fameux des « collèges prélatices » qui tenait la première place dans les grandes cérémonies religieuses et même urbaines : chapelles pontificales, offices, processions, cavalcades aussi. De tels honneurs mettaient pratiquement le protonotaire-prélat au rang des évêques, mais sans leurs charges.

Mieux encore : l'année suivante, Urbain VIII éleva le nouveau *Monsignore* au rang de « référendaire en l'une et l'autre signataire » : ce beau titre le faisait entrer dans le groupe des « familiers et commensaux » du pape, net supplément d'honneur et aussi de revenus, ces derniers sous forme de « distributions » en monnaie ou en nature qu'on peut croire non médiocres. Par surcroît, Mazarin reçut au même moment la commende d'un prieuré du diocèse de Modène, ce qui signifie qu'il l'administrait théoriquement et en touchait effectivement le tiers ou la moitié des revenus. À cette date, les revenus de Mazarin, fort mal connus, sont sûrement devenus substantiels : ainsi maria-t-il ses deux sœurs en 1634, en les dotant chacun de 40 000 livres, somme non petite — réglée, il est vrai, lentement. Il fera mieux pour la génération suivante.

En même temps qu'il le décorait de tous ces titres, Urbain VIII rattachait enfin officiellement Mazarin à la « maison » de son jeune neveu, le cardinal Antoine, l'un de ses *padroni*, qui devint ainsi le premier — ceux de France exceptés. Il était en même temps pourvu du nouveau titre d'auditeur du cardinal Antoine pour la légation d'Avignon. En effet, Avignon et le Comtat, qui appartenaient au pape, étaient gouvernés en son nom par un légat, justement Antoine ; il était d'usage que le légat ne réside pas et se fasse suppléer par un vice-légat : Mazarin le devint en mai 1634. Ce rattachement au jeune neveu était pour Urbain VIII, qui préférait l'aîné, une manière de ne pas vraiment compter Mazarin parmi ses véritables « familiers ». De malicieux Romains racontèrent d'ailleurs que cette vice-légation devait être interprétée comme une relégation : jeu de mots qui dégage un parfum de vraisemblance.

Ces nuances très pontificales n'empêchaient pas que Mazarin, tout en allant de temps à autre siéger et psalmodier à Saint-Jean de Latran, et en suivant quelque peu les affaires d'Avignon, soit devenu l'un des amis et confidents du cardinal Antoine, qui logeait depuis peu dans l'immense et magnifique palais Barberini achevé par le Bernin. Mazarin le hantait souvent. Il n'apparaît pas que la vie qu'on y menait, à la fois fastueuse, mondaine, joyeuse, lettrée et artistique (le palais comportait un théâtre) ait été marquée par un grand rigorisme et de pieuses et saines distractions. Il est sûr qu'on y festoyait et qu'on y jouait beaucoup. Le jeune cardinal, amoureux d'une chanteuse, tenta d'utiliser Mazarin comme intermédiaire. Les futurs ennemis du ministre, et les anecdotiers qui les ont copiés, ont beaucoup daubé sur la vie dissipée qu'aurait menée le jeune prélat (il venait de dépasser la trentaine) tout auprès du cardinal Antoine, qui ne fut certes pas un saint, mais, en attendant mieux, un bon « patron ».

Néanmoins, en ces années romaines — 1633-1634 —, la belle et bonne carrière aperçue ou rêvée par Mazarin n'avançait guère. Romain d'enfance et de culture, demeuré sous la haute autorité du Saint-Père, il ne pouvait demeurer indéfiniment chanoine et simple prélat — situation estimable, mais médiocre.

À ce moment, l'ambition suprême demeurait le cardinalat, que procurait toujours une grande nonciature. Le nonce Bichi venant d'être créé cardinal (1634), celle de Paris se trouva libre. Louis XIII, Richelieu et l'ambassadeur de France la réclamèrent pour leur protégé. Le refus pontifical fut poli, mais formel ; il fut renouvelé trois ans plus tard. La raison en était connue : le veto de la Cour d'Espagne, que le pape écoutait de plus en plus, à l'instar de son neveu et secrétaire d'État, François Barberini. Il faut dire que Mazarin venait faire de son *padrone* le cardinal Antoine le « protecteur des affaires de France », fonction semi-officielle, importante, mais qui ne pouvait avancer les affaires de Mazarin lui-même auprès d'Urbain VIII.

Ce dernier, par une sorte de compensation non dénuée d'arrière-pensées, lui confia une mission (pour la paix) en France avec le titre de nonce extraordinaire qui ne supprimait en rien la vice-légation d'Avignon. Dans l'immédiat, le pape facilita ce nouveau voyage outre-monts en attribuant à Mazarin des pensions supplémentaires gagées sur les revenus des évêchés de Volterra et d'Imola, sur son canonicat du Latran dont il ne pouvait plus assurer le service, et sur quelques bénéfices en Lorraine difficiles à percevoir.

Dans le magnifique carrosse offert par le munificent cardinal Antoine, Monsignore Mazarin quitta Rome le jour de la Saint-Louis 1634, après avoir ostensiblement suivi l'office à Saint-Louis-des-Français, pour un voyage par la Toscane et le Piémont où il séjourna à nouveau, renoua des amitiés, et entreprit de négocier sans ardeur une rêverie pontificale à propos d'une médiation de tous les princes d'Italie dans la guerre de Trente Ans. Trois mois plus tard, en novembre, il atteignait Paris, porteur d'une quantité de cadeaux petits et grands pour tout ce qui comptait à la tête du royaume et alentour. Le cardinal Antoine lui avait même confié des « antiques », des objets d'art, des tableaux du Titien, de Pierre de Cortone et de Jules Romain. Cette belle et riche manne devait faciliter une négociation à laquelle le jeune nonce extraordinaire ne croyait guère : faire rendre à son duc la Lorraine occupée militairement par Louis XIII, réconcilier ce dernier avec son frère qui venait d'épouser secrètement une princesse lorraine, et si possible empêcher le Bourbon d'entrer en « guerre ouverte » contre les Habsbourg, surtout avec des protestants comme alliés (Hollande, Suède). Or toute la politique menée conjointement par Louis XIII et Richelieu depuis 1630 visait les Habsbourg qui encerclaient le royaume ; comme alliés pour cette rude tâche, ils ne pouvaient compter que sur des protestants : c'était un fait, têtu, que les dévots du royaume de France se refusaient d'admettre, à l'instar des « bons catholiques, apostoliques et romains ». Mazarin plaida honnêtement pour le duc de Lorraine, pour Gaston d'Orléans, pour un congrès de paix. Rien n'y fit, les décisions étaient prises : la guerre fut déclarée le 26 mars 1635... Ce qui n'empêcha pas Mazarin de demeurer à Paris, où il se trouvait si bien. Il recevait à table ouverte à l'hôtel des Nonces (Cluny), entretenait ses amitiés, préparait une carrière que la monarchie française était décidée à favoriser, mais qui dépendait tout de même encore de Sa Sainteté Urbain VIII. Mazarin s'attarda plus d'une année : il fallut que le pape lui intimât en janvier 1636 l'ordre de quitter Paris pour sa vice-légation d'Avignon. Il fut bien contraint d'obéir, après deux mois de réflexion.

Il ne devait revenir, définitivement cette fois, que trois années plus tard. Et ces trois années furent pour lui un temps d'effacement et d'attente ; ce qu'on appellera, bien plus tard, une « traversée du désert ».

Les années d'effacement (1636-1639)

Avignon

Huit mois d'administration en Avignon ont laissé au vice-légat des souvenirs assez médiocres. Certes, chargé d'une fonction à la fois spirituelle et temporelle, il paraît bien l'avoir honnêtement remplie, avec la seule originalité d'avoir pris, le 2 juin 1636, une ordonnance recommandant qu'on laisse les Juifs de la cité vaquer paisiblement à leurs affaires. Pour le reste, il se plaint du froid dans son immense palais, tombe malade, s'ennuie de la médiocre vie mondaine de cette petite ville, regrette Paris et Rome et comprend bien qu'il est momentanément délaissé. Pour se distraire, il va fréquemment visiter son ami le cardinal Bichi, celui qui l'a fait clerc, maintenant évêque de Carpentras, où il se fait construire un magnifique palais. Il héberge quelques jours un diplomate espagnol, le comte Salazar, qui assure la liaison entre Paris et Madrid (car la guerre n'a jamais empêché les négociations). Plus tard, juste avant son retour, il reçoit son précieux ami anglais Walter Montagu, qu'il a connu à la Cour de Louis XIII, qui vient de se convertir au catholicisme et qui jouera un rôle considérable dans sa vie, et celle de la reine Anne. Mais dans l'intervalle il s'ennuie à mourir. Il racontait, en mai, à son ami Chavigny qu'il avait converti l'une des salles du palais en *trincotto*, mot parfois traduit par jeu de paume, plus souvent par tripot, joyeuse salle de jeu... De plus en plus francisé, il réussit, pour aider l'armée du roi à résister aux assauts espagnols, à faire expédier de Marseille 25 quintaux de poudre, dont Richelieu le remerciera chaleureusement par une lettre du 7 octobre accompagnée d'instructions sur la politique romaine qu'il va mener.

En effet, le purgatoire avignonnais ne dura pas trop. Grâce au cardinal Antoine, et sous le prétexte d'affaires personnelles et familiales à régler à Rome, il obtint son rappel et partit au début de novembre. À cette date et dans sa situation, seuls Rome et le Saint-Père pouvaient donner à sa carrière un nouveau départ, bien que son évidente francophilie ne puisse la faciliter.

Rome 1636-1639

Il n'est pas exagéré de penser qu'il y rongea son frein durant trois ans, malgré les jeux, les ris et les fastes de la vie romaine. En effet, le cardinal Antoine, qui venait de nommer Mazarin son *maestro di casa* (à la fois maître du palais Barberini et sans doute chef de sa bureaucratie et de sa domesticité), éblouissait Rome de son faste, en particulier lors du carnaval, et la scandalisait parfois aussi par sa dissipation, qui tourna au semi-scandale un peu plus tard (1640-1642 — Mazarin était alors en France).

Mais le prélat aimait aussi sa famille et vit beaucoup ses parents et ses deux sœurs, qui lui donnèrent six neveux et nièces, dans une belle aisance matérielle puisque les Mancini, vieille famille romaine, ne possédaient rien de moins qu'un palais sur le Corso, et que les Martinozzi logèrent également quelque temps au palais Barberini où le beau-frère occupait des fonctions assez importantes.

Sur le plan diplomatique, le cardinal Antoine et son protégé s'employaient à faire avancer l'idée d'un congrès de paix européen, au moins d'une trêve ; mais les belligérants n'y songeaient point. Du moins tentèrent-ils, avec un médiocre succès, de constituer au Sacré Collège un « parti français », qui puisse contrebalancer le puissant parti espagnol : tâche ardue. Les deux hommes choyaient particulièrement Richelieu, en lui choisissant et lui faisant envoyer des antiques et des œuvres d'art pour décorer ses châteaux de Rueil et de Richelieu ; ceux-ci n'arriveront qu'un peu plus tard mais les « bagatelles et galanteries » habituelles (parfums, gants, petits objets de prix...) continuent de parvenir à Paris : on en a même retrouvé des listes.

En réalité, une seule ambition continuait à tenailler Mazarin : revenir en France comme nonce quand le poste viendrait à vaquer, afin d'accéder ensuite au cardinalat. Ambition bien soutenue par Louis XIII et Richelieu, plus vigoureusement encore par l'ambassadeur de France, le maréchal d'Estrées, malheureusement plus militaire que diplomate. Rappelons que le pape et son neveu ne voulaient rien savoir, et que l'Espagne opposait toujours son veto, d'autant qu'elle avait pu apprécier la valeur de Mazarin. Le poste se libéra justement durant l'été 1637 ; la Cour de France intervint énergiquement à plusieurs reprises. Le pape répondit évasivement, mais la correspondance diplomatique dit clairement son refus. Puis le dauphin naquit, et Louis XIII demanda au pape d'être son parrain, et de se faire représenter au baptême par Mazarin qui, à cette occasion, aurait pu obtenir la promotion espérée. D'Estrées ayant insisté rudement pour obtenir satisfaction, le pape se fâcha, mit en avant son autorité pontificale et ponctua son discours en frappant le sol d'une canne... qui se brisa d'un coup. C'était en novembre 1638, et l'on sait, par sa correspondance, que Mazarin se prit à désespérer, et songea à fuir en France, tout simplement, sans fonction précise, pour vivre auprès de ceux qu'il avait choisi de servir et d'aimer. Il décida pourtant d'attendre.

Vint la mort du conseiller de Richelieu et ami de Mazarin, le père Joseph, que Louis XIII avait désigné pour être son prochain « cardinal de couronne » (les trois grands monarques catholiques avaient acquis l'usage, puis le droit, de présenter de temps à autre chacun un candidat). La Cour de

France choisit immédiatement Mazarin pour remplacer l'Éminence grise. Rapidement, la coterie pro-espagnole du Sacré Collège, le cardinal-neveu en tête, chercha toutes les raisons de refuser : que Mazarin était sujet romain et ne pouvait donc pas être recommandé par le roi de France, et surtout que le pape était seul qualifié pour choisir.

Louis XIII et Richelieu réagirent vigoureusement, refusant d'agréer tout nouveau nonce avant d'avoir obtenu satisfaction ; au début de septembre 1639, Louis XIII menaça même de rappeler son ambassadeur. Le chapeau cardinalice serait peut-être venu à cette époque si des incidents graves n'avaient éclaté à Rome : un gentilhomme de l'ambassade avait osé arracher un galérien aux sbires pontificaux : c'était un crime, sa tête fut mise à prix, des tueurs l'abattirent à Frascati... et ramenèrent la tête à Rome pour se faire payer (fin octobre 1639). L'ambassadeur, le roi et Richelieu n'acceptèrent pas cet affront, interdirent tout contact avec un nonce extraordinaire nommé Scotti et suspendirent pour une année toute relation avec la Cour de Rome : pratiquement une rupture.

Dans ces conditions, le chapeau devenant aussi incertain que la nonciature, Mazarin acheva de comprendre que tout avenir lui était bouché tant que le parti espagnol restait aussi puissant au Vatican, et l'ambassadeur de France aussi maladroit. Sûr de l'accueil parisien, de ses protecteurs et de ses amis, il envisageait de partir, et attendait l'occasion de sauter le pas. L'invitation formelle de Louis XIII arriva. Il quitta Rome le soir du 13 décembre 1639, gagna Civitavecchia et, les Espagnols lui ayant refusé tout passeport pour traverser leurs terres d'Italie, il attrapa le premier bateau pour Marseille et courut se jeter aux pieds du roi et du cardinal qui l'accueillirent affectueusement. Il avait trouvé ses véritables protecteurs, choisi une seconde patrie et entamé une ascension qui devait le conduire bien plus haut qu'il n'avait rêvé.

On peut tout de même se demander pourquoi le pape, son secrétaire d'État et l'ensemble de la Cour pontificale ont systématiquement brimé et découragé un diplomate et un politique de cette valeur. La première explication, peut-être la meilleure, doit tenir à leur médiocrité. Ils ont craint cet esprit rapide, fécond, inventif, hors des normes de l'Église romaine du temps ; ils ont considéré peut-être aussi sa naissance relativement modeste, son indifférence nette à l'égard de la prêtrise et de la Société de Jésus, condamné peut-être encore son excès de sagacité et de liberté francophile qui ont pu choquer les vieilles lignées cardinalices et pontificales issues de la fortune et de l'intrigue.

Et puis, il est rarement très bon d'être anormalement intelligent...

MAZARIN SOUS LOUIS XIII (JANVIER 1640-MAI 1643)

Pendant trois années, Mazarin réussit à travailler beaucoup, à briller dans la bonne société, à combler ses protecteurs d'œuvres d'art expédiées d'Italie, dont il tentait d'introduire aussi les modes, le théâtre et la musique. S'il conquit la bienveillance ou l'amitié de tout ce qui comptait en France, spécialement les ministres, personne n'a dû songer alors qu'il puisse devenir autre chose que ce qu'il paraissait être : l'une des « créatures » de Richelieu, auprès de qui il se trouvait souvent ; en termes modernes, l'un de ses agents, de ses hommes de confiance.

En effet, s'il lui promet, selon le vieux rêve pontifical de paix européenne, de conduire la délégation française aux futurs congrès censés s'ouvrir à Cologne, puis à Münster, Richelieu charge plus précisément son protégé de deux missions, l'une en Savoie, l'autre à Sedan. La première, longue et délicate (septembre 1640-juin 1641), ressemble fort à une mise à l'épreuve ; la seconde, fort difficile mais rapidement menée (septembre-octobre 1642), témoigne de la confiance du redoutable cardinal envers son cadet et protégé. Celui-ci ne le quitta guère, par affection autant que par intérêt, dans la dernière année de sa courageuse et douloureuse existence.

Quant à Mazarin lui-même, deux actes avaient changé sa condition, mais de manière inégale : l'un attendu depuis longtemps et effectivement capital, sa promotion au cardinalat (décembre 1641) ; l'autre apparemment moins important, puisqu'il en parle à peine, s'il n'en pense pas moins, ce que les historiens mal informés ont appelé sa « naturalisation », survenue d'ailleurs huit mois avant son départ de Rome, en avril 1639. Il s'agit de ses « lettres de naturalité », perdues, mais enregistrées au plumitif de la Chambre des Comptes de Paris en juin 1639 où un chartiste nommé Léonce Cellier les lut en 1923.

En droit français, les lettres de naturalité donnaient simplement à un « étranger » le droit de posséder, d'acquérir et même de léguer des biens et des revenus en France, y compris des bénéfices ecclésiastiques. Et justement, à cette époque, Louis XIII venait de pourvoir Mazarin de sa première abbaye, Saint-Médard de Soissons, en attendant Corbie, plus riche encore, et pas mal d'autres. À une époque où Mazarin, bien que né en territoire espagnol, est normalement considéré comme romain par l'administration pontificale, il n'existe aucune impossibilité à ce qu'il soit *aussi* considéré comme français (la même chose arriva à d'autres « étrangers » : des princes de Savoie, et le cardinal Antoine disgracié). D'ailleurs, dans l'oraison funèbre qu'il prononça en 1661 devant le Sacré Collège, le père Léon, carme, l'a très normalement qualifié d'Italien français. On avait l'esprit plus large jadis que maintenant, une conception moins jalouse de la « nation » (alors, c'était la langue) et de la nationalité, et il n'était point besoin de paperasse estampillée pour jouir de ce qu'on n'appelait pas encore une double nationalité. Un bon exemple : Mazarin écrivait lui-même en septembre 1637 à son ami anglais Walter Montagu : « *Al galantuomo ogni paese è patria* » (pour un galant homme [ou gentilhomme] tout pays est sa patrie) : une formule que reprit textuellement l'utile et acide Mme de Motteville en ses Mémoires, trente ans plus tard, en l'attribuant d'ailleurs à un poète italien (l'Arioste ?). Sans doute les lettres de naturalité offraient-elles surtout un intérêt financier que Mazarin n'était pas homme à négliger. Mais il y a plus : bien que parlant médiocrement la langue, il s'est dit lui-même français de cœur, et sa politique de futur Premier ministre le prouve surabondamment.

Et d'ailleurs, c'est au roi de France (et à Richelieu) qu'il doit son élévation au cardinalat, laquelle constitue bien la nouveauté essentielle, sans quoi toute la suite aurait été impossible.

Mais il y fallut trois longues années. Le pape et son entourage utilisèrent tous les prétextes et les mesures dilatoires. Le maréchal d'Estrées n'arrangeait rien :

sa morgue et sa jactance le poussaient à traiter assez rudement Urbain VIII. Mazarin, qui l'avait bien compris, poussa au rappel de l'ambassadeur, qui fut décidé en juin 1641. Celui-ci se déclara soudain malade et ne quitta Rome qu'en août, et le successeur, Fontenay-Mareuil, plus accommodant, n'arriva que le 4 novembre. Le vieux pape, qui avait si bien gagné du temps, ne pouvait éternellement contrarier un monarque et un ministre aussi puissants que ceux de France : au consistoire du 16 décembre, il créa douze cardinaux nouveaux, dont Mazarin, qui n'avait tout de même que trente-neuf ans. Rendant compte, le nouvel ambassadeur trouva pour Richelieu ce mot admirable et juste : « Vous l'avez aujourd'hui plus fait cardinal que le pape même. »

Il faut ajouter qu'absolument rien ne prouve que Richelieu ait songé à ce moment — s'il y pensa jamais — à choisir le nouveau cardinal pour son successeur. Il désirait alors l'employer surtout comme diplomate de confiance : en janvier 1642, les instructions qu'il lui destine concernent une mission auprès des princes italiens pour arranger des conflits concernant Parme, Mantoue et Venise ; il projette aussi de l'envoyer à Rome, pour y régler des affaires assez matérielles propres à Richelieu même (faire confirmer ses fonctions d'abbé général de Cîteaux et des prémontrés, importantes et fort rémunératrices) et préparer le terrain pour un conclave que la santé d'Urbain VIII laissait prévoir imminent (à tort, il tint encore plus de deux ans). Propositions qui restèrent sans suite, les affaires de France et la santé de Richelieu venant très vite au premier plan ; elles suffisent cependant à montrer que, quelques mois avant sa mort, Richelieu voyait surtout en Mazarin un négociateur talentueux, particulièrement doué pour les affaires italiennes.

Il n'empêche qu'un cardinalat comme celui qu'obtint Mazarin peut paraître étrange à des esprits de la fin du xxe siècle. Un cardinal qui ne fut jamais prêtre et ne reçut même aucun des ordres mineurs ; mais il suffit de savoir que des princes de Savoie, des Colonna, un Barberini et même un Casimir polonais se trouvèrent dans la même situation ; et d'être aussi bien persuadé que Rome ne ressemble à rien d'autre.

Bien mieux, notre tonsuré-cardinal ne remplit jamais les conditions complètes d'accession à la pourpre qu'avait imposées une constitution du pape Sixte Quint en 1586 (mais, on l'a dit, un pape pouvait toujours décréter toutes les exceptions qui l'arrangeaient). Il ne vint jamais *ad limina* à Rome et ne reçut donc du pape ni le *titulus* (« titre » l'affectant théoriquement à un très vieux lieu de culte chrétien), ni l'anneau, ni le chapeau. Il y songea pourtant à plusieurs reprises, mais en fut toujours empêché. Pour le revêtir néanmoins de la pourpre cardinalice, le pape, comme c'était l'usage, envoya un de ses camériers pour que le plus haut personnage du royaume où se trouvait la nouvelle Éminence pût au moins lui remettre la « barrette rouge », le « bonnet » : ce qui fut fait par Louis XIII en la cathédrale de Valence le 26 février 1642, cérémonie rituelle longuement contée par la *Gazette de France*.

Forcément, la nouvelle Éminence eut besoin d'obtenir un nombre respectable d'indults, de brefs, de décisions pontificales le dispensant des devoirs afférents à sa haute fonction dans l'Église afin qu'il exerce des fonctions plus hautes encore dans l'ordre temporel, et acquérir et léguer des biens dont l'étendue et la valeur dépassèrent encore ceux de Richelieu. Les souverains pontifes qui se succédèrent après le Barberini, Innocent X et Alexandre VII, en traînant et geignant, ne manquèrent pourtant pas de lui expédier toutes les dispenses nécessaires, bien qu'ils aient peu apprécié ce cardinal-ministre allié des réformés et des huguenots contre des princes catholiques romains, piliers de la seule vraie religion.

Du moins, aucun de ces papes ne parvint à lui faire dire la messe ; le comble aurait été que, s'il eût conservé la santé, il aurait bien pu être élu pape à son tour... Mais alors, il aurait quand même dû se faire prêtre : il y songea peut-être, au moins fugitivement, dans les derniers mois de son épuisante existence.

Dans les années 1640-1642, vers lesquelles il faut maintenant retourner, ni Richelieu ni lui ne pouvaient imaginer semblables perspectives.

Au début de son séjour, Mazarin, qui songeait (ou disait songer) surtout au congrès de paix prévu vaguement à Cologne, dut d'abord suivre la Cour qui alla s'établir à Amiens, tandis que l'armée royale assiégeait Arras, ville alors espagnole et tenue par une solide garnison ; outre ses amis habituels, Mazarin put retrouver des militaires français déjà rencontrés en Italie du Nord. Après une longue résistance, la ville se rendit le 8 août 1640. Événement justement célébré, qui reculait la zone frontière loin de la Somme, ce qui couvrait la capitale et rendait improbable une pénétration ennemie aussi profonde que celle de 1636. Ce succès, joint à d'autres, incita Richelieu à se fier plus aux certitudes de la guerre qu'aux aléas d'un congrès de paix. Aussi, au lieu d'envoyer Mazarin vers le Rhin pour négocier, il l'expédia vers cette Italie du Nord qu'il connaissait si bien et où la situation se trouvait à nouveau embrouillée et grave.

Réduit à l'essentiel, le problème était toujours le

même : empêcher les troupes espagnoles de transiter par les vallées alpines et la Savoie vers le Tyrol ou la Franche-Comté. Il fallait donc compter sur le « verrou » piémontais, et conserver au moins quelques positions clés : Valteline, Mantouan, Pignerol, plus l'amitié efficace du duc de Savoie. Or tout cela était devenu incertain.

Le duc Victor-Amédée avait quelque peu combattu ses voisins espagnols du Milanais, puis était mort en octobre 1637, peut-être empoisonné (mais à cette époque on voyait le poison partout). Sa joyeuse veuve, Chrestienne, digne fille d'Henri IV, prit la régence et laissa gouverner le plus beau et le plus durable de ses amants, le comte Philippe d'Aglié ; elle recevait aussi les conseils d'un jésuite peu francophile et était en proie à l'hostilité de ses beaux-frères : l'un provisoirement cardinal (il se mariera), l'autre devenu général dans l'armée espagnole, qui entra même dans Turin en juillet 1640. Richelieu ne pouvait l'admettre : il envoya une armée de secours et Mazarin : l'armée reprit Turin en septembre, et Mazarin y ramena la régente qu'il avait cueillie à Chambéry (son ancienne capitale) où elle s'était réfugiée. Restait à recoudre, à ramener ce duché majoritairement francophone dans l'alliance française. Mazarin, qui connaissait tout le monde, commença par faire arrêter le comte Philippe au sortir d'un joyeux banquet de la Saint-Sylvestre (l'homme fut emprisonné à Pignerol, puis, hors d'atteinte, à Vincennes). Madame pleura beaucoup, et le remplaça par un amant plus jeune encore, mais politiquement insignifiant — Mazarin y avait veillé. Il acheta aussi, fort cher, le prince Thomas, qui transporta son épée de l'Espagne à la France. Il fallut tout de même neuf mois à l'habile négociateur (qui rentra en juin 1641), beaucoup de finesse et d'argent (on pense qu'il en garda une partie) pour régler les complexes affaires savoyardes, et quelques autres. Nul doute que Richelieu ne comprît définitivement l'exceptionnelle valeur de ce négociateur qui saisissait tout, même le non-dit. Aussi l'utilisa-t-il à nouveau, l'année suivante, dans une affaire bien plus grave, liée à la conspiration de Cinq-Mars.

Déjà, au moment où il a été question de l'envoyer négocier la paix à Münster ou de retourner à Rome pour des affaires plus subtiles, voici que Mazarin est invité à suivre le roi, le cardinal-duc et la Cour pour voir l'armée française conquérir la Catalogne du Nord et sa capitale Perpignan. Or les deux maîtres de Mazarin sont malades, souffrent de l'humidité et des fièvres — notamment Richelieu à Narbonne —, se déplacent sans cesse et doivent communiquer. Le jeune cardinal fait souvent l'office de *factotum*. Éclate d'un coup, en juin 1642, l'affaire Cinq-Mars.

Ce bellâtre étourneau, que Richelieu avait pratiquement jeté dans les bras de son maître avide d'affection chaudement platonique, était sottement entré dans la longue et toujours renaissante série de complots qui ne visaient à rien de moins que l'élimination du cardinal et la fin de cette guerre jugée impie depuis 1630, date de la première et puissante cabale de dévots, durement matée. On y trouvait toujours de très grands seigneurs maîtres d'immenses domaines et escortés de leurs vassaux fidèles et ferrailleurs, des aventuriers, des jésuites habiles à rester dans l'ombre, les habituels dévots pro-espagnols et invariablement « Monsieur », frère du roi, Gaston d'Orléans, tête légère, trahissant chacun alternativement, aussi vénal que faible et qui avait rêvé de la couronne, rêve aboli et pleuré après la naissance tardive de ses deux neveux. On y trouvait aussi les promesses du roi d'Espagne et l'argent espagnol. Cette fois, un traité en bonne et due forme avait été signé entre Philippe IV et les conjurés, parmi lesquels le duc de Bouillon, bon général, huguenot, maître de Sedan et de sa région. Richelieu obtint une copie du traité, peut-être par l'intermédiaire discret d'Anne d'Autriche qui désormais choisissait le royaume de son fils contre le royaume de son frère.

La colère du cardinal et la furieuse déception du roi aboutirent, on le sait, à l'exécution à Lyon du félon Cinq-Mars et de son ami de Thou qui avait connu le complot, y était peut-être entré et surtout ne l'avait pas dénoncé (12 septembre 1642). Pendant tout le procès, Mazarin avait fait la navette entre Lyon et Tarascon où résidait habituellement Richelieu ; il semble qu'il ait modérément plaidé pour de Thou : il rechercha toujours les accommodements et n'aimait pas les exécutions capitales, auxquelles il ne se résigna jamais.

Aussitôt après, une mission difficile lui fut confiée par son maître : régler les affaires du duc de Bouillon, le frère aîné du jeune marquis de Turenne que Mazarin appréciait beaucoup et qui avait trempé dans le complot, mais aidé aussi à charger Cinq-Mars. Le pardon lui était promis, contre la cession de Sedan, place forte de premier ordre (et qui devait le rester). L'ennui était que la place était tenue par les Espagnols et que la duchesse (le duc guerroyait loin de là), qui séjournait non loin de la ville, était sur le point de céder à l'envoyé du roi d'Espagne, Francisco de Mello. Mazarin l'en dissuada et fit adroitement entrer ses régiments dans la place par un endroit où personne ne les attendait. Et un solide huguenot — à Sedan, il le fallait —, le maréchal Fabert, devint gouverneur de la place (septembre-octobre 1642).

De retour à Paris, Mazarin rédige, sur les indications de Richelieu souffrant, les instructions au comte d'Avaux pour les négociations de Münster à venir et se voit récompensé de ses services par l'octroi de l'abbaye de Corbie en Picardie, 80 000 livres de rente, l'une des plus riches du royaume. Désormais, il ne quitte guère son maître de plus en plus malade à Rueil, puis au Palais-Cardinal où il meurt le 4 décembre.

La confiance du défunt en Mazarin n'est pas douteuse. Il est sûr qu'il a conseillé à Louis XIII d'utiliser cet exceptionnel diplomate. A-t-il été au-delà ? il ne semble pas : peut-être pour laisser son maître décider ? Quelques lettres de Mazarin et quelques confidences postérieures laissent supposer qu'il songea à retourner à Rome, et qu'il fit quelques préparatifs de voyage... Mais que croire, avec lui ?

De toute manière, il avait rendu des services considérables, et il revenait tout naturellement à Louis XIII de décider de son avenir.

Les semaines décisives (décembre 1642-mai 1643)

D'ailleurs, le Roi ne tergiversa pas : quatre jours après la mort de Richelieu, dans une audience privée, il déclarait, selon l'ambassadeur vénitien Giustiniani, fidèle « reporter » : « Je veux que les choses restent comme elles sont, sans les modifier. Je veux me servir des mêmes ministres, et comme le cardinal Mazarin est plus que tout autre au courant des projets et des maximes du susdit cardinal, j'ai voulu l'agréger à mon Conseil *. »

Rien de plus net. L'influence adoucissante du nouveau ministre (les autres étaient Sublet de Noyers, secrétaire d'État de la Guerre, et Chavigny, fidèles de Richelieu, plus le chancelier Séguier), peut expliquer le retour de quelques exilés, comme Tréville, ancien capitaine des gardes, deux Vendôme (la duchesse et son fils Beaufort, pour le moment confiné à Vendôme même) et surtout de Gaston d'Orléans, éternel comploteur à qui le roi pardonna — « pour la sixième fois », précisa-t-il le 13 janvier 1643. Cette difficile rentrée en grâce semble avoir été l'œuvre de Mazarin qui savait mieux que d'autres qu'une régence allait devenir inévitable, qu'on ne pourrait qu'y associer le frère du roi, avec qui le nouveau ministre avait toujours entretenu de fort bonnes relations, plaidant pour lui avec mesure lors des innombrables sottises de celui-ci, y compris son mariage semi-clandestin en Lorraine, qu'il dut tout de même faire en quelque sorte régulariser en France huit jours avant la mort de son frère.

La visible ascension de Mazarin semble brûler les étapes : le 10 décembre, il venait dîner à Versailles, invité par le roi ; à la mi-avril, après de subtiles intrigues, appuyées par son ami et collègue Chavigny, il obtint la disgrâce de Sublet de Noyers, un peu trop proche des jésuites et un moment très écouté par le roi, et surtout réussit à faire nommer Michel Le Tellier au secrétariat d'État de la Guerre, fonction essentielle que le père de Louvois, fidèle par vocation, allait conserver plus de trente ans. Mazarin l'avait connu en Piémont-Savoie, en 1640-1641 lors-

* Cité par Pierre Chevallier, *Louis XIII*, p. 631.

qu'il était intendant de justice à l'armée d'Italie, avait apprécié ses qualités, et ne cessa de le « protéger ». Pour l'ambassadeur vénitien — qui force peut-être le trait —, il dépendait du cardinal « comme le jour dépend du soleil ».

D'une tout autre portée fut le baptême du dauphin qui, selon l'usage royal, n'avait été qu'ondoyé à sa naissance : il eut lieu le 21 avril 1643, dans la chapelle du château vieux de Saint-Germain : le roi, qui se devait de choisir comme marraine l'épouse du premier prince du sang (Condé le père), désira Mazarin comme parrain. On ne saurait assez insister sur le lien religieux, sorte de paternité spirituelle, qui unit désormait la subtile Éminence et le roi imminent. L'un comme l'autre en connaissaient la profonde signification ; ils ne l'oublièrent jamais, et cela explique en grande partie l'attitude toujours respectueuse de Louis XIV grandissant envers un ministre dont il n'approuvait pas toujours la politique, comme il le dit plus tard, avec mesure, dans ses Mémoires.

Restait l'ultime promotion, que très peu de gens, et aucun courtisan, n'avaient prévue : l'élévation du cardinal-ministre au rang de Premier ministre. Deux étapes : la première, œuvre de Louis XIII seul, consista, quinze jours avant sa mort, à décréter la constitution d'un Conseil de régence dans lequel figurait Mazarin : le but de roi était de contrebalancer l'influence de son épouse, de son frère et de son cousin Condé, dont il se méfiait, par un groupe de quatre ministres, ses fidèles ; mais il avait prévu que le chef du Conseil fût Mazarin, naturellement sous l'autorité de la reine (20 avril).

Lorsqu'un roi meurt (14 mai), ses décisions meurent souvent avec lui. Anne d'Autriche, devenue régente, n'attendit que quatre jours pour demander au Parlement de Paris (qui en avait le droit et obtempéra avec jubilation, puisque son rôle éminent était ainsi reconnu) l'annulation de la dernière déclaration de Louis XIII, enregistrée le 3 mai seulement.

L'arrière-petite-fille de Charles Quint, la mère transfigurée du roi de France ne pouvait supporter d'être en quelque sorte « mise en minorité » dans le Conseil projeté, par des gens qu'elle estimait peu, comme Gaston ou Condé, qu'elle détestait franchement comme Séguier (qui l'avait jadis tracassée et humiliée), ou de petite naissance comme Bouthillier et son fils Chavigny. Le soir même de l'annulation de l'ultime décision, Anne d'Autriche déclarait devant la Cour ébahie qu'elle nommait Mazarin, parrain du roi, président du Conseil de régence et Premier ministre. Pas plus de dix personnes avaient pu prévoir un tel choix, mal accueilli par tous les ambitieux déçus, et tous les xénophobes. Moins encore imaginaient que la nouvelle Éminence pût tenir dix-huit années, autant que Richelieu, mais dans un autre style et avec des résultats en fin de compte meilleurs.

Cette élévation surprenante, si mal admise, Mazarin la devait à la reine seule, même si quelques amis communs avaient pu se faire entendre (surtout l'Anglais Walter Montagu, trop peu connu). Autour d'elle, personne ne connaissait aussi bien « les affaires », surtout extérieures ; aucun personnage, fût-il prince du sang ou grand seigneur, ne montrait suffisamment de sérieux ou d'esprit pour assumer une telle responsabilité. Il n'était apparenté à aucune de ces grandes familles françaises dont les ambitions et les appétits étaient illimités. Sa robe cardinalice le revêtait d'une sorte de protection spirituelle et le mettait, selon l'étiquette de Cour à laquelle la reine tenait, à égalité avec les princes du sang (qui appréciaient peu). De plus, l'homme avait incontestablement de la séduction, en jouait avec mesure et lui avait toujours manifesté beaucoup d'attachement ; la femme sensible et toujours belle qu'elle était à quarante-deux ans y attachait du prix, rien de plus à cette date. En outre, il parlait l'espagnol, il était le père spirituel de son fils et surtout il lui devait tout : d'un mot, elle pouvait aisément le renvoyer. Son attachement était aussi certain que son habileté, et sa riche expérience des hommes et des États palliait son propre manque de connaissances comme de maîtrise de soi et de persévérance. Qu'il fût italien ne pouvait choquer que ses adversaires, ses rivaux et un grand nombre de petits esprits.

Mais, hormis la Cour, la diplomatie, l'armée et les finances — ce qui n'était pas rien — que connaissait Mazarin de la France « profonde », celle des provinces, des villes et des campagnes qu'il n'avait qu'aperçues dans ses fréquents voyages, en carrosse ou à cheval ? Et que connaissait-il de Paris, sauf les salons ?

Or ses plus grandes difficultés viendront du royaume lui-même, et ce royaume est au moins aussi passionnant (et plus difficile) à faire revivre que le couple étrange et étranger qui va s'employer à le gouverner.

CHAPITRE II

Portrait d'un royaume (1643)

Pour un Français de la fin du XXe siècle, il est assez difficile de connaître et surtout de comprendre le pays que Mazarin et la reine-régente vont essayer de gouverner au nom de l'enfant Louis XIV. Il offrait alors une configuration, une population, des modes d'activité, un type de gouvernement et des manières de sentir et de penser fort différentes des nôtres, bien que quelques traits aient persisté et quelques racines survécu.

Formes et contours

Rien de moins « hexagonal » que la France d'alors, et personne pour en concevoir l'idée et la figure, l'une et l'autre récentes. Un pays où semble manquer la tête, puisque tout le Nord est coupé entre Amiens et Arras, ville espagnole ; manque aussi presque tout le flanc oriental au-delà de la Meuse et de la Saône, frontières vieilles de huit siècles, en gros du traité de Verdun (843) qui limitait ainsi la partie ouest de l'ancien Empire carolingien, justement baptisée *Francia occidentalis* (l'*orientalis* étant l'Allemagne) ; font donc défaut la plus grande partie de la Lorraine (sauf les terres « évêchoises » de Metz, Toul et Verdun), toute l'Alsace et la Franche-Comté, celles-là d'Empire, la dernière espagnole ; vers le Midi, le vieux fleuve frontière du Rhône a tout de même été dépassé grâce aux heureux héritages du Dauphiné (XIVe siècle) et de la Provence (1480) ; mais il faudra plus de deux siècles — trois avec Tende et La Brigue — pour que la ligne de crête alpine serve de frontière dite naturelle, conception absente des têtes politiques du XVIIe siècle et que les Alpins ignoraient plus encore.

Et puis, y avait-il vraiment des Pyrénées ? Par la Navarre et par la Catalogne, la monarchie espagnole en avait débordé les deux extrémités. Or Henri IV n'avait que juxtaposé son royaume de Navarre à celui de France, et Louis XIII eut bien du mal (en 1621) à obtenir de ces nouveaux venus, majoritairement protestants, une obéissance modérée, d'autant que les deux royaumes demeurèrent théoriquement séparés, comme le disaient les monnaies et les titulatures officielles ; même en octobre 1789, il faudrait une difficile assemblée des vieux « États » pour que les Béarnais acceptent de se reconnaître français.

Vers la Méditerranée, l'ancienne province franque de Catalogne (les rois de France étaient comtes de Barcelone, et Louis XIII reprit le titre) avait été depuis longtemps incorporée à la monarchie aragonaise puis espagnole, débordant avec ses lois et sa langue propres jusqu'à Leucate et au solide château de Salces.

Au cœur des Pyrénées, depuis toujours, les montagnards du nord et du sud échangeaient leurs pâturages pour nourrir leurs troupeaux ; d'antiques traités de « lies et passeries » (de 1333), pratiquement toujours en vigueur après six siècles, s'appliquaient même en temps de guerre, et l'on songeait chaque fois à le rappeler : le dieu Mars ne régentait pas le bétail et il n'y eut sans doute jamais de Pyrénées-frontières pour les Pyrénéens.

Même si l'on oublie un moment les nombreux marais littoraux, palus et lacs, en voie de reconquête depuis 1600 grâce au talent des alliés et techniciens hollandais, la France qu'allait gouverner Mazarin devait être moins grande d'un sixième ou d'un septième par rapport à la nôtre : à bien compter, on trouve un déficit de 16 départements sur les 89 d'après 1918. Mais les frontières d'alors ne ressemblaient guère aux nôtres : elles n'offraient pas l'aspect d'une ligne soigneusement bornée au long de laquelle s'aligneraient des douaniers et des soldats. Les douanes — on disait souvent les « traites » — se situaient plutôt à l'intérieur du royaume, une bonne partie des provinces ne jouissant pas du même statut que les voisines, notamment les plus récemment conquises : de hautes pierres, des ponts, des îles, de grands ormes parfois les jalonnent, entre les paroisses et les seigneuries comme entre les États. On trouvait aussi des zones forestières (Argonne, marches « séparantes » entre Bretagne et royaume) dont les abords et les percées étaient souvent surveillées par des forteresses, véritables villes fortes parfois, comme l'étaient par exemple Auxonne et Vitry-le-François ; y résidaient des garnisons, légères en temps de paix. Très tôt, les rois essayèrent de protéger les possibles voies d'invasion par la conquête de forteresses avancées en pays étranger : les trois évêchés lorrains en constituant un exemple déjà ancien, mais aussi Philipsburg et Brisach sur la rive droite du Rhin, occupées en 1634 et 1639 ; au-delà des cols alpins, Suse, Saluces, Pignerol, voire Casal ont joué le même rôle de gardiennes.

Ces quelques exemples montrent immédiatement que, partout, ce sont l'Espagne et ses fréquents alliés germaniques qui sont visés : en effet, l'Espagnol est au sud, en avant des Pyrénées ; il est à l'est, en Franche-Comté proche de Dijon ; dans tout le Nord, puisque Artois, Hainaut, Cambrésis et Flandre sont partie intégrante des Pays-Bas du Sud, que gouverne un parent du Roi Catholique, et que ses troupes peuvent cantonner à moins de 150 kilomètres de Paris, à portée de la fameuse « trouée » de l'Oise, empruntée justement en 1636, déferlant un moment jusqu'auprès de Pontoise. Par surcroît, toutes les zones comprises entre les Pays-Bas et le Jura étaient tenues, dans des conditions et avec des statuts fort compliqués, par divers princes, surtout lorrains, mais aussi luxembourgeois, barrois et autres, dont une vingtaine de petits seigneurs qui « relevaient » plus ou moins directement de l'empereur, l' « Empereur romain de nation germanique » (tel était son titre), Habsbourg ultra-catholique proche parent du Habsbourg de Madrid. Restait la Savoie, qui avait transféré sa capitale de Chambéry à Turin : sa neutralité chancelante, sollicitée de part et d'autre et au besoin vénale, lui permettait de laisser passer (ou non) les troupes espagnoles d'Italie faisant route vers le nord, puisque l'Espagne possédait aussi en Italie, outre le royaume de Naples et d'autres points d'appui, le riche Milanais si bien placé : d'où la grande politique savoyarde de la France, faite de séduction, de démarches matrimoniales et de coups de force : en 1600, après une courte et victorieuse campagne,

Henri IV conquiert la Bresse, le Bugey, le Valromey et le pays de Gex (reconnus par le traité de Lyon en janvier 1601) en rendant au duc le marquisat de Saluces, ce qui donne de l'air à sa bonne ville de Lyon, le rapproche de Genève alors alliée, et gêne très fortement tout passage des régiments espagnols d'Italie en Franche-Comté ; en une savoureuse compensation, la fille du roi, Chrestienne, une gaillarde, sera plus tard donnée au fils du duc ; Mazarin la rencontra, on s'en souvient.

Cette frontière, avec ses points d'appui solides, ses mouvances, ses enclaves, ses sortes de trous, « béances » où l'on pouvait redouter de voir s'engouffrer l'Espagnol ou ses alliés, offre pour nous, gens du xxe siècle — qui pouvons évoquer les limites taillées à coups de serpe entre États américains ou africains — quelque chose qui trouble l'esprit : son dessin incertain, compliqué, presque inextricable, surtout au-delà de la Champagne. Bien sûr, les hommes du temps ne s'y trompaient guère, à moins qu'ils ne fassent semblant...

Ces apparentes étrangetés locales s'expliquent par une vérité bien simple, quoique peu connue ou méconnue : la France, chose du roi de France (et aussi de Navarre), n'offre en rien le caractère d'un État unifié de type moderne. L'influence de la vieille féodalité y est encore patente, bien que souvent gauchie : le royaume est une agglutination, un agglomérat de seigneuries, petites et grandes, formées au cours des siècles, les dernières pouvant être des duchés, des comtés, des baronnies, escortées de tout un train de fiefs et d'arrière-fiefs dépendant d'elles. De bon gré ou parfois de force, ces seigneuries se sont peu à peu agglomérées autour du noyau central capétien (de la Seine à la Loire) avec leurs lois, leurs institutions, leurs coutumes propres, sans jamais s'y fondre complètement et en renâclant parfois. Cet agrégat ne pouvait former un manteau continu. Des enclaves y subsistaient, et certaines devaient persister jusqu'à la Révolution : le Comtat, pontifical, la principauté d'Orange, un dernier comté d'obédience espagnole, le Charolais (obédience qui s'effacera sous Louis XIV) ; des curiosités locales comme ces villages de Clinchamp (aujourd'hui en Haute-Marne) et Rarécourt (Meuse), vers l'est, totalement libres parce que oubliés par leurs puissants voisins ; en attendant les cent complications que procureront, entre 1648 et 1789, l'annexion partielle et inégale de gros morceaux et de lambeaux d'une Alsace privée de Strasbourg, ville encore libre, et, pour longtemps, de Mulhouse.

Aussi se voit-on contraint de poser le problème, déjà évoqué, de la véritable nature de ce royaume de France si loin de nos modernes et outrancières simplifications.

Nature et constitution de la France

Demandons aux Français eux-mêmes, si tant est qu'ils prenaient souvent cette qualité plutôt que celle de Tourangeau ou d'Auvergnat, ce qu'ils pouvaient bien penser du problème, quand ils y pensaient.

Sauf quelques arriérés ou isolés, ils savaient parfaitement qu'ils vivaient sous un roi légitime et sacré, un peu lointain sans doute, mais qu'ils révéraient sans restriction, même s'il leur arrivait parfois de penser qu'il était mal servi et mal représenté, surtout par ses hommes de finances. Mais, dans la réalité quotidienne, tous vivaient dans le cadre de leur petit « pays » — quelques lieues à la ronde —, au plus de leur province, qui avait souvent sa langue, toujours ses formes dialectales, et toujours aussi ses « coutumes » ; ses coutumes, c'est-à-dire ses lois propres, au sens profond ses « privilèges » ; ses chefs traditionnels souvent révérés, de grandes familles, d'ancienne noblesse généralement ; et naturellement ses manières propres de compter, de mesurer, de peser, de semer, de planter, de faire paître son bétail et d'utiliser les terres dites « communes » ; et encore ses manières de se marier, de constituer des familles simples ou complexes, de léguer, donc de « faire un héritier » (souvent l'aîné, pas toujours) ou de partager également ses biens, de payer ses propres impôts, péages et octrois, et le sel très cher ou presque rien ; et aussi ses manières de percevoir la taille ou ses substituts, selon la terre tenue ou l'apparence des revenus ; l'habitude aussi, sauf catastrophe, de quitter rarement ses guérets, de s'épouser entre voisins (ou de se quereller, ou les deux à la fois) ; surtout de refuser d'une même voix les nouveautés législatives, principalement financières, d'étriper volontiers un agent du fisc ou d'aller brûler sa maison ; et de prier Dieu et surtout les saints locaux — des centaines — d'une manière qui s'accordait assez peu avec les canons du concile de Trente ou le Bréviaire romain (que d'ailleurs bien peu de prêtres connaissaient encore).

Une si foisonnante diversité pouvait engendrer bien des querelles locales ou régionales, mais elle ajoutait sans doute au visage multiple et à la variété heureuse des ressources et des hommes. Elle ne gênait la royauté que par épisodes brefs, mais qui avaient été sérieux depuis 1635 et risquaient de l'être encore.

Un tel état de choses permet-il de parler de nation

vraiment unifiée, et même de nation tout court ? de patrie ? Voire d'État, et surtout d'État dit de droit ?

Sauf sous l'éloquente plume de quelques grands juristes ou rhétoriciens imprégnés de latin, la « patrie » c'était surtout la terre, le « pays » où avaient vécu et reposaient les ancêtres ; et le terme ne prenait son sens actuel, magnifié par la Révolution, qu'en cas de danger grave, comme en 1636 lors de l'invasion espagnole par la Somme et l'Oise.

Dans le langage courant du temps, « nation » se rapporte souvent à la langue : on dit d'un homme qu'il est italien ou allemand « de nation » lorsqu'il parle un dialecte italique ou germanique. Le sens actuel du terme, sauf dans quelques beaux discours ou textes savants, n'émergea vraiment dans toute sa force que bien plus tard, en 1789 et presque en opposition avec la royauté, en attendant que les soldats-citoyens crient « Vive la Nation ! », comme ils déclareront bientôt « la Patrie en danger ».

Le mot « État », entité juridique, administrative et politique, était plus couramment employé ; on notera pourtant qu'il est surtout utilisé par les hommes... d'État, en gros le cœur du gouvernement, que le titre et la fonction de « ministre d'État » étaient les plus élevés après celui de chancelier, et que Richelieu avait coutume d'invoquer la « raison d'État », c'est-à-dire son propre sentiment ou sa conception de l'intérêt du royaume, et parfois du sien, comme ce sera souvent le cas par la suite. Quant à la formule récemment inventée d' « État de droit », elle me paraît avoir la signification qu'on veut bien lui donner : à peu près aucune.

À vrai dire, un seul terme, sans doute le seul propre, peut faire l'unanimité : tout simplement celui de royaume, dont on vient de voir comment il s'était constitué. Et dans les cahiers de doléances, bien souvent seront exprimées ces deux idées non contradictoires de la fidélité à un roi vénéré et du fier maintien des originalités, voire des privilèges locaux : allez donc voir en Bretagne et au Béarn.

Ainsi le roi, souvent considéré comme entouré de sa famille, constituait le ciment, presque le seul facteur d'union sinon d'unité entre des provinces à la fois adjacentes, originales, complexes, habituellement pleines de révérence, surtout quand le monarque en personne venait les visiter — ce qu'il a parfois su faire et que comprendra Anne d'Autriche, mieux peut-être que Mazarin.

Mais cette royauté représente-t-elle, comme on le ressasse, le type même de la monarchie absolue ? En théorie, bien sûr, et il suffit de le dire, et de poser l'égalité : absolu = sans lien, sans entrave. Le dire et le faire...

En 1955, lors d'un congrès international à Rome, deux vigoureux érudits, l'Allemand Hartung et le Français Roland Mousnier, ont montré pour la première fois que la banale expression de monarchie absolue devait être analysée sérieusement, et d'abord distinguée du despotisme ou de la simple tyrannie (à la turque par exemple). Le sens véritable est celui de monarchie tempérée, limitée : limitée, en France par sa « constitution propre », qui n'est pas un texte écrit (le premier, en 1791), mais un ensemble d'usages, de coutumes, de « lois fondamentales » sur le nombre desquels les juristes se sont battus, et qui se ramenait en fait à la transmission de la royauté (la primogéniture mâle), l'inaliénabilité du domaine royal (qui est tournée), le respect du serment du sacre, notamment de la loi religieuse et de la « liberté » (la non-servitude) des sujets. Mais l'absolutisme, dans la conception simpliste de quelques historiens pressés, c'est le droit de commandement sans limite et l'obéissance sans phrase. Ce serait là quelque chose d'admirable, si cela s'était produit. Trois ou quatre sortes d'obstacles empêchaient encore — et devaient persister — à empêcher quelque peu le bon fonctionnement de ce trop beau système.

D'abord, la loi du roi, quelque forme qu'elle prenne (des vastes « ordonnances » aux précis « arrêts du Conseil »), n'était qu'une loi parmi d'autres. Surtout en 1643, le droit canon continuait à s'appliquer aux nombreux clercs et à régir presque toute la législation du mariage, un sacrement ; ensuite, les nombreuses coutumes générales et même locales continuaient d'exister, et d'être les mieux connues, donc à peu près appliquées. Or, justement, la loi royale ne touchait pas facilement les fidèles sujets : il fallait d'abord que la douzaine de Parlements du pays prennent le temps de l'inscrire sur ses registres (l' « enregistrement ») après avoir au besoin présenté de « respectueuses remontrances » (au sens propre, de simples remarques) ; il convenait ensuite que le texte soit imprimé, publié au moins dans les villes et les gros villages, en principe aussi lu ou résumé au prône par le curé, s'il y pensait. Rien de tout cela n'était rapide : les nouvelles progressaient, au mieux, au trot du cheval ; les parlementaires prenaient leur temps, souvent avec quelque malice, principalement quand le gouvernement semblait affaibli (ce qui est toujours le cas lors d'une régence)... et on imagine ce qui pouvait arriver aux oreilles des paysans ébahis ou inattentifs. Plus encore quand les ordonnances royales revêtaient un caractère financier : la malice se joignait alors à la passivité rituelle et à la lenteur institutionnelle... On comprend comment Richelieu lui-même ne parvenait pas, surtout depuis la guerre (1635), à percevoir la totalité des impôts dont il avait ordonné la levée : bien souvent, il restait loin du compte.

L'absolutisme, certes, était un principe, (qu'il faut comprendre en son temps) et un idéal à atteindre, comme l'obéissance, vertu déjà peu française. Laissons-le là, et revenons une dernière fois sur la nature profonde de ce grand royaume, qui est de posséder encore une constitution provinciale.

Un solide historien des institutions aussi traditionaliste que Roland Mousnier n'a pas hésité à écrire : « Les provinces sont des étendues territoriales caractérisées par une civilisation commune, un ensemble de coutumes, de traditions, de privilèges exprimant une personnalité morale et des intérêts communs, dotées d'organes politiques leur permettant de former et de manifester une volonté commune *. »

À cette judicieuse exaltation de la province, bien oubliée, succède un développement, souvent inaperçu, sur le « caractère contractuel » du royaume. D'une part, certains territoires se situent en dehors de lui : et de rappeler que la Navarre constitue un second royaume, mais qui, depuis Henri IV, a le même souverain que la France, comme cela se lit dans les actes royaux et sur les pièces de monnaie. D'autre part — nuance —, certaines provinces restent théoriquement en dehors du royaume, mais elles ont le même souverain, dauphin en Dauphiné, comte en Provence, et les ordonnances de Louis XIII n'omettaient pas ces titres quand elles parvenaient

* *Les Institutions de la France sous la monarchie absolue*, t. I, 1974, p. 470 et suiv.

dans lesdites provinces. D'autres, certes intérieures au royaume, sont souvent d'anciens duchés et comtés qui s'administraient eux-mêmes et qui furent réunis sous des conditions en principe strictes : ainsi, quand Charles VII reprit la Guyenne aux Anglais (1451), il passa un accord avec les trois « Estats » qui régissaient le pays, et s'engagea à maintenir leurs « lois et coutumes » ; Louis XI fit de même dans le pays des Quatre-Vallées en Gascogne (1475) et en Provence en 1481. Ainsi fit François Ier pour les Dombes (1523) et, plus difficilement, pour la vaste, prospère et sourcilleuse Bretagne : jusque-là, il n'y avait eu qu'union personnelle découlant de l' « acte de mariage de la reine Anne » (le premier en 1491) ; elle ne se transforma en union à la couronne qu'en 1532, et il avait fallu un vote des États de Bretagne en faveur du dauphin, petit-fils de leur dernière reine... Union ultra-privilégiée qui valut aux Bretons de ne jamais payer ni taille ni gabelle, et de renâcler en 1789 pour députer aux États généraux du royaume. Dans le Roussillon, province aussi notoirement étrangère, Louis XIV lui-même dut promettre en 1659 de respecter les privilèges et même la langue de cette Catalogne du nord ; et, à chaque nouvelle annexion, il prit des engagements du même ordre, qu'il respecta quand cela l'arrangeait.

À nos yeux de Français unifiés, hexagonaux et ne connaissant en principe qu'une loi générale (quitte à la tourner), une telle constitution, à la fois inégale et fédérale (mais les États fédéraux sont-ils si rares ?) rarement soulignée d'ailleurs, sinon voilée sous des bavardages d'absolutisme —, une telle structure donc peut apparaître comme un signe de faiblesse. S'il y eut des faiblesses, elles étaient ailleurs, et nous les rencontrerons. Mais quel État donc, en Europe était puissamment unifié ? Le Roi Catholique régnait sur plusieurs royaumes, Portugal compris ; l'Allemagne — plus de 300 États — n'était qu'une expression géographique et linguistique, et l'Empereur faible, installé en porte-à-faux, et pressé par les Turcs ; la belle et riche Italie, en partie occupée par l'Espagne, se divisait en quelques beaux morceaux et beaucoup de petites principautés ; ce qu'on appelait — mal — la Hollande, qui dominait alors le monde de sa fortune et de sa technique, n'était constituée que de... provinces unies, qui constituaient son vrai nom ; quant à l'Angleterre, qui avait été grande et le redevint, elle se déchirait en 1643.

Si curieusement constitué qu'il pût paraître, le royaume de France inspirait le respect par sa puissance en hommes et en ressources, par le renom de sa monarchie et même de sa noblesse, et par son passé.

Mais le secret de cette puissance ne reposait pas sur la simple renommée ; elle tenait beaucoup aux hommes qui le peuplaient.

Les hommes

Dans cette France aplatie du flanc droit et raccourcie du chef et d'un pied, pouvaient vivre en 1643 16 à 18 millions d'hommes et de femmes. Impossible de préciser davantage, faute de documents crédibles, sinon quelques dénombrements locaux, plus ou moins sûrs. Certes, des statisticiens contemporains ont avancé des chiffres, en triturant savamment des sources très postérieures et quelques séries de registres paroissiaux, qui donnent seulement un mouvement. La dernière estimation, par Jacques Dupâquier* atteint 18,5 millions en 1650, en annexant prématurément Artois et Roussillon, mais en oubliant le gros morceau d'Alsace acquis en 1648 : une erreur peut compenser l'autre. Acceptons cette évaluation, peut-être généreuse : on ne trouvera pas mieux de sitôt.

Quoi qu'il en soit, oscillant, comme on voudra, entre la quinzaine et la vingtaine de millions d'hommes, la France dépassait alors, et de beaucoup, tous les autres pays d'Europe : deux à trois fois l'Espagne ou l'Angleterre, presque le décuple de la très riche et très moderne Hollande ; impossible de compter l'Italie, bien peuplée aussi, mais en partie occupée et divisée en une quinzaine d'États, grands ou petits ; de même pour le monde germanique, qui en comptait, on l'a dit, plus de trois cents, la plupart ravagés par la guerre de Trente Ans commencée en 1618. Tout le reste était lointain, comme la Moscovie, ou s'affaiblissait, comme la Pologne et la Suède. Il est curieux qu'on oublie toujours le vaste Empire ottoman, qui battait pourtant les portes de l'Autriche et du monde vénitien. Quant aux « sauvages » des lointaines colonies, surtout espagnoles, portugaises et hollandaises, on ne les rangeait pas dans le capital humain, mais dans le cheptel.

Richelieu, Mazarin et leur entourage avaient-ils vraiment conscience de cette supériorité démographique ? Clairement, peut-être pas ; intuitivement, sans doute. Il leur avait suffi de parcourir la campagne française (que le second cardinal pouvait comparer à la romaine, si abandonnée) pour en saisir la relative abondance en biens et en hommes. Ils savaient aussi

* *Histoire de la population française*, t. II, p. 60.

qu'il fallait plus de deux semaines de carrosse ou de berline pour traverser ce vaste royaume, et deux bons mois pour en faire le tour. Ce qu'ils savaient surtout, c'est que ces « peuples » (le pluriel est du temps) si nombreux parvenaient à peu près, grognant et se rebellant, à nourrir l'énorme Moloch d'une guerre qui, depuis huit ans, dévorait âprement toute richesse et pourtant laissait refleurir les enfants et les moissons : singulier problème qui ne se résout pas en termes simplistes de ruine et de prospérité et qu'il faudra attaquer sérieusement.

Rien, dans les normes actuelles de notre démographie, ne peut servir à comprendre nos ancêtres du milieu du XVIIe siècle, sinon qu'eux aussi naissaient — bien plus nombreux —, vivaient — plus mal, mais ils l'ignoraient — et mouraient beaucoup plus vite.

Grâce à la conservation quasi miraculeuse d'une bonne partie des anciens registres paroissiaux, ancêtres de notre état civil, et de très rares dénombrements, on est parvenu à connaître à peu près l'essentiel de la vie en quelque sorte physique des gens du XVIIe siècle. Précédemment, ils se mariaient très tôt, tout juste vingt ans pour les filles (qui seules comptaient), ce qui avait assuré la remontée démographique d'un pays que la fin du Moyen Age avait laissé très diminué. Depuis 1600 environ, les mariages se sont conclus bien plus tard : vingt-quatre ou vingt-cinq ans pour les filles, plus tard pour les garçons, phénomène qui va durer et amène inéluctablement un retard des premières naissances, dans une période sans contraception et sans beaucoup d'illégitimité, au moins à la campagne (1 à 2 % des baptêmes). Pourquoi ? Sans doute parce que le pays est plein, et les exploitations vacantes rares : il doit falloir attendre le décès libérateur d'un père… Quelle qu'en soit l'explication, le fait est avéré partout où on a pu l'étudier, sauf en Limousin, province aux structures familiales très particulières, comme le Bourbonnais et une partie du Berry (communautés larges et frérèches).

Si l'on oublie quelques anomalies, la « norme » qui se dégage de milliers de reconstitutions familiales est si simple qu'elle a pu surprendre. Formé vers vingt-quatre vingt-cinq ans (pour la femme), un couple produit un enfant dans l'année qui suit, puis un autre tous les vingt-cinq à trente mois, intervalle qui s'explique par l'allaitement maternel qui rend momentanément stérile ou coutumièrement inapprochable la nourrice. Les femmes étant ou décédées ou stériles peu après la quarantième année, il est aussi aisé de calculer que de vérifier qu'un couple ne peut guère donner naissance qu'à six ou sept enfants, sauf si la femme est mariée jeune ou se trouve particulièrement « rapide », ou si le nouveau-né est allaité par une nourrice « importée » (bourgeoisie) ; inversement, des couples sont rompus prématurément par la mort (en couches, 1 à 2 % des cas). Ces considérations croisées montrent que le nombre *moyen* des naissances par couple n'atteint pas un niveau très élevé : 5 ou 6, au plus. Inexorable, un autre loi vient trancher toute discussion : elle concerne la mortalité des enfants.

Un bon quart mouraient avant leur premier anniversaire (avec des variantes régionales et interannuelles, et l'on rappellera aux âmes effarouchées que le taux était encore du sixième vers 1890) ; un autre quart décédait avant quinze ans : en somme, il fallait deux enfants pour faire un adulte. Néanmoins, étant donné la fécondité moyenne des mariages, le renouvellement et même le léger accroissement des générations était assuré, sauf forts coups de frein dus à de gros accidents, que l'on va énumérer. Les décès de nouveau-nés s'expliquent en partie par le fait que beaucoup étaient prématurés, les femmes de la campagne travaillant jusqu'au moment ultime et accouchant parfois dans les champs, dans des conditions qu'on devine ; s'y ajoutaient l'absence d'hygiène, les nourritures inadaptées, les mouches, les diarrhées estivales ; vers la cinquième année, fondaient sur les rescapés les épidémies de variole, à peu près quinquennales. Ce gâchis d'êtres humains, qui n'éliminait pas forcément les plus faibles, n'épargnait pas les familles royales : qu'on songe à la descendance de Louis XIV ou aux tombeaux d'enfants de l'Escurial. On était habitué à ces hécatombes ; mais il fallait que tous les « petits corps » (expression du temps) aient été baptisés.

On était également accoutumé aux furieux accès de peste et de disette, mêlées et parfois confondues avec vingt maladies épidémiques mal identifiées parmi lesquelles la malaria, la grippe, les dysenteries et les typhus durent tenir une belle place. On appelait l'ensemble les « cavaliers de l'Apocalypse », guerre, famine, peste ; souvent assez mêlées, elles se manifestaient habituellement par une brutale montée des sépultures (en quelques mois, du doublement au quintuplement, voire plus), une compréhensible chute des mariages et une réduction des « conceptions » (baptêmes retardés de neuf mois) pouvant aller jusqu'à 50 %. Ces crises plus ou moins rudes, parfois horribles, fondaient sur une région ou sur une autre, à certaines périodes, rarement les mêmes, heureusement. Ainsi Mazarin, circulant et intrigant en Italie du Nord vers 1630-1631 croisa-t-il sûrement l'horrible peste qui n'épargna pas une partie de la

France et mit au tombeau le quart des Turinois, le tiers des Vénitiens (46 000), la moitié des Véronais (plus de 30 000) et des Milanais (60 000, tous chiffres connus grâce aux admirables archives italiennes et aux historiens de ce pays). De tels spectacles ne pouvaient surprendre le futur cardinal : il les avait trouvés (1631, 1636) et les retrouva plus tard en France, moins horribles peut-être dans leur banalité. Seulement, pour un homme de gouvernement, il était fâcheux de comprendre que les morts ne pouvaient plus payer les divers fiscs et que les pilleries des gens de guerre (bétail massacré, arbres coupés, fermes brûlées), au moins dans une partie du royaume, ralentissaient ou compromettaient l'indispensable redressement et le retour de fructueuses levées d'impôts.

On feint parfois d'oublier que, dans les « crises » qui s'abattaient périodiquement sur quelques provinces, la simple cherté des céréales nourricières, et du pain, provoquée par de mauvaises récoltes, la lenteur des communications et un commerce mal organisé ou trop bien accaparé, pouvait aider à conduire au tombeau, par le biais de la misère accrue, de mauvais aliments de subtitution, de contagieuses dysenteries, des centaines et des milliers de pauvres hères. Ces sortes de crises de subsistances, appelées couramment « disettes, chertés, mortalités », parfois franchement « famines » (terme exagéré pour nous) sévissaient rarement à l'état pur : elles étaient évidemment accompagnées d'épidémies qu'elles pouvaient provoquer ou entretenir. On les retrouvera pendant la Fronde et même après.

Mais, de toute manière, sauf en quelques régions maudites (Barrois, Lorraine encore impériale), les mariages nouveaux (et les remariages), les naissances rapides, la vigueur naturelle de la fécondité finissaient par racheter en quelque sorte les décès multipliés précédemment et les petits enfants qui manquaient.

Quels que soient les malheurs à venir — et il y en eut — divers indices, comme le niveau élevé des baptêmes et des mariages dans quelques provinces étudiables et souvent fort bien étudiées, laissent à penser que le royaume de France devait frôler, vers 1640-1645, l'un des moments d'apogée de sa population dans les limites qui étaient alors les siennes. Cela constituait un facteur très favorable, sinon pour qui levait des troupes (pas la moindre conscription, mais beaucoup de possibilités de recruter), mais pour qui levait des impôts, et Mazarin savait comme Richelieu à quel point, depuis la guerre entamée en 1635, ceux-ci devaient être abondants et rapidement collectés.

Mais comment les sujets du petit roi parvenaient-ils à satisfaire, tant bien que mal, souvent mal, ceux qu'on appelait déjà les « harpies » et « sangsues » du fisc ? Bien sûr en travaillant ; mais quoi ? Et comment ?

Les Français au travail : une économie fine

L'énorme majorité des Français, paysans pour plus de 80 %, avaient à résoudre deux grands problèmes matériels : vivre, payer les divers impôts ; plus, si possible, « pourvoir » au moins l'un des enfants survivants.

Terre

Dans des conditions de labeur, d'hygiène et de confort qui paraîtraient aujourd'hui scandaleuses (mais regardons notre « tiers monde »), ces problèmes étaient résolus avec un inégal bonheur selon les régions, les années et les groupes sociaux, par une activité très souvent diversifiée et à peu près incessante.

Dans des maisons sombres, souvent petites, bâties et couvertes avec les matériaux du pays, sommairement réparées par des mains habiles à presque tout, vivaient donc des familles, moins nombreuses qu'on ne croit (des enfants étaient morts, d'autres partis ou pas encore nés) dont le principal souci, outre le chauffage (résolu par les bois voisins, parfois la tourbe, voire le « charbon de terre »), était naturellement celui de la nourriture. La base en était souvent les « bleds », terme générique englobant tout ce qui était panifiable : froment, seigle, méteil, orges parfois, sarrasin et maïs dans quelques provinces ; la châtaigne s'y ajoutait, s'y substituait parfois. Pain très bis, bouillie ou galette épaisse, taillés ou trempés dans un potage où avaient bouilli quelques légumes, « herbes » (comme les poireaux et les choux), « racines » (comme vingt sortes de raves et de navets), souvent aussi des « pois » jaunâtres et durs et dix sortes de fèves ou faverottes bien sèches. Avec quelque chance, dans les pays de glands, donc de porcs, une vieille couenne de lard salé qui circulerait d'une soupe à l'autre, pour finir sous les dents ébréchées et noirâtres du *pater familias*. Les produits du verger, des arbres sauvages et de la cueillette venaient compléter épisodiquement la provende, plus souvent un braconnage que les rares tournées des gardes-chasse (et gardes-rivière) révèlent considérable.

Moyennes que tout cela : ou bien la famille paysanne n'arrivait pas à se procurer le nécessaire, faute de terre, de bonne saison, de talent ou de chance ; ou bien, dans les vastes demeures des gros laboureurs et des maîtres de mas, l'abondance régnait des greniers aux celliers, des étables aux basses-cours ; plus toutes les situations intermédiaires. Grasses ou maigres, les récoltes avaient été immédiatement amputées d'un bon treizième (encore une moyenne) par les soins de l'Église, qui dîmait en nature, en attendant le prélèvement (variable) du seigneur et celui de l'éventuel propriétaire. Ces extorsions légales nourrissaient au passage des cohortes d'ecclésiastiques, de nobles, de bourgeois, de serviteurs ; mais surtout tous ces « fruits », comme on disait (avec le vieux sens latin de fruits de la terre : *fructus*), aboutissaient dans des granges, des greniers, des négoces et des spéculations, par lourdes charrettes et par bateaux entiers. Ainsi se constituait l'une des branches les plus nécessaires et fécondes de l'économie du royaume et, aux bonnes années, des marchandises fort bien exportées.

Quant au petit paysan, manouvrier ou journalier, qui ne parvenait pas à nourrir les siens par sa maigre récolte sur de trop rares arpents, il lui restait à multiplier ses activités : taille de haies, fenaison, moisson, vendange, battage chez le fermier aisé ; aide à maçon et à couvreur, à l'occasion en ville ; boisilleur ou bûcheron quelques semaines à la saison requise ; et surtout travailleur à domicile, ainsi que sa femme et ses enfants ; travailleur du bois, de l'osier, surtout de la laine, du lin et du chanvre. Fileurs et fileuses, sergers, tisserands et « texiers » (de toiles) de tous types d'étoffes, en presque tous lieux (sauf pour le lin, avide d'humidité, installé en écharpe sur le Nord-Ouest jusqu'à Olonne), ils laissaient à la ville le finissage, le blanchiment, l'empaquetage et l'expédition. Ayant habillé presque tout le pays, une bonne part de ces précieux textiles était expédiée vers l'Angleterre (les toiles), les « échelles » (italien *scala* = escale) du Levant, surtout l'Espagne et les Indes d'Amérique, débouché bientôt essentiel et qui payait en métal précieux les produits raffinés ou rugueux d'abord ouvrés dans d'humides chaumières. Précieux produits qui aidaient le petit peuple à vivre et le royaume à se procurer les fortes rentrées d'argent et d'or dont il avait tant besoin. Ils n'étaient pas les seuls.

L'autre grande marchandise abondamment produite, consommée et exportée, on se doute bien que c'était déjà le vin, plus ses dérivés. On trouvait alors la vigne presque partout, même sur les coteaux bordant l'Oise et la Somme ; si certaines régions — pas les mêmes qu'au XXe siècle — étaient favorisées par la nature et par l'homme, tout chef de famille qui le pouvait tenait à boire son vin, si aigrelet fût-il. La viticulture demandait un certain talent, beaucoup de travail et améliorait souvent le niveau de vie de qui la pratiquait, et qui était presque toujours vendeur. Le vin, liquide à demi sacré auquel on attribuait en outre des vertus roboratives, sinon curatives, était absorbé en quantités imposantes par de grandes cités comme Lyon ou Paris (les paysans en buvaient surtout les jours de fête). Par les registres d'octroi de ces deux villes, on découvre avec quelque surprise que leurs habitants, femmes et nourrissons inclus, devaient en consommer un bon demi-litre par jour... On comprend que les vignerons aient été si nombreux, non pas en Languedoc ou Beaujolais, dont les vignobles étaient locaux ou inexistants, mais avant tout en Ile-de-France, puis en Orléanais et Val de Loire, autour d'Auxerre, sur les côtes du Rhône en aval de Lyon ; les très grands crus étaient ceux de l'Hermitage, Condrieu, Beaune surtout, Ay (non mousseux) ensuite. Si les bons crus bourguignons allaient surtout vers Paris et les Pays-Bas intérieurs, les clarets bordelais et les « noirs » cahors abreuvaient depuis plusieurs siècles l'Angleterre assoiffée et même les Flandres. Depuis quelques décennies, les solides barques hollandaises remontaient les rivières d'entre Loire et Adour, allant se ravitailler aux fûts et vulgarisant rapidement de vieilles techniques de « brûlage », surtout le long de la Charente et du réseau de l'Adour, contribution appréciable à la naissance et à l'essor des cognacs et des armagnacs. Par surcroît, elles ramassaient, le long des rivières aquitaines, ces baies de genévrier qui contribuèrent à multiplier cet alcool violent destiné à passer des Pays-Bas en Angleterre, pour y être frelaté et popularisé sous le nom de *gin*. On ne saurait exagérer la place du vin dans la vie et l'économie du pays : ceux qui le produisaient figuraient rarement parmi les plus pauvres ; ceux qui le négociaient, par terre ou par eau, semblent avoir bien choisi leur négoce ; l'État enfin, sous la forme de vingt droits d'octrois, aides, douanes, traites et autres astuces, levait aisément de fructueuses taxes sur un produit difficile à dissimuler. Sans oublier que les grands propriétaires de vignobles, Église et ministres notamment, en tiraient, outre leur profit, de possibles satisfactions gustatives.

Le bétail, dont les historiens ne parlent pas assez, avait en commun avec le vin la facilité de sa taxation : difficile à dissimuler (sauf les petits animaux ou au fond des campagnes), il circulait beaucoup, pour paître, pour aller au marché, pour changer de lieu de nourrissage, pour se rendre en longues files, par les « chemins verts », les « chemins aux bœufs » ou les drailles méridionales, vers les lieux où l'on essaierait de l'engraisser avant de l'abattre. Rien de plus aisé à saisir pour les dîmes, les droits seigneuriaux, les péages, les octrois, les douanes intérieures et tout ce qu'ont inventé des fiscalités rarement à court d'imagination. Si les grandes villes — une fois encore, Lyon et Paris sont les moins mal connues — paraissent avoir consommé beaucoup de viande, le petit peuple se repaissant d'abats, il en allait différemment à la campagne. Le « cochon du pauvre », mythe trop répandu, ne pouvait être élevé (grosses fermes exclues) que là où la nourriture de cet animal glouton pouvait être facile et gratuite : il leur fallait des glands, à la rigueur des faînes, donc des chênes et des hêtres (mais ces beaux arbres appartenaient assez souvent aux seigneurs), mais il y avait des permissions, des tolérances, et beaucoup de chapardage (on envoyait les enfants, comme pour les fruits sauvages et les champignons). Encore fallait-il conserver les morceaux de l'animal sacrifié en hiver : toutes les provinces ne jouissaient pas du sel quasi gratuit, comme la Bretagne. On parle aussi couramment de la « vache du pauvre », conduite par un gamin le long des chemins. Mais ce qui est vrai pour les bocages et les régions humides l'est beaucoup moins pour les grandes plaines à blé où les deux tiers des paysans n'ont pas une seule vache : en ont-ils qu'ils sont surtout heureux de vendre lait, fromage et veaux ; cependant, quelques « fourmes » bien séchées sur des claies aidaient, avec quelques fruits, souvent des pommes, à mieux passer l'hiver.

Bien plus fréquente, parce que moins gourmande, la « beste à layne », la brebis (les mâles sont sacrifiés) constitue (avec quelque volaille) l'animal du pauvre. Lait, laine, agneaux mâles, œufs, poulets mâles et vieilles poules, tout cela était bien plus souvent vendu que consommé sur place. Mises à part les grandes bergeries du Midi (avec leurs longues migrations estivales), il s'agissait là de précieuses spéculations domestiques, que les divers impôts atteignaient difficilement. C'étaient au contraire de véritables entreprises que ces vastes métairies du centre et de l'Ouest, bien pourvues de gras herbages et de plus médiocres pâtures : elles faisaient naître ou se chargeaient d'engraisser les indispensables ânes, mulets (montagnes, Poitou...), chevaux de labour, de trait ou de selle, et naturellement les troupeaux de bovins qui, depuis la Normandie, le Berry, le Bourbonnais, cheminaient difficilement vers les prés de « rafraîchissement » des énormes marchés de Sceaux et de Poissy. Là les attendaient, après les ponts et les péages, la fiscalité et la boucherie parisienne. Ce bétail, en continuelle reproduction et qu'on déplaçait volontiers, constituait la richesse solide de fermes et de métairies mal connues, trop souvent estimées médiocres puisqu'elles produisaient peu de blé.

Quelle que soit la diversité des produits, des exploitations et des provinces, il apparaît que le travail paysan, plus diversifié qu'on aurait pu penser, aidait quand même les campagnes à vivre à peu près, sauf catastrophes trop souvent attestées. Il apparaît aussi que, par le canal des impôts et prélèvements de toutes sortes, fermages et métayages compris, une bonne partie de cette production rurale remontait vers la ville, la nourrissant, l'abreuvant, l'habillant, la chauffant (au bois, souvent venu par eau), l'enrichissant nettement. Sous ses diverses formes, la rente foncière s'y accumule, s'y transforme en immeubles neufs, en riches mobiliers, en brillantes parures ; elle s'y réinvestit aussi sous d'autres formes, en particulier des prêts à intérêt, licites ou non, parfois frôlant l'usure, volontiers dans les « affaires du roi », moteur financier du pays, que nous retrouverons sous Mazarin comme avant et après lui.

Ville

La ville, qui tire sa substance essentielle du labeur des campagnes, ne se contente pas de s'engraisser et de spéculer avec la rente foncière. Outre ses activités banales, l'atelier, la boutique, le marché — ce dernier souvent considérable —, elle possède ses propres industries de transformation ou de création, dans la draperie comme Amiens et d'autres villes au nord de la Seine, plus spécialement dans le textile de luxe (soieries, dentelles, tissus d'or et d'argent) comme dans tous les domaines de la mode et du luxe ; celui de la culture enfin, où Rouen et Lyon tiennent encore leur place, mais que Paris domine désormais, et pour longtemps, avec ses nombreux imprimeurs déjà installés sur la rive gauche... Ce milieu du XVIIe siècle se caractérise pourtant par une activité exceptionnelle, qui met en œuvre beaucoup d'argent, de matériaux et d'hommes : la construction, en plein essor après la période destructrice et sombre des guerres de Religion. L'exemple le plus frappant et le mieux connu est celui de la capitale. On a pu soutenir que Paris est passée de 200 000 ou 250 000 habitants au lendemain de la Ligue (vers 1590) à plus de 400 000 à la veille de la Fronde. Ce quasi-doublement ne peut se comprendre sans un renouveau de la construction dans une ville souvent décrite comme un chantier permanent et dans laquelle, depuis le début du siècle, construire en bois est interdit (sauf à l'intérieur des cours pour des sortes de hangars, probable erreur). Ainsi donc la belle pierre du voisinage, les tailleurs de pierre — souvent auvergnats — et les maçons — souvent limousins — ont-ils concouru activement à agrandir la ville et sa proche banlieue en utilisant les espaces laissés libres, vers le nord et le nord-est, par le récent abandon des remparts de Charles V et par l'édification sous Louis XIII de la ligne bastonnée des « fossés jaunes », les « grands boulevards » de l'avenir ; trois faubourgs furent ainsi annexés et bâtis : la Villeneuve, les anciens faubourgs Montmartre et Saint-Honoré. Dans le même temps, le roi, le grand maître du Temple, l'abbaye Saint-Germain et, tout proche, l'ancien et vaste palais de la reine Marguerite lotissaient à qui mieux mieux : grands urbanistes, Henri IV et Sully avaient fait naître la place Royale et la place Dauphine et les quartiers joignants ; plus tard, des promoteurs financiers proches de la Couronne lotirent à leur tour ce qui allait s'appeler l'île Saint-Louis, d'anciens pâturages, édifiant un merveilleux ensemble dans une atmosphère de sombre tripatouillage. Par surcroît, une cinquantaine de couvents tout neufs s'étaient installés en quelques décennies, une douzaine d'églises avaient été édifiées ou agrandies, unissant heureusement le renouveau catholique à la prospérité immobilière. Comme le peuple affluait, attiré par ces grands travaux et la présence presque permanente de la Cour, somptueuse cliente à nourrir, loger, orner et exploiter, on se mit à rehausser des immeubles qui ne pouvaient plus s'étendre : pratique qui caractérise plus encore la période suivante.

Si, comme il semble, la plupart des grandes villes (mais aucune ne contenait beaucoup plus du dixième des habitants de la capitale), surtout les capitales provinciales, les grands marchés et les ports connaissaient une évolution semblable (plus ancienne pour Lyon, plus tardive pour les villes atlantiques), la preuve est administrée (puisque, quand le bâtiment va, tout va) que ce grand royaume ne manquait ni de ressources ni d'énergie. Dans cette poignée de grandes villes, Lyon continuait de briller par ses soieries, ses foires, son rôle de grand carrefour marchand, mais venait de perdre sa place éminente dans le domaine de la banque : les Italiens qui l'avaient illustrée suivirent les rois et les reines Médicis à Paris.

Mer

Quant aux grands ports — une demi-douzaine —, ils expédiaient plus ou moins loin les marchandises qui enrichissaient la France : blés, vins, eaux-de-vie, toiles, draps, sel d'entre Bourgneuf et Brouage (malgré la concurrence de celui de Setubal, moins cher). Marseille, à la croissante activité bien mesurée par quelques documents du type octroi, bien que gênée par les Barbaresques, tirait d'honnêtes revenus des « échelles du Levant », ports d'un Empire ottoman demeuré favorable à la France. En attendant les beaux profits du café, du sucre et des esclaves (qui commençaient), Bordeaux, Nantes, La Rochelle encore affaiblie, et Rouen, fortement concurrencées par les Hollandais, ravitaillaient néanmoins le « Nord » (au-delà de Calais au sens du temps), l'Angleterre, l'Espagne et les Indes (en attendant les

Antilles françaises, à peine occupées) des précieux produits français qu'ils ne produisaient pas (ou peu), et qui souvent étaient payés en « espèces d'or et d'argent », si précieuses. En essor très rapide, Saint-Malo, dont la flotte se préparait à être la première, distribuait jusqu'en Italie la morue pêchée à Terre-Neuve, essentiel aliment de Carême avec le hareng hollandais ; et les hardis Malouins allaient déjà à l'aventure, vers les mers du Sud où ils brillèrent un demi-siècle plus tard.

Outre cette grande navigation, on ne peut imaginer le nombre des barques tirées chaque soir sur de petites plages oubliées, qui s'adonnaient à la pêche côtière et au cabotage de proche en proche : c'était notamment la spécialité des Bretons, si nombreux à Anvers et en Galice, et connus partout de Hambourg à Cadix.

Cette activité incessante, multiforme et très courageuse, qu'il faudrait un livre entier pour faire revivre, comportait néanmoins quelques éléments de fragilité, plus faciles à déceler avec le recul du temps.

Fragilité

Un certain immobilisme sûrement — mais ce milieu du XVIIe siècle était plutôt tourné vers la tradition toujours embellie que vers un avenir de progrès probablement inconcevable : on n'aperçoit guère d'autres nouveautés heureuses (mais on se méfiait de toute « nouvelleté », comme on disait) que l'introduction dans le Sud-Ouest du maïs mexicain venu par l'Espagne, vers 1630-1640 ; l'extension encore modérée de la culture des fourrages artificiels (que les physiocrates croiront découvrir !), comme le sainfoin ou la luzerne ; une amélioration possible de la solidité des fers des socs, des versoirs et des fourches ; deux ou trois innovations dans le travail textile, comme le blanchiment des fines toiles de lin (venu naturellement de Haarlem par Cambrai et Saint-Quentin) ; grâce encore aux Hollandais, la maîtrise du comblement et de la poldérisation des marais de la basse Seine, du Mont-Saint-Michel, d'entre Loire et Gironde et quelque peu du Midi. Peut-être faut-il ajouter la perfection obtenue, tout récemment (1640-1641) dans la frappe des magnifiques louis d'or et d'argent, si recherchés en un temps où les seules valeurs unanimement reconnues étaient celles-là. L'énorme quantité frappée (quelque 70 millions de livres en trois ans, selon Spooner) montre bien qu'il se trouvait beaucoup de métaux monnayables dans un pays qui n'en extrayait presque pas, mais qui savait en importer par son travail et son commerce et qui à coup sûr, comme Harpagon (mais en faisant travailler la cassette) en détenait en réserve, depuis le fond des temps, des tonnes et des tonnes.

Là gisait la force profonde. Dans cette économie, les faiblesses (outre la médiocrité des progrès, indifférente aux esprits du temps) provenaient de ce qu'on peut appeler sa fragilité, l'inégalité de ses acteurs, et une certaine nudité, d'ailleurs trompeuse.

Dans le secteur agricole, on sait bien que cette fragilité venait surtout des éléments : un hiver glacial, un été trop chaud, bien plus encore un été humide qui faisait pourrir les blés et les grappes, les moissons pouvaient être perdues pour moitié, les vendanges pour beaucoup plus ; si les spéculateurs profitaient de l'inévitable cherté qui suivait, les paysans modestes en souffraient beaucoup, et les villes où s'envolait le prix du pain (triplement parfois) connaissaient privations, disettes, épidémies. Les étés très secs, comme les épizooties (mal connues à cette époque, mais évidentes plus tard) pouvaient tuer jusqu'au tiers du bétail ; un bétail qui ne se remplaçait pas vite, particulièrement coûteux dans le cas des indispensables chevaux.

En liaison fréquente avec ces crises agricoles, les activités industrielles pouvaient connaître aussi des moments de mévente, donc du chômage (jamais aidé) pour les travailleurs. Ce qu'on sait sur les fluctuations du commerce (peu) et sur les fluctuations de la production textile (beaucoup plus, surtout de Rouen aux cités « belges ») indique de fiévreuses fluctuations, mais, après la peste de 1630, une assez nette montée des courbes jusque vers 1645, notamment à Amiens et Beauvais, qui habillent surtout Paris, mais exportent aussi par Rouen, Troyes et Lyon. Mais que la guerre ou la forte crise agricole survienne, et la production plonge : on le verra dès 1649.

L'inégalité qui marque cette économie ne peut surprendre. Sans revenir au vieux schéma marxiste — qui, ici, n'est pas inexact —, on constatera que ceux qui produisent avec la force de leur bras et un modeste outil obtiennent tout juste de vivre modestement et sont les premiers à sombrer — manouvriers des champs ou de la ville. Qui détient les moyens de production — terre, métier, atelier — et plus encore peut-être maîtrise le négoce, surtout le grand, et les moyens de transport, les espèces ou le crédit s'en tirera toujours bien mieux — sauf à connaître de rudes moments, et la faillite apparente ou réelle. Hollande et Toscane mises à part, il semble bien que les détresses et les chutes soient moins marquées dans le royaume de France qu'ailleurs.

Ce qu'on a appelé « nudité » n'est autre que celle

de la production et de l'échange, généralement fort visibles, surtout aux yeux des divers fiscs : allez donc cacher des bateaux de grain ou de sel, des troupeaux circulant, des tonneaux ou des rouleaux d'étoffe ! Malgré quelques fraudes, l'agent de l'Église « cueille » sa dîme sur le champ, au pressoir, à l'étable ; l'agent du seigneur connaît bien ceux qui doivent cens, surcens, champarts, lods et ventes, et tout le reste ; l'agent des fermes du roi se poste là où circulent et passent obligatoirement le sel de Brouage, le bœuf du Charolais, le vin des côtes du Rhône ou de Vouvray, qu'il attend aux douanes d'Ingrandes ou de Valence, etc. Ce qui apparaît peu (sauf à chercher chez les notaires, ce qui est alors impensable), ce sont les trafics en papier ou en espèces qui jalonnent les opérations de crédit, de transfert, de changes, si importants au niveau de l'État et des grands financiers qui en forment l'armature, mais sont très mal connus, ou pas du tout, dans un peuple principalement rural, à la fois abusé et pressuré.

Car il faut toujours y insister : la pression fiscale, celle du roi, a plus que doublé depuis huit ans et se manifeste de manière insupportable par l'envoi de percepteurs étrangers au pays et de soldats. C'est elle qui est responsable des grandes traînées de révoltes provinciales qui sillonnent le pays. Si elles ne sont pas vraiment nouvelles, elles n'ont pas atteint depuis longtemps une telle violence.

C'est un royaume encore prospère, mais capable de faiblesses que Mazarin va prendre en main ; un royaume où la révolte est fréquente et où l'ordre n'est pas près de régner. Le cardinal connaît bien tout cela et ne le craint guère : tant que la « grosse bête » (Paris, aurait dit Richelieu) ne bouge pas, ce ne sont que péripéties. Ce sont d'autres agitations qui le tracassent, et les aspects les moins visibles de l'économie du royaume : l'argent et les finances, qui l'obséderont mais dont il sortira.

Les problèmes religieux et ceux qu'on appelle « de civilisation » ou de « mentalités » l'inquiétaient beaucoup moins : Richelieu avait apparemment résolu le plus grave, celui de la « république protestante », liquidée par l'édit de grâce d'Alais [Alès] (1629). Mais que pensait et que sentait donc cette France religieusement pacifiée ?

Croyances et cultures

Aurait-on trouvé, dans le royaume de France, un million d'hommes parlant le français ? Probablement pas.

Il convient naturellement de mettre à part les élites, nobiliaires et bourgeoises, passées par le collège ou le précepteur, qui avaient adopté depuis plus d'un siècle la langue de la Loire plus que de la Seine, dont Vaugelas, après la Pléiade, avait élaboré et énoncé quelques règles, langue maniée et souvent affinée dans les châteaux, les bureaux et surtout les salons. Depuis plus d'un siècle (édit de Villers-Cotterêts, 1539), le roi et ses agents ne légiféraient qu'en français ; les administrateurs des pays d'oc comme les Bretons et les Basques, bientôt comme les Alsaciens, membres d'autres familles linguistiques, devaient continuellement traduire dans le dialecte du lieu les papiers et grimoires, alors pas trop abondants, sécrétés par les diverses instances, royales ou locales, qui devaient obligatoirement employer le français, parfois non sans peine.

Parler sommairement, comme il arrive, de la France d'oc face à la France dite d'oïl offre une signification sommaire. Ce que nous avons baptisé « occitan » se décomposait sur le terrain en des douzaines de parlers quelques peu parents (comme pour l'oïl, d'ailleurs) et plus encore dissemblables, les « accents » locaux s'en mêlant : à tel point que, dans les années trente de ce XXe siècle encore, des paysannes périgourdines vivant à quatre lieues de distance n'arrivaient à se comprendre au marché qu'en français écorché. Pour revenir au temps de la « bonne régence », on découvrira sans peine des mazarinades rédigées en « guespin », patois orléanais, et au moins deux publiées en dialecte... français d'entre Saint-Ouen et Montmorency : il a même fallu l'édition érudite de Frédéric Deloffre pour en saisir vraiment le sens et le sel.

L'essentiel des relations sociales, économiques et même politiques ne dépassant guère les limites de la sous-province, du « pays » — un cercle de dix à quinze kilomètres de rayon ? —, les disparités dialectales offraient peu d'inconvénients ; au-delà, on trouvait toujours d'approximatifs traducteurs. Lorsque les monarques et leur train voyageaient dans leur royaume, ils subissaient, au moins dans les petites villes, des harangues en picard ou en gascon qui ne devaient guère les émouvoir. Mais la différence des langues prenait de la gravité lorsqu'arrivait de Paris quelque officier de finance, voire un intendant qui n'utilisait que la langue royale. On a des preuves que cette particularité n'ajoutait pas à leur popularité.

La question de l'analphabétisme — au XVIIe siècle, s'entend — a fait couler beaucoup d'encre et de salive. À vrai dire, les diverses élites ne posant aucun problème, il suffisait que les bons maîtres de métiers urbains et les patrons de boutique sachent lire et écrire ; compter simplement, ils savaient presque d'instinct, surtout l'addition et la soustraction. À la campagne, outre le curé et un éventuel tabellion, on ne trouvait guère que le fermier du seigneur et un ou deux gros laboureurs capables de se hisser jusque-là. Savoir se dépêtrer dans les baux à ferme, les contrats de mariage et les reconnaissances de dettes était une nécessité : les illettrés totaux, ceux qui signaient d'une croix, risquaient parfois d'être trompés et même dépouillés, notamment dans le centre et le Midi, par les redoutables notaires de village.

Grâce aux actes de mariage, qui devaient impérativement être signés par les intéressés et les témoins (surtout, il est vrai, à partir de 1667), on peut risquer une évaluation du taux d'analphabétisme, le plus clair : beaucoup plus élevé pour les femmes que pour les hommes (le bonhomme Chrysale disait vrai) et dans le Midi et la Bretagne plus qu'ailleurs. Dans les campagnes normandes, picardes, « françaises », champenoises et plus à l'est, il arrivait qu'un bon tiers des hommes sachent signer leur nom assez lisiblement. Cela ne prouve pas qu'ils possédaient une instruction « primaire », mais au moins des rudiments qui pouvaient leur permettre d'aller plus loin et de lire au moins les divers grimoires qu'ils étaient amenés à signer. Ces constatations confirment la relative efficacité des écoles de village que les archives permettent de repérer dans les mêmes provinces. Des écoles dont le « maître » était désigné, après avis du curé, par ces mêmes paysans qui le rémunéraient, en nature ou en petite monnaie, l'Église ne participant pas très fréquemment à une tâche qui l'intéressait surtout dans les villes. Ce qui montre que, dans certaines campagnes, on concevait parfois la possibilité, par l'école, de se défendre et de s'élever dans le corps social.

Les problèmes de croyances, de la foi et de la pensée, même élémentaire, ont été beaucoup remués, ces derniers lustres, par des historiens avides de renouvellement. Ce très louable objet de recherche n'a pas toujours conduit à des résultats évidents, mais il permet d'avancer au moins des probabilités et des hypothèses.

On peut même dégager une certitude : la vitalité, un peu en retrait peut-être, de cette religion que l'Église prétendue catholique (ce mot venu du grec signifie universel) nomme « prétendue réformée », qui groupe plus de 600 000 croyants. Quelque peu délaissée par de grandes familles nobles, souvent converties par pure vénalité, comme Condé le père, elle tient une partie du Midi, de l'Ouest, du Val de Loire et brille toujours dans ses trois grandes académies : Montauban, Saumur, Sedan. Depuis que Richelieu a détruit leur organisation politique et militaire (La Rochelle, 1628 ; Alais, 1629), les réformés se distinguent par leur fidélité, leurs services et leur talent, par exemple le vicomte de Turenne. Ils continueront.

En dehors d'eux, la clarté ne règne pas, et les thèses les plus variées trouvent leurs champions dans le petit monde des historiens, il est vrai fort varié lui-même.

Il est facile d'avancer que tout ce qui ne professe pas le calvinisme — en attendant l'Alsace luthérienne — appartient naturellement et fidèlement à l'Église catholique, apostolique et romaine, la troisième épithète étant essentielle. Certes, qui n'est pas baptisé n'existe pas vraiment, et personne ne paraît imaginer qu'on puisse avoir une sépulture autre que chrétienne, après une ultime bénédiction ; de même, le mariage est un sacrement et rien d'autre. Naturellement, chaque village possède son église paroissiale, dont la cloche sonne les heures pieuses, et rassemble chaque dimanche toute la population valide pour la messe, les retrouvailles, les informations, les affaires, et les complémentaires libations, au moins masculines. Aucun doute, un grand manteau chrétien semble envelopper le royaume. Qu'y a-t-il dessous ?

Souvent beaucoup de ferveur, une foi de charbonnier, le respect des sacrements ; mais aussi une chaleureuse vénération pour des reliques bien abondantes, des saints étonnamment nombreux, des fontaines, des pierres, des arbres semi-miraculeux qu'on a su surmonter d'une croix qui les sacralise ; de plus en plus une dévotion sentimentale pour Marie, le Saint-Sacrement, l'Enfant Jésus, le Sacré-Cœur, toutes dévotions qui ne semblent pas très apostoliques si elles sont romaines, mais qui comblent les âmes tendres. Inversement, est entretenue la terreur du Diable, des démons et de l'Enfer, avec ses « infernaux palus » et ses vastes cuves « où dampnez sont boullus », pour reprendre un beau texte que Villon dédia à sa mère. Ce complexe chrétien où la douceur, la fureur et la peur côtoient l'humble et simple dévotion fait bon ménage avec des croyances venues de très loin et que le XXe siècle n'a pas toutes oubliées : les divers types de sorcellerie, de sorciers et de sorcières, de la jeteuse de sort villageoise à l'empoisonneuse urbaine, les esprits, bons ou mauvais, les feux follets, les loups-garous et les grosses bêtes monstrueuses ; quant aux phases de la lune, aux signes du zodiaque et à leur influence, ils figurent dans tous ces almanachs tirés à des dizaines de milliers d'exemplaires qui circulaient partout, allègrement mélangés aux saints du Paradis et à des « prognostiquations » météorologiques dont la répétition annuelle ne surprenait personne.

Bref, on a pu soutenir que le christianisme avait atténué, voilé, dominé ou assimilé les très anciennes religions de la terre et de la nature, et des restes flagrants de ce qu'on appelle paganisme. Jusqu'à quel point ? Des historiens et d'autres hommes en discutent, et chacun conclut selon sa propre religion.

Rien, dans tout cela (les sombres histoires de sorcellerie, comme celle de Loudun naguère, semblant périmées), ne pouvait alarmer ou troubler les hommes de gouvernement. Au surplus, Mazarin en avait vu d'autres en Italie.

Il y avait quatre-vingts ans que s'était achevé le concile de Trente, qui avait dressé un rigoureux programme de Contre-Réforme (pour se distinguer nettement des protestants, dont aucune thèse ne fut acceptée) et esquissé une réforme sérieuse de l'Église elle-même, à la fois dans sa doctrine, ses membres et ses mœurs. On ne peut dire que ce dernier aspect ait été rapidement appliqué en France, d'autant que les Parlements, au nom de l'indépendance (par rapport à Rome) de l'Église gallicane, refusèrent de « recevoir » ledit concile. Dans la pratique, une bonne partie de ses dispositions furent appliquées peu à peu. À vrai dire, malgré la création avant 1643 de quelques séminaires (peu durables) et un certain effort des rois pour nommer les évêques autrement qu'à la faveur ou à la naissance, ce qu'on sait sur le clergé français du milieu du siècle comporte plus d'ombres que de lumières, surtout à la campagne ; l'absence de qualification comme l'inconduite sont encore fréquentes. La véritable réforme de l'Église de France demandera encore une génération. Le pieux roi défunt Louis XIII comme la régente la souhaitaient, sans avoir vraiment le temps d'y travailler. Mazarin comme Richelieu, hommes d'État et titulaires des gros revenus d'une vingtaine d'abbayes, se contentaient de profiter de l'Église (et de faire payer le clergé de France) en souhaitant bien sûr qu'elle se réforme ; mais aucun ne s'abaissait au niveau paroissial, sauf à Paris, pour des raisons rien moins que religieuses. C'étaient les élites catholiques qui leur donnaient les plus graves soucis, politiques malgré de pieuses apparences. Les élites n'admettaient pas que le Très-Chrétien combatte le Roi Catholique, surtout avec l'aide des États protestants. C'est tout le problème du « parti dévot », que Mazarin retrouva après Richelieu.

Quant à la reconquête catholique, elle avait tout naturellement commencé par les sommets, surtout urbains, de la société : des nobles, des grands bourgeois, beaucoup de parlementaires. Sous l'influence d'ordres et de congrégations nouveaux, venus souvent d'Espagne ou d'Italie, une vie spirituelle intense animait ces milieux dont la foi pouvait aussi bien exalter le mysticisme et le rigorisme que la piété, aimable et en quelque sorte mondaine. Revenus en force après une éclipse sous Henri IV, les jésuites formaient les futures élites masculines dans leurs 70 collèges, les filles allant souvent chez les ursulines ; ils poursuivaient leur action à la fois souple et ferme par la prédication et surtout la direction des consciences, notamment celles des monarques. Les oratoriens, plus graves, moins mondains, possédaient déjà une quarantaine de « maisons ». Les bonnes œuvres, la charité et les pieuses confréries occupaient et regroupaient ces chrétiens fervents et souvent puissants. Les plus ardents se rassemblaient depuis une quinzaine d'années dans un organisme presque secret, la Compagnie du Saint-Sacrement créée en 1627 par le duc de Ventadour. Elle avait essaimé dans une cinquantaine de villes. Elle pratiquait la charité et le rachat aux Barbaresques (Algérie) des captifs chrétiens. Elle assurait aussi la surveillance des mœurs (elle fit mettre au couvent Marion Delorme — libérée par la reine Christine), de la vertu qui se voit, des « nudités de gorge », des hardiesses des « prétendus réformés » et dénonçait (la délation rémunérée fut toujours une caractéristique de l'Ancien Régime) les Juifs qui se regroupaient, les compagnons de métiers qui s'entraidaient et surtout les « libertins » qu'elle cherchait à écarter des « allées du pouvoir » pour y introduire avec une force presque incoercible ses membres ou leurs affidés. Elle était en quelque sorte l'âme du « parti dévot », omniprésent en plein milieu du siècle durant une quarantaine d'années.

Les « libertins », cible préférée des dévots, comptaient parmi eux autant de très grands esprits que de parfaits débauchés, les deux aspects n'étant pas incompatibles ; la majorité devait cependant être constituée par ces « honnêtes gens » cultivés, modérés et raisonnables que Molière met en scène face aux caractères outrés de ses héros habituels : ce sont gens bien élevés, qui ont lu Lucrèce et Épicure, cultivent le scepticisme comme jadis Montaigne, glissent parfois sous ces influences croisées vers quelque peu de déisme, sinon de panthéisme. Ils représentent un courant important, y compris dans l'entourage gouvernemental où ils aident à repousser les assauts plus ou moins vifs du clan dévot. Mazarin saura jouer de ces oppositions et de ces nuances, peut-être plus subtilement que Richelieu, qui frappait fort.

Le second cardinal devait d'ailleurs retrouver la secte et la Compagnie devant lui et contre lui au lendemain même de son accession au titre et aux responsabilités de Premier ministre. Elles ne lui posaient d'ailleurs qu'un problème parmi une gerbe d'autres, qu'on pouvait croire inextricables.

DEUXIÈME PARTIE

Le premier quinquennat
1643-1647

Être devenu, à la stupeur générale, le 18 mai 1643, président du Conseil de régence et par surcroît Premier ministre, voilà une situation de laquelle on ne peut dire comment et quand Jules Mazarin l'avait rêvée, envisagée, préparée et espérée. On sait bien que, dès le début des années trente, il avait, contre Rome et l'Espagne, choisi le « parti français », donc Richelieu et Louis XIII, et qu'il avait toujours comblé d'amabilités, de compliments et de cadeaux délicats et parfois somptueux tout ce qui comptait à la Cour et dans les Conseils; bon Romain, galant homme et fin psychologue, il s'était bien gardé d'oublier les dames, surtout la première, dont il connaissait les goûts, la coquetterie, la langue, et dont il comprit immédiatement l'importance lorsqu'elle devint enfin mère, quinze mois avant sa fuite de Rome. Puis, serviteur infatigable de deux grands malades qu'il connaissait pour tels puisqu'il les côtoyait, Mazarin, tout en continuant de couvrir de compliments et de présents tout ce qui comptait dans le royaume, ne pouvait que songer aux deux successions imminentes, et préparer des voies dont il devait ignorer, malgré son optimisme, où elles aboutiraient.

Il paraît désormais sûr que Richelieu ne le désigna pas au roi comme son successeur, en supposant qu'il l'ait désiré, qu'il l'ait pu, et surtout qu'il eût été habile de le faire. Il recommanda certainement de continuer à l'employer. Ce fut Louis XIII lui-même qui, en toute lucidité, décida. Signes évidents (mais qui le comprit vraiment ?), sa faveur personnelle marquée (il l'invita dans son charmant Versailles), son testament ensuite, plus encore le choix de Mazarin comme parrain, donc père spirituel dans toute la force du terme, du dauphin.

En moins de cinq mois, Mazarin avait naturellement compris que le pouvoir risquait fort de venir à lui. Mais la décision appartenait à la reine, à la Reine seule, et elle resta toujours maîtresse de l'annuler. On peut supposer, mais seulement supposer que Mazarin espérait : non seulement parce qu'Anne d'Autriche lui avait toujours témoigné beaucoup d'estime, et une certaine dilection, mais aussi parce que des amis sûrs parlaient pour lui : en particulier Walter Montagu, un pieux Anglais converti au catholicisme, ancien proche de la reine d'Angleterre, devenu familier du Val-de-Grâce, puis de la prieure du Carmel de Pontoise, la sœur du chancelier Séguier (il manque une étude sur ce personnage probablement considérable). Il faut ajouter aussi — et y insister — que Mazarin constituait, si l'on peut dire, la seule solution politique possible : il n'appartenait à aucun « clan », surtout pas nobiliaire ; au milieu d'un enchevêtrement de difficultés, il connaissait de très près, apparemment seul, toutes les « affaires » essentielles : guerre et diplomatie surtout, finances et intrigues de Cour aussi ; enfin sa robe rouge le protégeait, l'isolait et le rehaussait, le hissant même, selon une étiquette pas toujours bien acceptée, au même rang que les princes du sang.

Et puis enfin, qui d'autre ?... et qui osait penser qu'il « durerait » dix-huit années, autant que Richelieu ?

D'ici là, que d'embrouilles, de difficultés, de traverses et de drames. Dès mai 1643, un parfait imbroglio...

CHAPITRE III

La multiplicité des problèmes

Au soir du 18 mai, à la veille de la bataille de Rocroi — dont on ignorait évidemment l'imminence et l'importance —, Mazarin, qui savait ou devinait tant, ne soupçonnait peut-être pas la totalité des problèmes qui l'attendaient.

De la Cour et de ses anciens collègues ministres ou ministrables, il ne pouvait attendre, à quelques exceptions près, que jalousie, intrigues tortueuses, vilenies souriantes, mais aussi dangereux complots. Passé maître en ces matières, le cardinal ne doutait guère que, avec son astuce habituelle, il en viendrait à bout, même si sa vie risquait d'être menacée et elle le fut, très tôt et bien plus tard.

De la désobéissance habituelle (mais relative) des provinces accrochées à leurs privilèges traditionnels, des prétentions parfois dangereuses de leurs nobles gouverneurs, des récriminations apparemment sévères de leurs Parlements et de leurs États, il avait aussi une ancienne expérience, bien que Richelieu l'ait peu employé à négocier avec ces gêneurs, ni à leur rabattre le caquet. Quant aux révoltes banales, mais violentes et parfois sanglantes, des « contribuables » pressurés des villes et des campagnes, le même

Richelieu avait récemment montré, en Périgord et plus encore en Normandie, comment les faire cesser par les armes, la justice expéditive et les gibets. Celles qui couraient en mai 1643 et courraient longtemps encore ne feraient que gêner et retarder — mais beaucoup — la collecte des impôts, au besoin effectuée par des huissiers et quelques compagnies de « fuzeliers ».

Au-delà ou en deçà des frontières, la guerre continuait contre l'Espagne et ses alliés, l'Empereur et certains princes allemands, tandis que, esquissées depuis longtemps sur l'injonction du pape Urbain VIII, les négociations de paix étaient sur le point de s'ouvrir en Westphalie.

Mazarin ne fut jamais un grand chef de guerre et n'y prétendait pas. Il connaissait cependant presque tous les généraux de talent — français ou non, et même les autres ; il les avait rencontrés ici et là, surtout en Italie, sur les champs de bataille, mais de préférence après la bataille ; leur « nation » comme leur religion lui étaient indifférentes ; le plus souvent, il savait fort bien les utiliser et n'hésitait pas à les payer (même les adversaires !).

Très tôt formé dans les infinies subtilités pontificales et italiennes, il était un diplomate hors ligne (presque trop), et ce fut, on l'a vu, à ce titre surtout que Richelieu le distingua tôt, puis l'utilisa incessamment. Les occasions n'allaient pas lui manquer de déployer ses talents et ses astuces.

Puisque depuis huit ans régnait la guerre et qu'elle devait sévir plus de quinze ans encore — qui le prévoyait ? —, il fallait bien continuer à la payer, à la payer encore et toujours. En ce problème apparemment inextricable (misère, mauvaise volonté, etc.) mais qu'il fallait résoudre mois par mois. Mazarin, qui n'était un technicien qu'à titre personnel, savait bien, comme son prédécesseur, qu'il trouverait les ministres et les financiers qui subventionneraient le tout sans trop y perdre (mais avec des risques dont s'exceptait le cardinal). Tout de même, cela menaçait d'être pénible, un peu sanglant et fort dangereux... Mais on y parvint !

Sur plusieurs points cependant, le Premier ministre nourrissait des idées approximatives, ou pas d'idée du tout. Il ne savait pas bien ce qu'était un Parlement, sauf quelque peu à Paris, ni vraiment un parlementaire, voire un simple officier : il n'y en avait pas en Italie, du moins de ce type, et la vénalité des offices y existait peu (sauf à Venise) ou alors avec d'autres contours et pas au même degré. Il soupçonnait assez mal aussi les forces et les intrigues qui pouvaient étreindre ou traverser Paris, la grand-ville, si différente de Rome, adoratrice et comme jalouse de l'enfant-roi qui reposait en son sein. Le temps instruira l'Éminence.

Et est-il certain qu'il ait bien jaugé la perversité ou la fureur des intrigues de Cour qui allaient l'étreindre bientôt, avec le retour des exilés de la veille et les complots, risibles ou graves, qui jailliraient de partout ?

Du moins a-t-il fallu que le ministre saisisse très vite et par le menu le statut presque indicible — et jamais précisément fixé, vrai « mystère » de la royauté — d'un régime de régence, avec un roi qui n'atteindrait sa majorité légale (treize ans accomplis) que dans plus de huit années.

Certes, la reine disposait sans discussion (même le Parlement de Paris l'avait reconnu, heureusement !) de la « direction » du jeune roi (qu'elle confia plus tard à son parrain) et de « l'administration libre, absolue et entière des affaires du royaume », avec pouvoir de choisir les « personnes de probité et expérience qu'elle jugera à propos pour délibérer aux Conseils [...], sans que néanmoins elle soit obligée de suivre la pluralité [c'est-à-dire la majorité] des voix ». Coutumièrement, un tel texte ne lui conférait pourtant pas, sauf pour le choix des ministres, un absolu, un indiscutable pouvoir.

Étant femme, elle ne pouvait commander militairement, puisqu'on professait toujours, comme au Moyen Age (dont sortait très naturellement ce « régime » qu'on n'appelait évidemment pas encore « ancien »), que qui tient quenouille ne peut tenir épée. L'autorité d'un « lieutenant général du royaume » s'imposait, et il ne pouvait être que l'oncle du petit roi, Gaston d'Orléans dont on pouvait attendre tout, sauf le meilleur et le pire.

En temps de régence, il était également d'usage que les divers Conseils, habituellement assez distincts, diversement garnis et spécialisés, se fondissent en un seul, et que tous les Grands du royaume — ou ceux qui s'estimaient tels (de hauts parlementaires, notamment) — y « gagnent entrée » et s'y précipitent, discourant, pérorant, implorant ou exigeant. Mazarin les eût bien laissé bavarder (la reine n'avait pas cette patience), pourvu qu'il gouverne effectivement avec la régente et quelques amis sûrs. Mais avait-il bien mesuré les infinies prétentions honorifiques, politiques et financières de ces magnifiques personnages dont la dangereuse suffisance n'était tempérée que par leur insuffisance et leurs querelles ?

Les juristes, surtout les parlementaires parisiens, allaient à nouveau prétendre que leur rôle devait s'accroître, une régence n'étant pas un « règne plein », et que rien de bien sérieux, surtout dans le domaine financier, ne pourrait se faire sans leur aval. On verra qu'ils étaient capables d'aller fort loin dans ce domaine — et dans quelques autres.

La nature fière d'Anne d'Autriche la poussait à mépriser quelque peu de solennels robins qui, pour elle, sentaient encore cette roture dont ils étaient tout juste sortis et qui avaient tant agacé Louis XIII et Richelieu ; elle ne songeait sans doute pas qu'ils pussent prétendre à une opposition autre que verbale, momentanée, avec, au pire, de sérieuses anicroches, mais rien de plus. Au début, Mazarin, occupé ailleurs, s'en soucia peu ; quand il commença à comprendre, il se mit à fourbir ses armes habituelles : la politesse flatteuse, l'astuce aimable, la longue patience (où il excellait), puis le classique jeu des tactiques politiques, la division des adversaires et l'achat de ce qu'on appelle des consciences, qui se révéla fort efficace. Mais le couple régnant en aurait près de dix ans à être irrité, puis gêné, puis menacé.

Bien entendu, les provinces conscientes de leur originalité et de leurs privilèges ressentirent la mort du roi et la nouvelle régence comme une sorte de desserrement de l'autorité et bien sûr de la fiscalité. Certaines feignirent de croire que l'impôt était mort avec le roi : des correspondances d'intendants ont conté ces illusions vite dissipées avec l'aide de quelques huissiers et soldats supplémentaires ; c'était là banalités, tout juste un peu accusées... On attendait la paix, que la nouvelle de Rocroi pouvait laisser espérer, bien à tort, proche.

Au milieu de ces difficultés complexes et inégalement graves, mais pas vraiment surprenantes, un souci immédiat occupait Mazarin et la reine : il se situait à Paris et ne concernait rien de moins que le maintien de leur pouvoir et de leur collaboration, continuellement menacés par maintes intrigues, dont la plus significative fut ce qu'on a appelé la « cabale des Importants », moins risible qu'on a dit et qui donne au moins l'occasion de présenter les grands acteurs de la régence, ou du moins ceux qui se croyaient tels : des nobles, des magistrats, des dévots.

De l'importance des « Importants », ou la signification d'une cabale

Songer que l'élévation de Mazarin pouvait être due à autre chose qu'à un caprice féminin (au mieux), mais bien à ses connaissances, à sa valeur et à une situation de fait et de droit exceptionnelle et sans rival possible, voilà ce que ne comprit pas immédiatement (les moins sots y mirent dix ans) tout (ou presque) ce qui comptait à la Cour, à la Ville et dans l'Église. L'espoir d'éliminer l'Italien, et bien sûr de le remplacer au besoin par un soliveau, constitua le seul trait commun — avec une habituelle inintelligence politique — des cohortes de grands seigneurs, grandes dames, grands parlementaires, hauts prélats et du plus menu fretin qui s'employèrent vite à comploter, d'abord dans le désordre et la discrétion, puis avec un mélange de secret ostentatoire et de glorieuse noirceur (le crime fut envisagé, peut-être commandité, un certain Campion n'osa l'exécuter). Ils furent baptisés « Importants » par une femme spirituelle, Anne Cornuel, amie de Madeleine de Scudéry et épouse d'un financier (forcément mazariniste).

Évoquée vingt ans après par le cardinal de Retz

avec son habituel mélange d'esprit, de méchanceté et d'inexactitude, oubliée par Voltaire, maltraitée par de grands historiens (même par Lavisse), contée en détail par beaucoup d'autres depuis le très honnête comte de Saint-Aulaire qui écrivait en 1827, cette affaire apparemment assez ridicule et surtout très mal conduite révèle autant de significatives ambitions que de fermeté (inattendue) dans sa répression.

On y trouvait la xénophobie (excitée par le souvenir de l'odieux « Conchine », c'est-à-dire Concini, favori de Marie de Médicis), les débuts vite ascendants du grand air de la calomnie, agrémenté par le souvenir de « Bouquinquant » (Buckingham), avec le prétendu « vice italien » et toutes sortes d'insinuations colportées de bouches pieuses à oreilles réceptives. Tandis que de saintes personnes — même M. Vincent — conseillaient à la reine réserve et... pudeur, un étourneau tel que Beaufort, fils d'un bâtard d'Henri IV, se flattait de la séduire bientôt... et tentait d'aller la voir au bain. Plus sérieusement, on poussait à la place de Mazarin, à chasser ou à éliminer, un peu aumônier de la reine, l'évêque de Beauvais Potier, tenu pour inoffensif et qui appartenait en outre au « Conseil de conscience » (qui nommait les évêques et beaucoup d'abbés) avec ses collègues de Lisieux, de Limoges, et l'inévitable M. Vincent (de Paul).

Vite devinée, ou révélée, l'affaire fut rondement terminée. Beaufort fut envoyé à la Bastille, où il séjourna cinq années (sans vraiment souffrir) ; l'une des éternelles comploteuses, la duchesse de Chevreuse, fut exilée, lestée de quelque 900 000 livres pour viatique ; d'autres furent éloignés de la Cour, les trois évêques renvoyés dans leur diocèse respectif où ils auraient dû résider, et M. Vincent invité à la discrétion et à poursuivre ses pieuses œuvres. On observera en passant que, ce faisant, Mazarin avait réduit le Conseil de conscience à la reine et à lui-même : il pourrait bientôt s'octroyer quelques abbayes, comme naguère son maître Richelieu.

La conclusion de l'affaire et l'élimination des principaux comploteurs fit sensation. Lefebvre d'Ormesson, mémorialiste sérieux, souligne que « la noblesse de Cour se pressait servilement autour du vainqueur », dont les appartements furent pacifiquement envahis. Beaucoup plus tard, Retz écrivait que l'opinion (parisienne) « fut saisie d'un étonnement respectueux » après ce « coup de rigueur » d'une « si bonne reine ». Le même auteur avait expédié le malheureux candidat à la succession de Mazarin en deux formules que presque tous les historiens ont servilement reprises : « une bête mitrée » ; « plus idiot que tous les idiots ».

La bête s'appelait Augustin Potier ; il descendait d'un secrétaire d'État d'Henri IV ; il avait succédé sur le trône épiscopal de Beauvais à son frère René (et son neveu Buzenval suivra). Pendant près de cent ans, trois Potier occupèrent donc ce siège, par ailleurs fort bien pourvu, qui jouissait de la dignité comtale et de la pairie ecclésiastique, donc du droit d'officier au sacre royal. Il appartenait à une très grande famille de gens de robe, fort riche, et toujours pourvue d'une présidence au moins au Parlement de Paris. À distance, on ne saurait évaluer l'intelligence d'Augustin Potier ; en revanche, il est sûr qu'il fut un saint homme et un remarquable évêque : il créa à Beauvais le premier « Bureau des pauvres », le premier séminaire, où vint enseigner au moins deux fois « un certain prêtre nommé Vincent » (disent les archives du lieu) ; il installa plusieurs confréries et couvents (minimes, ursulines) et favorisa le collège du lieu, très augustinien, où Racine vint étudier dès 1652. Bref, un prélat d'une grande famille parlementaire, proche de la Compagnie du Saint-Sacrement et du premier jansénisme, dont son neveu et successeur sera l'un des hérauts.

En somme, ce candidat malheureux représentait à la fois le Parlement et le parti dévot : deux des principaux adversaires de la reine-régente et de son Premier ministre.

Des adversaires : Messieurs du Parlement

Il faut toujours se méfier des mots, on le sait bien, et plus encore de ceux du XVIIe siècle : ils ne sont les mêmes que les nôtres qu'apparemment et désignent souvent tout autre chose.

Ainsi, un Parlement n'est absolument pas une assemblée où l'on fabrique des lois (bien qu'il ait parfois essayé). C'est principalement un tribunal qui se dit souverain, donc supérieur à tout autre, sauf au souverain, de qui émane en principe toute justice. On va bien voir que ce fut autre chose aussi, qui aurait ambitionné devenir plus encore : un parlement à l'anglaise, par exemple.

Un parlementaire n'est pas, en principe, un homme politique, et surtout il n'a pas été élu par un quelconque mode de suffrage. Il a acheté (cher) au roi le droit d'être parlementaire ou en a hérité, dans les conditions qu'on verra. Bref, il est essentiellement un juge, un grand juge, magnifiquement vêtu, qui s'estime beaucoup et voudrait s'estimer et être estimé plus encore. Il est davantage : quelque chose comme un légiste (mais après le roi) et un administrateur, notamment dans sa ville. Mais, étant juge au XVIIe siècle (au XVIIIe aussi), il est forcément ce que l'on nomme un officier.

Un officier qui, en ce qui le concerne, n'est pas un officier militaire (ceux-là, on les désigne plutôt par leur grade, d'ailleurs souvent acheté aussi), mais rappellerait plutôt, en plus considérable, ce qu'étaient hier nos « officiers ministériels », notaires ou huissiers. Petits ou grands, ils exerçaient alors, sur un territoire donné, des fonctions principalement judiciaires ou financières, qui leur ont été vendues par le roi, qui manquait à la fois de personnel et d'argent et qui, en échange, promettait de leur verser des « gages », sortes d'intérêt de la somme versée. Ces fonctions achetées s'appelaient des offices, de finance et de judicature surtout (d'autres aussi) ; non seulement l'office avait été acheté, mais il pouvait être revendu (avec l'accord du roi, qui prélevait un pourcentage) et même légué. Mais, pour que fût assurée l'hérédité absolue, il fallait, depuis 1604, payer chaque année au roi un droit spécial, dit justement « annuel », égal au soixantième de la valeur à laquelle l'administration royale estimait ledit office ; suprême astuce, un bail de neuf ans, imaginé par le financier Paulet sous Henri IV (d'où le nom de « paulette » donné à l'annuel) renouvelait, périodiquement et non gratuitement, l'autorisation de payer cette taxe supplémentaire qui assurait l'hérédité de la charge... Telle était (fort simplifiée) la situation des officiers français, ancêtres peu reconnaissables et doublement vénaux des fonctionnaires actuels. Aux sommets du groupe appartenaient naturellement (outre d'éminentes Cours des Aides et Chambres des

Comptes, à caractère financier et fiscal) les parlementaires ; outre deux petits jeunes (Pau, 1620, Metz, 1633), on trouvait sept grands Parlements de province (on les retrouvera). Celui de Paris dominait par l'ancienneté, le prestige et le nombre, la richesse et les prétentions de ses membres, qui par surcroît se trouvaient bien intégrés dans ce qu'on appelle le « tissu social » de la société parisienne, nonobstant leur magnificence. Henri IV et Louis XIII avaient eu maille à partir avec eux (comme plus tard Louis XV). La régence venue, il était certain que la reine et son ministre allaient les trouver devant eux.

Et pourtant, à Paris comme ailleurs, la fonction essentielle du Parlement était de juger, généralement en appel, mais en première instance cependant pour les cas très graves ou qui concernaient de très grands personnages. Les magistrats — plus de deux cents, dont une vingtaine de présidents « à mortier » (mortier : coiffure spéciale) — se répartissaient en plusieurs chambres : les plus jeunes (et souvent les plus remuants) siégeaient aux « Requêtes », deux chambres qui connaissaient des causes les moins importantes ; au-dessus, cinq chambres des Enquêtes, qui jugeaient, surtout par écrit, les procès civils de quelque consistance ; au sommet, la Grand'Chambre, réceptacle des « grandes robes » d'âge et d'expérience, avec le premier président, seul grand juge nommé directement par le roi, outre ses « gens », procureur général et avocats généraux. La « Tournelle » (où se succédaient les divers magistrats) jugeait au criminel, et la Chambre des Vacations des urgences survenues durant les « vacations » (septembre et octobre pour les vendanges, plus une centaine d'autres jours ; selon Roland Mousnier, le Parlement ne siégeait pas deux cents jours par an).

Naturellement, tout ce beau monde, campé au « Palais » (dans la Cité), couvrait un ressort d'une superficie supérieure au tiers du royaume et comptait, outre les magistrats, des nuées de greffiers, huissiers, notaires, procureurs, avocats (non officiers ceux-là), receveurs, secrétaires, scelleurs, chauffe-cire, et pas mal de parasites, outre les boutiquiers et libraires de la « galerie du Palais ». La plupart gîtaient à l'entour, au milieu d'un peuple fort bigarré qui ne détestait pas vivre dehors, au voisinage du marché, de l'échoppe, de l'église, du cabaret. Dans leur quartier et leur paroisse, les Parisiens d'alors se connaissaient, se rencontraient, se parlaient volontiers — type de sociabilité urbaine qui ne serait pas sans importance dans un proche avenir.

« Messieurs » ou, plus respectueusement, « Nosseigneurs du Parlement » y tenaient une bonne place (après la grande noblesse tout de même) par la splendeur de leurs costumes de fonction, la magnificence de leurs hôtels, de leurs équipages, de leurs laquais et par l'opulence non ignorée des seigneuries, terres, vignes et parfois châteaux qu'ils détenaient dans le voisinage et d'où leur venaient, sans payer octroi (ou si peu) les produits de leurs fermes, pour consommer... et pour revendre. Tous étaient juridiquement nobles (rarement d'épée, presque toujours de robe, mais assez récemment) et pouvaient prendre le titre d'écuyer, même de chevalier pour les présidents, et parfois plus encore. Leur fortune était proverbiale, bien qu'assez inégale, et fort éloignée de celle des princes et des ministres. Elle provenait assez peu de leurs fonctions, mais souvent de leur richesse foncière et seigneuriale, et souvent aussi d'une discrète pratique du prêt à intérêt, sinon de l'usure, et de leur intéressement aux « affaires du roi », où on les retrouvera bientôt.

Naturellement, ce n'était pas en cela qu'ils gênaient Mazarin, bien au contraire. C'était par leurs prétentions de participer au gouvernement du royaume ; prétentions qui n'étaient pas neuves et qu'il faut bien rappeler, comme eux-mêmes ne tardèrent pas à le faire, avec quelle insistance, dès la mort de Louis XIII.

Tous les Parlements (et le plus souvent aussi, les Cours des Aides) avaient à la fois le droit et le devoir d'inscrire sur un registre (« enregistrer ») les décisions royales, en particulier les édits, afin qu'ils soient ensuite publiés, donc appliqués (si possible). Cet enregistrement pouvait s'accompagner d' « humbles remontrances », à l'origine simples observations, principalement juridiques, sur la conformité du texte avec la législation antérieure, et sur la possibilité de l'améliorer. La plupart du temps, à Paris comme en province, l'opération s'accomplissait en quelque sorte à l'amiable, avec plus ou moins de diligence et d'enthousiasme. Mais lorsque le pouvoir royal paraissait faible ou au contraire lorsqu'il se montrait hardi, les remontrances changeaient de ton et se transformaient en remarques aigres, en critiques de fond plus que de forme, voire en refus d'enregistrer. Si d'éventuelles négociations échouaient, « le Roi en son Conseil » (telle était la formule) adressait alors au Parlement récalcitrant des « lettres de jussion » (ordres péremptoires) qui pouvaient être renouvelées. En cas de résistance prolongée, le roi, le chancelier, les princes du sang et tout leur arroi se transportaient au Palais, en « séance royale » ; dans la plus solennelle, le « lit de justice », le monarque faisait connaître sa volonté, à laquelle il était alors impossible et impensable de s'opposer. Il n'empêche que, le roi parti, le Parlement pouvait se raviser, revenir à sa position première, et même se mettre en grève. C'était alors la révolte ouverte, contre laquelle le souverain n'était pas dépourvu d'armes, ne serait-ce que l'arrestation des meneurs supposés et l'exil de quelques autres, voire du Parlement tout entier — on retrouvera bientôt cette sorte de mécanique.

En temps de régence, surtout avec un roi si jeune, le Parlement (quelques grands nobles aussi) soutenait qu'il ne pouvait s'agir d'un « règne plein » et que l'ancienne *Curia regis* (la Cour du roi, au complet comme aux vieux temps capétiens), cette *Curia,* dont le Parlement était jadis issu, devait se reconstituer au complet ; bref, les principaux parlementaires au moins devaient participer aux travaux du Conseil, donc aux décisions législatives et administratives. Mazarin ne pouvait rien imaginer de semblable ; quant à la Reine, elle méprisait franchement ces roturiers tout juste anoblis. Sans aller aussi loin, le Parlement réclamait au moins le contrôle des « édits bursaux » (de finance) et tendait à multiplier les remontrances. Par surcroît, il soutenait qu'un roi mineur ne pouvait valablement tenir lit de justice et que les décisions prises directement en Conseil royal (les « arrêts du Conseil », de plus en plus utilisés) devaient aussi être contrôlés et ne sauraient aller contre les *desiderata* parlementaires. C'était vraiment beaucoup ; on arriva certes à négocier durant quelques années, mais de plus en plus difficilement, en attendant l'éclat.

Derrière le conflit entre le Conseil du roi (en fait, Mazarin) et le Parlement de Paris (que ceux de province suivent peu ou prou), se profile à nouveau et s'enfle rapidement la furieuse et fondamentale opposition entre officiers et commissaires, ces derniers (intendants compris) étant des émanations pures de la volonté royale, désignés en Conseil, bien choisis et pourvus fort légalement d'une part de la toute-puissance royale. L'affaire remontait d'ailleurs au début du siècle, quoique sous une forme moins aiguë. Sans la conter en détail, évoquons le problème, fort grave.

Officiers royaux contre commissaires du roi

Il y avait bien plus d'un siècle que le roi avait commencé à vendre en détail sa propre autorité, surtout judiciaire et financière, aussi bien en province qu'à Paris. Depuis 1604, on l'a dit, tous les officiers du roi pouvaient librement (sauf faute très grave) transmettre, léguer, vendre leur office, c'est-à-dire le droit de juger et d'imposer, pourvu qu'ils eussent régulièrement payé l' « annuel » ou « paulette ». En somme, plusieurs dizaines de milliers d'officiers, du plus petit au plus grand, éprouvaient la très vive impression, voire la certitude, que c'étaient eux qui détenaient le pouvoir judiciaire, le pouvoir financier et quelques autres. Il était tentant d'en abuser, de ménager les amis, d'accabler les adversaires et de tirer du tout, outre les gages, remises et profits légaux, de substantiels suppléments. D'autant que le roi ne se gênait guère pour tirer également maints profits de cette quasi-classe de fonctionnaires-propriétaires, par des astuces comme les dédoublements d'offices et les augmentations de gages.

Diviser et re-diviser les offices, c'était évidemment les dévaloriser ; le premier titulaire se trouvait pratiquement contraint, qu'il fût petit juge de bailliage ou noble parlementaire, de racheter s'il le pouvait (il ne pouvait pas toujours !) l'office dédoublé et parfois re-dédoublé, pour conserver le prestige, la valeur et les revenus du sien.

Les « augmentations de gages » (le gage était théoriquement l'intérêt annuel de la valeur estimée de l'office, versé par le roi plus ou moins — et de moins en moins — régulièrement) se ramenaient à faire verser par le titulaire une somme supplémentaire dont il pouvait espérer percevoir les revenus un jour ou l'autre. Si bien que les officiers, si puissants qu'ils aient pu se croire, s'estimaient grugés par les ministres détestés d'un grand roi forcément trompé. De fait, ils devenaient de plus en plus matière imposable, en même temps que le prestige et les pouvoirs auxquels ils tenaient tant se trouvaient amoindris.

Et cela d'autant que, pour remédier à leur paresse, leurs abus et leur inefficacité, le Conseil du roi leur dépêchait ce qu'on appelait des commissaires, et de plus en plus des intendants, pourvus directement, d'abord à temps et dans une province, de la partie des pouvoirs royaux définis par le texte même de leur commission. Images du roi ou presque, on leur devait en principe une obéissance totale. Ces *missi dominici*, pour reprendre un terme fort ancien mais expressif, pouvaient être de grands parlementaires fidèles, plus souvent des conseillers d'État et de plus en plus des maîtres des requêtes. Ces deux derniers types de personnages étaient extraits du Conseil du roi où (ministres et princes non considérés) les premiers accomplissaient l'essentiel du travail (préparation des décisions et des lois) tandis que les seconds « rapportaient », c'est-à-dire rassemblaient et présentaient les pièces des dossiers.

Tous ont été choisis par le roi, et désormais par la reine-régente (et donc Mazarin) pour leur fidélité, leur sérieux, leur autorité ; ils dépendent étroitement d'eux et peuvent envisager un avenir brillant (et substantiel) s'ils ont bien accompli leur mission. Au début, celle-ci était habituellement limitée dans l'espace, le temps et même l'objet. Pourvus assez tôt d'attributions de justice et de police, ils entrent en tout tribunal, qu'ils ont pouvoir de présider, contrôlent l'ordre public, le ravitaillement, les étapes des soldats, à l'occasion la conduite des nobles et des puissants, rendent compte au Conseil (habituellement par le canal d'un secrétaire d'État ou du Chancelier) ; ils ont même le droit de châtier. On se doute bien que les officiers propriétaires de leurs charges, petits juges ou nobles conseillers, les appréciaient assez peu puisqu'ils les abaissaient et pire les dévaluaient.

Les officiers de finances, roturiers cantonaux, comme les Élus, ou possibles anoblis provinciaux, comme les Trésoriers de France, les aimaient encore bien moins. C'est que ces commissaires « départis » (c'est-à-dire envoyés), qui prenaient de plus en plus le nom vite abhorré d'intendants, surveillaient la répartition et surtout la perception des impôts, dont ils tendaient à se réserver l'exclusivité. Or, depuis l'entrée du royaume en guerre, les besoins d'argent étaient devenus tels que, devant la lenteur et l'inefficacité des officiers de finances, des instructions puis des décisions royales en forme de règlements (1641-1642) avaient confié la levée de presque tous les impôts, tailles comprises, à des intendants nommément désignés, escortés de financiers et de soldats efficaces. De telles « nouvelletés », comme on disait, provoquaient mécontentement et même révoltes, fortement dénoncées par la correspondance reçue par le chancelier Séguier et exprimés avec une grandiloquence volontiers violente dans les discours, réclamations et déclamations des officiers ainsi visités, contrôlés, amoindris, châtiés parfois et quelque peu désargentés. Allant plus loin, les officiers de finances de base, les Élus (bien sûr, ils n'étaient pas élus au sens où l'entend le XXe siècle) ont constitué dès 1641 un « syndicat » (mot employé par eux) fort bien organisé, avec bureau central à Paris et bulletin assez régulier, pour lutter contre les exactions des intendants, assimilés à des financiers, donc à des voleurs, pour le moins à des « harpyes » qu'ils ne cesseront de dénoncer, plus violemment que le syndicat (sans le nom) des plus considérables Trésoriers de France, plus pondérés ou plus fins. Il était bien vrai que les officiers de finances avaient perdu une part assez profitable de leurs fonctions, et que, depuis 1635-1640, dédoublements d'offices et « augmentations » de gages fondaient régulièrement sur eux. Bien sûr, tous les parlements, jaloux de leurs pouvoirs, relayaient les officiers de plus modeste envergure dans leur violente dénonciation des méfaits des intendants de province et autres commissaires.

Il faut cependant souligner que cette hostilité entre compagnies d'officiers et commissaires a commencé bien avant la régence, s'est accentuée à partir des années 1636-1640, celles où le royaume, engagé dans une guerre difficile, a des besoins financiers si considérables que les impôts doublèrent ou triplèrent : ce qui explique ces mesures autoritaires et ces protestations violentes.

Décidément la guerre, la guerre à la fois glorieuse

et honnie, la guerre qui requiert tant et tant d'argent constitue peut-être la clé de l'histoire d'une époque où l'on a trop pris l'habitude de voir surtout un vilain « Sicilien », de graves magistrats, de magnifiques seigneurs et de belles dames aussi étourdies que comploteuses et dévergondées...

L'argent et la guerre, premiers personnages de cette régence sans doute ; et pourtant Mazarin, bien soutenu par la reine, parviendra à peu près à les régenter ou les dominer.

Les Grands contre l'État

Ce qui caractérise essentiellement les Grands, c'est la haute conscience qu'ils ont de leur grandeur, l'auto-admiration qu'ils en tirent, la faculté de commander et surtout de s'enrichir à volonté qui leur paraît en découler.

Il pouvait se trouver dans le royaume deux ou trois cent mille nobles, plus ou moins puissants ou aisés, qui pensaient ou auraient dû penser que leur devoir traditionnel consistait à servir le roi par l'épée et par le conseil — certains songeaient encore à un monarque entouré de sa bonne noblesse. Importaient surtout ceux qui par le sang, par la race, par les titres, par la puissance et l'influence semblaient naturellement appelés à soutenir fermement et fidèlement le jeune roi, la reine-régente et ceux qui les aidaient à gouverner et à vaincre. Ils ne le firent qu'épisodiquement : sans doute se trouvaient-ils trop grands pour s'abaisser à servir, du moins à servir avec constance cet enfant, cette femme, et ce faquin de « Sicilien ».

Cette singulière attitude d'ensemble (avec de bonnes exceptions), qu'on aura toute latitude de vérifier chemin faisant, n'offrait rien de nouveau, même si le fait de la régence et la personnalité de Mazarin en accentuaient les manifestations. Sans remonter à la précédente et triste régence, celle de Marie de Médicis (et même au-delà), est-il besoin de rappeler qu'une bonne demi-douzaine de complots fort graves, où trempèrent de grands nobles et même la famille royale, ont marqué le règne de Louis XIII ? Comme par le passé, chaque grand noble, fier de sa naissance et de son rang à un point indicible — comme s'il y était pour quelque chose... — se considérait comme maître de ses châteaux, de ses terres, de ses droits, de sa justice propre, de ses officiers seigneuriaux, de ses vassaux, des gens de sa maison, voire des paysans qui œuvraient sur ses domaines ; il nourrissait certains, en secourait d'autres, mais attendait en retour aide, assistance, escorte et obéissance, même au combat contre le roi. Comme précédemment, une sorte de Moyen Age (absolutisme, ce pieux principe...) était encore vivante en 1643, et les principaux ennemis de Mazarin, donc de l'État, qu'on le veuille ou non, se trouvaient à la Cour et dans les provinces tout autant et parfois plus que sur les champs de bataille de l'Empire, des Pays-Bas et de l'Espagne.

Les plus grands des grands, et non les plus sages, étaient de sang royal : les Orléans, les Bourbon-Condé, les bâtards Vendôme, issus d'Henri IV et de Gabrielle d'Estrées. Ceux-là et quelques autres (des Rohan, des Bouillon par exemple) allaient tenir les premiers rôles, pas forcément les plus glorieux. Il est commode de présenter une fois pour toutes ceux qui vont compter.

Il faut bien commencer par Gaston, fils, frère, oncle de trois rois, à qui il ne manqua que d'être roi lui-même et qui ne désira jamais rien d'autre, même et absurdement quand l'espoir s'effondra avec la naissance tardive de son premier neveu (1638), puis du second (1640). Une préférence maternelle presque indécente, quelques dons du ciel, le charme, la santé, la riche culture et l'indifférence qui manquaient tant à son frère ne suffisent pas à expliquer, outre l'inconduite habituelle aux Grands, ce mélange d'insolence, de fourberie, d'étourderie et de lâcheté qui le caractérise habituellement — avec pourtant de bons moments. Il était entré au moins dans six complots graves contre Richelieu et son frère (qui le lui rappela en lui pardonnant pour la dernière fois peu de temps avant de mourir) ; des complots qui incluaient à la fois des Espagnols (en principe ennemis de la France, mais au niveau princier, ce mot avait-il un sens ?) et des assassins, où il s'était compromis avec quelque chose comme de l'insouciance, et qu'il trahit tous quand il ne les dénonça pas. Ce prince, si « charmant » que l'ait décrit l'un de ses biographes chaussé de lunettes roses, se trouvait tout à fait incapable et indigne de gouverner le royaume de France. Cependant, la minorité de l'enfant-roi et l'incapacité d'une femme, fût-elle reine, à tout commandement militaire, le pourvurent naturellement de la lieutenance générale du royaume, qu'il aurait bien transformée en une sorte de co-régence s'il en eût conçu l'idée claire et offert autre chose que sa propre incapacité. Son rang, sa richesse (il dépensait plus de 2 millions de livres par an), son entourage où se côtoyaient le meilleur et le pire eussent pu présenter un danger pour un autre que Mazarin, qui le connaissait fort bien depuis ses premières missions en France (avant la naissance du dauphin) et avait même plaidé en 1632 la cause impossible de son mariage secret avec la sœur du duc de Lorraine, union dont ni Louis XIII ni Richelieu ne voulaient pour des raisons politiques. Autant et plus qu'à d'autres, il avait multiplié amabilités et cadeaux de prix, puisque Gaston fut longtemps au bord du trône. Fort aimable avec la reine, qui lui savait gré de s'abstenir devant elle de ses habituelles mauvaises manières (grimacer, siffloter, jurer), il resta en fin de compte — avec cependant des maladresses ou de l'irréflexion — prudent envers un Premier ministre qui le connaissait trop bien pour le craindre vraiment. Mazarin sut le flatter, l'isoler, le brouiller avec d'autres grands personnages ; ses variations et sa faiblesse profonde le conduiront à achever sa peu brillante carrière dans l'exil, il est vrai somptueux, de son château de Blois où il mourut, entouré de libertins, d'athées et de dévots, un an avant Mazarin : il avait cinquante et un ans, se trouvait fort vieux et, comme tant d'autres, était finalement revenu à la piété et à la charité.

Le cardinal de Retz, dont le génie de plume a aveuglé bien des historiens, lui a consacré un portrait balancé où la férocité l'emporte finalement sur quelques amabilités. Le début est fameux : « M. le duc d'Orléans avait, à l'exception du courage [*ce qui, militairement, est inexact*] tout ce qui est nécessaire à un honnête homme. » Ouverture qui suffit à classer l'auteur et son sujet. Mais il est fort heureux que Gaston n'ait jamais été roi.

Après lui venait naturellement le premier prince du sang, Monsieur le Prince, le « vieux » Condé (son fils Anguien — orthographe du temps —, n'étant alors que « Monsieur le Duc ») qui avait déjà cinquante-cinq ans, et ne put atteindre la soixantaine (comme Richelieu et Mazarin). C'est lui qui, en 1609, avait épousé bon gré mal gré la dernière passion d'Henri IV, Charlotte de Montmorency, aussi belle que noble et riche. Après s'être révolté, comme il était quasiment normal, sous la régence de Marie de Médicis, il sut monnayer sa soumission : il fut pourvu d'un gouvernement fructueux en Berry, d'une place honorifique mais fort bien rétribuée de « chef du Conseil » et de près d'un million en espèces sonnantes, soit 7 ou 8 quintaux d'or fin. Après quelques ennuis (son beau-frère complota et fut décapité), sa prudence et sa servilité finirent par conquérir Richelieu, qui lui donna la plus grande partie de ce qu'il demandait, à condition que son fils Louis — qui se trouvait aimer ailleurs — consente à épouser sa pitoyable nièce, Claire-Clémence de Maillé-Brezé, lestée il est vrai de 300 000 livres et de beaux domaines terriens et seigneuriaux, notamment en Beauvaisis. Furieux, le futur Grand Condé fut bien contraint d'accepter le triste cadeau de cette fille de petite naissance, de petite stature, de petite santé et de petit esprit. Henri II de Bourbon-Condé fut encore plus chargé d'honneurs et de richesses qu'auparavant : il réussit même à récupérer les immenses biens jadis confisqués de son beau-frère décapité, y compris l'admirable domaine de Chantilly. En 1643, sa réputation était détestable, sans doute exagérément, car il sut suivre de très près les études brillantes et approfondies de son fils aîné ; il n'empêche qu'on le disait laid, très sale, avare, ivrogne, débauché, sodomite (c'était banal dans son milieu) et même poltron, affirmait le mémorialiste Tallemant des Réaux, qui doit forcer le trait, même si l'on colportait à la Cour que « Monsieur le Prince n'était pas heureux à la guerre ». A quoi il aurait répondu : « Ce bougre [= *sodomite*] de Vendôme [*bâtard d'Henri IV*] est encore plus couard que moi. » Quoi qu'il en soit de ces « bons mots », Condé le père, outre son grand mérite d'éducateur que révèle sa correspondance avec son fils aîné, eut l'esprit de laisser environ 1,5 million de revenu (une tonne d'or par an) que ses trois remarquables enfants — la duchesse de Longueville, Condé et Conti — dilapidèrent avec éclat pour soutenir leur rang, leurs prétentions et leur variable brio, espérant assez justement que les dons et les « grâces » de la reine et du cardinal leur permettraient de continuer leur brillant et joyeux train de vie.

Monsieur le Duc, qui n'était pas encore Monsieur le Prince, était un Bourbon, ce qui lui semblait n'être arrivé qu'à lui, à Henri IV, à Louis XIII et plus tard à Louis XIV. Il a égalé le premier ; il a passé le second — pour parler comme Retz — et n'imaginait certes pas que le troisième finirait par le surpasser. Une vaste culture, beaucoup de curiosité, une intelligence rapide, le coup d'œil lucide du très grand capitaine, un courage éperdu que n'avait pas montré son père, un scepticisme philosophique allant jusqu'à l'athéisme, le dévergondage illimité propre à la plupart des princes quand ils étaient jeunes et même un peu après, mais jamais jusqu'au bout ; une saleté aussi prononcée que sa fascinante laideur ; une audace, une témérité qui n'étaient dépassées que par l'insolence et parfois la fureur ; une ambition féroce, mais qui ne savait trop à quoi s'appliquer ; une force de la nature en forme d'ouragan, qui n'apprit à se contrôler que beaucoup plus tard ; le tout dominé par un orgueil illimité, celui de sa race, plus encore par un génie éclatant et sauvage, qui devait finir par devenir profond.

Mais, en ce début de règne, Monsieur le Duc —

vingt-deux ans — était surtout l'inespéré vainqueur de Rocroi, un beau prélude : son coup d'œil rapide et perçant avait su retrouver la vieille tactique du débordement par l'aile, après une feinte au centre, et de l'encerclement par l'arrière. Victoire quasi géniale, portée aux nues par les trompettes instantanées (et combien durables) de la renommée ; victoire qui n'anéantit tout de même pas l'armée espagnole, laquelle tint encore quinze années dans cette guerre, en attendant les suivantes. Mais avant d'aller cueillir d'autres lauriers — et de subir aussi, comme à Lerida, des échecs qui lui valurent d'être chansonné, Monsieur le Duc put fêter sa jeune gloire avec sa sœur aînée, la somptueuse Mme de Longueville, experte en tous les plaisirs du corps et de l'esprit, et tout un essaim joyeux, spirituel et fort débridé de fiers gentilhommes et d'aimables dames dont la jeune Sévigné.

Conti, le petit frère, qui n'avait pas quinze ans et que la nature avait disgracié, devrait attendre pour se mêler à tous ces jeux, en y ajoutant, semble-t-il, une certaine vilenie. De ce triste bossu, tordu, presque nain, que son statut de cadet vouait en principe à une Église peu exigeante, l'impitoyable Retz dira plus tard qu'il « était un zéro, qui ne se multipliait que parce qu'il était prince du sang » ; et Retz d'ajouter la méchanceté, dont il comparait le degré extrême à l'extrême faiblesse du duc d'Orléans. Tel était le trio que formait la plus grande famille de France, après la disparition du père (décembre 1646) : une amazone, un général pétri d'orgueil et un nabot déjà clerc et déjà vicieux.

À cette galerie sommaire (et provisoire) il

convient d'ajouter celui qui en a fourni la première épreuve, longtemps après avoir joué en ce début de règne un rôle qu'il estimait capital.

Jean-François-Paul de Gondi naquit en septembre 1613 (comme La Rochefoucauld), de Philippe-Emmanuel, général des galères (comme son père) depuis l'âge de dix-sept ans : une charge plus honorifique et fructueuse (il prélevait un pourcentage sur chaque prise, par exemple) que vraiment militaire. La famille, de souche florentine, sortait à la fois de la finance et de l'épiscopat, alliage alors banal. L'arrière-grand-père aurait été une sorte d'homme d'affaires qu'on nous dit médiocre, ce qui surprend puisqu'il était établi à Lyon, colonie italienne (par l'argent), et qu'il avait épousé une Lyonnaise apparemment noble, Marie de Pierrevive, fille d'un gros financier receveur du Domaine de Lyon, ce qui n'était pas rien. Les Gondi ayant, comme tant d'autres, délaissé Lyon affaibli pour Paris, capitale désormais indiscutée des affaires et incidemment du royaume, on retrouve ces ex-Florentins dans l'entourage de Catherine de Médicis, Florentine comme chacun sait. Ils opèrent à la fois à la Cour, dans la banque, dans l'Église et toujours dans les galères. En 1565, un Gondi est maître d'hôtel du roi (fonction très honorable et substantielle), tandis que son épouse n'est rien de moins que gouvernante des Enfants de France. Tel autre figure parmi les banquiers de Catherine, en attendant que l'un de ses parents devienne celui d'Henri IV, qui aimait sa maison au moins autant que sa bourse : il y allait se nourrir de temps à autre, en aimable compagnie. Un Pierre de Gondi est maréchal de France en 1573, puis général des galères en 1579, charge qu'il transmettra à son propre fils, qui vient de naître. Le maréchalgénéral sut épouser une veuve, Catherine de Clermont, qui lui apporta, parmi des sacs d'écus et de beaux domaines, la baronnie de Retz, au sud de la basse Loire ; il sut aussi la faire ériger en duché-pairie dès 1581, si bien que ce maréchal fils et neveu de banquiers prit place parmi les ducs et pairs, et se fit appeler le maréchal de Retz. La branche cadette entra directement dans l'épiscopat : pour le frère de Retz, Langres d'abord, Paris dès l'âge de trente-cinq ans et le chapeau de cardinal en 1587 : en quelque sorte, la souche des Gondi cardinaux. Quand il mourut, son neveu lui succéda tout naturellement au siège de Paris, puis à la dignité de cardinal, mais avec, déjà, le nom, pas encore fameux, de cardinal de Retz (1618). Il mourut vite (1622), mais son frère Jean-François, quatrième fils du maréchal, lui succéda immédiatement, alors que le siège de Paris était enfin élevé au rang d'archevêché (auparavant il dépendait de Sens). Ce personnage médiocre et mal portant ne put prétendre au chapeau et demanda en vain à Louis-XIII et à Richelieu qu'on lui donne son jeune neveu comme coadjuteur. Le jeune homme dut attendre, l'oncle étant peu apprécié.

Celui-ci, notre héros, n'avait pu bénéficier du précieux préceptorat de M. Depaul (ou M. Vincent), qui quitta en 1617 la maison qui l'avait hébergé et protégé après avoir instruit les aînés des enfants. Mais, à douze ans (1625), il recevait l'éducation dispensée par les jésuites du prestigieux collège de Clermont. On dit qu'il y brilla autant par son intelligence éclatante que par son mauvais caractère et sa systématique indiscipline. Comme chacun, il en sortit bachelier et entreprit une licence de théologie à la Sorbonne : il y brilla tellement qu'il obtint le rang de premier, dépassant — réussite incroyable et même dangereuse — un propre parent de Richelieu, La Mothe-Houdancourt (plus tard archevêque aussi, mais à Auch). Parallèlement, Gondi accumule les intrigues, les duels et la galanterie. Il s'y distinguera longtemps : dès 1633, lors du mariage de son frère à Machecoul (en Retz), il tente d'enlever la sœur cadette de la mariée. Vers 1635, on lui connaît au moins trois maîtresses, probablement simultanées : la princesse de Guéméné, une Rohan, la duchesse de La Meilleraye, une Cossé-Brissac, et l'épouse d'un président au Parlement, Pommereuil. Il persistera dans cette voie avec une santé certaine : une Vendôme, une Chevreuse (la fille, qu'il traite rudement en ses Mémoires) et tant d'autres.

Cadet, il était voué à la carrière ecclésiastique, qui ne lui déplaisait pas, notamment comme moyen de parvenir. À neuf ans, il hérita d'un aîné décédé la commende, donc les bénéfices, de deux abbayes non médiocres, Buzay et Quimperlé. L'année suivante, on lui conféra tout de même la tonsure qui seule lui permettait de jouir des revenus de ses deux abbayes, en attendant mieux. Il était encore écolier chez les jésuites quand il devint, à quatorze ans, chanoine de Notre-Dame de Paris, ce qui, dans son milieu, ne pouvait surprendre. Modestement, il se contenta de se faire appeler l'abbé de Gondi. En attendant qu'on lui trouve un « estat », il part faire le déjà classique tour d'Italie avec quatre jeunes gentilshommes assez joyeux et le redoutable et talentueux Tallemant des Réaux, issu lui aussi de la finance et habile dans l'anecdote. Après son retour, il attend toujours, dans les délices des salons, des intrigues et des amours, qu'une belle carrière vienne à lui. Ni son père ni son oncle n'obtenant pour lui de Richelieu la coadjutorerie de Paris, il se lance avec plaisir vers 1640 dans la prédication, notamment aux Petites-Carmélites, devant la reine et une partie de la Cour ; il semble bien qu'on l'apprécia beaucoup. Richelieu mort, l'oncle archevêque renouvelle ses démarches auprès du roi malade ; celui-ci offre au jeune homme (dérision ?) le minuscule évêché d'Agde, immédiatement refusé. Il faudra une pieuse tante, la marquise de Maignelay, pour obtenir de la sensible Anne d'Autriche, moins d'un mois après la mort de Louis XIII, le brevet tant désiré de coadjuteur, avec promesse de succession. Le nouveau prélat n'est naturellement pas prêtre, pas même sous-diacre, et cependant le pape lui adresse ses bulles dès le 5 octobre 1643, en le faisant par surcroît archevêque de Corinthe *in partibus*, titre qui inspirera les chansonniers. Devenu enfin docteur en théologie — simple formalité —, il se décide forcément à recevoir les ordres sacrés (indispensables pour tout évêque) après une fort courte retraite à Saint-Lazare, chez M. Vincent : ce fut le 19 octobre 1643, il était grand temps. Il fut sacré à Notre-Dame trois mois plus tard.

Désormais, il sert à la fois Dieu — assez peu —, Vénus — beaucoup — et son génie de l'intrigue plus encore. À la surprise générale, il administre son diocèse, prêche souvent, se rend populaire en visitant de nombreuses paroisses, spécialement à Paris. Ce qui ne l'empêche pas, par vanité et par manque de maîtrise, de se quereller avec les uns et les autres : avec Monsieur pour un conflit de préséance à la cathédrale ; plus encore, de choquer la Cour par des discours maladroits et fanfarons à l'assemblée du clergé de France en 1645-1646. Mazarin apprit vite à se méfier de cet intrigant, trop agité, que la reine n'aima jamais, et son fils moins encore, mais qui séduisait volontiers ses paroissiens, ses paroissiennes, et diverses compagnies pieuses. En fait, il ne désira jamais que deux choses : le chapeau de cardinal, qu'il finit par obtenir, et presque sûrement la place de Mazarin, pour laquelle il n'avait aucune chance.

Si un tel homme, brillant, incertain, fluctuant, fondamentalement ambitieux (comme Condé, mais avec moins de panache), n'avait pas tant — et si tard — écrit, avec un talent qui fait presque oublier sa mauvaise foi, ses falsifications et sa méchanceté facile, un talent tel qu'il abusa trop d'historiens pourtant sérieux, il n'eût sûrement pas été nécessaire qu'on lui consacre autre chose qu'un croquis rapide, comme tels autres acteurs, à vrai dire souvent dérisoires ou épisodiques, qui paraîtront à leur place.

Des adversaires : le parti dévot

Ce qu'on appelle assez souvent « parti dévot » ne constitue en réalité qu'un assemblage discret, une constellation apparemment insaisissable, secrète en son principe, très organisée dans le détail, moins bien structurée dans son ensemble, mais dont l'influence et généralement l'hostilité, pour être assez ancienne — quelque soixante ans — n'en est que plus redoutable. D'autant que, outre son action propre, elle inspire et souvent oriente fermement celle des autres — Grands, parlementaires — qui n'en ont pas toujours une conscience claire (mais l'ont parfois).

Il est évident que ce « parti » (on dira aussi, hostilement, « cabale ») n'englobait pas la plus grande partie du peuple catholique. Il n'intéressait, d'ailleurs partiellement, que les couches supérieures de la société : haut et moyen clergé, noblesse (surtout de robe) et une solide part de la meilleure bourgeoisie. Sur le plan religieux, il constituait à la fois le résultat et le moteur du grand réveil catholique d'après le concile de Trente, qui s'épanouit en France vers les années 1580 ou un peu après. La subtile et riche diversité de ses aspects religieux ne sera pas exposée ici, puisqu'elle échappe à la fois à l'objet de ce livre et à la compétence de son auteur. On rappellera seulement qu'elle joua un rôle actif durant la Ligue, au XVIe siècle, et qu'elle inspira puissamment la plus grave opposition qu'ait connue le cardinal de Richelieu, en 1630.

La doctrine politique des « dévots » offrait une grande simplicité. Ils soutenaient que le roi de France devait, dans tous les cas, défendre les principes et les intérêts de l'Église, donc du pape et surtout des rois catholiques, les Habsbourg d'Espagne et d'Autriche. Or il apparaissait clairement que la géographie et la « raison d'État » chère à Richelieu indiquaient ces deux monarques et leurs alliés comme les adversaires naturels et inévitables du royaume de France. Pour les affaiblir, Richelieu et son maître, en butte à une redoutable opposition dite « réformatrice », soutenue par le chancelier Marillac et la reine mère Marie de Médicis (éliminés en novembre 1630), ne pouvaient s'appuyer que sur des alliés protestants : Hollande, Danemark, Suède alors puissante, princes allemands luthériens ou calvinistes. Dans un premier temps, ils furent subventionnés, généreusement ; dans un second, il fallut bien entrer en guerre. Une guerre qui devrait durer un quart de siècle et que les dévots, en y mettant les formes ou non, jugèrent détestable et impie d'un bout à l'autre. Dans un siècle comme le nôtre, ce type d'opposition intérieure, même discrète, aurait un nom, justifié par une collusion fréquemment attestée avec l'Espagne.

Après avoir fomenté à plusieurs reprises, sous le règne précédent, des complots graves où trempa malheureusement la reine tant qu'elle ne fut pas mère — complots que Richelieu découvrit et réprima tous, avec son implacable sévérité —, les dévots espérèrent peut-être qu'avec Mazarin les choses allaient changer. Dès le début, ils furent naturellement derrière la cabale des Importants et au sein de la pieuse camarilla qui entourait la pieuse reine. Mais celle-ci se battait pour son fils et était fermement soutenue par un second cardinal dont les manières douces et flatteuses dissimulaient la compétence, la subtilité et l'adresse à contourner et effacer les obstacles plutôt qu'à les enlever à la charge. Vingt années de luttes apparemment feutrées se préparaient, qui iraient vraisemblablement jusqu'à Tartuffe...

Si les ardents champions de la réforme catholique s'étaient d'abord retrouvés dans quelques salons ou autour de quelques couvents tout neufs ou dans des confréries pieuses spécialement vouées à la Vierge, à l'Immaculée-Conception, à la Passion, à l'Enfant Jésus, au Saint-Esprit, ils s'organisèrent plus sérieusement à partir de 1627.

Autour d'une vénération du Saint-Sacrement propre à beaucoup de pieuses confréries du Midi, s'organisa une société longtemps secrète (ses papiers furent découverts à la Bibliothèque nationale... en 1880, parmi les archives du comte René de Voyer d'Argenson) autour d'un lieutenant général du roi en Languedoc, Henri de Lévis, duc de Ventadour. De petits groupes se créèrent — dix personnes au plus — à peu près indépendants les uns des autres, se connaissant mal ou pas du tout, dont la liaison avec la

« tête » de l'organisation (Ventadour, puis Lamoignon) se faisait par deux ou trois personnes. Quelques capucins, oratoriens, voire jésuites (il en fallait bien), une élite de noblesse, surtout de robe (les Potier, l'oncle de Fénelon...) en attendant Conti et Fouquet (par sa seconde femme), une quinzaine d'évêques (Sourdis à Bordeaux, Harlay à Rouen, plus Beauvais), de saints personnages comme Bérulle et Olier au début, puis M. Vincent, animaient de pieuses et très secrètes réunions où l'on surveillait l'application des objectifs de la Compagnie. Beaucoup demeuraient profondément religieux, comme le secours aux pauvres, aux prisonniers, aux captifs (de Berbérie notamment), la lutte contre les protestants et les juifs (notamment à Metz) et le compagnonnage, contre les péchés graves comme le libertinage (Ninon de Lenclos et Marion Delorme poursuivies), le jeu, le blasphème et... les nudités (artistiques comme les statues d'Arsinoé ou les « nus » de la chapelle Sixtine, « caleçonnés » sur ordre après 1546 par le « *braghettone* » Daniele di Volterra, ou vivantes, comme les « nudités de gorge » des dames, durement dénoncées : « Cachez ce sein... »). Ces luttes très chrétiennes ne désapprouvaient ni la délation (banale en ce siècle, et souvent rémunérée) ni certaines interventions, secrètes ou énergiques. Très tôt, Louis XIII avait approuvé d'une aimable lettre de cachet cette société dont la piété lui plaisait. Sut-il par la suite les difficultés politiques qu'elle lui suscita ?

Du côté de Mazarin et d'Anne d'Autriche (comme naguère de leurs prédécesseurs), toute la partie publique, pieuse et secourable, d'une société dont on ignore s'ils en connaissaient bien les détours (Mazarin fort probablement et plus tard son serviteur Colbert), paraissait bénéfique et louable. Les aspects politiques (mais discerneraient-ils bien les liaisons des uns aux autres) ? étaient, pour eux, inacceptables, et naturellement leurs efforts obstinés pour faire cesser à tout prix la guerre contre l'Espagne, fût-ce par la trahison, et même par ces conseils apparemment humanitaires de tel parlementaire (Talon) opposant la « misère des peuples » et la « calamité des provinces » aux « palmes et lauriers » qui ne sauraient les nourrir.

Ayant réglé un premier compte avec les dévots au dénouement de la cabale des Importants, Mazarin et Anne d'Autriche s'appliquèrent à les écarter quelque peu de leur entourage, y compris celui du petit roi, quand il fallut, un peu plus tard, lui choisir un précepteur ; en attendant, on prit soin de lui trouver comme confesseur un jésuite sage et soumis (la reine se serait bien passée d'un jésuite ; Mazarin, qui connaissait la secte, jugea prudent de ne point l'écarter trop). On sait qu'il fit venir de Rome les théatins, moines sévères et rigoureux, qu'il connaissait bien et dont il n'avait rien à craindre.

Dans l'immédiat, les premières difficultés surmontées, il s'agissait avant tout de faire la guerre, de la gagner (même après Rocroi, qui n'acheva rien), et surtout de continuer à la financer, ce qui pourrait bien être — ou continuer d'être —, après huit rudes années, le problème capital.

CHAPITRE IV

Mazarin et la guerre

En accédant au pouvoir, la reine-régente et son Premier ministre s'étaient trouvés immédiatement confrontés à un état de choses ancien, mais capital comme il l'est presque toujours : la guerre. La guerre à peu près partout en Europe : guerre civile, fort grave en Angleterre, fort sérieuse en Espagne (Portugal et Catalogne), conflits étouffés ou permanents aux confins de l'empire ottoman (rappelons qu'il avoisinait la Russie, la Pologne, l'Autriche et les territoires vénitiens) ; guerre coupée de trêves, mais rude, autour de la Baltique, que le roi de Suède, puis le chancelier Oxenstierna, qui gouvernait au nom de la jeune Christine, voulait transformer en lac suédois, et paraissait y parvenir (ce dernier conflit occupant sérieusement Mazarin après Richelieu, puisque la Suède était alors alliée).

Dans cette atmosphère qui ne pouvait déplaire aux fournisseurs d'armes et de poudre de Liège, de Hollande, de Suède, de Styrie ou d'ailleurs, le souci essentiel était bien constitué, pour ceux qui avaient en charge le royaume de France, par le dur conflit avec l'Espagne, l'Empereur, et des princes d'Empire, tous bons catholiques, qu'ils menaient avec la précieuse alliance des Provinces-Unies, de la Suède et d'autres princes d'Empire, tous protestants. Cette guerre, ni Anne ni Mazarin ne l'avaient voulue ou souhaitée ; ils avaient même tout fait pour qu'elle n'ait pas lieu : Anne d'Autriche parce que née Habsbourg, sœur du roi d'Espagne et demeurée tout espagnole jusqu'à ce que la naissance du Dauphin la « canonise » définitivement française (le terme est de Mazarin, et s'appliquait à lui-même) ; le ministre parce qu'il avait été le légat du pape Urbain VIII, chargé de sauver la paix et de préparer un congrès (qui allait s'ouvrir en 1644), et parce que lui-même n'aimait pas la guerre, sinon pour imaginer quelques expéditions aventureuses (vers son Italie, on le verra), ou pour déployer au travers des combats les subtiles sinuosités de son génie de diplomate.

Mai 1643 : la guerre donc, avec Rocroi comme éclatante ouverture. Mais quelle guerre ? pourquoi ? contre qui ? dans quelles conditions et quelle atmosphère ?

Pour Richelieu, et naturellement pour Mazarin, l'adversaire essentiel était l'Espagne encore puissante, dont les territoires enserraient presque le royaume. Pour l'atteindre, il fallait entrer dans une série de conflits, qu'on appelle rapidement et improprement (l'expression concerne l'Allemagne) guerre de Trente Ans. On discerne en réalité trois conflits qui se sont joints, sinon mêlés.

Le plus ancien opposait (avec des trêves) le Roi Catholique au Très-Chrétien depuis au moins Charles Quint et François Ier, soit plus d'un siècle. Richelieu l'avait repris, une fois débarrassé du problème protestant à l'intérieur, indirectement à partir de 1630, directement cinq ans plus tard. Le deuxième opposait depuis soixante-cinq ans (avec une trêve de douze ans, 1609-1621) l'Espagne à la partie septentrionale et protestante de ses anciennes provinces des Pays-Bas, qui combattaient pour obtenir et assurer leur indépendance. Ces Provinces-Unies, couramment appelées du nom de la plus puissante, la Hollande, avaient presque toujours pu compter sur l'appui français qu'Henri IV ne leur ménagea pas et que Richelieu continua sans hésiter pour des raisons évidemment politiques : fixer au nord et sur les mers une partie des forces espagnoles.

Le troisième conflit, intérieur à l'Allemagne, avait débuté en Bohême, royaume dont le monarque était l'Empereur Habsbourg Mathias, autoritaire et champion du catholicisme. En 1618, les nobles tchèques protestants « défenestrèrent » à Prague les envoyés de l'Empereur, et choisirent à sa place un Allemand protestant, l'Électeur palatin. Homme brutal et fidèle disciple des jésuites, l'Empereur réagit violemment et châtia durement les Tchèques. Puis, par extension, il entreprit d'instaurer dans l'Empire (où son autorité se trouvait effectivement fort médiocre) à la fois l'unité catholique et l'obéissance politique, tâche bien difficile. S'ensuivirent des guerres complexes et souvent horribles où furent successivement vaincus l'Électeur palatin, puis le roi de Danemark (prince d'Empire par ses duchés de Schleswig et Holstein), qui tint pourtant quatre années avec l'aide des subsides français, mais non pas le roi de Suède Gustave-Adolphe, personnage de qualité exceptionnelle, dont la mort prématurée ne compromit qu'un moment les succès de ses armées. Tous avaient été puissamment aidés par l'armement hollandais et les subsides puis les soldats français.

Dans ce contexte complexe, le royaume de France devait, en pratique, protéger contre les uns et les autres — mais surtout contre les Espagnols — la quasi-totalité de ses frontières, de la Manche à la Méditerranée et aux Pyrénées. Une tâche telle qu'on a du mal à se représenter ce qu'elle pouvait requérir d'armement, de matériel, d'hommes et d'argent.

Après des années très difficiles au début du conflit (les ennemis avaient menacé en 1636 Dijon et Paris, suscitant une panique momentanée), la situation s'était assez bien redressée grâce à des sacrifices considérables et à quelques circonstances heureuses. Ainsi, la marine hollandaise avait écrasé la marine espagnole au large de Douvres en 1639 : cette première grande victoire du jeune amiral Tromp interdisait désormais toute liaison maritime entre l'Espagne et ses provinces « belges ». Un an plus tard, la révolte du Portugal et de la Catalogne contre les « Castillans » affaiblissait l'adversaire sur terre. Par l'occupation d'une partie de la Lorraine et de l'Alsace impériales, les garnisons et les troupes françaises gênaient les liaisons entre Franche-Comté et Pays-Bas, et essayaient d'agir de même autour du Milanais et des places savoyardes. En Allemagne, malgré des hésitations et quelques fausses manœuvres, les solides armées suédoises avaient tenu tête aux troupes de l'empereur et de ses alliés, et surtout dévasté systématiquement et cruellement un bon tiers de l'Empire. Et puis, Rocroi était venu, bloquant une nouvelle invasion espagnole par le nord et mettant fin à la réputation d'invincibilité des *tercios* de Philippe IV.

Tout cela était heureux, mais non décisif, d'autant que le nouveau règne et la nouvelle régence étaient généralement interprétés comme un virtuel affaiblissement du royaume de France. La tâche n'était donc pas terminée. Elle s'annonçait difficile, mais qui pouvait croire qu'elle demanderait encore quinze années ?

Avant d'effectuer le tour des champs de bataille du premier quinquennat de la régence, il paraît nécessaire de présenter ce qu'étaient alors les armes, les armées et la guerre, si différentes de ce qui s'est vu depuis.

Guerre et armées au milieu du siècle

Qui conserve le souvenir des pimpantes armées de Louis XV ou des plus brillantes campagnes napoléoniennes doit se défaire de cette imagerie pour comprendre la guerre et ses acteurs au temps de la guerre de Trente Ans.

Aucun service militaire obligatoire : les premières milices provinciales viendront bien plus tard, et la véritable conscription en 1797. En fait d'armée permanente, le roi ne détenait alors, au titre de ce qu'on appelle « l'ordinaire de la guerre » (terme désignant une caisse à caractère financier qui s'y rapporte à peu près) que les anciens corps de sa maison : les gardes françaises, les gardes suisses (bien traités et très fidèles), quelques compagnies plus récentes de gendarmes, de chevau-légers et de mousquetaires à cheval, plus récentes et payées par un impôt spécial, le taillon, qui paraît dater de la fin du XVe siècle, mais s'est naturellement transformé en supplément de taille. Tous recevaient au moins des écuries et souvent des logements décents (ou logeaient en ville ; il n'y avait pas de casernes), une bonne solde, le plus souvent de fort beaux uniformes (les seuls !). Chaque compagnie avait sa bannière propre (parfois une simple écharpe), celle du roi étant bleue avec des lis d'or (comme l'actuel drapeau du Québec) ; contrairement à ce qu'on croit encore, le drapeau blanc apparaîtra bien plus tard (et surtout pas dès Henri IV !). D'autres régiments, payés en principe par la caisse dite de « l'extraordinaire des guerres » s'étaient créés peu à peu, au fil des guerres. On dénombrait en 1635 les « six vieux » aux noms religieusement conservés : Picardie, Piémont, Navarre, Champagne, Normandie et « la Marine » ; s'y étaient ajoutés peu à peu d'autres régiments, dont les moins récents portaient le nom de « petits vieux », plus ceux qui, par la suite, adoptèrent le nom de leur colonel ou celui d'une province (Rambures, Sault, etc.). Si les troupes « réglées », c'est-à-dire permanentes et soldées, pouvaient compter une douzaine de milliers d'hommes bien entraînés et très sûrs, elles ne suffisaient évidemment pas à combattre l'Espagne et l'Allemagne sur quatre fronts, plus la mer (mais, en ce domaine, l'allié hollandais assumait l'essentiel). Il fallait donc trouver des soldats, des chefs, du matériel, des armes, et payer tout cela.

Richelieu avait commencé, Mazarin continua : vers 1640, on soldait plus de 140 000 hommes, dont un cinquième de cavaliers et environ un tiers d'étrangers. Même si la réalité sur le terrain ne correspondait pas à ce chiffre théorique, les effectifs se gonflant ou s'évaporant selon la conjoncture (Richelieu aurait pensé qu'il fallait diviser par deux l'évaluation officielle), on n'avait jamais vu troupes si nombreuses. Recrutées comment ?

Presque uniquement par engagements volontaires, même si ceux-ci étaient souvent provoqués, ou aidés, par la prime initiale et la beuverie préalable ; plus profonds sans doute, le désir de fuir une famille trop nombreuses ou pauvre, un métier trop pénible, une justice trop curieuse ; jouaient aussi l'espoir de fructueux pillages, la rage d'en découdre, de s'intégrer à un groupe rude et chaleureux ; mais la misère restait probablement, à cette époque, selon le fort sérieux André Corvisier, l'agent de recrutement le plus efficace.

Bien sûr, le roi ne recrutait pas directement. Il confiait la tâche à des personnages suffisamment nobles et aisés, puisqu'il fallait acheter compagnies et régiments, et habituellement commissions ou brevets pour les commander. À charge pour les hommes ainsi pourvus de recruter (habituellement de faire recruter par ceux qu'on appellera plus tard des sergents racoleurs) les effectifs nécessaires, qui devaient être « monstrés » (passés en revue) plusieurs fois l'an pour obtenir des commissaires d'armées (officiers civils envoyés par le Conseil) les deniers nécessaires au paiement de la solde (quelques sols par homme et par jour) : on comprend aisément pourquoi certains hommes « monstrés » étaient des figurants, dits « passe-volants » ; on ne l'ignorait pas, mais on faisait pour le mieux. On obtenait ainsi des troupes hétéroclites, pas toujours sûres, qui parlaient dix langues et plus encore de dialectes, et qui traînaient derrière elles, mêlés aux chariots de munitions et de vivres, des nuées de fripiers, marchands de vin, joueurs de dés, saltimbanques, mendiants, prostituées et même des femmes à peu près légitimes avec leurs rejetons. Et pourtant, bien encadrés, bien exercés, durement dressés et châtiés, ces hommes étaient capables de livrer des combats et des sièges sérieux, voire méthodiques. Le fait que le tiers ou le quart des armées du roi ait été composé d'étrangers (même des Albanais), ne choquait personne, ce bariolage humain se retrouvant ailleurs. Comme dans la période précédente et dans quelques pays voisins, notamment en Italie du Nord où Mazarin jeune en avait rencontré, il existait toujours des *condottieri*, sortes d'entrepreneurs de guerre qui vendaient au plus offrant l'armée qu'ils avaient achetée. L'Empereur, l'Espagne et les princes en avaient employé de fameux — Spinola, Wallenstein —, et Richelieu lui-même avait acheté Bernard de Saxe-Weimar, qui avait constitué une bonne armée sous lui ; Richelieu la confia à l'excellent Guébriant (français celui-là) avant de la passer plus tard au vicomte de Turenne, prince « étranger » (Sedan-Bouillon) et petit-fils de Guillaume d'Orange.

Pour nourrir et armer ces troupes crasseuses, bigarrées, inégales bien que souvent solides, qui ne connaissaient comme drapeau que la bannière ou l'écharpe de leur régiment, voire de leur compagnie, le roi de France (c'est-à-dire Mazarin, qui se réservait en ce domaine la presque totalité du pouvoir) ne pouvait, faute de « fonctionnaires » ou d'officiers « civils » et bien sûr d'intendance militaire, que recourir à l'entreprise ; à l'entreprise privée, pas forcément française, puisque, malgré de réels efforts lors des règnes précédents, il n'existait que de rares arsenaux et, sauf erreur, pas de fonderie.

Armes et munitions étaient donc fréquemment achetés à des civils étrangers, essentiellement des Liégeois, mais aussi des Hollandais, voire des Suédois. Les premiers, qui vivaient dans une principauté-évêché pratiquement indépendante bien que théoriquement rattachée à l'Empire, avaient acquis, grâce à leur minerai et à leur bonne et ancienne technique, une véritable spécialité : la fabrication et la vente des « bouches à feu » (pour les armes blanches, Tolède, Milan et la Styrie s'imposaient). Les Hollandais avaient encore poussé plus loin la technique et l'avaient transportée (notamment grâce à un industriel et négociant exceptionnel, Louis de Geer) chez les puissants Suédois, riches en mines de fer et de cuivre, et experts à travailler ces métaux. Les armées de Gustave-Adolphe, dont tous les grands généraux (Turenne, Condé) furent les disciples, surent utiliser un armement et une artillerie rénovés, allégés et plus rapides.

Mais, en France, l'artillerie ne dépendait pas vraiment du gouvernement, c'est-à-dire du secrétariat d'État de la Guerre, mais bien d'un grand maître de l'Artillerie indépendant, parfois un civil : Sully le fut, son fils aussi, puis des parents de Richelieu, dont Charles de La Porte, duc de La Meilleraye, en attendant son fils, ineffable personnage qui devint plus tard duc Mazarin par la volonté et son oncle par alliance. Quel qu'il fût, le grand maître était effectivement « maître » de tout son domaine, au point de vendre les charges d'artilleur à des officiers civils comme militaires, de posséder sa justice particulière, le bailliage de l'Arsenal (à Paris) et même de pouvoir s'approprier, dans chaque ville assiégée et prise, tous les objets de métal qui s'y trouvaient, y compris, en principe, les cloches... Étrange administration paragouvernementale, dont nous ne pouvons guère concevoir l'idée et avec laquelle le rude Louvois éprouva des difficultés. Et pourtant, comme il le fallait, les troupes eurent de la poudre et des canons, achetés là où on les fabriquait, les revendait ou les stockait.

L'ensemble des soldats (parmi lesquels on trouvait peu d'artilleurs de métier) devaient naturellement être nourris, hébergés, équipés, montés (pour les cavaliers) et toujours escortés de nombreux chariots.

Tous les problèmes ainsi posés étaient résolus — plus ou moins bien, directement ou indirectement — mais par l'intermédiaire des capitaines et surtout des colonels, qu'épaulaient ou contrôlaient des commissaires civils aux pouvoirs étendus, sinon toujours efficaces. Une fois encore, la méthode habituelle consistait dans le recours à l'entreprise privée — à défaut, le pillage, les deux n'étant pas incompatibles. Habituellement, des compagnies de marchands, d'hommes d'affaires, des « munitionnaires » (qui s'occupaient même du pain, dit « de munition »), voire des villes et même des villages, concouraient aux fournitures selon les temps et les lieux, avec autant d'espoir de gain que de crainte de rapines.

Pour voir assez exactement ce qu'on peut appeler le « paysage » militaire, il faut rappeler que les armées avaient alors des activités, voire une existence nettement saisonnière. Il était de coutume, même hors de France, qu'elles se reposent l'hiver, même en temps de guerre, soit du 1er octobre au 1er avril, long hiver. Les adversaires se trouvaient tacitement d'accord pour ne reprendre les hostilités qu'avec le printemps. Il n'y eut guère que Gustave-Adolphe, indépendant et habitué aux neiges scandinaves, puis son disciple Turenne en 1674 pour oser déclencher des campagnes hivernales, d'ailleurs fort efficaces, la surprise jouant. Quant aux troupes au repos, leurs effectifs fondaient peu ou prou, la désertion constituant une pratique courante et vénielle, qui au fond enrichissait les capitaines et les organismes nourriciers. Elles devaient néanmoins être logées et nourries. Faute de casernes (on y songea plus tard), elles logeaient chez l'habitant : tous les privilégiés, les officiers, les riches et les bourgeois des bonnes villes étant parvenus à se faire dispenser, la charge retombait sur le bon peuple.

Moyennant une sorte de rétribution appelée « ustensile », l'hôte devait fournir, en gros, le feu, la chandelle, le lit, une place à table avec le pot et le pain ; quant au vin, de toute manière le soldat le buvait.

Cette charge considérable, en principe couverte par des suppléments de taille, était unanimement reconnue comme fort lourde, même par les ministres, y compris par Le Tellier et plus tard par son fils Louvois. On se doute bien, et les preuves abondent, que les soldats se conduisaient habituellement fort mal dans les provinces du royaume comme à l'étranger, le vol, l'ivresse et les violences variées constituant leurs plus faibles délits.

Le printemps venu, les régiments, quelque peu regarnis, faisaient mouvement vers leurs quartiers d'été et, pendant toute la période qui nous intéresse, vers les lieux d'éventuelle bataille. Ainsi, sur les grands chemins plus ou moins cahotants, on pouvait voir (si possible de loin) défiler lentement autant sinon plus de chariots de demi-civils que d'authentiques soldats, qui allaient de ville d'étape désignée en autre ville d'étape ; et s'il ne s'en trouvait pas, on improvisait l'étape dans des villages si possible prospères, afin de vivre à leurs dépens, au besoin en les pillant quelque peu. La troupe était pourtant censée, durant ces mois-là, recevoir régulièrement sa solde, avec laquelle elle devait ou aurait dû se nourrir, à moins que les capitaines ne s'en chargent, en « retenant les deniers ». De toute manière, les diverses denrées et munitions étaient normalement fournies, à temps le plus souvent, par des compagnies de marchands, d'entrepreneurs, de « munitionnaires », dont le souci naturel était le profit, mais qui pouvaient éprouver des déconvenues, l'armée n'étant pas un client aimable. On pourrait dire que, pour elle, le plus simple consistait à vivre sur le pays traversé ou occupé, le « dégast », en temps de guerre active, constituant une coutume banale et parfois recommandée, au temps de Mazarin comme plus tard de Louvois et même de Bonaparte.

Ce qui apparaît à nos modernes cervelles comme un grand désordre était en quelque sorte corrigé par une discipline terrible dans certains régiments (si terrible qu'elle provoquait des désertions fréquentes), la bastonnade constituant le moindre des châtiments, et aussi par de longs exercices et des manœuvres précises qui préparaient aux deux types de combats alors pratiqués : le siège et la bataille en ligne, aux règles assez bien établies quoique en cours de modification. Car on finissait tout de même, après étapes, cantonnements, marches et contremarches, par affronter l'ennemi du moment.

La science des fortifications et des sièges, que les savants appellent du nom (grec) de poliorcétique, remonte au fond des temps et a connu bien des variations, sans que l'essentiel change beaucoup : il s'agit toujours de protéger ou d'enlever de bonnes villes, sises non loin des frontières (parfois au-delà comme dans le Piémont ami) et placées auprès ou au milieu des passages les plus faciles à forcer : seuils, vallées, « trouées » (dont celles, trop fameuses, de l'Oise et de la Meuse), vastes plaines aussi comme celle des Flandres. Les progrès des armes à feu — arquebuse, puis mousquet et bientôt fusil, mais surtout canon, les uns et les autres de plus en plus allégés, simplifiés et rendus rapides depuis Gustave-Adolphe (toujours lui) — avaient contraint les spécialistes à compliquer et perfectionner les plans, glacis, fossés, bastions, demi-lunes, courtines aux angles savamment recalculés. Ces nouveautés semblent avoir été réalisées d'abord en Espagne (Salses, 1497) et en Italie (Vérone, 1527). Mais le système, perfectionné à nouveau, fut repensé et mis sur le papier par deux des grands prédécesseurs de Vauban, Érard de Bar-le-Duc, dont le traité fut publié (tardivement) en 1600, et qui fut lui-même le maître d'Argencourt, le constructeur de Brouage, de Montpellier et peut-être du Château-Trompette à Bordeaux. En pleine période mazarine parurent les ouvrages d'Antoine de Ville sur *La Charge des gouverneurs des places* et, plus fameux encore, celui du comte de Pagan, le *Traité des fortifications* (1645). Vauban comme son rival le chevalier de Clerville doivent beaucoup à ce dernier : le premier avouait qu'il avait commencé par « paganiser ». Aujourd'hui encore, les spécialistes se régalent des glacis, des angles, des contrescarpes, des lunettes, des ravelins, des barbacanes et « ouvrages à corne » décrits dans le *Dictionnaire* d'André Corvisier par les colonels Rocolle et Goenaga. On ne peut s'étonner que Louis XIV, discrètement aidé par Vauban, ait adoré les « beaux sièges » comme de beaux spectacles. Pour les préparer, émerge peu à peu un corps de quasi-spécialistes, les « ingénieurs du roi » (Vauban le sera) qui succèdent à d'anciens conseillers sans statut net, — souvent italiens —, tandis qu'émergent, pour le creusement des tranchées d'assaut et des sapes qu'on bourrera de poudre, des compagnies de « sapeurs ». Quelle que fût l'importance et même la « vogue » des sièges, qui couvrent ou ouvrent des voies d'accès, ce sont, comme on le verra, les grandes batailles et les rapides attaques qui forcent les décisions.

Bien que modifiés dans le sens de l'accélération et de l'allégement, armement et techniques de guerre conservent bien des traits du passé. L'infanterie comprend toujours des piquiers et des mousquetaires qui désormais se disposent en « ordre mince », allongé, relativement peu épais, beaucoup moins que les vieux *tercios* espagnols, survivance trapue de la légion romaine, ce qui facilitait les manœuvres en des combats où le mouvement était devenu essentiel. On a remarqué en passant que presque tous les mousquetaires étaient, hélas ! des fantassins ; ceux d'Alexandre Dumas appartenaient à l'une des deux compagnies « montées », affectées à la garde royale. Le huguenot Gassion, l'un des meilleurs généraux de Louis XIII, formé à la fois chez les Hollandais et les Suédois, avait concouru à faire adopter les précieuses réformes de Gustave-Adolphe : l'ordre mince, l'allégement du mousquet, l'invention de la cartouche qui rassemble la poudre et les balles et va permettre de tirer bientôt beaucoup plus d'une fois toutes les cinq à dix minutes, comme c'était le cas auparavant, après 99 mouvements préparatoires.

La cavalerie était redevenue l'arme décisive : en 1635, il en fut créé, théoriquement du moins, trente et un régiments, dont six de dragons. Protégé au plus par une demi-cuirasse fort allégée, armé habituellement de deux longs pistolets (parfois d'un mousquet, lourd et difficile à utiliser), mais surtout d'un sabre solide et tranchant, le cavalier pouvait désormais abandonner le trot et prendre le galop de charge pour foncer sur l'ennemi, généralement sur trois rangs (du moins au début), et, à l'exemple des Suédois, enlever souvent la décision en fin de bataille.

Lourde ou légère, l'artillerie s'était considérablement développée en quantité, en calibre et en qualité. Une fois encore, ce fut Gustave-Adolphe qui la multiplia, l'allégea (une pièce dite de quatre ne pesait pas trois cents kilogrammes et était tirée par un seul cheval), eut l'idée de la concentrer aux angles de la ligne de feu et réussit à disposer d'une pièce pour 300 ou 400 hommes (les Impériaux, ses adversaires, une pour 2 000). Cette artillerie, qui expédiait des boulets pleins, des boulets explosifs, de la mitraille, à la fois abondante et efficace, restait fragile : des « ratés », des explosions ; passée du fer au bronze (le cuivre suédois abondait) en attendant de revenir au premier, elle était essentiellement fabriquée en Suède, où chacun se fournissait, directement ou non.

Les batailles terminées, plusieurs problèmes se posaient. S'il se trouvait un net vainqueur (car pas mal de combats furent indécis, et chaque camp arrivait alors à se glorifier du résultat), il s'agissait d'exploiter la victoire, c'est-à-dire de poursuivre ce qui restait de l'armée vaincue, d'envahir le pays adverse, obligatoirement de le piller et si possible d'atteindre ou d'approcher la ville clé, la ville-capitale, ce que les Espagnols avaient failli réussir et que Turenne et les alliés suédois allaient bientôt tenter pour Prague et Vienne. La principale difficulté venait du fait que le ravitaillement, surtout les armes et les munitions, suivait fort mal, charrettes, chevaux et chemins se trouvant habituellement médiocres, pires ou absents — comme quelquefois les soldats, qui désertaient paisiblement pour rentrer chez eux ou s'installer dans la contrée traversée, quand n'y manquaient ni les terres, ni les femmes, ni le bétail. Ce qui restait de l'armée victorieuse tentait de se reconstituer et, selon l'occurrence, prenait tranquillement ses quartiers d'hiver chez l'adversaire plutôt que dans le royaume.

Restait un autre problème, celui des victimes. Le vainqueur (et parfois le vaincu) donnait une évaluation, généralement flatteuse pour lui, du nombre des morts, des blessés s'il en survivait, et des prisonniers (plus des drapeaux pris, drapeaux de régiments, on le sait). Comme les combats réunissaient rarement plus d'une trentaine de milliers de gens et que tous ne mouraient pas, on peut avancer que le nombre des morts ne dépassait pas quelques milliers. Mais deux faits sont certains : les maladies contagieuses (même la peste ici ou là) et les blessures infectées (pas d'hôpitaux de campagne, quelques vagues chirurgiens peu ou trop efficaces) fournissaient une grosse part des victimes. Et surtout, il est sûr que les « civils » étaient aussi lourdement éprouvés, puisque la coutume demeurait encore (spécialement en Allemagne) d'exterminer presque tous les habitants survivants dans les villes conquises, après avoir pris soin de violer les femmes (et quelques jouvenceaux) et de garder les plus appétissantes pour la consommation journalière. On aura l'occasion de montrer plus précisément que les « malheurs de la guerre » ne se réduisaient pas aux admirables gravures de Callot, ou à des récits particulièrement épouvantables puisés dans la correspondance reçue par celui qu'on n'appelait alors que M. Vincent.

1643-1648 : Mazarin stratège et diplomate

De quelque poids qu'aient été les intrigues de Cour — qu'il fallut contourner, apaiser, payer, dépasser —, ou les grognements des robins et la jactance des grands nobles pendant quelque temps assez peu dangereux —, il est certain que Mazarin, fidèlement soutenu par la reine, devait principalement gagner et terminer des guerres qu'il n'avait pas désirées. Son habileté comme diplomate, déjà abondamment prouvée, souffre peu de réserves, sinon parfois un excès d'imagination encore bien italienne, voire juvénile, ou les deux. En revanche, ses talents de stratège ont été mis en doute, et certes il se montra parfois bien hasardeux ou trop confiant dans sa bonne étoile, à laquelle il croyait quelque peu. Cependant, il avait une forte expérience des militaires, et distinguait fort bien les bons généraux des autres. Outre la chance — qu'il devait payer cher — de voir Enghien tomber en quelque sorte du ciel aux premiers jours du règne, il avait rencontré de remarquables militaires en Italie : le « vieux » Spinola (cinquante-neuf ans !) que Bossuet comparera à César et à Condé, l'illustre vainqueur de Bréda illustré par Velasquez, Génois fin et généreux, au service de l'Espagne sans doute mais qui sut accueillir le jeune diplomate romain, pourtant pro-français, lequel écouta sa sagesse, admira sa culture et manifesta tant de surprise en apprenant qu'il mourut presque pauvre « après avoir possédé 800 000 écus quand il embrassa la carrière des armes » (lettre au cardinal Bagni, 1630). Mazarin avait connu aussi les derniers *condottieri* italiens, comme ce Collalto au service de l'empereur qui prit Mantoue, la pilla, la brûla en partie et tua ou viola (ou les deux) ceux des Mantouans qui n'avaient pas fui à temps. Des chefs de cette trempe, l'Allemagne n'en manquait guère, et la Suède comme la France les utilisaient le cas échéant. Mazarin ne pouvait donc s'étonner de rien.

Le hasard de ses missions en Piémont et alentour, joint à son coup d'œil presque toujours sûr, voulut qu'il distingua, outre le brave Toiras qui défendit

Casal, trois huguenots de qualité : Abraham Fabert qu'il fit gouverneur de Sedan, place clé s'il en fut, l'excellent Schomberg dont le père avait jadis amené d'Allemagne des reîtres fort efficaces et le jeune vicomte de Turenne dont les qualités lui apparurent immédiatement. Né en 1611, ce très sérieux petit-fils de Guillaume d'Orange (par sa mère), disciple des stratèges hollandais et suédois, colonel à quatorze ans, sagement mis en congé, mais repris à dix-neuf, général à vingt-huit, fut promu maréchal et ramené de l'armée d'Italie à la fin de 1643 par Mazarin lui-même ; les deux hommes, qui ne se ressemblaient guère, échangèrent une correspondance régulière, précise et confiante, si l'on excepte un accroc que l'on rencontrera plus loin. Avec le fougueux Condé et quelques solides comparses, Mazarin détenait là un duo dont il sut fort bien jouer, du moins jusqu'au plus fort de la Fronde.

Les campagnes

Sans se désintéresser de l'Empire, où il pouvait habilement utiliser les querelles intestines de plus de trois cents princes — dont le roi de Suède — et de leur Empereur, c'était à l'Espagne, adversaire toujours redoutable et puissant, que s'intéressait surtout Mazarin, comme l'avait fait Richelieu. L'essentiel était de gêner ses liaisons avec les morceaux de son Empire.

Déjà, à la fin de 1639, le jeune amiral hollandais Tromp, anéantissant près de Douvres une forte escadre espagnole, avait pratiquement rendu impossible tout lien maritime avec les Pays-Bas. L'année suivante, les révoltes simultanées du Portugal (occupé depuis 1580) et de la Catalogne avaient fortement gêné Madrid sur son propre terrain, et les troupes de Louis XIII avaient pu prendre le Roussillon (Catalogne du Nord), franchir aisément les Pyrénées, occuper Barcelone, saisir une partie de la province, qui pourtant se mit à mal supporter l'occupation française, aussi rude que la castillane : il fallut envoyer Condé, qui ne brilla pas devant Lerida, alors que Tarragone résistait ; du moins des régiments espagnols étaient-ils occupés sur leur propre terrain, et persistaient-ils à bien le défendre.

Richelieu et Louis XIII avaient fait l'impossible pour « cadenasser » les liaisons terrestres espagnoles du Milanais aux Pays-Bas. Pour y parvenir, les principales places et routes lorraines et même alsaciennes avaient été occupées assez tôt, mais l'occupation restait assez fragile : il aurait fallu que Français et Suédois s'installent sur le Rhin et même au-delà pour protéger le royaume et interdire vraiment le cheminement vers le Nord des troupes espagnoles : on allait s'y employer.

L'autre point délicat se situait entre le Milanais et la Franche-Comté (tous deux espagnols). La neutralité des Cantons suisses était assurée. Mais la subtile politique italienne et l'alliance familiale avec la maison de Savoie ne présentaient pas que des facilités ; une sorte de semi-occupation, reposant sur de solides places fortes comme Pignerol, arrivait le plus souvent à des résultats passables. Avec une bonne flotte en Méditerranée, on aurait pu songer aussi à contrarier les liaisons maritimes d'Espagne en Toscane, à Naples ou en Sicile. Mazarin s'y risquera. Cependant, le véritable problème se situait surtout vers les frontières nord et nord-est, comme toujours...

Enghien, qui venait à Rocroi de colmater la route

d'invasion du nord, fit route vers l'est pour essayer d'en bloquer une autre. Il marcha donc vers la Moselle, prit Thionville, alors place luxembourgeoise, puis Sierck. Il opéra sa jonction avec les solides restes de l'armée de Bernard de Saxe-Weimar (le grand *condottiere* décédé), armée rachetée par la France et confiée à l'excellent Guébriant. Ce dernier, renforcé par les troupes du futur Grand Condé, rentra en Allemagne, s'empara de Rottweil, mais y mourut d'une blessure mal soignée. On était en novembre, et son armée, qui n'était plus ni commandée ni payée et cherchait à hiverner, se désorganisa, fut battue et commença à se disperser. Ainsi se faisaient et se défaisaient, en ce temps-là, les victoires, les armées et les marches conquérantes.

Mazarin, que la rapidité de ses courriers tenait bien informé, agit immédiatement (c'est lui qui décidait, on ne le dit pas souvent ; or les ambassadeurs vénitiens, si sûrs, le confirment) : Turenne, rappelé d'Italie et fait maréchal de France, fut dépêché vers l'Allemagne (novembre). Il parvint, non sans peine, à regrouper le plus gros de l'ex-armée weimarienne et à obtenir de Mazarin quelques charrettes d'argent-monnaie pour les solder, ce qui permit la réouverture de la campagne.

Les troupes bavaroises, commandées par le comte de Mercy, les meilleures sur lesquelles pouvait compter l'empereur, avaient profité de ces hésitations pour reprendre Fribourg-en-Brisgau, position considérée comme capitale (juin 1644), et se déployer face à l'Alsace, occupée depuis Richelieu. Il fallait les déloger. Une fois encore, Mazarin décida. Il envoya Enghien rejoindre Turenne. Tous deux reprirent Fribourg (début août 1644) après plusieurs journées de combats pénibles, chassèrent et poursuivirent les

Bavarois qu'ils battirent à nouveau près des sources du Danube (10 août). L'adversaire se retira ; mais les Français ne le suivirent pas, renforts et intendance manquant ensemble et la région se trouvant sans doute trop pillée pour qu'on puisse songer à la tondre de nouveau. C'est alors que Condé, avec l'aval de Mazarin, reprit une idée assez remarquable de Guébriant : descendre la vallée du Rhin par les deux rives, l'artillerie étant embarquée sur le fleuve. Ce qui fut fait : ayant pris Philippsburg, Landau et Mayence et mis sous sa protection Spire et Worms, le jeune général avait réalisé ce tour de force de protéger Alsace et Lorraine de l'invasion en occupant le fleuve et un vrai boulevard de villes allemandes. Vinrent les quartiers d'hiver...

À l'ouverture de la campagne suivante, en mars, Turenne, qui commandait l'armée d'Alsace, lui fit passer le Rhin à Spire et mit le cap sur la Bavière, le plus sûr rempart de l'Autriche. Il se heurta à nouveau à Mercy, qui le surprit au repos et le battit à Marienthal (mai 1645). Une fois encore, Enghien et ses régiments vinrent à la rescousse, et les deux généraux attaquèrent le 3 août, l'un face aux retranchements du Bavarois, l'autre par l'arrière avec sa cavalerie (c'était Turenne). Ce fut la considérable victoire de Nordlingen, où Mercy fut tué (la guerre de Trente Ans fit une belle consommation de généraux), après quoi, l'armée qui lui était liée se dispersa tout naturellement. Et une fois encore, les troupes françaises, victorieuses mais que l'intendance suivait mal et par ailleurs fatiguées, furent incapables de poursuivre les Bavarois, se replièrent sur des bases sûres et bien ravitaillées : Philippsburg, une fois encore.

Pour faire cesser ces allers et retours et en finir avec

l'Empereur et l'Empire, il fallait retrouver les Suédois. Ces derniers, solides guerriers, étaient tentés au moins autant par la maîtrise de la Baltique que par les secours à apporter aux réformés allemands. Durant la minorité et l'insouciante jeunesse de la fantasque et curieuse reine Christine, le chancelier Oxenstierna (et plus tard, son fils) gouvernait fort bien le pays. Il avait cependant décidé que les fortes troupes commandées par le rude Torstenson quitteraient leur hivernage de Moravie et même l'Allemagne pour aller ravager les terres de l'adversaire danois en 1644-1645 ; il pensait s'en prendre ensuite aux Polonais et même au naissant État russe. Cela ne faisait pas l'affaire de Mazarin. D'abord irrité, mais rapidement plus adroit, il suspendit dès la fin de 1643 le versement aux Suédois des habituels subsides (l'argent constituant couramment le meilleur ciment des alliances). Puis il s'imposa comme médiateur entre les deux royaumes scandinaves : à la paix de Brömsebro (août 1645), la Suède s'agrandit de deux îles et d'un morceau de province danoise ; surtout, son armée redevenait disponible pour épauler les Français, d'autant que Mazarin avait renouvelé le traité d'alliance et de subsides, et le versement de ces derniers.

La jonction des armées du nouveau général suédois, Wrangel, et de Turenne eut raison, en deux ans, de la guerre allemande — l'espagnole se poursuivant sous d'autres cieux, moins brillamment. Les deux armées envahirent la Bavière en 1646, ravagèrent durant six mois ce pays jusque-là à peu près épargné, entrèrent à Munich, obligeant l'Électeur Maximilien à jurer, contre quelques concessions, que désormais il n'aiderait plus l'Empereur (traité d'Ulm, mars 1647). Turenne aurait bien poussé jusqu'en Bohême pour y battre une assez faible armée impériale qui y campait, mais Mazarin, dans un retournement bien subtil (il voulait ménager l'Empereur, car il sentait la paix proche), l'envoya vers les Pays-Bas espagnols.

Par une de ces péripéties qui ne surprennent que nous, les ex-weimariens (commandés par Turenne), qui ne s'étaient engagés que pour combattre en Allemagne, s'arrêtèrent à Saverne, refusant d'aller plus loin et commençant même à se disperser ; qu'est un général sans troupes ? Bref, Turenne rameuta ce qu'il put, et Mazarin, bien renseigné une fois de plus, comprit qu'il fallait le réexpédier vers l'est : d'ailleurs, Maximilien, oublieux de ses promesses, y avait repris le combat. En septembre 1647, Français et Suédois se remirent donc en route, reprirent et re-dévastèrent la Bavière, et écrasèrent Maximilien à Zusmarhausen (mai 1648 — date choisie aussi par les robins parisiens pour ruer). Cette décisive victoire allait amener la signature rapide de la paix, ce qu'ignoraient les deux généraux, fort éloignés des diplomates. Ils marchèrent sur Vienne, durent s'arrêter une fois de plus, vivres et munitions ne suivant pas, reculèrent pour aller se nourrir en Souabe, puis foncèrent sur Prague déjà assiégée par le Suédois d'origine allemande Koenigsmark, projetant de foncer ensuite sur Vienne : belle tactique... mais on les avisa que la paix dite de Westphalie venait d'être signée (octobre). Aussi les vainqueurs, un peu frustrés, retournèrent-ils vers leurs foyers, ou leurs quartiers d'hiver.

Ces marches, contremarches, ravages et contretemps avaient rapporté à la France la plus grande partie de l'Alsace dans des conditions d'une indicible complication, qui tenait au passé féodal encore vivace et au goût quasi maniaque de l'époque pour les subtilités juridiques les plus retorses. En même temps, Mazarin s'était constitué une clientèle parmi les princes d'Empire, surtout les proches Rhénans — il faudra revenir plus loin à ces remarquables astuces, à la vérité presque effacées alors par le problème espagnol et les débuts retentissants de la Fronde à Paris.

Comme Richelieu, Mazarin avait toujours pensé que le principal ennemi était l'Espagne, avec ses immenses domaines dispersés sur le globe à tous les points de l'horizon. Or, de ce côté, malgré Rocroi, tout n'avait pas été facile et ne s'arrangeait pas.

L'occupation française stagnait en Catalogne, où même Condé ne brilla pas, comme on sait ; par surcroît, les Catalans avaient vite constaté que l'occupation française était au moins aussi rude que la castillane et commençaient à changer de bord : la vice-royauté, tout honorifique, de Condé et du frère de Mazarin, censés représenter le roi de France, duc de Barcelone, produisit peu d'effet ; en un mot, la situation était pour le moins bloquée, et le Roi Catholique le savait bien.

Restaient les grandes plaines du Nord, l'éternel champ de bataille d'entre Meuse et Somme. Depuis 1643, on n'avait guère cessé de voguer dans ce plat pays, prenant une ville pour en perdre une autre. En 1646, le duc d'Orléans parut en personne, montrant une bravoure réelle pour des talents stratégiques médiocres ; heureusement, Enghien était là, qui l'aida à prendre Courtrai et Mardyck (août) ; après quoi Monsieur s'en revint parader et intriguer à la Cour. Plus décisive fut, en octobre, la prise de Dunkerque par Enghien : c'était alors un excellent port et surtout un redoutable nid de corsaires (lesquels opéraient en paix comme en guerre). Les

Hollandais apprécièrent peu l'exploit, pensant que les Français s'approchaient beaucoup de leurs précieuses provinces maritimes. Cela constitua l'une des raisons qui les amenèrent à conclure, quinze mois plus tard (janvier 1648) une paix séparée avec l'Espagne, laquelle reconnut enfin *de jure*, après soixante-dix ans de conflit, une indépendance qui était effective depuis longtemps, en leur cédant même une bande de territoire au sud de la Meuse. Immédiate et rude conséquence pour les Français : une bonne partie de l'armée espagnole se trouva libérée du côté du nord, et donc prête à foncer à nouveau sur Paris qui s'agitait — signe apparent de faiblesse.

Commandés par l'archiduc Léopold, frère de l'Empereur, les Espagnols s'emparèrent de Lens. Condé, qui les attendait, feignit une retraite qui fit descendre ses ennemis de la ville conquise : c'était ce qu'il désirait. Usant de sa rapide tactique habituelle, il les battit nettement, les força à une retraite, celle-là non simulée, après leur avoir détruit, dit-on, 120 canons et pris une belle moisson d'étendards (20 août). Une telle victoire valait bien un *Te Deum* à Notre-Dame ; elle amena aussi l'ouverture bruyante de ce qu'on appela la Fronde. La paix avec l'Empire survint également quelques jours plus tard, dans l'indifférence, sinon dans l'hostilité générale. Malgré les querelles internes, il restait tout de même l'Espagne, arrêtée, mais non abattue. À la vérité, la plupart des Français n'y pensaient guère.

Ce n'était pas le cas de Mazarin qui, une fois encore, ne se trompait guère sur l'essentiel, sinon sur le détail. En bon Italien, il savait mieux que personne que l'Espagne était une puissance méditerranéenne, bien possessionnée en Italie, et que peut-être il pourrait la gêner de ce côté-là... et gêner aussi le pape, qu'il n'aimait guère et qui le lui rendait largement. Détestation qui remontait au conclave de 1644 : Mazarin aurait désiré que le nouveau pape fût un peu moins hispanophile que le précédent (Urbain VIII), mais son candidat et ami, Sacchetti, avait échoué d'un cheveu. Un Pamfili fut élu, encore plus favorable à l'Espagne, encore plus hostile aux intérêts français ; ceux qui les soutenaient, les Barberini, eurent leur palais pillé et vinrent se réfugier près de leur ancien protégé et ami. Raison de plus pour le cardinal de viser à la fois Innocent X et l'Espagne. À cet effet, des intrigues complexes remuèrent les petits États voisins du Milanais et de ceux du pape. Tous furent éclipsés par le mirifique projet mazarinesque de couper ou de gêner les liaisons Espagne-Italie, et — pourquoi pas ? — de prendre pied dans des contrées apparemment fragiles comme les « présides » (ports occupés par l'Espagne) de la côte toscane et même, plus au sud, à Naples. Sans doute les deux douzaines de galères françaises et ce qui pouvait naviguer encore de la flotte assez modeste construite par Richelieu justifiaient difficilement de si beaux projets, néanmoins lancés.

Une première fois, au printemps de 1646, dans l'euphorie des victoires continentales, une première expédition, conduite par le jeune duc de Brezé, un parent de Richelieu, débarqua quelques troupes à Orbitello, sur la côte toscane ; le prince Thomas de Savoie, que Mazarin avait embauché moyennant de belles promesses et quelque monnaie, commandait la petite armée qui négligea de prendre Porto-Ercole, clé de l'arrière-pays, et fut vite décimée par les fièvres (malaria ?). Brezé fut tué dans un combat naval sans gloire, et Thomas rembarqua les survivants comme il put. Mazarin avait rêvé (il le fit encore quelque temps) que Thomas régnerait sur Naples conquise et le remercierait en offrant à la France un gentil morceau de ses États, le comté de Nice par exemple... Il y crut tellement qu'une seconde expédition, mieux préparée et mieux commandée (par les maréchaux du Plessis-Praslin et surtout de La Meilleraye, encore un parent de Richelieu) débarqua bientôt de meilleures troupes dans l'île d'Elbe et en face, à Piombino. En octobre, cette dernière place et la capitale de l'île capitulèrent. Ainsi les Français purent-ils gêner quelque temps le trafic des galères espagnoles entre Gênes et Naples...

Naples où allait éclater, en juillet 1647, une violente émeute que des historiens imprudents ont baptisée révolution, et qui ressemble surtout à un roman-feuilleton. Déjà pressuré par le fisc espagnol, le petit peuple napolitain n'apprécia pas l'instauration d'une nouvelle taxe qui portait malencontreusement sur les fruits indigènes dont il se nourrissait essentiellement. Une très brutale révolte contraignit le vice-roi espagnol à s'enfermer dans sa puissante forteresse du Château-Neuf, apparemment inexpugnable. Les révoltés, qui rêvaient d'une sorte de petite république napolitaine, se donnèrent un premier chef, Masaniello, un pêcheur originaire d'Amalfi, qui osa organiser une sorte de milice populaire dont les violences contre des assassins éventuels aboutirent à l'assassinat effectif de leur chef : Masaniello devint un héros de roman et même d'opéra. Les révoltés firent ensuite appel à un capitaine noble, le prince de Massa, qui fut également assassiné, puis à un armurier, Annese, qui ne fit que passer : c'est que, comme les grenouilles de la fable, ils demandaient, en réalité recherchaient un roi. Mazarin les aurait quelque peu aidés s'il ne s'était autant méfié de ces républicains-là ; cependant il songea un moment à leur envoyer Thomas de Savoie (la vieille rêverie...), voire Condé. Mais les Napolitains choisirent tout seuls : ils allèrent quérir à Rome, où il se trouvait pour tenter de faire annuler un premier mariage, le cinquième duc de Guise, petit-fils du Balafré, qui avait été un moment (à quinze ans) archevêque de Reims. Descendant indirect de la maison d'Anjou qui avait jadis régné sur Naples et la Sicile, brave, un peu inconscient et désireux de plaire à sa belle (une suivante d'Anne d'Autriche), Guise, après avoir honnêtement averti Mazarin, traversa témérairement la flotte espagnole, aborda et fut acclamé par ses sujets républicains qui le nommèrent capitaine-général. Mais il ne faisait pas le poids, les révoltés se fatiguaient et les Espagnols, décidément trop forts, sortirent de leur forteresse, rétablirent leur ordre et se saisirent du pauvre Guise qui partit pour l'Espagne entouré de tous les égards dus à un honorable prisonnier, un prince d'aussi haut rang.

Et Mazarin dans ce roman ? Il envoya bien, au début de décembre, une petite flotte française croiser devant Naples. Mais elle avait l'ordre de ramener simplement le duc, sans doute parce que la diplomatie du cardinal, qui préparait la paix, n'avait pas besoin de complication nouvelle. Les Espagnols ayant fait le nécessaire, navires et galères retournèrent à leur point de départ...

On ne peut dire que la politique italienne du Premier ministre fut un succès. Sans doute agaça-t-elle le pape, ce qui comptait assez peu, et put-elle fixer quelques vaisseaux et régiments espagnols loin des lieux principaux du conflit. On peut penser aussi qu'il en fut de même pour les Français. Ces expéditions vaines montrent pourtant que Mazarin ne pouvait se déprendre de l'Italie. Il lui restait encore lié de bien d'autres manières, qu'on retrouvera.

Il est sûr que les affaires essentielles n'étaient pas celles-là : elles résidaient, à ce moment, dans les grandes manœuvres diplomatiques qui, parallèlement aux guerrières, étaient engagées depuis longtemps.

SPLENDEURS ET SUBTILITÉS DIPLOMATIQUES : CONGRÈS ET PAIX DE WESTPHALIE (1644-1648)

Comme de coutume en ce temps-là, et même ensuite, un conflit se déclenchait à peine que les contacts diplomatiques, secrets ou discrets, s'esquissaient, ou bien que des médiateurs s'offraient. Urbain VIII avait commencé très tôt, invoquant la nécessaire union des chrétiens pour une nouvelle croisade (de fait, les Turcs ne campaient pas très loin des terres vénitiennes et autrichiennes) ; il avait même utilisé naguère le jeune Giulio Mazzarino dans des missions pacifiques (auxquelles celui-ci ne croyait guère). Dès 1641, Louis XIII et l'Empereur s'étaient ralliés à l'idée — qui restait une idée — de deux congrès séparés et concomitants dans deux villes voisines de Westphalie : Osnabrück, où l'on négocierait avec les Suédois luthériens (avec la médiation prévue de l'autre luthérien, le roi danois, dont on dut se passer, les relations inter-scandinaves se dégradant), et Munster, où se rendraient les bons catholiques, sous la médiation théoriquement conjointe du pape et de Venise. Les quatre principales puissances auraient à négocier en même temps au nom de leurs alliés respectifs. Par surcroît, les propositions se feraient par écrit (en latin, comme d'habitude, mais les Français allaient protester...), et l'on se communiquerait les textes par courrier spécial, d'une ville à l'autre. L'ouverture du congrès, d'abord prévue pour mars 1642, fut reculée à avril, puis à décembre 1644 : le 4, une messe et une procession également magnifiques marquèrent l'ouverture effective des négociations ; en réalité, on attendit quelque peu, les Français ayant demandé que les députés des princes et des villes libres d'Allemagne, leurs obligés le plus souvent, fussent tous arrivés.

On négocia plus de trois ans, au milieu d'une foule de grands seigneurs, de robins et de laquais, parmi les fêtes, les banquets, les bals, les harangues, les discutailleries juridiques et naturellement les querelles, qui descendaient jusqu'au sein même des délégations. Ainsi, chez les Suédois, Salvius, homme de métier, nettement pro-français, s'opposait au fils du chancelier Oxenstierna, peu francophile, plein de morgue et d'insolence, tellement magnifique qu'il allait, dit-on, jusqu'à faire annoncer par timbales et trompettes l'heure de son lever, de son coucher et de ses repas. Mazarin avait choisi deux hommes de grand talent, le somptueux comte d'Avaux, qui méprisait assez le modeste et solide robin Servien : s'ils se querellaient sur ce que nous appellerions des détails (qui signerait le premier les dépêches à la Cour ?), ils appliquaient assez intelligemment les instructions complexes et variables envoyées de Paris.

Si le congrès festoya et travailla beaucoup et lentement, c'était au fond parce que tous les problèmes européens (sauf ceux d'Angleterre) étaient en jeu ; mais c'était surtout parce que chacun surveillait la fortune changeante des armes sur les divers fronts, et que son évolution même influait fortement sur les négociations et sur les successives, difficiles et complexes décisions.

Il a déjà été rapidement question de la première, survenue en janvier 1648, qui fut parfaitement claire : l'indépendance des Provinces-Unies (agrandies vers le sud), enfin reconnue par l'Espagne, laquelle se libérait ainsi de l'un de ses adversaires — le plus coriace peut-être — et put quitter tête haute le congrès de Westphalie, auréolée d'une grande victoire diplomatique où le rôle de Mazarin fut assez pitoyable, rappelons-le.

À la fin de 1645, au lendemain de succès militaires affirmés, les armées françaises occupaient les deux tiers de la Catalogne et un petit tiers des Pays-Bas espagnols (dans lesquels étaient inclus Artois, Flandres, Cambrésis, Hainaut, au moins pour partie). Désireux de bien couvrir Paris au nord (incessant espoir...), et pensant que la Catalogne transpyrénéenne lui échapperait un jour, Mazarin fit proposer secrètement la paix à l'Espagne contre un échange Catalogne/Pays-Bas agrémenté d'une promesse de mariage du roi de sept ans avec une infante. Malgré les vives réticences de Servien et de d'Avaux, des sondages furent entrepris à Madrid comme à Münster, dans le secret bien sûr. Le principal plénipotentiaire espagnol, Penaranda, prévint Pauw, son homologue (comme on ne disait pas) hollandais. Celui-ci avertit immédiatement La Haye, ce qui suffit à faire capoter le mirifique projet d'échange. Si les Espagnols n'avaient alors perdu ni la Catalogne ni les Pays-Bas catholiques entiers, les grands marchands bourgeois hollandais qui gouvernaient étaient fatigués du coût de cette longue guerre, de l'importance que se donnaient leurs nobles généraux et ne désiraient absolument pas avoir le puissant et très catholique royaume de France pour voisin ; et puis Dunkerque et Anvers face à Amsterdam...

Cette imprudence et ce gros échec de Mazarin n'ajoutèrent pas à sa popularité ; mais les sujets du jeune Louis XIV se souciaient beaucoup plus de leurs querelles et de leurs récriminations intestines. Cependant, avoir manqué la paix avec la si catholique Espagne lui fut durement reproché, et il semble bien que ce fut avec quelque raison.

Quant à l'essentiel de la paix dite de Westphalie — en réalité, deux traités en latin, signés le même jour, 24 octobre 1648, l'un à Münster, l'autre à Osnabrück (celui-ci, pour la Suède) —, on le ramène couramment à l'heureuse réunion de l'Alsace au royaume de France. Or c'est trop dire (il ne s'agit en rien de ce qui correspondrait rigoureusement aux deux actuels départements du Haut et du Bas-Rhin), et en même temps ce n'est pas assez. En fait, l'Alsace était le nom donné (pays de l'Ill) à un ensemble géographique mal délimité, surtout vers le nord, où l'on trouvait au moins trois religions (catholique, luthérienne, calviniste) plus quelques anabaptistes et quelques israélites ; on y découvrait aussi des douzaines de seigneuries, villes libres, associations urbaines, fiefs, arrière-fiefs « mouvant » (pas toujours clairement) de l'Empereur, de la famille Habsbourg, d'un duc (de Wurtemberg, de Deux-Ponts), d'un comte (de Hanau-Lichtenberg), d'abbayes (Andlau, Munster, Murbach), d'un évêché, dont les droits, la suzeraineté et les « possessions » n'avaient cessé de s'emmêler depuis des siècles et devaient persister en grande partie jusqu'à la simplificatrice départementalisation révolutionnaire. Strasbourg et Mulhouse, villes libres, et un certain nombre d'autres territoires étant exceptés (mais Brisach et Philippsburg ajoutés, bien qu'extérieurs), le roi de France pourrait désormais prétendre que tout le reste dépendait désormais de lui, directement ou indirectement. On trouve un certain sel à préciser que l'Empereur lui avait abandonné ce qu'il possédait en tant que chef de la maison d'Autriche, plus tous les « droits » dont il y jouissait en qualité d'Empereur, ce qui n'était pas la même chose. Ajoutons que deux articles du traité, les 75 et le 89, contenaient dans leur texte latin plusieurs phrases contradictoires, qu'on peut résumer ainsi : le roi de France devient-il vraiment et pleinement le maître des terres à lui cédées, ou bien l'Empereur et quelques autres princes (qu'on dira « possessionnés » en 1790 et certains le seront) y exercent-ils encore un droit de regard, voire de suzeraineté, ou mieux encore ? À la vérité, les diplomates avaient (comme de coutume) saupoudré leur cuisine de quelques épices propres à soulever de futures querelles, dans lesquelles Louis XIV devait se précipiter. Ainsi, beaucoup de traits de mentalité attribués volontiers au Moyen Age — imprécision, goût des complications et des contradictions, astuces juridiques retorses, apparentes innocences — survivaient franchement en ce milieu du XVIIe siècle et n'étaient pas disposés à disparaître rapidement.

On doit ajouter que le traité reconnaissait définitivement et *de jure* au roi de France l'entière possession des fameux Trois Évêchés (en fait occupés depuis un siècle), Metz, Toul, Verdun, avec une partie de leurs consistantes dépendances temporelles, dites « territoires évêchois ». Mais le problème lorrain était renvoyé à plus tard : la Lorraine était censée ne plus dépendre de l'Empire (ce qui était contesté), et de toute manière les troupes françaises en occupaient une bonne partie — dont les points stratégiques — et conservait l'utilisation d'une large route est-ouest ; il allait s'agir de conserver ces avantages. À signaler que figure, aussi dans un recoin du traité, la reconnaissance de l'occupation, sinon de l'annexion de Pignerol, sur le versant piémontais des Alpes.

De son côté, la Suède obtint quelques morceaux d'Allemagne : partie de la Poméranie, évêché de Brême, etc. L'allié presque toujours fidèle se trouvait — provisoirement — bien récompensé.

L'essentiel du traité était cependant consacré à une tentative de règlement de la constitution politique de l'Empire et de l'Allemagne où l'on se battait depuis trente ans. Il importait beaucoup à Mazarin, comme naguère à Richelieu, que la prétention des Empereurs à unifier religieusement et politiquement l'Allemagne à leur profit échoue franchement. Or la réussite fut très large. D'une part, les trois religions (la calviniste, pour la première fois) furent reconnues comme légitimes, et déterminées dans chaque ville ou État par la volonté du Prince. D'autre part, la division de l'Allemagne en quelque 360 morceaux, petits ou moyens, rarement grands, fut formellement reconnue, ainsi que la théorique indépendance de chacun. Ce qui rabaissait la puissance et les pouvoirs effectifs de l'Empereur, devenu en quelque sorte simple *leader* moral et plus ou moins féodal, mais qui demeurait pourtant le détenteur des provinces les plus vastes et parfois les plus riches, plus un joyau extérieur à l'Empire, son royaume de Hongrie (il est vrai aux deux tiers occupé par les Turcs). C'est justement de ce côté que se tournera bientôt la politique impériale : la défense de la chrétienté contre l'Infidèle ottoman, que le futur empereur Léopold (élu en 1658) saurait assumer un peu mieux que le Grand Roi lui-même.

Cette liquidation de la moitié d'une longue guerre, généralement louée par les historiens (du moins les Français, les autres se montrant plus mesurés), cette première paix donc fut loin d'être comprise, appréciée ou même connue par les sujets du jeune roi. Ils étaient trop occupés, pour les uns, à leurs travaux et à leurs peines, pour d'autres à leurs récriminations, à leurs intrigues, à leurs querelles, à leurs conflits d'honneur et d'argent. Pour tout dire, la Fronde pour les uns, la misère pour les autres les absorbaient presque entièrement.

CHAPITRE V

Les essentielles questions d'argent (jusqu'en 1648)

Payer la guerre et tout ce qui tournait autour — munitionnaires, colonels, capitaines, soldats, alliés, révoltés toujours achetables —, cela avait déjà été le problème de Louis XIII, de Richelieu et de leur petite équipe ministérielle. Cela ne pouvait que constituer toujours un souci fondamental, surtout si l'on songe aux prodigalités (pourtant légères face à l'effort de guerre) que la reine et Mazarin durent consentir en guise d'avènement et dans l'espoir de rallier de flageolants fidèles. On sait, on publie, on proclame que Mazarin était doué d'une rapacité rare (pas si rare, Richelieu presque autant, Joseph Bergin vient de le prouver), et que l'Ancien Régime (comme tant d'autres, après tout) a toujours vécu dans les embarras d'argent ; et l'on clame au moins aussi fort que cependant la France crevait de misère, ou presque.

Tout cela n'est pas sérieux. Des travaux anciens, estimables mais oubliés, et de tout récents, assez peu connus (ou à demi étouffés) mais proprement admirables, permettent de répondre à la plupart des questions qui viennent d'être posées.

Pour tenter de comprendre, ou du moins d'être

assez clair, il faut distinguer le niveau gouvernemental et le niveau des contribuables (si l'on peut dire, le mot n'existant pas alors). Ceux-ci ont fait plus de bruit que celui-là, mais c'est pourtant en considérant les sommets, politiques et financiers, qu'on peut tenter de voir clair ou à peu près.

Ce qu'on n'appelait pas le « budget » du royaume

Après quelques approches antérieures, les travaux de Françoise Bayard permettent de connaître avec une précision aussi prudente qu'impressionnante ce que l'État recevait et donc déboursait *en fait* (le mot et l'idée de budget demeuraient inconnus et impensables).

En temps de paix, soit entre 1620 et 1630, la somme tournait autour de 40 millions de livres. Lorsque Richelieu, après 1630, eut la permission de préparer la guerre, les préludes coûtèrent fort cher : dès 1634, les dépenses avaient triplé : plus de 120 millions ; en 1635, elles avaient quintuplé : exceptionnellement, plus de 200 millions ; par la suite, la guerre en quelque sorte bien démarrée, on se tint autour de 90 millions ; lors du premier « quinquennat » mazarinesque, elles oscillèrent entre 124 et 143 millions, pour baisser quelque peu à partir de 1648. Cette énumération de chiffres montre avec netteté que la cause, et la seule, de l'accroissement brutal des dépenses (et donc des divers impôts), c'est la guerre, et que cette hausse incroyable est due bien plus à Richelieu qu'à Mazarin.

Cela dit, que signifient tous ces chiffres ? Et

d'abord, qu'est une livre tournois * ? L'unité monétaire désormais acceptée du royaume (il exista longtemps, parallèlement, une livre parisis, un peu plus forte, tombée en désuétude, peut-être, qui sait, parce que la royauté préféra longtemps la Loire à la Seine). Elle est ce qu'on appelle une monnaie de compte, car *aucune* pièce d'or, d'argent et bien sûr de billon ne lui correspond. La valeur des pièces, écus ou louis magnifiquement frappés depuis 1641, est en principe déterminée par ordonnance royale (que les marchands suivent, ou non) et ne figure *jamais* sur la pièce — ce qui facilite, on s'en doute, bien des manipulations. Anciens ou récents, les historiens de métier mesurent la livre par son poids d'argent ou parfois d'or, le rapport habituel d'un métal à l'autre avoisinant 1 à 14. Quelques raffinés ont imaginé de la traduire en quintaux de blé, marchandise beaucoup plus instable, imprécise et fantaisiste que les deux métaux précieux, qui *seuls* à cette époque mesurent la monnaie, *sont* la monnaie. Tous les papiers, lettres de change, promesses, titres de rentes variées, etc. dont il est si souvent question et que nous rencontrerons n'expriment pas autre chose que la promesse de leur contre-valeur en or ou en argent (en marchandises pour les grands négociants) qui sont les seules réalités palpables, celles avec lesquelles on paie les armées, ceux qui les lèvent et ceux qui les fournissent. En France particulièrement, l'or et l'argent ont presque toujours représenté — et ce jusqu'en 1914 (sauf deux épisodes, Law et l'assignat) — la seule monnaie acceptable et estimable.

Il faut maintenant, si l'on peut dire, palper les réalités. On connaît depuis plus d'un siècle l'équiva-

* Voir aussi, p. 527, l'annexe *Livre et franc*.

lent en argent (à 9/10e de fin) de la livre tournois. Au temps du bon roi Henri, près de 11 grammes ; depuis 1641, exactement 8,33 grammes ; après quelques brèves faiblesses, on retrouve de manière inattendue la même équivalence en 1654. Ce qui signifie que 1 000 livres pesaient plus de 8 de nos kilogrammes et que, lorsqu'un quelconque receveur des finances de province expériait 100 000 livres vers Paris — ce qui était banal —, il fallait plusieurs charrettes bien gardées pour véhiculer ces 8,33 quintaux d'argent ; dans le privé, d'ailleurs, on pouvait voir les dots de riches épousées transportées chez le notaire dans plusieurs lourds carrosses. Bref, Françoise Bayard assure et prouve que, si Richelieu avait fait mieux, Mazarin dépensait couramment, chaque année, de 1643 à 1647, un peu plus de 1 000 tonnes pesantes d'argent fin (et si ç'avait été de l'or — et il s'en trouvait —, cet or aurait pesé plus de 80 tonnes). Il faut se représenter ces incommodités, ces cortèges, ces dangers...

Mais d'où venaient donc ces ors et ces argents, comme on disait alors ? Et que représentaient-ils par rapport à cette sorte de « magot » (quel autre mot ?) qui en partie dormait, mais aussi entrait, sortait et circulait beaucoup dans ce royaume de France qu'on nous dit si malheureux. Des historiens courageux et des économistes hardis ont tenté d'évaluer d'une part la circulation monétaire annuelle dans le royaume, d'autre part, plus hardiment encore, ce que nous appellerions son P.N.B. : vers 1650, la première serait de 200 millions de livres (environ) et le second de 800 millions (mais que peut donc bien signifier le P.N.B. en 1650 ?). Confronter ces hypothèses avec les solides données de Françoise Bayard suscite immédiatement le doute, le doute d'une considérable sous-évaluation. Une longue expérience et quelques intuitions (chancelantes) m'inciteraient à penser que la réalité devait se situer très au-dessus : le double peut-être. Bref, la France était infiniment plus riche qu'on ne le dit ou l'avoue ; les autres rois d'Europe ne l'ignoraient pas et jalousaient ses ressources, semble-t-il ; Mazarin lui-même s'en rendit compte très vite, dès ses premiers contacts, vers 1630 ; or, sur ces problèmes-là, son intuition touchait au génie.

Donc, on trouvait tous ces millions d'or et d'argent, et on les dépensait. Mais comment étaient-ils recueillis, et qu'en pensaient ceux qui les fournissaient ?

La cueillette des deniers

Des esprits simples, persuadés — puisqu'on le leur a dit — que la clarté, l'ordre et la raison ont régné au « Grand Siècle » penseraient volontiers que les produits des divers impôts, directs ou indirects, se rassemblaient sagement, après les grognements et les fraudes rituels, dans les capitales provinciales et remontaient aussi sagement, quoique dûment escortés, vers la capitale du royaume où de sages ministres et commis les répartissaient entre les divers grands services, comme la Cour, l'administration centrale, la marine, surtout l'armée ; on imagine parfois (et on l'a écrit) que l'économie (routes, canaux, subventions...) voire l'instruction publique étaient honnêtement subventionnés...

Disons tout de suite que les deux derniers postes existaient à peine, représentaient parfois jusqu'au millième des dépenses totales seulement et que personne, entre 1643 et 1660, ne pouvait concevoir de si élémentaires et harmonieuses images en matière de finances. D'une part, il n'existait pas (et il n'exista jamais) de « trésor royal » (sinon pour désigner une sorte de coffre où l'on resserrait quelques deniers de passage), mais on trouvait quantité (une vingtaine ?) de « caisses » aux dénominations variables et parfois fort anciennes dont le contenu variait constamment et qui ne connaissaient pas toujours d'affectation précise. La réalité quotidienne consistait exactement à pourvoir, avec ce qui se trouvait, allait se trouver ou était censé se trouver dans telle ou telle caisse, telle demande pressante de l'armée de Catalogne, tel marchand de chevaux frais, tel joaillier de la Cour, telle compagnie d'officiers attendant ses gages, tel fournisseur d'armes ou de poudre, tel créancier qui menaçait de cesser ses services. En somme, une improvisation constante, pas vraiment nouvelle, mais plus difficile et dont le cardinal laissait volontiers le détail à ses successifs surintendants, contrôleurs généraux des finances (le plus important fut Particelli d'Hémery, en attendant Fouquet en 1653), ou simples et actifs intendants de finances (il en existait alors huit).

Une poignée bien connue d'hommes adroits (et peu populaires, forcément), plus bien d'autres qu'on découvrira, aidaient donc Mazarin, si l'on peut dire, à « boucher les trous » sans trop s'oublier au passage, quitte à laisser un moment quelque alvéole béante, en espérant les obturer plus tard au risque d'en ouvrir d'autres : sorte de prestidigitation quasiment sublime, dans une complexe atmosphère où se mêlaient apparemment des tonneaux d'argent, des sacs de correspondance, de créances et de promesses, avec un constant appel au crédit, quelque peu de carambouille et de subtiles malversations. Viser au plus pressé, à quelque prix que ce fût, constituait l'essentiel. On y parvint tant bien que mal, plutôt assez mal, mais le royaume et le roi en sortirent. Mazarin lui-même, mieux encore... Mais, clarté cartésienne, où es-tu ? En ces domaines, il est vrai, une bonne pénombre s'impose... Et pourtant, le fait est qu'on en sortit.

N'empêche que cette affolante gymnastique reposait sur des institutions et des hommes. Lesquels ?

L'imbroglio des rouages institutionnels

Un vieil adage courait, venu du fond des temps : comme un bon père de famille ou comme un bon seigneur, le roi devait vivre « de son domaine ». Effectivement il existait un « domaine royal », terres, bois, seigneuries (y compris dans Paris), droits seigneuriaux : c'était là, à peu près, le « domaine corporel ». S'y ajoutait le « domaine incorporel », ensemble flou, peut-être astucieusement flou, où l'on trouvait de tout, notamment le droit de créer et de vendre des offices, beaucoup utilisé et à l'occasion grevé de diverses taxes. Il n'en demeurait pas moins que le roi était bien plus qu'un bon seigneur ou qu'un bon père de famille. L'adage allégué par les esprits naïfs et surtout par les esprits malins tendait simplement à déclarer, voire à poser en principe que tout impôt était « extraordinaire », donc en principe temporaire. L'administration royale cultivait l'art d'utiliser le terme, qui ne trompait à peu près personne, l'« extraordinaire » devenant tout à fait banal après quelques décennies. N'empêche que le domaine royal existait, qu'il produisait des revenus, perçus bien sûr par des fermiers ; qu'une bonne partie, cependant, en avait été « aliénée », heureusement et obligatoirement à temps (Colbert saurait plus tard récupérer l'essentiel), et que, par exemple, le très cher oncle du petit Louis XIV, Gaston d'Orléans, en avait reçu, sa vie durant, une fort jolie partie en apanage.

L'essentiel demeure pourtant ce que chacun a pu apprendre, au moins en principe : les tailles, les gabelles, les aides, les traites et les multiples créations d'une imagination fiscale qui, si elle est de tous les temps, atteignait depuis quelques années un degré d'invention qu'égaleront seuls Louis XIV en son automne et les républiques du XXe siècle écrasées par leurs victoires. Le caractère commun de ces impôts — portant sur la circulation en général (traites et partie des aides) et sur le vin en particulier, ou bien sur le sel (vendu par l'État) ou sur les revenus estimés (les tailles) — est de toucher d'une manière fort inégale les diverses provinces, les diverses localités et les divers groupes de la société : par exemple, noblesse et clergé sont peu ou pas touchés, et la province de Bretagne ne paie ni tailles ni gabelles. La seconde caractéristique du système — on devrait dire : du non-système —, c'est la difficulté et la lenteur croissantes avec lesquelles les « espèces » parviennent aux diverses caisses royales, et même provinciales (pour les pays d'États, notamment le puissant Languedoc). Ces considérables alourdissements provenaient à la fois de l'exagération de la demande (due à la guerre) et de la médiocrité et, au mieux, de la mauvaise volonté des officiers de finances, il est vrai rudement traités et auxquels on était en train de superposer — horreur suprême — des intendants et même des financiers. Cela dit, qu'on peut considérer comme essentiel, il faut tout de même décrire, en simplifiant quelque peu, l'étonnante et bringuebalante machinerie fiscale qui a tant pesé sur l'époque mazarine.

Autant partir de la taille, bien assise depuis le XVe siècle, remaniée quelque peu depuis, et surtout agrémentée de suppléments variés (comme le taillon, diminutif verbal correspondant à un augmentatif fiscal) correspondant nettement à nos modernes centimes additionnels. En fait, il s'agit d'une sorte d'impôt sur le revenu dont sont naturellement dispensés l'Église et bon nombre de « privilégiés » (provinces, villes, majorité des nobles et des officiers...). Il porte sur les revenus estimés (pas si mal) dans le Nord et le centre (où les nobles sont toujours exempts) ; sur les réalités assez bien arpentées et évaluées dans tout le Midi, où les nobles ne sont pas privilégiés s'ils tiennent des terres dites « roturières » (il existe une roture pour les terres comme pour les gens), mais les 9/10e des terres le sont. La taille, comme ses divers suppléments, était assise et levée (nous dirions répartie et perçue) par les délégués désignés par les habitants eux-mêmes. Pour quelques livres de salaire, ils dressaient, à partir du chiffre global que leur fournissaient les élus (officiers de finances), la liste des contribuables agrémentée de la somme qu'ils auraient à verser. Le tout était d'éviter les récriminations et surtout d'obtenir le versement effectif, sou par sou. La première difficulté se résolvait d'elle-même, car chacun était pratiquement « asséeur-collecteur » à son tour, ce qui arrondissait les tricheries : en fait, pour tous ceux qui n'étaient pas privilégiés, la taille n'était pas mal répartie : on voyait même de « gros » fermiers régler la moitié de la contribution de la paroisse (dans le Nord surtout, il est vrai). La seconde était insurmontable, et on verra que l'État lui-même serait bien contraint d'accepter les « non-valeurs », et de passer l'éponge sur les dettes irrécupérables.

Au-dessus de ces asséeurs-percepteurs paysans paraissaient tout de même les officiers royaux. Les plus importants siégeaient dans les capitales provinciales : on les appelait habituellement « Trésoriers de France » ; ils étaient une vingtaine et détenaient, entre autres fonctions, celle de recevoir du Conseil le montant des « deniers » à verser par leur province, à charge de les répartir entre les différentes subdivisions fiscales qu'ils coiffaient — leur nom le plus courant était justement « élection » — ; là, d'autres officiers de finances, plus modestes, les Élus (« Esleus » dans l'orthographe du temps) répartissaient à leur tour, après une « chevauchée » — une enquête — ladite somme entre les diverses paroisses de leur « département », juridiction (20, 40, 100 parfois) où les braves paysans-collecteurs auraient à ramasser la monnaie, généralement le premier dimanche du mois, après la messe.

La « descente » des décisions (en fait, des espérances) depuis Paris jusqu'aux moindres paroisses de collecte prenait trois bons mois ; la « remontée » des deniers, bien plus, et de plus en plus, du moins pour la part qui parcourait sans trop de soustractions (les unes légales, les autres bien moins) l'ensemble de la filière.

Dans tous les cas, les pays dits d'États — provinces récemment réunies ou très pugnaces (Languedoc, Bretagne, Béarn et quelques autres), qui avaient conservé leur statut propre — plus ou moins — et leur particulière organisation financière, discutaient directement avec les représentants du roi et se tenaient partiellement en dehors du schéma présenté ci-dessus.

Quoi qu'il en soit, la taille — impôt de base, solide part des revenus royaux (entre le tiers et la moitié, avec tendance à la baisse) — étaient perçue, outre les peu enthousiastes collecteurs paysans, par toute une série d'officiers dits de finances, Élus et Trésoriers de France notamment, constitués en « corps » assez bien soudés, et récemment en « syndicats » pour défendre leurs privilèges, qu'ils disaient attaqués, et qui d'ailleurs l'étaient, mais en partie par leur faute.

Comme tous les autres officiers royaux, ils avaient acheté leur office (plus des suppléments qui tendaient à s'accumuler) ou en avaient hérité (si leur père avait régulièrement payé la fameuse « paulette »). Comme tous les autres officiers, ils percevaient des gages (modiques) et toutes sortes de primes ou de ristournes sur les espèces ramassées ; une fraude assez sérieuse les arrondissait. De ce chef, ils différaient quelque peu des autres types d'officiers, ceux qui « ne maniaient pas les espèces ». Quant au reste, ils avaient dû, comme les autres officiers, régler des « augmentations de gages », sortes d'emprunts forcés (et ce à plusieurs reprises depuis la date clé de 1635) ; et, comme les autres encore, ils avaient été contraints ou bien de recevoir de nouveaux collègues (deux, trois, quatre, dits « semestres », parfois triennaux ou quadriennaux), ou bien, s'ils craignaient pour leur honneur et surtout pour leurs revenus, de racheter pour eux lesdits offices dédoublés ou davantage. Ce qui, de toute manière, les blessait profondément et les conduisait à quelque chose qui ressemblait à de la révolte. Mais le pire surviendrait vers 1641 : les intendants.

Par surcroît, la considérable augmentation (en gros

un triplement) des exigences royales — que ne suivait point l'amélioration des revenus des taillables — rendait la tâche de plus en plus difficile ; la perception se ralentissait, ramassait surtout de la mauvaise monnaie (il est vrai que beaucoup d'officiers de finances gardaient la meilleure), essuyait des accidents et quelque pillage dans les transports ; de plus, une part des espèces collectées était utilisée sur place pour régler des gages, des dettes, voire des soldes ou du ravitaillement militaire. Bref, il n'arrivait à Paris guère plus de la moitié des sommes espérées. De mauvaises langues accusaient aussi Trésoriers de France et Élus de prospérer sur leurs larcins, ce qui paraît seulement vraisemblable.

L'institution n'était pas neuve, mais Richelieu la poussa à un degré nouveau : à partir de 1641, les « commissaires départis » pour porter les ordres du roi dans les provinces (les intendants, on le sait) reçurent toute autorité au point de vue financier. Leurs instructions ordonnaient qu'ils prennent en main, par-dessus les officiers inefficaces ou pire, la répartition, la perception et le transport du montant de toutes les tailles. Le tout, bien sûr, était d'y parvenir, l'hostilité vive ou feutrée des officiers de finances leur étant acquise puisque, une fois de plus, leur honneur et leurs revenus éventuels se trouvaient ensemble atteints. Honnêtement, on croira que cette attaque frontale de corps vieux de plusieurs siècles fut très vivement ressentie. Les officiers de finances — les autres aussi — sentirent vraisemblablement que la monarchie était en train de changer de caractère, peut-être même de nature ; les plus avisés réalisèrent-ils que, dans ce vieux royaume, d'anciennes fondations s'affaissaient lentement et que paraissaient — ou plutôt se fortifiaient — des troncs anciens pris d'une vigueur dangereusement prometteuse ? On saisit là ce que l'historien Georges Pagès, bien oublié, appelait jadis la lutte de l'officier contre le commissaire, c'est-à-dire de pouvoirs incertains, anciens, émiettés, locaux contre l'autorité neuve, centralisatrice, vraiment royale, sûrement plus efficace, et qu'il n'est nul besoin de qualifier d'absolutiste — terme abstrait qui signifie à la fois tout et rien.

Mais on ne comptait guère plus de deux douzaines d'intendants dans le royaume pour fouailler percepteurs, receveurs et trésoriers, tous officiers : comment auraient-ils pu, même en utilisant les procès et les rigueurs, assurer le ramassage et l'expédition des chariots d'or et d'argent qu'attendaient Mazarin, ses ministres, ses diplomates, toute la Cour et surtout les généraux ? Le remède, déjà aperçu par Richelieu, consistait à « mettre les tailles en parti » — comme l'était déjà à peu près tout le reste, aides, traites, gabelles et même domaine royal. Mettre les tailles « en parti » comme les impôts que nous appellerions indirects, cela consistait à en confier la levée exclusive à des personnages tout à fait fameux dénommés habituellement « financiers », qui obtinrent rapidement le pouvoir de se faire accompagner d'huissiers, puis de soldats, pour faire « rendre gorge » aux taillables récalcitrants en même temps qu'aux officiers inefficaces ou fripons. Leur impopularité défiait l'imagination, et on les a toujours chargés, du XVIIe au XXe siècle, de tous les péchés d'Israël, et de bien d'autres. Cela ne fait pas trois lustres qu'on les connaît vraiment.

Avant de les découvrir, rappelons ce qu'était la technique, en fin de compte assez simple. Qu'il s'agisse de la vente du sel de Brouage, des droits de douane à Ingrandes sur la Loire ou à Valence sur le

Rhône, des droits d'entrée des étoffes, du vin ou du bétail à Paris ou en telle autre ville, des aides (encore sur le vin), des douanes intérieures ou extérieures, le Conseil du roi signe un contrat (on en retrouve par centaines dans les archives, si on sait les y chercher) avec un ou plusieurs personnages, qui s'engagent à lui fournir immédiatement ou dans un court délai (des annuités peuvent suivre) et bien sûr en espèces sonnantes le produit escompté de cette gabelle, de cette aide, de cette traite, de cette douane, de ce droit nouvellement inventé, amputé d'un aimable pourcentage (souvent 15 %) pour le signataire (ou ses mandants), mais accru d'un discret pot-de-vin pour les ministres signataires (Mazarin excellait dans cette pratique) et à l'occasion pour quelques conseillers d'État. En échange, le ou les fermiers acquéraient le droit de lever eux-mêmes sur « les peuples », à la place du roi et surtout de ses officiers (qui alors hurlaient leur déshonneur et leur jalousie), le montant, si possible un peu gonflé, de la gabelle, de l'aide sur le vin, de la traite, des « francs-fiefs » (terres qualifiées de nobles et acquises par des roturiers) ou de n'importe quoi, y compris des offices à vendre, parfois même des titres de noblesse. L'essentiel était que le roi et surtout les financiers (dits aussi traitants, partisans, fermiers...) s'y retrouvent, en utilisant pour le détail des sous-fermiers locaux efficaces, en requérant la justice et même en appelant des soldats pour décider les récalcitrants à sortir leurs piécettes ou leurs écus. La nouveauté réelle était de confier aux financiers et à leurs séides la perception des tailles : de mémoire d'homme, on n'avait jamais vu cela. Par surcroît, ces personnages nouveaux n'étaient plus des notables locaux avec lesquels on aurait pu s'arranger, mais des étrangers, souvent des Parisiens au langage curieux.

Apparemment, ce qu'on appelle Fronde se fit contre eux comme, à un autre niveau, contre les intendants, évidents complices de l'horrible « Sicilien ». Encore convient-il de les connaître vraiment, ce qui est devenu possible.

Les financiers, soutiens de la monarchie française

Ces hommes peuvent être définis sommairement comme des prêteurs à intérêt, de très gros prêteurs qui prêtent au roi, donc à l'État, donc au royaume de France qui, sans eux, n'aurait vraisemblablement pu ni vaincre ses ennemis de l'extérieur et de l'intérieur, ni revêtir cette magnificence et cette puissance qui allaient l'aider à dominer une bonne partie du demi-siècle à venir.

Il faut immédiatement écarter les jugements qu'ont portés sur eux trois bons siècles de mépris, d'ignorance ou de paresse intellectuelle — bref, un colportage de ragots anciens, plus astucieux certainement que ne purent l'imaginer tant d'innocents. Françoise Bayard et Daniel Dessert, qui ont étudié à fond plus d'un millier (et aperçu beaucoup d'autres) de ces financiers, ont définitivement démontré que presque aucun (sauf cinq ou six) n'était d'origine « basse », ni même populaire ; que très peu, surtout après 1660, furent des étrangers (ceux-là volontiers italiens) ; que la grande majorité venait de Paris, de l'Île-de-France et des pays de Loire, vieux berceau royal ; que plus des trois quarts étaient nobles, parfois d'épée, bien plus souvent de robe ou de fonction ; bref, que leur assez récente noblesse provenait des offices anoblissants exercés par leur père ou leur aïeul ; que presque tous étaient secrétaires du roi (titre anoblissant, non gratuit, presque obligatoire) ; que, si certains finirent dans l'opulence, un petit quart s'enrichirent fort peu ou se ruinèrent franchement ; qu'enfin et surtout une forte majorité était (ou avait été, eux ou leur père) des officiers de finances, mais alors spécialisés dans les fonctions de receveur ou trésorier (particulier ou général) de telle province, et donc que leur activité initiale (ou celle du beau-père) avait consisté à « manier les espèces du roi », sans y perdre certes, et même en spéculant avec, mais sans friponnerie apparente. Il s'agissait donc habituellement de spécialistes, qui déjà avaient pu prêter au roi une partie des impôts qui auraient dû remonter plus vite jusqu'à lui.

Dans la pratique, de tels hommes étaient capables de rassembler, en quelques jours ou quelques semaines, des quintaux, voire des tonnes d'or et d'argent et de les mettre à la disposition du roi qui leur donnait en échange des droits, des promesses (immédiates ou plus lointaines) ; et surtout du papier : assignations sur des recettes futures, aides, gabelles, tailles ou autres. Bien que les divers contrats fussent souvent établis au nom d'un « bourgeois de Paris », ce dernier était le simple prête-nom du groupe de financiers qui s'engageaient réellement. Or il est relativement facile, à l'aide des archives des notaires et des minutes du Conseil, de retrouver les véritables fermiers, traitants ou prêteurs. Une partie du public parisien ne les ignorait pas (malgré quelques confusions), et certains ont acquis, durant la Fronde, une notoire et dangereuse impopularité : les Bonneau, les Catelan, les Cornuel, les Feydeau, les Girardin, les Gruyn, les Marin, les Monnerot, les La Bazinière, les Tabouret... ; un peu moins connus ou moins bien repérés par la *vox populi*, de plus fameux à d'autres égards, des Scarron, des Bossuet, des d'Ormesson...

Ce qui surprend pourtant, lorsqu'on découvre, à la lumière de quelque papier notarial ou judiciaire, la fortune et les revenus presque exacts de la plupart de ces hommes, c'est leur assez relative modicité : les millionnaires sont rares, et presque aucun patrimoine n'atteint les dimensions de ceux de la bonne noblesse. Ont-ils dissimulé ? trop bien placé ? perdu ?

Il faut aller au-delà de ces notions simples pour retrouver la réalité. Apparemment abrités par leur prête-nom (souvent un commis), nos financiers tiennent le plus souvent le rôle d'intermédiaires. Car bien peu seraient capables de mobiliser par eux-mêmes les millions que demande le roi. Derrière eux se dissimulent les véritables prêteurs, souvent difficiles à identifier, puisqu'il faut les dénicher au sein d'un gros procès, d'une succession difficile, d'un conflit qui débouche au Conseil du roi. On pouvait s'y attendre (mais y a-t-on souvent songé ?), les véritables prêteurs ne pouvaient être que ceux qui détenaient l'essentiel de la fortune française : la noblesse, forcément haute, qu'elle soit d'épée, de robe ou de soutane.

Après un travail aussi extraordinaire par son volume que par sa pertinence, Françoise Bayard a défini en quelques lignes le système financier qui s'établit et fonctionna de Sully à Mazarin (pp. 267 et 276-277) : « [Il] appert nettement que l'ensemble de la population riche de France participe aux opérations de finances. Cachés derrière des prête-noms, les financiers masquent eux-mêmes d'autres personnes indispensables à la bonne marche du système, même si elles n'agissent pas directement Ils ne peuvent régler les activités des hommes de paille que parce qu'ils disposent de l'argent que leur confient les plus aisés. Ils sont donc les animateurs d'un monde à trois continents d'importance inégale : ceux des prête-noms, des financiers et des prêteurs, qui n'ont initialement rien de commun, et ne sont destinés à agir ensemble que parce qu'ils ont attrapé le virus des finances. »

Avant de passer aux abondants exemples dont on ne donnera ici que des extraits, plus « significatifs » que bien des « sondages », Françoise Bayard précise bien que, dans « cet ample milieu, [...] hiérarchisé et dominé par quelques ténors de haute volée, [...] trois préceptes régissent la vie des financiers : le secret, l'association et l' « emprunt », la dissimulation constituant notamment, dès le début du XVIIe siècle, « une véritable institution » (p. 267).

La lecture de quelques contrats de mariage révèle déjà des alliances et amitiés que des âmes simples pourraient juger singulières. Ainsi, la nouvelle épouse d'un certain Jacques Taignier (couple de financiers, les dames ne négligeant pas ce type d'activité), a très normalement invité à la cérémonie (et à la signature du contrat) la marquise de Montlaur, épouse de Jean-Baptiste d'Ornano, colonel des « bandes » (troupes) corses, ainsi qu'un second Ornano et une seconde Montlaur, qui ne côtoient rien moins qu'un Séguier, président à la Chambre des Comptes, et son fils, maître des requêtes, naturellement tous nobles. Monte-t-on d'un cran (et même plusieurs) dans les hyménées financières d'un Gruyn et une Doublet (mais en 1654), qu'on relève dans le cortège de la mariée un Potier de Novion, président en Parlement, et deux Guénégaud, l'un secrétaire d'État (en notre langage, ministre) et l'autre trésorier de l'Épargne (une sorte de directeur du Trésor), tous liés à la finance, naturellement. Simples exemples d'apparentements financiers à travers les « ordres » traditionnels, qu'on va retrouver à peu près au complet dans un « digest » du mémorable tableau du monde de la finance récemment dressé par Daniel Dessert (p. 362 et suiv.).

Y voir engagés des ministres, si bien placés pour surveiller les profits de leurs investissements, ne peut surprendre. On retrouve donc — sous leur patronyme originel de Béthune ou non — la descendance et les collatéraux du vieux Sully, qui lui-même (il ne mourut qu'en 1641) avait affermé parmi d'autres les aides d'Elbeuf, Évreux et Pont-Audemer. Le sévère (!) chancelier Séguier lui-même — dont tous les Parisiens savaient qu'il s'était adjugé l'enlèvement de toutes les précieuses boues de la capitale — avait engendré et aidé toute une tribu à se hisser vers les sommets de la secte financière : l'une de ses filles épousa justement un Béthune-Sully tandis qu'une autre s'alliait à un Montmorency-Laval, lié à des Barentin : tous grands noms de l'épée, de la robe, du Conseil et faisant fructifier leurs écus et leurs pistoles, au service du roi certes, mais en prenant garde de ne pas y perdre.

On n'en finirait pas, en suivant le même guide, d'énumérer tous les Grands « intéressés » dans la finance : outre les Sully et les Séguier, déjà aperçus, des La Trémoïlle, des Bautru, Colbert, Bruc, Créqui, Servien, Gramont, Aloigny, Étampes, Valençay, Bouthillier, Guise, Phélypeaux (ministres pendant deux siècles !), et bien sûr des Richelieu (dont Joseph Bergin a révélé la fortune avec précision) et des Mazarin. Saluons au passage les militaires, avec bon nombre de maréchaux de France : d'Albret, Créqui, Gramont, Foucault, d'Estrées, Fabert, Guébriant, La Meilleraye, d'Effiat, Turenne un moment et plus tard des Matignon, Villeroy, Bellefonds et Villars. Il est impossible de ne pas citer quelques prélats : Jean de Ligny et Jean de Lingendes, l'un évêque de Meaux, l'autre de Mâcon, s'occupent des gabelles ; Boylesve, d'Avranches, Pingré, de Toulon, et Zongo Ondedei, l'ami de Mazarin et évêque de Fréjus, comptent parmi les bons partisans. Quant à l'abbé de La Rivière, frondeur avéré et futur évêque de Langres, il prête directement au roi.

Il eût été surprenant que ce qu'on appelait la Grande Robe, celle qui va bientôt gronder, n'entre pas dans les « affaires du roi ». De fait, ces solennels magistrats qu'on verra bientôt se draper dans leur dignité de gardiens vigilants des intérêts de l'État face à la « tyrannie » mazarine, se sont discrètement abattus sur les traités, les « partis » et les fermes du roi. On y trouve notamment, débusqués par Daniel Dessert, les de Mesmes, les Bautru, encore des Séguier, les Bailleul, les Bretonvilliers, les Brûlart, les Turquant, les Le Coigneux et les Tambonneau. À l'époque même, on n'ignorait pas que les baux des aides de presque toutes les villes et bourgs d'Île-de-France (plusieurs millions) étaient détenus par cinq présidents (Nesmond, Longueil, Bailleul, Novion et Blancmesnil, ces deux derniers étant des Potier) et une belle brochette de conseillers comme Dorat, Feydeau, Fourcy, Portail, etc. *. Le président de Mesmes en personne, et il n'était pas innocent, osait déclarer dans la séance publique du 23 juillet 1648 (un mois avant les barricades) : « Il est de notoriété publique que les deux tiers des familles de Messieurs [du Parlement] ont prêté leur argent à Messieurs des

* B.N. Ms. fr. 14028 ; cité par H. Méthivier dans sa *Fronde*.

Cinq grosses fermes [de considérables financiers] lorsqu'ils faisaient grâce d'en prendre au denier 20 [5 %] et au denier 18 [5,55 %]. »

Faut-il suggérer jusqu'où peut aller la révélation de telles vérités, si rarement exposées ? Ne poussent-elles pas à penser que la Fronde dite parlementaire, comme le rôle du Parlement par la suite, tinrent plus du simulacre ou du psychodrame ou même de la comédie que de la tragédie ? Quoi qu'ils disent ou osent, les parlementaires avaient bien trop besoin du roi pour sauvegarder leurs dignités et leurs profits ; et d'ailleurs le roi, c'est-à-dire Mazarin, avait, s'il savait supporter quelques moments pénibles, peu à redouter de gens qui en fin de compte étaient ses obligés autant qu'il était le leur : le cardinal pour en avoir reçu des secours monnayés, les fiers robins pour récupérer quelque jour (mais quand ? l'astuce mazarine ne gît-elle pas là ?) les avances consenties et les profits promis et tout de même espérés.

Faut-il aller plus loin et voir dans la Fronde dite parlementaire et une partie de la suite une complexe combinaison de principes, de vanités, de rancœurs, de maladresses, de prudences aussi et de négociations chuchotées, avec le désir — et d'ailleurs la nécessité — de ne jamais rompre tout à fait, puisque chaque partie avait besoin de l'autre ? Quelques frayeurs et de gros soucis passagers mis à part — mais qui venaient surtout des Grands, orgueilleux, indépendants, inconséquents, impulsifs, parfois à demi sauvages ou alors de la « populace », capable de colères terribles, mais fugitives —, Mazarin, fort des atouts qu'on vient d'énumérer, sûr de l'appui de la reine, de la fidélité d'une poignée de remarquables régiments (les Suisses notamment), porté par la puissance religieuse et mystique de la monarchie, Mazarin pensa-t-il jamais, sauf à quelques moments de dépression, qu'avec le temps, ce grand maître qu'il vénérait, il ne triompherait pas, surtout avec un roi enfin majeur, de cette chienlit nobiliaire, parlementaire, quelque peu bourgeoise et brutalement populaire ?

Quant au problème de l'argent à trouver dans l'immédiat, il l'occupa et le soucia beaucoup. Mais il n'ignorait pas qu'en misant sur la richesse française et les revenus qu'elle ne manquerait pas de sécréter bon an mal an, il parviendrait toujours à rembourser — au moins en partie, souvent avec pingrerie, toujours avec retard et quelques retenues — les milliers de Français et de Françaises (elles ne sont point à négliger, surtout les veuves) qui, du haut de leur noblesse ancienne, récente ou proche, lui avaient avancé, à bons intérêts et à travers les financiers de métier, des tonnes d'or et d'argent monnayé. Un pactole qui lui permettait de vaincre l'ennemi, de vaincre à peu près le désordre et de faire du royaume qui l'avait accueilli (assez mal) et du jeune roi qu'il formait (fort bien) ce qu'on allait bientôt trouver de plus brillant, de plus fort, de plus « grand » sans doute, au moins pour quelques décennies.

On doit se demander ici comment se plaçaient la bonne et la meilleure noblesse (déjà entr'aperçues) dans ces domaines de l'argent, de la fortune et des finances. Et d'abord il est tout à fait hors de doute que ce soit elle qui détienne l'essentiel de la richesse du royaume, qui l'exploite, plus ou moins bien, qui en perçoit les considérables revenus, même si elle les gâche ou semble parfois les dissiper. Les deux tiers au moins des terres sont à elle, et au moins les trois quarts des seigneuries, qui rapportent souvent (pas toujours) plus qu'on ne le publie. À cette énorme fortune s'ajoute l'essentiel des revenus de l'Église (un dixième des terres, un cinquième des seigneuries ?), puisque, par la grâce du roi (à ne pas oublier), presque tous les évêchés et la grande majorité des abbayes lui ont été attribués, au moins pour leurs revenus, sinon pour leur fonction sacrée. Par la grâce du roi toujours, les plus brillants étaient installés dans les gouvernements de provinces qui, outre une réelle responsabilité (parfois sous-estimée), leur rapportaient des gages, des traitements, des parts sur les levées de deniers, des « grâces » (quel beau mot pour des sacs d'écus !) et des pouvoirs qu'ils tentaient d'élargir. À ceux, à vrai dire assez rares, qui ne bénéficiaient pas de tels « proconsulats », la fréquentation de la Cour ou des bons courtisans permettait de cueillir, une fois encore, les « grâces » qui pouvaient compenser le gaspillage habituel (l'était-il tellement ?) des considérables revenus nobiliaires.

On s'est déjà aperçu à quel point il était tentant de placer des capitaux parmi les plus abondants du royaume dans les « affaires du roi » — c'est-à-dire de se lier à lui dans une interdépendance secrète, mais pratiquement impossible à rompre, sauf folies, qui éclatèrent parfois.

Pour s'en persuader, il suffit de rappeler le tableau précis de ceux qui participèrent au monde de la finance tel que l'a dressé Daniel Dessert * : rien que pour la perception des aides (faciles à « cueillir ») on obtient un très noble florilège : Orléans, Condé, Longueville, Soissons, Chaulnes, d'Harcourt, d'Aiguillon, La Rochefoucauld, Rochechouart, Rohan, Vendôme, Schomberg, les inévitables Béthune-Sully, même le bon Turenne (un peu plus tard) pour 300 000 livres vers Auxerre et Vézelay... et les

* *Op. cit.* p. 371.

Séguier, et Mazarin, et les habituels présidents en Parlement... et même Anne d'Autriche en Normandie — il est vrai avec Sully fils.

La profonde liaison, presque l'interpénétration de la noblesse, de la richesse et de la finance, avec tous ces chariots de monnaie qui finissent par irriguer et soutenir la monarchie, tout cela demeure, en ce milieu du siècle — et ensuite — le plus sûr garant de la solidité du royaume de France. On en vient à se demander si cette Fronde qu'on devra raconter, grave, tragique, parfois peu saisissable dans ses épisodes et ses éruptions, mérite qu'on la prenne tellement au sérieux, puisque le contexte (il est vrai pas très bien connu) indiquait sa fragilité fondamentale au milieu des horreurs. Et pourtant, par ses ébranlements et son échec, elle contient à la fois quelque chose comme la fin d'un monde très ancien et, dans la paix retrouvée, l'apparence de temps nouveaux.

Avant d'entrer dans l'imbroglio et de tenter d'en démêler les fils, retournons vers « les peuples » (comme on disait) sur lesquels, on s'en doute, s'étaient abattus à la fois les impôts, les officiers de finances, les financiers, les soldats, les pillards, les traînards, les vagabonds, les épidémies, la disette, et bientôt les troupes frondeuses, brillantes ou ridicules, jamais innocentes.

DU CÔTÉ DE CEUX QU'ON N'APPELAIT PAS ENCORE LES CONTRIBUABLES

Si beaucoup de gens étaient « privilégiés » en France de par leur « état » ou de par leur « habitat » (presque tous les urbains et des provinces entières), peu de gens ne « contribuaient » pas, d'une manière ou d'une autre, aux dépenses royales. On a déjà dit que la noblesse du Midi était « taillée » sur ses terres roturières, et que des aides comme diverses taxes atteignaient quelque peu l'ensemble de l'ordre ; cela n'allait pas très loin. Le clergé, premier propriétaire du royaume, était censé payer par la prière ; néanmoins, dans sa grande charité, l'Église daignait offrir au roi (en réalité après marchandage) ce qu'on appelait un « don gratuit » — un à deux millions par an — ce qui représentait à la fois une faible part (un ou deux centièmes ?) des besoins royaux et probablement aussi de ses revenus effectifs que personne n'a jamais pu chiffrer. En réalité, les deux « premiers ordres » étaient bien plus percepteurs (pour eux-mêmes) que contribuables.

Ces derniers comprenaient l'énorme majorité du petit peuple (sauf les déshérités évidents) et pas mal de bourgeois non privilégiés (il s'en trouvait). Ils étaient habitués depuis longtemps (des siècles) à payer les droits « féodaux » ou « seigneuriaux » (la nuance n'est que juridique) au seigneur et la dîme à l'Église, pratiquement surtout au haut clergé, qui se l'appropriait le plus souvent. Cette dernière oscillait entre 3 et 12 % en nature des diverses récoltes, perçus sur le champ. Ce n'était pas rien, chacun tâchait de frauder, et les premiers temps du protestantisme avaient laissé fugitivement espérer la disparition de la ponction ; vainement. Du moins ne subissait-elle, sauf exceptions rares, aucun accroissement de taux et variait-elle, fort naturellement, avec les récoltes.

Quant aux droits perçus par les seigneurs, leur extraordinaire variété défie tout exposé limpide : ils étaient rudes ici, doux là-bas ; bien sûr, les paysans fraudaient tant qu'ils pouvaient, les divers braconnages compensant assez largement l'interdiction de chasser (et de pêcher) ; bien sûr ils trichaient sur les usages en forêt et sur diverses manière de pâturer, mais enfin, il n'apparaît généralement pas (il y a quelques belles exceptions) que les sommes versées au seigneur aient augmenté massivement ; simplement, dans les périodes troublées, on omettait parfois d'en payer quelques-uns.

Pour le contribuable moyen, depuis une décennie, la seule véritable nouveauté — mais elle était de taille, si l'on peut dire — avait été le quasi-triplement des impôts royaux, par la grâce du cardinal duc de Richelieu. Tout s'effaçait devant cet énorme et brutale ponction. Alors qu'aucun « boom » de quelque nature que ce fût n'avait agité la production agricole ou industrielle, ni on ne sait quel « commerce » nouveau, il fallait fournir (en utilisant certainement des réserves évidentes) les nouveaux percepteurs, nouveaux officiers, puis commis des fermes, puis intendants escortés, comme on sait, d'huissiers et de « carabins » ou « fuzeliers ». D'où le jaillissement de violentes révoltes à partir de 1635. Bien connues au siècle dernier jusqu'à Lavisse, curieusement oubliées depuis, les « révoltes populaires » avaient en quelque sorte été ressuscitées, à partir d'archives françaises échouées à Leningrad, par Boris

Porchnev (en russe, 1948, en allemand en 1954, en français en 1963 seulement), dans un travail considérable dont les interprétations (le marxisme stalinien du temps) ont été vivement discutées... mais ont fait travailler les gens, pour aboutir aux remarquables synthèses (au début, surtout aquitaines) d'Yves-Marie Bercé, dont la solidité alliée à la finesse emportent la conviction. Il s'agit de révoltes violentes (faux, fourches, bâtons ferrés, rares armes à feu) nées dans un groupe de communautés rurales voisines, de durée assez faible (quelques semaines, parfois plus, parfois moins), qui ont presque toutes une visée strictement fiscale (et, comme telles, sont parfois soutenues en sous-main par quelques nobliaux, voire des prêtres, en quelque sorte rivaux fiscaux de leur roi), qui visent donc les agents du fisc et leurs exécuteurs. De fortes violences sont assez courantes, de même que des « brûlements » de maisons d'officiers de finances ou de commis des fermes ; les membres rompus, les crânes fendus et les meurtres purs et simples (parfois raffinés) ne sont pas rares. Si la fatigue ou les simples nécessités des travaux des champs suffisaient souvent à ramener les émeutiers à la raison, les interventions militaires n'étaient pas exceptionnelles ; habituellement, elles ne mobilisent qu'une compagnie ou deux, ce qui n'aurait su gêner, mais seulement agacer la conduite des opérations militaires contre les Impériaux ou les Espagnols. Sans ébranler vraiment la royauté, elles la troublèrent et l'occupèrent quelque peu, assez sérieusement cependant durant quelques mois sous Richelieu. Cet ensemble inégal et irrégulier de révoltes appartiennent à la vie de la nation, dévoilent un aspect de ce qu'on peut appeler sa sociologie provinciale et émotionnelle ; elles montrent aussi l'assez monstrueuse face fiscalisante du système, et naturellement concourent largement au retard et à la faiblesse croissante des « rentrées de deniers », qui n'atteignaient sûrement pas ce que les prudents avaient pu espérer.

Les révoltes antifiscales les plus graves avaient vivement secoué la fin du règne précédent (Périgord, Rouergue, Angoumois, Normandie surtout) et avaient dû être réprimées rudement. La disparition presque simultanée des deux maîtres rendit l'agitation à la fois plus large et plus naïve : on crut un moment en 1643 (vieille illusion) que l'impôt mourait avec le roi. Aussi essaya-t-on, avec un rapide succès vite démenti, de conserver ses deniers. Officiers, fermiers et intendants ne s'en laissant pas conter, on continua dans la ruse, la désobéissance, l'agitation et quelques coups de bâton.

Les témoignages ne manquent pas, beaucoup de correspondances d'intendants, commissaires, gouverneurs, officiers fidèles ayant été conservées et souvent publiées. Dans l'antique Aquitaine (jusqu'à la Loire), particulièrement étudiée, on voit se reproduire des résistances et violences du même style qu'auparavant : refus de payer, parfois durant plusieurs années ; « brûlements » des maisons des officiers de finances, huissiers, fermiers ; embuscades et vigoureuses corrections infligées aux mêmes ; meurtres çà et là, parfois sauvages (quelques « maltôtiers » ou « gabelous », rompus, voire découpés et bouillis). Quand la grève des impôts ou l'agitation persistaient ou s'étendaient, une ou deux compagnies de soldats suffisaient à disperser quelques centaines de paysans armés de faux ou de bâtons ; pour l'exemple, on en pendait quelques-uns. Çà et là, quelques faits révélateurs : des révoltes menées par les femmes, des tocsins voisins qui se répondaient ; des amorces, derrière les haies, de ce qu'on appellera guérilla ; le soutien quelquefois ouvert de petits nobles, de prêtres populaires, qui œuvraient ainsi pour leur clientèle, et un peu pour eux-mêmes. Certains petits « pays » se distinguèrent par leur fureur : le pays de Pardiac, en Armagnac, où l'on assassina pas mal ; le Marais breton, bien à l'abri derrière ses canaux, qui refusait de payer quoi que ce soit (mais un intendant parvint cependant à faire investir l'île de Bouin, à y brûler des maisons et y pendre quelques meneurs). Il en fut de même pour les Sables-d'Olonne, ville rebelle comme presque tout le Bas-Poitou rendu furieux par le voisinage d'une Bretagne qui ne payait ni taille ni gabelle. Plus fameuses encore, les terres de la marquise de Pompadour, qui interdisait à ses gens de payer quoi que ce soit, malgré l'insistance des receveurs généraux et de l'intendant de Limoges : bien mauvais exemples, qui se répandirent jusqu'à Brive... Tout cela entre 1643 et 1645.

On ne peut qu'insister sur les incessantes protestations, révoltes et voies de fait venues de la gabelle du sel (gabelle est un vieux mot qui a désigné tout impôt estimé injuste, mais qui s'est restreint à l'impôt du sel, d'ailleurs assis de manière invraisemblable). En principe, le roi possédait toutes les salines du royaume. En fait, les plus importantes (de la Loire à la Gironde et Peccais en Bas-Languedoc) étaient depuis longtemps données à ferme à des traitants qui, dès le début du siècle, revendaient le sel trois à quatre fois son prix de revient. Depuis 1635, et sous Mazarin encore, ce prix avait largement doublé. Par surcroît, les prix de beaucoup les plus élevés étaient propres aux pays dits de « grande gabelle » (le vieux domaine capétien, un peu élargi) ; ils provoquaient une contrebande effrénée aux abords des provinces productrices

(Bretagne, Poitou maritime) où le sel ne valait presque rien. Il s'agit de l'affaire bien connue des faux saulniers, soutenus par la population (qui y trouvait son compte) et durement pourchassés par les agents de la ferme armés et pourvus de chiens : les galères, voire la mort étaient promises aux faux saulniers capturés. Dans les provinces assujetties, l'obligation d'achat au « grenier » et le contrôle tatillon de l'emploi du sel (tant pour la table, tant pour les salaisons, et tant par individu de plus de quatorze ans...) amenaient des fraudes, des « descentes » des gabelous dans les maisons, voire dans des villages entiers. Amis et voisins venaient alors à la rescousse, le tocsin sonnant parfois, et plus d'un gabelou fut rossé, et inversement des tricheurs emprisonnés et des faux saulniers abandonnés aux chiens. Pendant ce temps, des provinces entières payaient le sel à tarif très réduit, ce qui nourrissait la hargne de voisins toujours plus chargés.

Au moins aussi visibles, et plus générales, les augmentations incessantes et soudain brutales des aides ou des traites, sortes de taxes à la circulation ou au passage, particulièrement visibles et fort sensibles quand elles touchaient le vin produit, revendu en gros et en détail, et même le vin de ménage : là-dessus et sur bien d'autres produits s'exerçait le talent des commis des fermiers et des sous-fermiers. La législation de ces sortes d'impôts indirects offrait quelque chose de monstrueux : depuis le début de la guerre de Cent Ans (qui les fit naître), des taxes nouvelles — jamais moins d'une quinzaine — superposaient leur nom nouveau (parfois étrange, du moins pour nous, le « resve », la « ceinture de la reine »...) et leur poids additionnel à tous celles qui les avaient précédées. Ainsi, le vin qui entrait à Paris comme celui qui sortait d'Anjou par la douane de Bretagne payait 17 ou 18 droits (que Colbert porta à 22). Ce qui comptait le plus, c'est que l'ensemble venait de doubler. Il n'est pas indifférent de relater l'évolution ; aux « premiers cinq sols » (*sic*) s'étaient naguère ajoutés un deuxième et un troisième, puis on avait atteint les trente sols, ajouté le prélèvement pour la « ceinture de la reine » (cadeau de mariage ?), ajouté dix sols de « canal » (Briare ?), cinq de « bâtardeaux », puis 45 sols, puis 60, puis un sol pour livre (+ 5 %) qui fit crier, puis un autre, puis d'autres. Fermiers et sous-fermiers s'y reconnaissaient, en ajoutaient parfois, tandis que les vignerons, marchands et rouliers risquaient l'opération inverse. Il s'ensuivait mille fraudes, échauffourées, « batteries » et procès. Les chicanes de détail et la subtilité des complications étaient moins mal supportées par des esprits qui adoraient les embrouilles et les obscures clartés que la lourdeur soudain accrue des taxes, couramment assimilées à des « voleries », qui sûrement ne pouvaient venir d'un si gentil roi ni de son auguste mère, mais de coquins, de maltôtiers, de financiers abhorrés, forcément issus de la « lie du peuple » et par surcroît sûrement étrangers, comme l'illustre faquin venu de la barbare Sicile ou des bouges des quartiers impurs de Rome.

Ainsi allaient les colères, les rancœurs et les rébellions. Tant qu'elles n'affectaient que quelques cantons durant quelques semaines, il suffisait d'attendre la fatigue des révoltés (ou le temps de la moisson), au besoin de pendre ou de brûler deçà, delà ; au pire d'expédier « loger » quelques compagnies sans scrupules, punition plus redoutable que quelques coups de carabine. En somme, tous ces « remuements » appartenaient au paysage quotidien, au déroulement un peu cahoté des saisons. Rien de bien grave depuis les Croquants de Périgord et les Nu-pieds de Normandie, durement châtiés par l'implacable Richelieu. Et tant que la révolte ne secouait pas les bonnes et riches villes, astucieusement sous-imposées, Mazarin et son équipe pouvaient s'occuper des choses sérieuses, la guerre surtout.

Or les villes remuaient, et bientôt Paris, ce monstre que le cardinal-ministre connaissait mal.

Contribuables des villes

La gravité plus accusée des révoltes urbaines provenait naturellement du nombre et de la force des hommes rassemblés. Ces violences — parfois simples agitations — mettaient en vedette le rôle des femmes, habituelles pourvoyeuses, criant à la moindre augmentation du pain comme des denrées et des petites marchandises d'usage quotidien ; elles prenaient en quelque sorte du volume par l'habitude qu'on avait alors de vivre beaucoup dehors et de former vite dans le cadre du marché, du quartier, de la paroisse, d'un simple carrefour, des groupes qui s'excitaient par la parole, le geste... et un rapide stage au cabaret toujours proche (on imagine mal le nombre des cabarets en ce temps-là — il est vrai, souvent modestes — : une ville moyenne comme Beauvais en comptait plus de cent, le triple de ce qu'on pouvait dénombrer au milieu du XXe siècle).

Il était assez courant qu'une « émotion », une révolte urbaine provienne de la soudaine cherté de l'aliment essentiel, le pain ; cherté provoquée par une mauvaise récolte, aggravée par l' « accaparement » (souvent réel) de ceux qu'on appelait « monopoleurs » (négociants, gros fermiers, détenteurs de rentes seigneuriales et surtout de dîmes). On en vit de sérieuses entre 1630 et 1640, assez peu ensuite, sauf en 1644 ; le temps de la Fronde en réservait (avec la complicité des étés pourris) de fort graves, et l'une des plus rudes devait orner l' « inauguration » du Grand Roi. A la boulangerie, au marché, le long des quais, aux portes, elles se manifestaient, avec un fort concours féminin, par des cris, des horions, des pillages de boulangeries, de charrettes et de bateaux de grain. Elles pouvaient requérir l'appel à la garde, à la maréchaussée, parfois aux soldats. Souvent, ces émeutes coïncidaient avec un surcroît de misère qu'explique en partie la cherté. Le plus souvent, on les considérait comme de simples « émotions » (le sens du terme était alors plus fort qu'aujourd'hui) ; mais elles pouvaient contribuer à soutenir ou à aggraver un certain climat d'agitation.

Cependant, les urbains considérés comme « contribuables » ont déclenché des affaires plus sérieuses. L'impôt contesté, voire refusé pouvait être une sorte de succédané de la taille que les villes payaient rarement, le plus souvent quelque aide ou droit d'octroi accru ou nouveau. Les urbains étaient spécialement sensibles aux hausses, devenues sérieuses, de tel droit d'entrée ou de sortie du vin, des tissus, des objets en fer, et bien d'autres, ou de quelque taxe sur les « métiers » (que personne n'appelait « corporations »). Donnons quelques exemples.

En octobre 1643, la révolte de Tours dura presque un mois. L'intendant de Heere, qui l'a décrite et réprimée — non sans mal —, l'attribue à la « canaille » des faubourgs, insurgée contre une nouvelle taxe sur le vin, les « trente sols par pipe » (pipe = barrique). Il suppose que quelques méchants marchands ont poussé les ouvriers en soie à des violences qu'il détaille volontiers : sous-fermiers et collecteurs de ce nouvel impôt battus, volés, pillés, emmenés prisonniers au faubourg de La Riche ; extension de l'agitation aux alentours, notamment à Bléré, où ils auraient détroussé passants et voyageurs, qualifiés de « maltôtiers ». Un moment dépourvu de troupes, les carabiniers étant partis apaiser d'autres révoltes dans le Bas-Maine, l'intendant a toutes les peines du monde à faire armer les bourgeois, qui ne se décident que lorsque les insurgés menacent de piller la ville : admirable réaction, qu'on retrouvera ailleurs, même à Paris. Enfin les troupes reviennent, pourchassent les émeutiers (qui se dispersent) ; leur chef, un certain « capitaine Sabot », fut condamné à être pendu, brûlé et ses cendres dispersées à tout vent... Encore, au dernier moment, le bourreau prit peur et s'enfuit : il fallut le ramener *manu militari* et faire protéger par « quatre cents habitants, tous officiers, bons bourgeois ou gros marchands » (précise l'intendant) la place du marché où Sabot seul fut brûlé.

En 1644, d'autres intendants signalent des soulèvements à Marseille et à Valence. À Montpellier, en juin-juillet 1645, c'est par les clameurs des femmes que commencent les troubles provoqués par l'annonce de la levée prévue d'un « quartier d'hiver » pour les troupes de Catalogne et qui s'aggravent lorsque arrivent les fermiers venus percevoir les taxes « faictes sur les artizans à cause du joyeux avènement de Sa Majesté à la couronne ». Les officiers de finances comme le gouverneur, Schomberg, insistent sur le nombre des révoltés — plusieurs milliers —, sur leurs exactions (commis de la taxe détroussés, battus, leurs maisons brûlées, contraints à la fuite), sur la victoire provisoire des insurgés maîtres des rues étroites de la vieille ville. En fin de compte, Schomberg fit donner le peu de troupes dont il disposait, et surtout supprimer la levée de la taxe. On se rattrapa plus tard.

Faut-il ajouter que des révoltes de ce type atteignirent aussi, entre 1643 et 1648, nombre de villes comme Clermont-Ferrand, Angers (où deux « partis » s'opposaient), Sainte-Maure, Domfront, Falaise, Toul, Issoire, Mende, Grenoble, Toulouse et une belle brochette de cités de l'un ou l'autre Midi, Languedoc et Provence particulièrement.

Au début de 1648, les « gens tenant la Cour de Parlement de Dauphiné » préviennent le Chancelier Séguier (et donc Mazarin) du mécontentement et des menaces de soulèvement qui affectent leur province et qui sont provoqués par la concordance de plusieurs augmentations ou créations d'impôts et de taxes : « À payne avoit on eu la nouvelle de la taille augmentée et d'une imposition extraordinaire pour l'estape [*des troupes*], qu'on a vu paroistre des commissaires pour l'establissement de la douane de Lyon [*sic*] dans les montagnes du Dauphiné, sur des marchandises qui ne vont point en ladite ville [...] [*et*] une augmentation de douze deniers pour livre [5 %] sur le prix de la vente du sel [...] d'ailleurs extrêmement cher. [...] Tous ces subsides à la fois » ont fort alarmé « des peuples se croyant accablés : on n'entend plus que des discours de désespoir et des menaces [...] [*capables de*] renouveler les troubles récents du cinq pour cent. [...] Tout est à redouter d'un peuple qui ne craint plus d'hasarder une vie qu'il n'a pas de quoi se conserver ». Doléances certes, cependant précises. Et d'ajouter que déjà à Embrun le commissaire de la douane de Lyon comme le commis du grenier à sel ont « couru fortune de la vie ». Et cependant les parlementaires reconnaissent sagement « la nécessité des affaires du roi » et souhaitent une paix rapide. Cet exemple relativement modéré, en une province ni très pauvre ni très touchée alors par la disette ou la guerre, fournit une sorte de note moyenne sur les difficultés réelles des gouvernants comme des gouvernés.

Aussi, au-delà des « crues » d'impôts, des offices vendus et revendus, des rentes proposées et des emprunts incessants, Mazarin et son petit groupe de ministres tentèrent-ils d'exploiter un filon déjà bien attaqué par leurs prédécesseurs, avec un succès fort variable : extraire de l'or de Paris la grand-ville, où gisait certainement une large part de la richesse du royaume. Mais s'en prendre à Paris et aux escadrons de grands robins, de gros marchands, de bourgeois opulents et d'artisans à leur aise, c'était tout autre chose qu'Embrun, Les Sables-d'Olonne ou Montpellier.

Paris le leur fit bien voir.

TROISIÈME PARTIE

Les années terribles
1648-1652

CHAPITRE VI

Ce qu'on appelle la Fronde : Les prémices (janvier-mai 1648)

Le jeune roi était entré dans sa dixième année en septembre 1647 et, comme son frère, avait triomphé deux mois plus tard d'une « petite vérole » (variole) qui avait un moment donné quelques espoirs à son oncle Gaston, l'éternel déçu. Mazarin gouvernait pratiquement en maître avec le fidèle soutien, malgré de rares nuages, de la reine-régente et la collaboration d'une poignée de ministres : le fidèle Le Tellier qui avait, comme on disait, le département de la Guerre ; le chancelier Séguier, sérieux bien qu'affairiste, qui dominait, après le roi, le monde de la justice et recevait la correspondance des provinces, et surtout l'homme intrépide qui s'était voué aux finances royales (et aux siennes), un certain Particelli devenu seigneur d'Hémery, issu d'une famille de marchands-banquiers lyonnais de souche lucquoise immigrée dans la nouvelle et véritable capitale financière du royaume. Au seul conseil qui comptait, l' « Étroit » (le « banal conseil du roi » étant une cohue parcourue d'intrigues), paraissaient aussi Monsieur, toujours courtois puisqu'il s'arrêtait de « chiffler » (comme écrit Retz) pour sourire à sa belle-sœur et parfois au cardinal, plus deux survivants de l'équipe précédente, Brienne et Chavigny, qui eurent plus tard des ennuis (Bastille ou exil, momentanément). Quant au conseil de conscience, qui nommait évêques et abbés, les deux ou trois prélats qui le composaient avec M. Vincent, la reine et le cardinal en avaient été chassés après le complot ou cabale dite des « Importants » : Mazarin nommait donc qui il voulait dans les diocèses et les riches abbayes, et n'oubliait ni ses amis ni sa propre personne. Là pourtant n'était pas l'essentiel. Les grosses difficultés d'hier s'accentuaient : la guerre, l'enchevêtrement des intrigues de Cour et de Ville qu'on passait bien du temps à dénouer ou contourner, la grogne à la fois diluée et générale, et surtout l'épuisante quête des espèces d'or et d'argent. Bien malin qui eût pu prévoir, au début de 1648, qu'on sortirait tant bien que mal de tout cela, le temps, ce grand maître si cher à Mazarin, aidant justement l'imprévisible.

Le cardinal — dont quelques ennuis de santé qui avaient inquiété la reine, si attentive, n'avaient altéré ni le charme, ni la vivacité, ni cette énorme puissance de travail qui confondait les observateurs sérieux (habituellement les ambassadeurs étrangers, et plus tard l'intelligente et fantasque reine Christine) — s'était installé là où il pouvait tout diriger, entouré de tout ce qui lui était cher, donc souvent romain, hommes et choses, et très près de la reine-régente.

Celle-ci, qui n'aimait pas le vieux Louvre, humide, inchauffable, pas très propre et croulant par endroits, avait assez vite déménagé à quelques pas de là, vers ce pimpant Palais-Cardinal prolongé par un vaste et beau jardin qu'avait fait construire Richelieu. Ce lieu agréable, aéré, mais non fortifié ni même protégé par des fossés (on devait le regretter) était donc devenu le Palais-Royal (détruit plus tard, il en reste quelques pierres, parmi les reconstructions de la fin du XVIIIe siècle). Dans un premier temps, Mazarin avait loué, au-delà des jardins, l'hôtel Chevry-Tubeuf qu'il fit aménager, agrandir, transformer et qui devint le Palais-Mazarin (de Paris, on oublie toujours celui de Rome, qui a médiocrement survécu), et qui constitue actuellement le cœur de notre Bibliothèque nationale. Pour lui éviter la traversée (trop longue ? fatigante ? dangereuse ?) du parc d'alors, la reine finit par donner à son ministre, en novembre 1644, un appartement au Palais-Royal, séparé du sien par une longue galerie, bien gardée (notamment par de solides gaillards italiens, que Mazarin avait recrutés avec soin). Ce voisinage relatif fit beaucoup jaser, et les bonnes âmes, pieuses, prudes ou médisantes, parurent s'en offusquer. En réalité, les convenances étaient toujours respectées et les dialogues eurent toujours des témoins discrets, qui bien sûr gardaient leurs distances, au propre comme au figuré. Il était d'ailleurs indispensable de se rencontrer au moins quotidiennement, pour s'accorder sur les trop nombreuses et obsédantes affaires de la Cour, sur les querelles de la Ville, et sur les graves problèmes du royaume.

Apparemment, la reine avait conservé son style de vie, avec ses dames d'honneur presque toujours présentes — dont la fidèle, prosaïque, bavarde et utile Motteville, née Bertaut —, l'habitude des réveils tardifs, des longs et copieux repas — aux heures d'Espagne —, des longues prières et démonstrations de piété que terminaient de longues soirées de jeu et que coupait pourtant toute l'attention donnée aux deux enfants. Ceux-ci étaient traités par cette mère tardive avec tendresse, mais fort diversement, puisqu'un seul devait effectivement régner et qu'il fallait, en somme, abaisser l'autre. Au demeurant, cette fille des Habsbourg transfigurée Bourbon détenait l'autorité et l'orgueil — pas toujours adroit — des deux lignées. Elle était devenue un grand personnage.

Le Cardinal aimait aussi la compagnie, si possible spirituelle, les soupers (plutôt fins), le jeu jusqu'au vertige, où l'on dit qu'il gagnait invariablement, mais goûtait nettement moins les séances de piété et les grasses matinées ; le temps lui manquait, et peut-être aussi l'application dévote. En fait, il lisait, écoutait, souriait, griffonnait et écrivait presque sans relâche ; comme la plupart des hommes d'exception, il devait dormir très peu, donner rarement sa pleine confiance et jouer aussi sur le temps et les faiblesses humaines. Au cœur d'un entourage apparemment complexe, il s'était créé un lieu et surtout un monde bien à lui, qui lui rappelaient cette autre grand-ville où vivaient sa famille et ses amis chers, où brillait cette riche civilisation qu'il aurait tant désiré revoir et qu'il reconstituait autour de lui.

Depuis longtemps il s'était entouré de mille objets italiens, étoffes, bijoux, parfums, statuettes, « antiques », peintres et peintures, acteurs, chanteurs et musiciens, dont la fameuse Baroni, cantatrice et maîtresse de ce « cardinal Barberin », son ami et ancien protecteur. Il avait été chassé de la ville qu'on dit éternelle par la haine du successeur de son oncle Urbain VIII, un Pamphili, candidat de l'Espagne devenu Innocent X, que Mazarin n'était pas parvenu à empêcher d'accéder au siège de saint Pierre. Sa coriace hostilité à tout ce qui était français, à peine atténuée par les attentions monnayées que multipliait Mazarin envers sa belle-sœur, Donna Olympia, qui « gouvernait corps et âme la papauté » (Guy Patin *dixit*), dut pousser le cardinal-ministre à des intrigues et des expéditions à la fois diplomatiques, militaires et navales (Crémone, côte toscane, Naples) qui firent plus de bruit qu'elles ne produisirent de résultats tangibles. Du moins Mazarin put-il toujours compter sur ses amis romains, proches, lointains ou variables par la résidence : Bichi qui fut prélat, Zongo Ondedei, vrai confident et *factotum,* qu'il fit évêque, et le très fidèle Elpidio Benedetti, secrétaire qui veillait à Rome sur sa famille et sur ses biens (meubles et immeubles, sûrement considérables, mal connus et acquis on ne sait comment), ce même Elpidio qui fut son biographe chaleureux en même temps que son rassembleur d'artistes et d'œuvres d'art, et le digne confident de toute la *familia*. Cette même *familia* qu'en bon *padrone* méditerranéen il appela vers lui en 1647 : quatre de ses neveux et nièces, après un stage d'adaptation à Aix, vinrent loger au Palais-Mazarin, suscitant la curiosité générale, pas toujours aimable. D'autres suivront, qui animeront la petite histoire et parfois la grande.

Au moins aussi importante, pour les choses de la foi comme de la politique, l'arrivée à Paris dès 1644 d'une petite escouade de religieux romains, conduits par le père del Monaco, qui confessa le ministre avant le père Bissaro (lequel l'administra), ces théatins inconnus à Paris, disciples fort sévères de saint Gaëtan, que Mazarin put rencontrer chez les Barberini à la piété pourtant si douce. Ces moines irréprochables, par ailleurs missionnaires fameux, qu'il installa au bord de la Seine, face au Louvre, lui permettaient d'échapper à la redoutable emprise des jésuites qu'il connaissait trop (mais qu'il cajola, les donnant comme confesseurs au petit roi) tout en évitant l'accusation de facilité. Ces religieux rudes et fins à la fois (leur église mère, Sant'Andrea della

Valle, était et demeure à Rome, bien que les Siciliens fussent nombreux parmi eux), fort ultramontains et tridentins, furent présentés à la reine-mère, qui les apprécia fort, les reçut souvent et consentit que l'église grandiose qu'on commença de leur construire sur la rive gauche (il n'en reste presque rien) porte le nom de Sainte-Anne-la-Royale, délicat hommage du plus proche de ses grands serviteurs. La Cour et la Ville furent ainsi poussées à faire bonne mine aux théatins, et les jésuites aussi, malgré de probables mais très secrètes réserves...

Cette précieuse atmosphère de romanité n'empêchait certes pas Mazarin de se consacrer en entier — ou presque — aux affaires du royaume qu'il avait choisi et de la régente qui l'avait également choisi. Elle venait d'accroître à la fois ses pouvoirs et ses revenus en le nommant successivement surintendant de sa propre maison (1644), puis de l'éducation de Louis XIV (1646), charge considérable et décision politique vraiment capitale.

Malgré quelques fautes (les expéditions italiennes, la perte maladroite de l'allié hollandais), le ministre avait essentiellement travaillé, durant cinq années difficiles, à la victoire et à la paix de Westphalie, que devaient suivre de subtiles alliances autour du Rhin auxquelles presque personne ne voulait ou ne feignait d'attacher quelque importance ; au contraire, bien des esprit grincheux ou ultra-dévots lui reprochaient d'avoir ainsi empêché la seule paix qui comptât, avec le plus catholique des rois, l'espagnol, qui misait sur les faiblesses habituelles d'une longue minorité.

C'est que presque tout le monde — le monde qui comptait, quelques milliers de gens — se préoccupait surtout de problèmes intérieurs, conflits d'ambitions, d'intrigues ou d'idées, mais aussi d'argent, autour des rudes nécessités financières qui constituaient probablement le cœur de tous ces problèmes.

De là sortit la rude crise baptisée Fronde, du nom d'un prétendu jeu d'enfant, fort dangereux d'ailleurs puisque son instrument constitua jadis une arme de combat (qu'on pense à David et aux frondeurs baléares).

PRÉMICES FINANCIÈRES : COMMENT FAIRE PAYER LES PARISIENS

Tout ce qui va sobrement être conté, la Fronde, les Frondes, grandes ou petites, se ramène en fin de compte à des ambitions plus qu'à des idées, plus anciennes que récentes, démesurées et insatisfaites, à des problèmes d'argent mêlés à tous les autres, à des effusions et surtout à des haines à la fois viscérales et cultivées : haine de l'étranger — surtout italien —, haine du financier — forcément vil, bas et voleur —, un duo de franches sottises d'une rare dimension, ressassées jusqu'à la vocifération.

On ne redira pas à quel point se faisait sentir le besoin d'argent, comment on tentait de faire payer la province et comment elle résistait. Mais la province, au fond, ce n'était pas très dangereux. La grosse bête, ce monstre de 400 000 âmes où s'est presque toujours décidé le sort du royaume, c'était bien autre chose...

D'abord, un entassement et une sorte de promiscuité habituelle qui aident à comprendre bien des choses, notamment le cheminement rapide des rumeurs et des émotions. Près de mille habitants à l'hectare, des maisons étirées en hauteur où le savetier côtoie le financier (l'échoppe en bas, la semi-misère en haut, l'opulence à l'étage noble), et qui se rejoignent presque vers les toits, au-dessus de rues et ruelles étroites. Une boue infecte et presque célèbre recouvrant l'éventuel pavé, le ruisseau au milieu, vers quoi se précipitaient plus ou moins exactement le contenu des seaux déversés par les fenêtres. Des boutiques et des marchands à la sauvette un peu partout ; le côtoiement des porteurs d'eau, des laquais, du petit peuple et des bons bourgeois, avec des carrosses ou des charrettes qui passent où ils peuvent. La Seine, ses quatre ports (bois, vin, foin, blé) chargée de barques de tout profil, aérant et... abreuvant tout ce monde (mais il y a des centaines de cabarets pour compenser). Bref, dans un corset de murailles aux portes gardées et fermées chaque soir, tout un peuple bruyant, du coupe-jarret au grand seigneur caracolant, qui se côtoie, se heurte, s'apostrophe, en fin de compte se connaît bien et sait se parler : auprès des échoppes, au coin des rues, devant les presque innombrables églises, sur les ponts, le long des rives, aux marchés et aux cimetières.

Désordre seulement apparent, puisqu'on se regroupe par paroisse et confréries pieuses, par corps de métier, par quartiers : il en existe seize, cadres de la « milice » dite bourgeoise, chargée d'une partie de la police de la ville, et chaque quartier subdivisé en cinquantaines et dizaines, qui élisent fort indirectement des sortes de petits chefs, bien plus souvent des officiers, voire des parlementaires, que des marchands ; il existait aussi des sortes de groupements spontanés de voisins, d'habitués d'un cabaret ou d'un petit marché. La cohue se trouvait en fin de compte bien structurée, mais les subdivisions s'enchevêtraient, et l'influence d'un grand parlementaire, d'un noble brillant ou d'un curé de choc opérait souvent d'autres regroupements. Bref, un terrain de choix pour les bruits et l'agitation. Avec, au cœur de la ville, le palais du petit roi que l'on pouvait apercevoir jouant dans les jardins des Tuileries ou galopant joyeusement sur son petit cheval blanc. Mais, auprès de lui, ces deux étrangers mal supportés, surtout le prétendu Sicilien, grand chef escroc avec son complice Particelli, leurs partisans, leurs financiers, leveurs d'impôts aussi exorbitants qu'injustes... croyait-on.

En effet, Paris était déjà (elle l'est restée) l'une des villes les plus « ménagées » du royaume ; mais elle n'en savait rien, et chacun soutenait exactement le contraire, le feu étant attisé par ceux qui avaient intérêt au mécontentement — parlementaires notamment —, qui se taillaient une popularité et une clientèle à peu de frais et n'oubliaient ni leurs prétentions juridiques ni les menaces fiscales qui pouvaient éventuellement les atteindre.

En effet, comme les besoins financiers du royaume demeuraient considérables et les provinces déjà bien sollicitées, et comme, bien qu'elle ne comptât guère plus de 2 % des sujets du roi, elle détenait au moins le quart, sinon plus, de la richesse du pays (mobilière, immobilière, métallique, financière, marchande...), la capitale devait contribuer. Mais l'y contraindre était considéré par elle comme une série d'agressions. Et le gouvernement eut parfois la maladresse (mais avait-il le choix ?) de formuler ses requêtes avec trop de rudesse ou de fausse subtilité, mais aussi avec une grande persévérance.

Premiers assauts du fisc

Dans un premier temps, Particelli d'Hémery, à qui Mazarin avait confié le détail des opérations — le cardinal avait d'autres chats à fouetter et ignorait pour le moment le détail de ce genre d'affaires —, avait naturellement pressuré d'abord ceux qui devaient en avoir l'habitude, les rentiers, espèce en grande partie parisienne et généralement bourgeoise (mais pas exclusivement). Leur histoire remonte à François Ier, mais s'était beaucoup enrichie, si l'on peut dire.

En 1522, la royauté, déjà besogneuse, eut l'idée de lancer des emprunts parmi ses fidèles sujets. Comme elle ne jouissait pas d'une confiance financière très brillante, elle imagina de faire garantir les premiers emprunts par l'Hôtel de Ville de Paris (un moment, celui de Toulouse) : le premier taux était le « denier 12 » (100 : 12 = 8,33 %), et le total proposé n'atteignait pas 2,5 millions. L'affaire marcha si bien (pour le roi et sans doute pour les rentiers d'alors) que les fils et petits-fils de François Ier lancèrent plus de 70 émissions d'emprunts (à des taux qui cependant baissaient de 8 à 5 %). Richelieu renchérit à tel point qu'à sa mort les seuls intérêts annuels à payer (les « rentes sur l'Hôtel de Ville », puis sur tels impôts, sur le clergé, etc.) approchaient la vingtaine de millions. Pour l'État, il s'agit bien vite de les payer tardivement, irrégulièrement, par d'autres titres de rentes quelque peu dévaluées, voire pas du tout pour certains « quartiers » (le quartier est l'échéance trimestrielle). L'usage s'était même pratiquement instauré de faire « sauter » un quartier ou un quartier et demi. On osa même proposer aux rentiers un remboursement par des papiers qui reposaient sur l'incertain, sur l'avenir, voire sur l'inexistant ou l'irréel. La pratique la plus fréquente était tout de même le simple retard : il atteignait en moyenne un an en 1637, trois ou quatre en 1647, selon les catégories de papiers. Et quand par hasard l'État remboursait certaines rentes, c'était toujours avec une forte réduction du capital jadis versé dans ses caisses.

Ces pratiques, évidemment condamnables bien que peu originales, offraient surtout l'inconvénient d'avoir Paris pour cadre principal, le rentier (sorte de gogo qui jouissait pourtant de quelques avantages, pour les transactions immobilières notamment, le papier parvenant presque à suppléer le sac d'écus), le rentier donc se trouvait être une espèce particulièrement parisienne. Les paiements théoriquement trimestriels avaient lieu à l'Hôtel de Ville, selon une technique compliquée comprenant entre autres l'ordre alphabétique des détenteurs de tel papier, et étaient effectués par une escouade d'officiers, naturellement vénaux, peu pressés et trop rusés, les « payeurs de rentes » (Colbert père en fut un, peu honnête), en principe surveillés par d'autres officiers, les « contrôleurs des rentes ». À tous, on avait d'ailleurs réduit leurs gages, au moins du quart.

Il est bien évident que toutes ces astuces gouvernementales diminuaient les dépenses de l'État sans accroître apparemment ses recettes ; mais l'important, politiquement parlant, est que des escouades de rentiers inquiets ou mécontents venaient périodiquement s'attrouper aux portes des « payeurs » — qui payaient si peu — devant l'Hôtel de Ville et qu'ils protestaient, criaient, gesticulaient, s'ameutaient, menaçaient, et qu'il fallait parfois envoyer la garde, la milice, sinon quelques soldats du roi pour ramener un calme qui devenait de plus en plus fragile. Les rentiers (comme certains officiers de finances, élus ou trésoriers de France) eurent l'idée de se grouper en « syndicat » pour défendre leurs droits et leurs revenus. L'astucieux coadjuteur, Gondi, agitateur-né, trouva même le moyen de parer du titre de « syndic des rentiers » son secrétaire et complice Guy Joly, qui sut faire bouillir ce mélange où l'on découvrait aussi bien des domestiques et des serruriers que des bourgeois bien gras — et des nobles, comme Sévigné : une belle infanterie pour de futures agitations. Retards, non-paiements et « remuements » ne firent que se multiplier et s'accentuer jusqu'à l'automne de 1648. Mais ce n'est pas cela qui remplissait les caisses royales. Le trop malin Particelli, à qui Mazarin semble avoir laissé alors la bride au cou, essaya alors comme il put d'écorcher quelque peu les Parisiens.

Dans un premier temps, quelque astucieux remueur de vieux papiers retrouva un édit de 1548 qui, pour des raisons militaires (crainte d'invasion espagnole, déjà !) interdisait de construire autour des murailles de Paris dans une zone large de 200 toises (environ 400 mètres) et ordonnait même ou bien la démolition des maisons qui pouvaient s'y trouver, ou bien une sérieuse amende par toise bâtie... Comme tant d'autres, l'édit avait été oublié lorsqu'on s'avisa de le remettre en application : en 1644, on dépêcha donc des arpenteurs pour « toiser », afin de les taxer, les terrains occupés et les maisons construites impunément. Ce fut un beau tollé, les intéressés hurlèrent et se mobilisèrent ; on enregistra des clameurs et des coups ; une délégation de pauvres gens, dont beaucoup de femmes (des locataires, en fait), allèrent pleurer et manifester devant le Parlement, tenu pour leur protecteur naturel. Omer Talon, magistrat habituellement digne de foi, conte qu'un début de sédition se produisit ainsi à Paris le 4 juillet 1644, apparemment sans chef ni organisateur, mais probablement soutenu en sous-main par « Messieurs » (ses collègues du Parlement), dont on apprit assez vite qu'ils se trouvaient souvent propriétaires des immeubles en cours d'arpentage... Pour éviter des ennuis, Particelli laissa provisoirement tomber le toisé (il fut repris plus tard), mais sortit immédiatement (août 1644) un autre projet à la fois plus banal (il y avait des précédents) et apparemment plus adroit et plus efficace : une « taxe d'aisés ».

Elle prétendait viser les plus riches et notables habitants de la grand-ville, et était censée produire 15 millions, chiffre incroyable puisqu'il équivalait à plus de 120 tonnes d'argent fin. L'annonce d'une telle levée suscita un nouveau tollé (pas chez les pauvres), tous les « aisés » proposant de ne taxer que les affreux financiers ou à la rigueur de gros marchands (insinuaient les parlementaires). Au milieu de ces querelles de riches, la reine proposa de tenir un lit de justice, ce que les parlementaires n'admettaient pas (en principe) en temps de minorité. Ils auraient cependant toléré que d'autres qu'eux fussent taxés, comme d'anciens marchands — les financiers s'étant excusés avec d'autant plus d'efficacité que chacun, parlementaires compris, avait besoin d'eux. Après de discrètes négociations, quelques éclats (on vit la reine se fâcher tout rouge face à ces résistances, surtout roturières, qu'elle supportait mal), Mazarin et Particelli retirèrent l'édit des aisés.

Mais ils tentèrent d'en revenir au toisé, ce qui provoqua les mêmes fureurs des pauvres diables et les mêmes récriminations des parlementaires. On vit même les jeunes et hardis conseillers de la Chambre des enquêtes provoquer le 24 mars 1645 une sorte de réunion d'opposition où ils tâchèrent d'amener leurs plus éminents collègues. Mais ceux-ci, le premier président Molé en tête, soutinrent la reine. Celle-ci avait d'ailleurs réagi vivement, en exilant l'un des meneurs, Gayant (assez vite gracié), et en emprisonnant le président Barillon, qui malheureusement mourut dans sa geôle, ce qui ne fit pas bon effet. Finalement, on n'insista pas. Mais il fallait bien trouver autre chose...

L'imagination fiscale n'étant pas illimitée, pas plus que les formes de la résistance, on en revint à un peu de toisé et à quelques taxes d'aisés, que le Parlement laissa passer, puisqu'elles l'épargnèrent à peu près. Les marchands ne le furent pas et protestèrent vigoureusement après un sage lit de justice de 1645, où furent enregistrés des édits « bursaux » (fiscaux) qui les visaient assez nettement (taxe sur les métiers notamment). Ils crièrent plus encore l'année suivante — mais ils n'étaient plus seuls — lorsque éclata l' « affaire du tarif ».

Ce mot désignait les droits d'octroi (au montant inscrit sur une « pancarte » peu populaire) que devaient payer aux portes de la ville diverses marchandises et denrées, viandes, étoffes, fruits et surtout vins et blés, abondamment consommés et considérés comme sacrés : rien de plus facile à percevoir, en principe. Mais que de protestations ! À celles des marchands et naturellement des consommateurs, dont le petit peuple, s'ajoutaient celles des magistrats des cours souveraines, Parlement, Cour des Aides, Chambre des Comptes, Grand Conseil : une sorte de tribunal administratif) : presque tous possédaient, dans la proche ou lointaine banlieue, des jardins, des vignes, des fermes opulentes et de belles seigneuries dont ils tiraient de beaux profits, et naturellement l'alimentation (peu taxée) de leur famille et de leur « maison » (serviteurs compris) ; plus quelque peu de revente à domicile tolérée jusqu'à un certain point, volontiers dépassé. Les protestations commencèrent avant même que l'édit du tarif ait été soumis à vérification devant les Cours. Querelles, cris et négociations durèrent deux ans. En fin de compte, on obtint un tarif quelque peu adouci qui épargnait beaucoup « Messieurs », mais non pas les simples bourgeois.

Lenteurs et médiocres rentrées contraignaient Particelli, tout en réveillant doucement l'affaire du toisé, à reprendre de vieilles recettes déjà essayées du temps de Richelieu : les francs-fiefs par exemple. Il s'agissait de faire payer des droits aux roturiers parisiens dont les maisons étaient construites sur des terres « nobles » (rappelons qu'il existait une noblesse des terres comme des gens, mais qui ne coïncidaient pas forcément). Il se trouvait que les imposables concernés comprenaient beaucoup de bons bourgeois, d'officiers, même de parlementaires, ce qui aide à saisir la vigueur des protestations, qui s'ajoutaient à d'autres.

Par surcroît, dans le même style, mais plus grave, survint l'affaire de la « censive » royale. Paris dépendait de plus de vingt seigneurs ; la plupart étaient d'Église, mais le mieux pourvu était le roi en personne. Or on feignit de s'apercevoir soudain que les maisons construites sur la « censive » (seigneurie) royale n'avaient réglé aucun droit seigneurial depuis fort longtemps ; on offrit alors aux propriétaires de ces nombreux et souvent fort beaux immeubles de racheter leur dette et en même temps de s'affranchir du cens pour toujours moyennant une sérieuse taxe. L'édit qui en décidait était passé inaperçu en 1645, ou bien on n'y avait pas cru. Mais lorsque, à la fin de 1647, une « chambre du domaine » nouvellement créée ou réanimée entreprit sur le terrain l'évaluation des maisons et des taxes, les protestations fusèrent, sans doute chez les parlementaires et autres membres des Cours souveraines, mais plus encore chez les gros propriétaires urbains qu'étaient les meilleurs marchands, notamment ceux des Six Corps (les plus aisés et considérés), et tout au long de la rue Saint-Denis, la voie commerciale par excellence : querelles et bagarres jaillirent, le fils de Particelli (pourtant président en Parlement !) fut frappé ; des tocsins sonnèrent, des mousquets parurent, mais se contentèrent de tirer en l'air ; le tout dura deux ou trois jours ; la milice et quelques gardes du roi ayant été convoqués, les bruits s'apaisèrent. Mais ces agitations hivernales, peu parlementaires, en des quartiers animés et peuplés, semblent avoir frappé les Parisiens. Ce n'étaient pourtant que préludes.

Bref, toujours le même schéma : d'inévitables initiatives fiscales, d'inévitables et montantes protestations, d'inévitables accommodements, des mesures de retrait partiel ou momentané, un énervement qui gagnait tandis qu'officiers de finances et financiers ramassaient ce qu'ils pouvaient et que Mazarin alimentait les armées, négociait en Westphalie et s'inquiétait des événements italiens et surtout anglais. Les protestations et prétentions d'une partie des parlementaires et des nobles, toujours les mêmes (participer au gouvernement, évincer si possible le prétendu Sicilien, ne payer aucune taxe et au contraire arrondir leurs rondelettes fortunes), ne le touchaient pas encore profondément, en partie parce qu'il laissait à d'autres la besogne de résister et d'accommoder, en partie parce qu'il n'avait pas encore bien saisi la nature d'ailleurs complexe de la société parisienne, notamment la parlementaire et la bourgeoise, peut-être aussi ce peuple énorme et divers. Il intervenait simplement pour calmer la reine, indignée et coléreuse, et apaiser quelques conflits, par des sourires, des arrangements à l'amiable et une aimable ou solide corruption.

L'année 1648 allait, si l'on peut dire, le réveiller, peut-être trop. Il allait passer à l'attaque, d'abord modérée, puis maladroite et parfois lourde, provoquant lui-même, poussé d'ailleurs par la reine, cet ensemble de bavardages, de projets vieillots, de querelles vives, d'agressions verbales, puis violentes, de bataille enfin et de graves dangers, qui constituent ce qu'on va appeler Fronde, qui ressemble à la fois à tout et à presque rien, qui remue le passé bien plus qu'elle n'annonce l'avenir, et qu'on ne peut s'abaisser à baptiser du nom de révolution, puisqu'une authentique révolution change à la fois les fondements de l'État et de la société, et que rien de tel ne se produisit (à l'encontre de l'Angleterre), même si quelques esprits malades ou fumeux purent y songer. Qui veut trouver une révolution, une vraie, passe le Channel.

CHAPITRE VII

La première année rude : 1648

La situation financière imposée par la guerre étant apparemment désespérée, Particelli, qui cherchait de l'argent partout, prépara une série nouvelle d'édits « bursaux » (fiscaux) qui ne pouvaient qu'être soumis au Parlement pour enregistrement — plus quelques hardiesses qui hérissèrent « Messieurs » des Cours souveraines qui en vinrent, à partir de mai, à une franche opposition de caractère politique. Les progrès de celle-ci amenèrent le Conseil du roi, appuyé sur l'armée victorieuse, à des mesures policières hardies et maladroites, qui déclenchèrent 60 heures de barricades dans Paris (fin août), apparemment victorieuses à leur tour. À partir de là, la reine et la régence préparèrent leur revanche, qui consistait à quitter Paris, à l'isoler, à l'assiéger ; ce qui, après un prélude automnal, fut accompli au début de 1649. Ce que l'on appelle Paris (et qui n'est certes pas tout Paris) dut s'incliner en mars-avril 1649. Ce fut là ce qu'on appelle « première Fronde », « Fronde parlementaire », « vieille Fronde » ou « Fronde parisienne », termes très approximatifs. L'affaire a été racontée cent fois, arrangée ou non, et « interprétée » de temps à autre, selon les principes ou les humeurs des historiens et des conteurs d'histoire. S'y essayer ici, aussi brièvement que ce soit, constitue une tâche inévitable, mais peu exaltante. On a l'impression de se lancer sur une vieille route dégradée...

Les milieux parlementaires commencèrent à s'exciter beaucoup lorsque Particelli, dans sa lancée de vente de nombreux offices en dédoublant les anciens (ainsi dévalorisés et presque déshonorés), s'attaqua aux maîtres des requêtes, personnages importants qui « rapportaient » au Conseil royal, étaient souvent envoyés en province comme commissaires et faisaient néanmoins partie du Parlement de Paris, où quelques-uns pouvaient « opiner » (voter). Il imagina de mettre en vente, fort cher, douze nouvelles charges de ce type (il en avait projeté d'abord 24, mais recula). Le monde de la grande et moins grande robe protesta avec véhémence, et l'on vit même les maîtres de requêtes en activité se mettre pour un temps en grève.

Comme bon nombre de mesures fiscales devaient être enregistrées — autres dédoublement d'offices, majoration des francs-fiefs et des censives notamment — la reine et ses ministres firent tenir un lit de justice solennel le 15 janvier. Devant le roi entouré de sa famille, de ses ministres et des pairs du royaume (quelques-uns), le Parlement ne pouvait que s'incliner. Mais la reine, fort émue, dut subir des harangues aussi pompeuses que véhémentes, comme celle d'Omer Talon, pourtant premier avocat du roi. Toujours les mêmes thèmes : le Parlement doit aider le roi mineur à gouverner, le conseiller de près et délibérer sur les lois ; les lits de justice ne peuvent se tenir en temps de régence ; les impôts sont tous mauvais, les financiers odieux et fripons, le peuple misérable et réduit à brouter l'herbe des champs, la guerre inutile et ruineuse, « les palmes et les lauriers » ne nourrissant pas les provinces affamées, où « les peuples sont traités comme esclaves et forçats ». Et Talon d'oser conseiller à la reine de réfléchir à toutes ces horreurs, le soir même, « dans la solitude de son oratoire ». Anne d'Autriche ne pouvait considérer de tels discours que comme des insultes et le dit avec beaucoup de hauteur.

Il n'empêche que, dès le lendemain, le Parlement annula le lit de justice et se mit à délibérer sur les édits proposés.

Au Palais-Royal, l'émotion et l'indignation furent considérables, mais les répliques successives ne brillèrent pas par leur adresse. On ne sait d'ailleurs qui, de Mazarin ou de la régente, fut responsable de ce qui suivit ; sans doute tous les deux.

Dans un premier temps, les édits que le Parlement venait de refuser d'enregistrer furent présentés aux trois autres Cours souveraines ; par solidarité, elles refusèrent également. Second temps, les gages (intérêt de la valeur de leurs offices) que recevaient ces hauts magistrats furent suspendus... sauf pour les parlementaires, qui pourtant avaient manifesté les premiers leur opposition. Par solidarité, en retour, les parlementaires refusèrent de recevoir les leurs (il était assuré que cet orgueilleux refus ne durerait pas...). De toute manière, l'opération gouvernementale manquait de finesse politique.

Il convenait de répliquer. La régence contre-attaqua sur l' annuel (la « paulette »), ce droit que, depuis 1604, on acceptait que les officiers versent au Trésor pour s'assurer la parfaite hérédité de leurs brillantes et lucratives charges, même en cas de mort subite. L'annuel était conclu pour neuf ans. Il aurait dû être renouvelé pour le 1er janvier 1648. On avait traîné plus de trois mois. La reine menaçant de ne rien renouveler, le président Molé, personnage pourtant assez modéré, déclara le 6 avril qu'une telle décision « défigurait la face du royaume » en « refroidissant l'affection » des officiers et « rompant la discipline » des compagnies : enflure de style propre à quelques douzaines de parlementaires soucieux de leur fortune plus que de leur honneur et de leur raison, qui aboutit surtout à exaspérer la reine.

Il fallait bien réagir. Le 30 avril, le rétablissement de l'annuel fut décidé pour neuf ans, mais à la condition que trois des quatre Cours souveraines ne recevraient que quatre années de gages au lieu de neuf ; la quatrième était le Parlement : espérait-on qu'il se désolidariserait ainsi des trois autres Cours ? Bien au contraire, il prit très mal ce simulacre de cadeau et invita les quatre Cours souveraines à se réunir dans l'une des grandes salles du Palais (de justice), dite chambre Saint-Louis ; ce fut l' « arrêt d'union » (13 mai) que beaucoup d'historiens ont considéré comme le point de départ de la « Fronde parlementaire ». Il s'agit en effet d'une initiative tout à fait extraordinaire, sinon extravagante : elle fit bondir la reine, qui révoqua le droit annuel et interdit — en vain —, toute réunion de ce type. Cette désobéissance la mit un moment en fureur, et elle alla jusqu'à soutenir que cette nouvelle assemblée de gens qui n'étaient que des robins tout juste anoblis introduisait « une espèce de république dans la monarchie ».

C'était beaucoup dire, mais une guerre ou un simulacre de guerre (froide) paraissait bien entamée, qui n'empêchait pourtant pas l'habituelle recherche d' « accommodements », sous l'égide inattendue de

Monsieur, pour une fois médiateur presque adroit en son palais du Luxembourg. Les quatre chambres siégèrent donc ensemble et entreprirent de mitonner quelques propositions de réformes, dans lesquelles des historiens sentencieux ont cru voir les bases d'une constitution — voire son texte même — de toute manière bien éphémère, et morte en bas âge.

Avant d'en venir à ces 27 articles — que la reine ratifia après négociations, colères et corrections, bien décidée à ne pas les appliquer tout en paraissant céder sur quelques points, ne pouvant faire rien d'autre —, il faut rappeler que le conflit avec les Parlements (en province quelque peu également, on le verra) avait pour origine de réels problèmes fiscaux et financiers, qui s'aggravaient sans cesse et qui ne pouvaient que se résoudre brutalement, les uns comme les autres. La banqueroute et les barricades s'annonçaient pour l'été, et l'on pourra se demander si le plus bruyant était le plus important, et ce que signifie vraiment leur coïncidence.

Les 27 articles (été 1648) : réformes, propositions de réformes et accommodements

Une série d'articles concerne les impôts, un bon moyen de se rendre populaire et de favoriser les amis tout en ne s'oubliant pas. D'abord, on réduira d'un quart ceux de 1647, et on annulera les arrérages des trois ou quatre années précédentes : voilà qui n'inquiétait guère Mazarin qui savait bien qu'ils ne pourraient jamais être payés. Par surcroît, pour mieux soigner sa popularité, pour faire « rendre gorge » aux vilains financiers qui en ont tout de même perçu — et bien sûr gardé une bonne part —, on convoquera une « chambre de justice » (une de plus) devant laquelle ils comparaîtront. Les membres en seront bien nommés, mais ils n'auront ni le temps ni le goût d'instrumenter (ils auraient dû souvent se juger eux-mêmes). Même chapitre fiscal, mais centré sur Paris : les diverses taxes prévues sur les aisés, le toisé, les censives, les francs-fiefs et même le tarif et sa « pancarte » (tableau des droits d'octroi) seront annulées, réduites ou suspendues : tout bénéfice, au moins temporaire, pour la caste parlementaire et sa clientèle. Les officiers ne s'oubliant jamais eux-même, il sera décidé de ne plus dédoubler d'offices, de payer les gages et de consentir aimablement le précieux annuel. Toutes mesures contraires seront rapportées — ce qui sera effectivement fait avec peu de diligence et beaucoup d'arrière-pensées. Et surtout on promet de ne pas recommencer. Naïveté parlementaire ? Aimable rouerie mazarine ?

D'autres groupes d'articles, apparemment moins démagogiques, offrent une autre gravité. Le Parlement prétend désormais contrôler, sinon toute la justice du royaume (reconnaît-il vraiment la « supériorité » du chancelier et du Conseil du roi ?), du moins tout le domaine financier, n'admettant, à l'image de l'ex- et futur « Parliament » anglais, que les mesures qu'il aura lui-même délibérées et acceptées. Il y aurait eu là l'amorce de la transformation de la nature même du royaume, la naissance d'une sorte de pouvoir législatif au moins partiel, si la reine avait songé un instant à acquiescer (sauf apparemment et contrainte) à cette prétention, aussi inapplicable qu'inacceptable pour la royauté française.

L'essentiel était peut-être ailleurs. Le Parlement

entendait éliminer ce qui avait été l'arme de la monarchie depuis plusieurs décennies, depuis Richelieu surtout, les « commissaires départis » issus de son Conseil et munis en quelque sorte de pleins pouvoirs, du moins de pouvoirs considérables. Placés auprès des gouverneurs, auprès des armées, mais au-dessus de tous les officiers de justice et surtout de finances, les intendants présidaient même au ramassage des impôts depuis 1641, épaulés par les financiers et les soldats. Le Parlement veut faire disparaître commissions et commissaires et y parvient presque. Mais Mazarin montre que des agents directs du roi sont indispensables auprès des armées et des provinces frontières, et sauve ceux qui instrumentaient de la Picardie à la Bourgogne, à la Provence et au Languedoc. Ceux de l'intérieur du royaume — une poignée — disparaissent théoriquement, mais on les voit, avec des titulatures différentes, continuer à correspondre avec le chancelier (leurs lettres ont même été publiées...). On sait par ailleurs que le Conseil continuera d'expédier en province des sortes de chargés de mission munis de pouvoirs précis. En somme, la monarchie a paru capituler ; en fait, elle a biaisé.

Reste l'article 6, qui a fait couler beaucoup d'encre, parce qu'il a semblé instaurer une sorte d'*habeas corpus* à la française : « Aucun sujet du roi ne pourra être détenu prisonnier plus de vingt-quatre heures sans être interrogé et rendu à son juge naturel. » Outre que ce texte renouvelle purement et simplement celui de l'ordonnance de Moulins (1566), jamais appliquée (comme tant d'autres), il faut préciser qu'il fut pratiquement supprimé dès le 31 juillet. Cependant fut conservée la fin de l'article qui précisait que « aucun officier ne pourrait être troublé en sa fonction par lettre de cachet » : au lieu d'un bel *habeas corpus,* était donc instaurée, pour les seuls officiers, une sorte d'immunité parlementaire.

Quoi qu'il en fût, ces textes, qui marquent un moment dans une doctrine à la fois nostalgique et ambitieuse, étaient inacceptables pour un roi (et un Premier ministre) digne de ce nom, et ne furent pas acceptés, sauf pendant les « événements », faute de mieux et en apparence.

Parallèlement à ces cogitations plus ou moins politiques mêlées de négociations, le Parlement — suivi puis encouragé par une « opinion » parisienne facilement excitée par de vieux slogans et les premiers pamphlets cinglants — s'en prenait aux traitants, aux fermiers abhorrés, aux « harpyes » de la finance, rendus responsables de toutes les taxes, de tous les scandales et de toute une misère bien montée en épingle. À la fin de juillet, le président Mathieu Molé prônait (naïvement ?) la confiscation des avoirs de tous les financiers pour résoudre les problèmes pécuniaires de la monarchie, et le vieux Broussel, orateur exalté et démagogue d'un groupe d'excités jeunes et chenus, révélait les profits indécents du traitant Tubeuf, de la veuve du traitant Le Camus et même de la veuve du maréchal d'Effiat. Bientôt le Parlement, poussé par le même groupe, déciderait d'engager des poursuites contre les gros traitants les plus connus (Catelan, Tabouret, Le Fèvre), qui, comme par hasard, n'étaient point directement liés aux bonnes familles parlementaires ; le temps approchait où l'on s'attaquerait à leurs biens, voire à leurs personnes. Ce n'était pas supportable, et le gouvernement, qui dépendait des financiers, devait réagir.

Il ne faut pas s'y tromper : l'essentiel était là. Les revendications hardies, les agitations insolentes — et en fin de compte irresponsables et inintelligentes des parlementaires — n'étaient rien auprès des fortes nécessités que Mazarin ressentait mieux que tout autre : effacer la dette de l'État, au besoin faire banqueroute et pourtant sauver les indispensables financiers, piliers de l'État, de manière à préserver le lendemain, le surlendemain et même l'avenir plus lointain du royaume et du roi. L'argent est derrière presque tout, barricades non exclues.

L'ÉTÉ 48 : DES EXPÉDIENTS TROP CONNUS À LA BANQUEROUTE OUBLIÉE

Voici trente-cinq années que l'historien hollandais Ernst Kossmann l'avait compris et souligné, et désormais Françoise Bayard nous permet de voir clair : encore plus que les précédentes, cette année 1648 est dominée par une sorte de délire dans la recherche de l'argent, l'appel incessant et presque agressif aux contribuables et aux financiers, ces derniers étant en fin de compte les plus efficaces.

Un bref retour en arrière s'impose : il s'agissait toujours de payer la guerre, alliés compris, et les dépenses dépassaient couramment 120 millions de livres, soit 10 tonnes d'argent fin (ou près d'une d'or). En 1647, on atteignit 143 millions : comment se les procurer ? On avait certes trouvé en 1645 assez de financiers pour signer 7 baux de fermes (pour 17 millions), 82 traités (pour 47) et pas moins de 238 prêts, tous bien repérés, qui donnaient 102 millions, alors que tous ces hommes d'argent savaient qu'ils ne seraient pas remboursés avant deux ans pour le moins. Et pourtant, en 1647, les financiers n'avaient pas craint d'avancer 84 % des dépenses de l'État (chiffres de Françoise Bayard).

Mais en 1648, la « conjoncture » aidant, les hommes d'argent osèrent moins se risquer : une vingtaine de traités seulement, pour moins de 10 millions... D'où l'acharnement de Particelli à faire payer Paris, ce qui réussit mal. On comprend aussi qu'en cette même année tout le monde (le monde qui compte) se plaignait que l'argent se fît rare, se cachât, hésitât à se placer dans l'incertitude ambiante. On racontait que la reine empruntait (à qui ?) et mettait en gage (où ?) les joyaux de la couronne, ce qui peut n'être pas faux ; mais surtout Mazarin écrivait à Turenne alors fidèle que les querelles avec le Parlement « nous ont mis à sec et fait fermer toutes les bourses qu'on ne sait où s'adresser pour avoir seulement des sommes médiocres ». Et de sacrifier le malheureux (et malhonnête, maladroit) surintendant d'Hémery pour le remplacer par le brave maréchal de La Meilleraye, qui n'avait guère pour lui que d'être apparenté à Richelieu : que pouvait-il bien faire, puisque les revenus escomptés pour 1648, 1649 et 1650 étaient déjà mangés ? Il fallait en venir aux mesures rudes.

Dans un premier temps, Mazarin fit réduire l'intérêt versé aux partisans, fermiers et autres financiers de 15 à 10 puis 5 % : cela ne suffisait pas. L'essentiel se produisit le 18 juillet 1648. Ce jour-là, le Conseil « étroit » (six ministres et la reine), décida de « révoquer » (annuler) tous les prêts, traités, sous-traités et avances consentis par des particuliers pour la présente année et les suivantes, « le roi considérant qu'il lui serait impossible de fournir aux dépenses de la guerre et autres nécessaires à la conservation de son

État en [les] laissant subsister ». En d'autres termes, une franche banqueroute, qui résolvait provisoirement tout problème financier, ce que Mazarin avait vraisemblablement désiré. Suivit une promesse de régler au moins — plus tard... — les intérêts des prêts annulés. Bien qu'on n'en ait guère parlé, il ne s'agissait pas d'une mesure bénigne. Et si l'on se souvient qu'au moins les deux tiers des parlementaires et autres magistrats des Cours dites souveraines étaient en même temps financiers, cautions de financiers ou créanciers de financiers, on saisira tout le sel de l'arrêt du 18 juillet. La banqueroute royale les touchait de plein fouet, et ils auraient à en souffrir les douleurs immédiates, osant ou n'osant pas espérer de futurs remboursements ou compensations. Voilà — on ne l'a jamais dit — qui dut attiser l'ire parlementaire, pousser à l'insolence, et peut-être étayer plus tard trois ou quatre barricades — sans doute guère plus, la prudence aidant.

Quant aux francs financiers, si quelques-uns furent rossés et pillés, ils semblent bien avoir courbé l'échine, attendu de voir comment les vents tourneraient et fourni cependant quelques secours discrets à la Cour, puisque, en fin de compte, leur sort était lié au sort de la monarchie, dont ils vivaient et qui vivait par eux. Aussi, après quelques hésitations, la soutinrent-ils franchement.

Pendant ce temps, les discussions avaient continué entre le Parlement et le Palais-Royal. A la fin de juillet, la reine avait feint de céder devant ce qui restait des 27 articles, « jetant des roses à la tête » des magistrats honnis. Des roses, cela fane...

Pendant ce temps aussi, rappelons-le, l'armée espagnole, toujours imposante et débarrassée de ses adversaires du nord, avait cherché à s'ouvrir à nouveau la route de Paris en occupant Lens. Au moment même où Condé l'écrasa, Broussel et sa clique, plus exaltés que jamais, procédaient contre d'affreux traitants auxquels ils ne se trouvaient pas apparentés (20-22 juillet). C'en était trop pour les financiers, pour Mazarin et pour la reine ; avec quelque précipitation (dès le 25), ils décidèrent d'attaquer l'adversaire, profitant du retour à Paris du héros et de ses soldats, et du magnifique *Te Deum* qu'on se devait de chanter à Notre-Dame le mercredi 26 août.

Un « Te Deum », six cents barricades, quatre cent mille Parisiens et Mazarin

Arrêter les trublions du Parlement : une technique déjà employée sous les règnes précédents. Profiter de la présence d'un double cordon de troupes entre le Palais-Royal et Notre-Dame ne manquait pas d'astuce. Ne viser que trois « meneurs » pouvait paraître sage, d'autant que deux étaient peu connus, si le troisième ne l'était que trop. S'y prendre aussi mal en envoyant des militaires aussi maladroits (ou trop adroits ?) montrait l'inexpérience des ministres — et même de Mazarin, novice en ce domaine. En effet, le président Charton s'enfuit sans peine, et si Blancmesnil (un Potier encore) se laissa embastiller, il en fut tout autrement pour celui qui était principalement visé.

Broussel, conseiller chenu (soixante-treize ans, un âge alors fabuleux), dînait en pantoufles après, dit-on, s'être purgé. Comminges l'aurait brutalement arraché à ses faibles agapes pour le mettre dans un mauvais carrosse, qui versa malencontreusement par deux fois et qui devait l'emmener dans une prison lointaine, Sedan ou Le Havre. Chef éloquent et presque exalté, son intraitable latin aidant, de la plus violente opposition parlementaire, il pouvait, pour la Cour, figurer l'homme à abattre. Pour le peuple bavard et revendicateur de Paris, qui se croyait grugé, il figurait l'honnête et modeste vieillard bardé de vertus, quasiment sacré, coqueluche ou fétiche de tous ceux qui criaient une misère assez imaginaire. Le sort voulut que l'arrestation fût bruyante, le laquais et la vieille servante du grand homme pourvus de voix hurlantes qui dénonçaient le crime et appelaient à l'aide en un quartier fort bourgeois, donc plein de serviteurs et où maisons, cours et dépendances s'entrechoquaient et communiquaient. De la Cité, cris et galopades passèrent aux rives du fleuve, par le canal des bateleurs, des crocheteurs, des gens du marché, des badauds avides de ragots, et de ceux qu'avaient déjà excités les premières mazarinades, passablement ordurières. On tendit les chaînes qui barraient les rues aux cavaliers et aux carrosses, mais un peu tard. Ainsi, à propos d'un parlementaire et d'un seul, naquit d'un phénomène de foule, spontané dans ses débuts, une révolte de trois jours à peine, illustrée et comme sanctifiée par l'apparition de quelques milliers de tonneaux et fûts entassés, garnis de pierres, de terre, de trognons de choux, de râclures de Seine et de fumier. Paris avait l'habitude des barricades (soixante ans plus tôt, déjà...), qui signifient colère et obstacles à la circulation, et qui ne cesseront jamais d'exalter, d'indigner ou d'épouvanter ce qu'on peut appeler le « Français moyen ».

Trois journées de cris, de mouvements de foule, de

mousquetades, de galopades, d'intrigues obliques, de colères mal rentrées, de complots imbriqués et de petites lâchetés ne constituent sûrement pas ce qu'on put appeler « révolution » il y a quinze ou vingt ans. Tout se calma d'ailleurs fort vite : rentrant de son gentil château le samedi 29 au matin, l'illustre parlementaire Olivier Lefebvre d'Ormesson ne retrouva de toute l'agitation que quelques tonneaux vides et des tas de pierres.

Faut-il conter, mais sobrement, ce qui s'était passé, et tenter d'y comprendre quelque chose ? Le 26 donc, une fois Broussel enlevé et son carrosse parti (pour Saint-Germain dans un premier temps), le bruit s'étend, surtout dans la Cité et autour des Halles ; des bandes armées se constituent en hurlant et le bureau de la ville (noyau du « conseil municipal » d'alors), fort inquiet, décide de faire « tendre les chaînes », se méfiant à la fois du Palais-Royal et des pillards (qui opéreront). En fin d'après-midi, le maréchal de La Meilleraye, avec cent ou deux cents cavaliers, sort deux fois du palais pour tenter de ramener l'ordre ; il est accueilli par des grêles d'injures et de pierres, rentre au palais, aidé, dit-on, par Gondi (l'amant de sa femme !) qui se vantera beaucoup par la suite. A la seconde sortie, des coups de feu sont échangés : un mort, des blessés. Par deux fois, le président Molé va supplier la reine de libérer Broussel, et Gondi y retourne aussi ; ils n'obtiennent rien, sauf des quolibets pour le sémillant coadjuteur. À la nuit, les chaînes sont enlevées ; les boutiques, qu'on a prudemment fermées, doivent rouvrir le lendemain. Calme apparent. Pas une barricade.

Le lendemain et le surlendemain, barricades et violences soudaines. Action des amis de Broussel, de Gondi et de sa petite clientèle de curés, de quartiniers et colonels de milice, souvent officiers ? De la Compagnie du Saint-Sacrement, d'ailleurs présente partout et qui joue double ou triple jeu ? Constitution ou reconstitution de bandes d'excités volontiers pillardes issues du tout petit peuple ? Un peu de tout cela peut-être.

Toujours est-il que, durant ces deux journées, au travers ou à côté des barricades, on peut apercevoir des épisodes singuliers où le tragique le dispute au grotesque. A 5 heures du matin, le chancelier Séguier, qui veut aller au Parlement, est agressé, poursuivi, contraint de se réfugier chez sa fille à l'hôtel de Luynes, quai des Augustins : chancelier battu puis caché dans une armoire, fille battue, hôtel copieusement saccagé : il faudra La Meilleraye et les gardes royaux pour les dégager. Vers 8 heures, la foule oblige 160 parlementaires en robe rouge et hermine, conduits par Molé, à cheminer lentement vers le palais, toujours pour faire libérer Broussel. La reine invective furieusement le premier président et tout le Parlement. Calmée par Mazarin et par quelques autres sages, elle consent à la libération demandée, pleurant de rage, selon quelques crédibles témoins. Et le Parlement promet, du bout des lèvres, de rester tranquille jusqu'à la Saint-Martin (11 novembre) : il doit d'ailleurs partir pour ses vacances habituelles... afin de veiller aux vendanges. Ressortant dignement du palais, « Messieurs » sont injuriés et battus par la foule, déçue qu'ils ne ramènent pas Broussel avec eux (il est déjà loin...). Certains fuient prudemment, d'autres manquent d'y laisser leur peau... Un peu plus tard, tandis que les troupes royales occupent quelques ponts et carrefours, mais sans menacer qui que ce soit (elles comptent à peine 2000 hommes, pas toujours très mazarinistes), on festoie, on palabre, on veille derrière les barricades, on expédie même des mousquetades, qui poussent La Meilleraye à installer dans le bois de Boulogne un millier de cavaliers venus d'Étampes. Au petit jour, l'Hôtel de Ville (qui craint toujours le pillage et joue quelque peu la prudence politique) prêche l'apaisement, que devrait obtenir le retour de Broussel (vers 10 heures) follement acclamé et conduit à Notre-Dame comme un général vainqueur ! Mais voici qu'on publie que des charrettes chargées de poudre sortent de l'Arsenal : nouvelle excitation du faubourg Saint-Antoine au Palais-Royal — on pourrait disserter sur le rôle des rumeurs et des peurs, qu'on retrouvera plus tard. En fin de compte, le Parlement, l'Hôtel de Ville et La Meilleraye joignent leurs efforts pour ramener un calme, précaire durant la nuit propice aux pillards, mais effectif le matin du 29.

Il paraît bien évident que cette affaire, provoquée par une maladresse du palais, ne put se développer sans une atmosphère d'énervement, d'excitation, de colère entretenue par des pamphlets, des agitateurs expédiés vraisemblablement par Gondi, par quelques parlementaires extrémistes, par de modestes officiers de basoche, peut-être par des « escholiers » et quelques boutiquiers... Chacun des témoins plus ou moins proches raconte ce qu'il veut, et les historiens qui ne se drapent pas dans de naïves certitudes ne dissimulent pas leurs hésitations et leurs doutes. Il est seulement sûr que les facteurs de ces journées d'émeute furent nombreux et complexes... ce qui ne va pas loin en guise d'explication !

Ce qui est certain, en revanche, c'est que la Cour accepta fort mal d'avoir été contrainte à une telle reculade. Blessée dans sa fierté et, pensait-elle avec quelque raison, dans son honneur, la reine voulait une éclatante revanche sur le Parlement, sur Gondi, sur Paris qui l'avait insultée ; elle allait en trouver une première, deux semaines plus tard.

Quant à Mazarin, qui jusque-là avait surtout été absorbé par la guerre sur plusieurs fronts, par les dures et subtiles négociations de paix, par les terribles affaires financières et quelques minables ou sordides intrigues de Cour — sans compter sa grande inquiétude au sujet de l'Angleterre et de son roi menacé —, il avait bien été contraint de comprendre ce qu'était le Parlement et qu'était Paris. Il ne connaissait bien ni le premier ni la seconde, et avait dû penser les subjuguer par l'amabilité, le sourire, l'astuce, la manœuvre de biais, les promesses, et finalement l'argent et la corruption. Ce n'était pas absolument faux pour les parlementaires, mais l'énorme ville se montrait bien difficile à approcher. Pour y parvenir, mieux valait peut-être s'en éloigner d'abord. Cette tactique, qui devait lui être chère, rencontrait la chaleureuse approbation de la reine, qui ne songeait qu'à s'éloigner de cet amas malodorant (surtout en août) et peu aimable, pour prendre ses distances et goûter les charmes de la campagne, avant d'en affronter les rigueurs quelques mois plus tard.

Mais, pour partir et séjourner loin du Palais-Royal, il fallait de bonnes troupes de protection et un fort bon général pour les commander. Ce ne pouvait être que le prince ceint des lauriers de Rocroi et de Lens. Mais celui-là posait à Mazarin d'autres problèmes : dans ses voyages et même à Rome (surtout à Rome), il n'avait jamais rencontré et tenté de pénétrer un personnage d'une telle dimension, par surcroît souvent imprévisible.

Quoi qu'il en soit, Condé comprit, aida, encouragea et protégea — avec quelques fugitives arrière-pensées — les départs volontaires de la Cour : le premier dès le 13 septembre, le second (après un bref retour) la nuit des Rois qui suivit.

Premier départ royal : Rueil-Saint-Germain, 13 septembre-31 octobre

Il était d'usage que la Cour, guère sédentaire, quitte Paris dès la fin de l'été ou plutôt en automne : la raison en était souvent la chasse, mais au moins autant un nécessaire « airiment », comme on disait, soit aérer et nettoyer le palais, les mœurs du temps ne favorisant pas une remarquable hygiène des logis, malgré les soins corporels attentifs que prenaient aussi bien la reine que le cardinal — probables exceptions en un temps de pruderie maniaco-catholique délirante. On allait souvent à Saint-Germain, où Louis XIV était né, vaste résidence entre la grande forêt et le fleuve.

Saint-Germain n'étant pas prêt, la reine, excédée des prétentions parlementaires et fort irritée contre un Paris aussi irrespectueux que puant, décida de demander asile à la très chère nièce de Richelieu, la duchesse d'Aiguillon, qui avait hérité du charmant et reposant château de Rueil. Elle partit donc dès le 13 avec une partie de la Cour et du Conseil, plus les meubles, hardes, bagages et domestiques (qui déménageaient toujours avec le monarque), afin de prendre l'air et de ruminer sa vengeance. Dès le 20, Condé triomphant la rejoignit avec ses équipages et ceux de ses soldats qui n'étaient pas occupés à piller ; suites et entourages accourant peu à peu, il fallut bien déménager pour Saint-Germain, où la place manquait moins, le 24 septembre. Dès le 22, une solennelle délégation de présidents en Parlement, avec Viole et deux Potier (Blancmesnil et Novion) avait gagné Rueil pour réclamer la libération de l'ex-ministre Chavigny (emprisonné à Vincennes), le retour d'exil de Châteauneuf, autre ex-ministre, et de Goulas, tous familiers de Monsieur et qu'Anne soupçonnait d'avoir manœuvré Parlement et révoltés. Elle refusa tout, d'autant que les ambassadeurs, qui s'en retournèrent penauds, avaient parlé assez perfidement contre Mazarin. Le lendemain, le Parlement menaçait d'une autre manière : il décidait de mettre en délibération un vieil arrêt de 1617 (dirigé contre Concini, et apparemment périmé) qui interdisait aux étrangers de prendre part au gouvernement de l'État. Si l'on néglige les premiers pamphlets insultants, c'était la première attaque presque franche contre le Premier ministre. Du coup, la Cour prolongea son séjour aux champs de plus de cinq semaines.

Paris sans le roi et la Cour — surtout s'ils s'absentaient longtemps — se trouvait à la fois quelque peu veuf, mais sûrement vexé et désargenté. Porteurs d'hermine, avocats, procureurs, boutiquiers, aubergistes, cabaretiers et prostituées bon teint risquaient, la pratique ne rentrant pas, de fortes chutes dans leurs gros ou petits profits. Six semaines, c'était déjà beaucoup ; mais à côté de ce que l'hiver allait leur réserver...

Durant trois bons mois, tandis que Condé s'honore de protéger la Cour et rassemble toujours ses troupes, peu nombreuses d'ailleurs, les négociations continuent, infatigables, entre le Parlement et la reine (Mazarin achevant alors de traiter en Westphalie). De guerre lasse et avec une parfaite mauvaise foi, Anne signe la troisième ou quatrième mouture de l'ex-déclaration des 27 articles, qui ne sont plus que 15 : pour l'essentiel, les grands robins se sont surtout attachés à préserver leur dignité, leurs revenus et le principe de leur intervention dans la législation financière : rien là-dedans qui ressemble à une constitution ou à la création d'un pouvoir législatif. Par surcroît, la reine a libéré Chavigny et Châteauneuf et n'a pourtant pu s'empêcher de pleurer (ce temps et cette famille eurent la larme facile) en signant le papier corrigé le 22 octobre, peu avant de retrouver Paris, où les esprits vont s'aigrir à nouveau.

Durant deux mois, les Cours souveraines s'inquiétèrent des inévitables mesures financières que durent prendre ministres et même militaires (lesquels, par surcroît, pillaient les environs), attaquèrent nommément quelques gros financiers, mais ne s'entendirent pas entre elles pour empêcher le roi d'emprunter à 10 %...

Ce fut aussi le moment où parurent des pamphlets, encore peu nombreux, attaquant franchement Mazarin, tyran, oppresseur de l'esprit et du Conseil de la reine, « Sicilien de très sordide naissance », etc. Le prétendu Sicilien ne s'en souciait guère, mais comprenait bien que les adversaires s'enhardissaient et que les difficultés montaient.

Il est bien plus probable que la reine et lui-même furent autrement troublés par les nouvelles d'Angleterre ; le procès fait au roi Charles Ier Stuart, la « purge » (Pride's Purge, 6 décembre) du Parlement, la crainte de l'instauration d'un État « populaire » (écrivait Lefèvre d'Ormesson en son Journal). Redoutant ce qui allait survenir au beau-frère d'Anne d'Autriche (la reine d'Angleterre s'était réfugiée au Louvre), très inquiets du mauvais exemple donné par le Parlement anglais, Mazarin comme la reine et comme Condé (en querelle lui aussi avec le Parlement de Paris) se décidèrent pour la dernière des trois propositions qu'on leur fit : attaquer, se résigner, prendre du champ. La nuit des Rois, après une très secrète préparation qui tranche sur l'insouciance du mois d'août, la famille royale, le ministre et quelques amis, serviteurs et soldats partirent pour Saint-Germain, où personne ne les attendait.

C'était rompre avec Paris et avec ce qu'on commençait à appeler la Fronde, en plein hiver, par un hiver difficile, avec des épidémies et des soldats qui rôdaient, et la disette qui menaçait.

Pour la seconde fois en soixante ans, un roi assiégeait sa capitale, mais c'était lui (son gouvernement) qui avait pris cette fois la responsabilité de l'offensive.

CHAPITRE VIII

Un roi assiège sa capitale (janvier-mars 1649)

Quitter Paris sous la protection de Condé, c'était pour Mazarin et la famille royale (Monsieur, geignard, avait suivi) marquer à la fois les distances et la volonté de vengeance à l'égard du Parlement comme de la ville. Le dessein était de ramener à l'obéissance l'un et l'autre en utilisant la tactique du blocus : par route comme par eau, on allait tâcher d'empêcher le ravitaillement d'environ quatre cent mille personnes, dont une partie seulement pouvait avoir fait des provisions. En gros, l'affaire réussit à peu près, en dépit de quelques failles apparues dans le dispositif.

Cette fuite inattendue poussa à la fureur Paris et son Parlement : violences, pillages et arrêts cinglants se succédèrent. Le roi, qui n'était plus un enfant en sa onzième année, en fut profondément marqué et n'oublia jamais. Enfin, cette agression-fuite amena un regroupement inattendu des adversaires de la régente et du Premier ministre : le ralliement aux opposants d'une partie de la grande noblesse — y compris le frère et la sœur de Condé — si bien qu'on ne peut dorénavant et moins que jamais soutenir qu'il s'agit ici, pas plus qu'auparavant, de « Fronde parlementaire », mais bien d'un complexe mouvement de rébellion et révolte qui regroupe l'aristocratie de l'épée et de la robe, des officiers roturiers et de bons bourgeois de boutiquiers et de la basoche, une partie du petit peuple et même du clergé : à sa tête, Gondi son chef parisien, ambitieux sans limite et agent du pape et donc de l'Espagne (la chose est désormais prouvée). Bref, ces agitations virulentes se ramenaient à une haine commune — Mazarin —, et à des ambitions et des appétits provisoirement concordants.

En ce début de janvier 1649, les réactions de Paris abandonné portaient les marques curieusement mélangées de l'absurdité et de la fureur.

Tandis qu'une partie de la bonne noblesse d'alentour galopait vers la ville dans l'intention d'y jouer un rôle magnifique, une partie de la Cour, du personnel royal et des fidèles tâchait de gagner Saint-Germain. Las ! les portes hâtivement fermées ne s'ouvraient qu'aux frondeurs, et demeuraient closes devant les carrosses des fidèles du roi, souvent maltraités, battus et presque toujours pillés. Même la prude Mme de Motteville, semi-confidente de la reine, ne put passer : après des incidents rocambolesques, elle fut assez heureuse pour trouver refuge au Louvre, auprès de la reine d'Angleterre exilée, sœur de Louis XIII.

Pendant une douzaine de semaines, des intrigues, des tumultes, des querelles et des violences occupèrent Paris dans un désordre typique de l'époque, à peu près impossible à décrire si on ne tente pas d'isoler les diverses partitions massacrées par des orchestres discordants.

Au Parlement, assemblée toujours complexe où les clameurs des excités firent d'abord taire les murmures hésitants des sages, des scrupuleux et surtout des malins, on commença par prendre — fulminer —

un arrêt qualifiant Mazarin — bouc émissaire par destination — de perturbateur du repos public, d'ennemi du roi et de son État (cette absurde opinion faisant quasiment l'unanimité), et lui donnant huit jours pour quitter le royaume, sinon « enjoint à tous les sujets du roi de lui courre sus », c'est-à-dire de l'arrêter et même de le trucider. Évidente absurdité à laquelle faisait écho, à Saint-Germain, la non moins absurde décision de la reine de transférer les quatre Cours dites souveraines, qui à Mantes, qui à Montargis, qui ailleurs... Comment y parvenir ? On demeure confondu par de telles inconséquences quand on songe que, dix semaines plus tard, tout ce beau monde s'embrassera, ou presque.

Pour en revenir à la grand-ville, toute folle en cet hiver terrible, on la voit occupée à constituer une armée contre son roi, ce qui suppose des hommes (peu entraînés), des armes (rouillées), de l'argent (rare ou réticent) et des chefs, les seuls à ne pas manquer ; on la voit aussi distraite à lire ou entendre douze à treize cents pamphlets et chansons, antimazarins pour la plupart ; plus acharnée encore à chercher du pain et des vivres (les riches pleuraient sans manquer de rien) ; occupée aussi, la grand-ville, à piller tant qu'elle pouvait, chez les financiers, chez Mazarin (qui avait pris ses précautions) et même chez les absents, ne dédaignant ni les caves, ni même les tombeaux.

Pendant qu'intriguaient les divers groupes — au Parlement, à l'Hôtel de Ville, dans les salons princiers — et qu'une fort médiocre armée frondeuse se constituait difficilement (Condé la ridiculisa presque continûment en quelques rapides et sauvages combats), le petit peuple de Paris souffrait de la cherté du pain plus que de son absence — le prix des blés, parfaitement connu, quadrupla entre le 2 janvier et le 3 mars —, cherté et rareté amplifiées par les « monopoleurs », ancêtres de notre glorieux marché noir. Or le pain constituait la base de la nourriture : presque la moitié de ce qu'on peut reconstituer d'un petit « budget » populaire. La Cour était arrivée à ses fins : réduire la capitale par la cherté et la disette. Condé ajoutait à l'horreur en pillant la banlieue et en faisant précipiter dans la Seine, glaciale et en crue, les prisonniers vivants et déshabillés que ses reîtres avaient capturés.

Tout cela ne touchait guère les maîtres apparents de Paris : Gondi, les parlementaires excités et la suffisante noblesse frondeuse. Il existait pourtant une sorte de tiers parti de l'accommodement, qui trouvait de l'écho à Saint-Germain, c'est-à-dire auprès de Mazarin, que n'affligeaient ni les souffrances parisiennes ni les brutalités condéennes — on ne gouverne pas avec des sentiments.

Ni les arguments juridiques, ni les prétentions (même militaires) de ses adversaires, ni la littérature qui l'insultait ne parvenaient à inquiéter profondément le cardinal, à peu près assuré qu'il était de l'inefficacité, de la peur ou de la vénalité des uns et des autres. Comme toujours, il se consacrait principalement à ce que nous appelons politique extérieure. Son attention s'attachait à l'Europe plus qu'à la place de Grève ou aux galeries du Palais de justice. Il n'est pas exagéré de soutenir qu'il s'intéressait plus à l'Angleterre, aux Pays-Bas espagnols et aux franges germaniques qu'au pillage éhonté de son hôtel parisien et à la première saisie de ce qu'on put attraper de sa première fortune, ou aux injures souvent ordurières dont on le couvrait.

Les soucis afférents au nord-est du royaume provenaient de deux frères assez remarquables, qu'il connaissait bien et dont le protestantisme ne le troublait guère (ne l'aurait-il pas plutôt rassuré, face aux tortueuses intrigues des dévots ?). Il s'agissait des deux La Tour d'Auvergne, Bouillon et son frère Turenne. Le premier avait mal admis le récent abandon à la France de sa ville et principauté de Sedan et n'avait pas obtenu la compensation espérée : un titre de prince. Aussi avait-il rejoint dès les premiers jours le brillant escadron des généraux de la Fronde sous l'autorité théorique de l'incapable Conti. Turenne, qui commandait la puissante armée d'Allemagne, hésitait à rejoindre son frère, bien qu'il fût poussé par la même amertume, quelque ambition (commander en Alsace avec un titre éclatant) et par l'amour qu'il aurait porté (?) à la belle Longueville, qui allait justement accoucher d'un fils venu sans doute des œuvres de son précédent amant, le prince de Marcillac, qui brilla ensuite dans les lettres sous le nom de duc de La Rochefoucauld. Quoi qu'il en soit, Turenne songeait à rejoindre les frondeurs, avec son armée. Averti de tout et réagissant très vite, Mazarin, qui connaissait la valeur de Turenne, réussit à faire acheter Erlach, commandant des auxiliaires allemands dès le 16 janvier, et lesdits auxiliaires en sus ; après vingt épisodes où parurent un huguenot mazariniste, Ruvigny, et un banquier-munitionnaire d'origine allemande, Hervart, Turenne se décide à « trahir » (comme on ne disait pas) au début de mars, abandonné par la plus grande partie de ses troupes. Il alla se réfugier un moment au sein de sa famille, et la sœur de Condé vint le voir à Stenay un peu plus tard. Le dernier docte biographe de Turenne, Jean Bérenger, émet des doutes sur ce qui put se passer entre eux, qui importe peu, sinon pour tenter d'expliquer le faux pas de son héros. Quoi qu'il en soit, Mazarin avait écarté le danger : son habileté et son argent (emprunté) avaient séduit l'armée d'Allemagne.

Il existait aussi une autre assez belle armée, espagnole celle-là, cantonnée aux Pays-Bas. Les chefs de la Fronde ne voyaient aucun inconvénient, bien au contraire, à lui faire des avances. La plus belle eut lieu le 19 février, le jour même où fut connue l'exécution de Charles Ier : le Parlement, qui avait osé interdire, le 12, l'entrée d'un héraut de la reine sous un prétexte futile, décida de recevoir un envoyé espagnol de l'archiduc Léopold-Guillaume — le vaincu de Lens, qui gouvernait les Pays-Bas — malgré les vives protestations du président Molé et de quelques autres. Bien qu'on puisse nourrir des doutes sur la qualité du personnage et sur ses titres de négociateur, il n'en fut pas moins reçu, avec ferveur ou avec mesure, selon les individus. Une telle collusion entre l'ennemi du dehors et l'adversaire du dedans paraissait inacceptable à beaucoup, et rappelait les sombres jours de la Ligue et du début du règne d'Henri le Grand, quand l'Espagne commandait presque dans le pays et dans la capitale, avec déjà la complicité des ultracatholiques les plus exaltés. Mazarin ne pouvait accepter de telles manœuvres, dues sans doute à Gondi, à Broussel et sa coterie et aux plus insensés de la Fronde nobiliaire. Les hommes sages et « bons Français » (terme du temps de Richelieu) qui siégeaient dans ce qu'on pourrait appeler le « centre » du Parlement pensaient à peu près de même, ce qui allait activer des négociations qui avaient toujours existé en sourdine.

Un autre événement (comme on disait hier), et de quelle taille ! acheva de les décider et allait concourir, dans l'immédiat comme dans le futur, à orienter le destin du royaume de France : il s'agit de l'exécution, sur ordre de protestants fanatiques, du roi d'Angleterre Charles Ier, oncle de Louis XIV et beau-frère de la régente.

Sans doute n'était-ce pas la première fois qu'un roi d'Angleterre était exécuté, sinon assassiné ; en France non plus, mais ni Jacques Clément, ce moine, ni Ravaillac, ce quasi-moine, n'appartenaient à la religion qu'on disait « prétendue réformée », et aucun Parlement ni Haute Cour qui en soit issue n'avait commandé l'exécution. Celle de Charles Ier stupéfia. Elle stupéfia Paris et même les frondeurs, qui s'empressèrent de la déplorer ; elle fit horreur à la masse des parlementaires français, qui pouvaient craindre l'apparente communauté de nom (mais non de fonction) entre leur Cour et celle d'Angleterre ; elle horrifia naturellement tout Saint-Germain, donnant en même temps de solides arguments à ceux qui dénonçaient les frondeurs, et Mazarin put montrer plus fortement encore à la régente — peu au fait, sans doute, des institutions anglaises — ce que pouvait oser un Parlement, même épuré, contre son monarque.

Mais il est sûr que l'habile cardinal, qui connaissait si bien son Europe et entretenait des informateurs et des espions partout, avait depuis longtemps compris ce que signifiait la guerre civile anglaise, la défaite du roi à Naseby (1645), sa « vente » au Parlement pour 200 000 livres par ses chers Écossais et la victoire finale de l'armée de Cromwell sur ce qui restait du Parlement en décembre 1648. Cette exécution, le 9 février, qui pour un temps sembla exclure l'Angleterre de ce qu'on n'appelait pas encore le « concert des nations », donna à Mazarin à la fois une certaine liberté et des arguments de poids contre ceux qui tenteraient de porter ombrage à la monarchie.

Les plus sages des parlementaires et aussi ceux qui, par leurs liaisons familiales ou d'argent avec les financiers que les frondeurs persécutaient, dépouillaient, emprisonnaient, engagèrent franchement les négociations avec Saint-Germain ; à Saint-Germain où on n'avait pas mal vécu, les plus avisés des financiers n'hésitant pas à alimenter la Cour : dès le début de janvier, Bonneau y avait expédié une pleine voiture d'argent. Le détail de ces négociations, qui importe peu, n'offre d'intérêt que par leur liaison avec les événements militaires. Si la défection manquée de Turenne avait avantagé Mazarin (qui récupérait l'essentiel de ses troupes, des Allemands), l'arrivée à la mi-mars, non loin de Soissons, de l'archiduc, bien guidé par le frondeur Noirmoutier, donna des espérances aux négociateurs parisiens ; en outre, Gondi et Conti, qui n'en étaient pas à un mensonge (pour le premier) ou à une sottise près (pour l'autre) répandaient la rumeur que des troupes arrivaient de Normandie (en fait, il y en eut, aussitôt arrêtées) et même de l'Ouest pour épauler la Fronde. Malheureusement pour celle-ci, on apprit le 22 mars que les troupes « royales » de Du Plessis-Praslin, épaulées par les mercenaires d'Erlach qui arrivaient en pillant la Champagne, avaient vigoureusement reconduit les Espagnols jusque dans leurs Pays-Bas. Malgré d'ultimes manœuvres du coadjuteur et de Conti, qui s'obstinaient à espérer l'aide espagnole, il fallut en finir. Esquissée à Rueil, conclue à Saint-Germain le 1er avril, la paix entra à peu près dans les faits (mais la province bougeait toujours).

Comme d'habitude, les grands personnages révoltés furent récompensés d'avoir bien voulu se soumettre. Ils obtinrent des gouvernements de province (celui de Noirmoutier, le guide des Espagnols, valait 50 000 écus) ou des amas d'or et d'argent : 200 000 livres au maréchal de La Mothe-Houdancourt, 300 000 à 400 000 à Elbeuf (le premier en date des insurgés de la grande noblesse), et au moins 700 000 livres à Longueville. Conti, outre son pourboire personnel, obtint de pouvoir siéger au Conseil d'En-Haut, grand honneur, dont il était peu digne, et qui ne dura pas. Comme sous la régence de Marie de Médicis, la révolte nobiliaire avait bien payé. En retour, Mazarin promit de ne plus ennuyer le Parlement, en fit entrer quelques membres de plus dans les affaires de finances, tout en jurant que le roi n'emprunterait pas plus de 12 millions jusqu'à la fin de 1650 — promesse que, comme presque toutes les autres, il n'avait ni l'intention ni la possibilité de tenir.

D'émouvantes scènes de retrouvailles suivirent. Les « grands » de Paris se résignèrent à venir jusqu'à Rueil pour s'incliner devant le jeune roi et la reine-régente, mais forcément aussi devant Mazarin et Condé (le vrai vainqueur). Anne d'Autriche les reçut assez froidement ; Mazarin fut tout miel, et Conti s'abaissa jusqu'à l'embrasser (plus tard il l'« épousera » — dit-il — en la personne d'une de ses nièces) ; les deux Longueville rougirent en bredouillant. Le vieux César de Vendôme, bâtard d'Henri IV, profita de la rencontre pour demander à Mazarin (qui n'attendait que cela) la main d'une de ses nièces, Laure Mancini, treize ans, pour son fils le duc de Mercœur : quelle alliance ! Pendant ce temps, la redoutable Chevreuse (qu'on appelait « la chevrette », le Diable sait pourquoi) qui se trouvait à Bruxelles d'où elle avait durant cinq ans intrigué contre Mazarin, négociait avec celui-ci leur réconciliation et son retour, moyennant finances. Dans ce concert de retrouvailles plus ou moins joyeuses manquait le blondin Beaufort, qui paradait à Paris et réclamait — vainement — le gouvernement de Bretagne et la très profitable Amirauté. Manquait aussi Gondi le coadjuteur, trop compromis, méprisé par la reine, indésirable à Rueil... A Rueil, où la Cour demeura avant de migrer, non vers la capitale, mais vers le nord.

Dans la capitale, l'annonce de la paix fit brusquement chuter le prix du setier de blé (156 litres) de 60 livres le 6 mars à 18 livres le 3 avril ; routes et rivières avaient sans doute été débloquées, et les greniers des accapareurs s'ouvrirent. Les marchés et les étals se garnissant tous, Paris put se nourrir et reprendre une vie presque normale, omettant même de multiplier à nouveau la confection et la distribution de ces feuilles volantes ou minces brochures bientôt dénommées mazarinades et où l'ordure alternait avec la relative élévation d'une certaine pensée politique : de 400 pièces par mois, on allait tomber à la cinquantaine, en attendant de furieux renouveaux. Pour célébrer le retour à la paix, on « députa » vers la bonne reine — qui ne bougea pas — et on chanta un *Te Deum* de plus.

La Fronde était-elle terminée ? Non pas, si l'on songe aux agitations provinciales, qu'on retrouvera, et à celles qu'allait juguler la Cour itinérante. En effet, la paix signée, la Cour se mit presque immédiatement en route vers le nord — Péronne, Amiens, Compiègne surtout, plus agréable et forestier. Les raisons de ces randonnées tiennent à une triple méfiance : envers la Normandie voisine et remuante, et quelques places picardes (dont Péronne) qui semblaient peu sûres et où quelque frondette locale aurait pu éclore ; envers Paris, où tout le monde intriguait et dont le tempérament violent pouvait se réveiller, le beau temps aidant ; envers l'adversaire espagnol enfin, qui campait en Artois (alors espagnol) après son échec de mars sur Soissons. Il fallait bien aussi ouvrir quasi solennellement la classique campagne dite de printemps — et pour cela désigner le général en chef des armées du roi. Chacun songeait à Condé, incontestablement le meilleur. Mazarin s'arrangea cependant pour que le comte d'Harcourt fût choisi : il pensait évidemment que Monsieur le Prince avait acquis trop d'importance, manquait de modestie et de mesure, et qu'on pouvait songer à le remplacer. De là partit — ou fut rendue sensible — la difficile entente du prince et du cardinal, le premier méprisant franchement le second — un roturier ! — qui l'avait fort bien jaugé. En fin de compte, une bonne partie de ce qui va suivre découle de cette opposition.

Il fallut donc finir par ouvrir la campagne, dont l'objectif était la prise de Cambrai. Après quelques hésitations et diversions, Harcourt s'y risqua en juin. Les Espagnols ayant réussi à faire entrer des renforts dans la ville assiégée, le général français fut contraint de renoncer, au début du mois de juillet, ce dont Mazarin se déclara fort marri. La campagne traîna ensuite en allées et venues, et surtout en pillages où se distinguèrent les régiments d'Erlach. Bref, une campagne pour rien.

Après sept mois et demi d'absence, le roi et la Cour s'en revinrent à Paris le 18 août 1649. Comme d'habitude, les Parisiens les accueillirent longuement et triomphalement : le défilé des carrosses dura trois heures depuis les portes jusqu'au Palais-Royal, et Mazarin, présent dans le sien, honni quelques mois plus tôt, fut acclamé comme les autres. Quelle ville que Paris !

Une certaine accalmie semblait donc se dessiner. Elle dura tout de même quelques mois. La suite est une autre histoire.

Ce qu'on appelle la Fronde (suite et fin). Désordres, voyages et rébellions : été 1649-automne 1652

Devant ce qui resterait dorénavant à conter, il est permis d'hésiter : un océan houleux d'intrigues, de bassesses, de désordres, de gabegie, de révoltes armées de toutes dimensions, tandis que continue la guerre d'Espagne et que fondent sur le pauvre royaume — pas tout entier, heureusement — disettes, épidémies, pestes peut-être, soldatesques sûrement. Où donc est l'essentiel ? et quel point de vue mettre en avant ?

Le point de vue qui doit être choisi, c'est sinon celui de Sirius, du moins celui de Mazarin, de la reine et déjà du jeune roi, pour qui les incidents locaux, même graves, demeurent des péripéties, l'intérêt du royaume étant ce qui compte d'abord. Quant aux événements, il en est particulièrement quatre qui scandent la suite des jours.

Premier temps fort : le 16 janvier 1650, l'arrestation de Condé — le seul qui compte —, mais aussi de son frère Conti et de son beau-frère Longueville. Coup de théâtre, coup de dé pour Mazarin. Paris applaudit.

Deuxième temps fort : leur libération, un an après,

par Mazarin lui-même, qui part pour l'exil en terre germanique. Paris applaudit encore, mais guère plus.

Mais Paris applaudit joyeusement le troisième et bien plus sérieux événement, daté du 7 septembre 1651 : le roi est entré dans sa quatorzième année depuis deux jours, il est donc majeur, et le Parlement, comme il le doit, le proclame avec la plus grande solennité. Au-delà de l'enthousiasme général, ce qui importe, c'est que la régence est terminée, que le roi seul prend et signe les décisions (bien sûr, il a formellement prié sa mère de l'assister) ; que le Conseil de régence, lourd et encombrant, disparaît de lui-même ; que Gaston n'est plus lieutenant général du royaume et redevient simplement Monsieur et que la régente, devenue reine mère, reprend, sous son fils, la plénitude de son pouvoir. Or, en un tel jour, en de telles solennités, Condé, boudeur, est absent : il est chez son beau-frère, à Trie en Vexin. Attitude impardonnable autant qu'insensée, qui le condamne aux yeux du jeune roi et de sa mère ; absence que n'osait espérer Mazarin, déjà si heureux de voir arriver la date tant attendue de la majorité royale. Et Monsieur le Prince, par surcroît, prend la route du Midi, de la rébellion et de l'Espagne, accentuant ou provoquant une révolte armée qui couvait ou était déjà amorcée çà et là.

Le dernier grand événement fut le retour de Mazarin, en janvier 1652, en pleine guerre civile. Il retrouva la famille royale à Poitiers où elle s'était réfugiée, la suivit dans ses périples et assista avec efficacité et prudence aux derniers combats de cette guerre absurde où s'affrontaient Condé et Turenne. Les princes révoltés battus, et Mazarin ayant su opportunément disparaître de la scène en août, le roi put rentrer triomphalement à Paris le 21 octobre

1652, une fois de plus sous les acclamations déchaînées du peuple... qui en réserva autant à Mazarin revenu de voyage trois mois plus tard.

Il ne traînera désormais plus, apparemment du moins, que quelques queues de Fronde, surtout dans la désobéissante Guyenne. Mais, de 1653 à 1661, la France n'offrira pourtant pas l'image tant de fois célébrée de la paix totale, de l'ordre instauré et d'on ne sait quel absolutisme triomphal.

Tel fut, réduit à l'essentiel, le défilé de ces quarante et quelques mois assez lamentables qui s'étirèrent du printemps 1649 à l'hiver 1652-1653. Sans les raconter par le menu, ce qui serait aussi fastidieux qu'impossible (les témoignages divergent, trop d'intrigues s'entrelacent), il convient pourtant, d'une part, de mettre en relief le rôle tenu par la province qui bougea plus ou moins ; d'autre part, en suivant les raisons et la signification des voyages du roi, de la reine et de la Cour, d'examiner les raisons de leur victoire. Enfin il n'existe aucune raison de négliger cette énorme majorité de Français — plus des neuf dixièmes — qui ne frondèrent jamais, mais qui vécurent et souffrirent en ces rudes années. Même s'ils ne décidèrent pas directement du destin du royaume, ils le nourrirent et le soutinrent avec courage et douleur, dans la fréquente insécurité venue des éléments, des épidémies et des hommes, surtout des militaires. On leur consacrera la place qu'ils requièrent.

CHAPITRE IX

Agitations provinciales et semi-contagions frondeuses

Il y avait longtemps qu'une bonne partie des provinces, écrasées d'impôts (disaient-elles) et furieuses de l'implantation de nouveaux officiers royaux, de finances surtout, et plus encore d'intendants, avaient manifesté leur mécontentement de manière souvent bruyante et même violente.

Des campagnes, aux courtes et furieuses colères, il n'y avait plus beaucoup à craindre : Richelieu avait mis de l'ordre dans les plus insolentes, Périgord et Normandie notamment, et dans les autres les révoltés s'égaillaient assez vite vers les travaux des champs, poussés au besoin par quelques compagnies de « fuzeliers » ; et puis on avait l'habitude...

Les villes posaient d'autres problèmes (certaines surtout), puisqu'elles étaient entourées de murs et que des soldats ou des insurgés pouvaient s'y fortifier. La jonction du monde rural et du monde urbain eût pu offrir de sérieux problèmes : elle se produisit très rarement.

Sur ce terrain provincial et principalement urbain, les troubles parisiens, des barricades au siège de la capitale, n'avaient pu manquer de trouver des échos, et d'ailleurs les parlementaires parisiens s'y employaient auprès de leurs collègues ; ceux-ci n'agitèrent vraiment que quelques villes, surtout du Midi, et plus continûment celle qui était sensible à l'influence espagnole et qui fut longtemps l'une des plus remuantes du royaume, Bordeaux, qu'il fallut assiéger trois fois. Aussi, lorsqu'on transporte uniformément hors de Paris le terme paresseusement consacré de « Fronde », s'autorise-t-on assez légèrement à discourir sur des « frondes provinciales ». Sauf pour Bordeaux, c'est faire beaucoup d'honneur à des mouvements, des émeutes, au plus des révoltes, dont ni la durée, ni l'extension, ni les motifs n'ont vraiment mis en danger l'État, même s'ils ont contribué à aggraver les conflits des seuls grands acteurs qui comptent : Mazarin, Condé, Paris, le roi d'Espagne.

Mis à part ce terme abusif de « frondeur », on assiste donc à la continuation, parfois exacerbée, des vieux conflits entre officiers anciens et officiers nouveaux, intendants et gouverneurs, leveurs d'impôts de tout poil et leurs victimes éventuelles ou désignées, accentués par l'atmosphère de pouvoir affaibli qu'implique toute minorité, surtout gérée, une fois encore, par un Italien. Ressort une fois de plus cette constatation renouvelée que la France est une juxtaposition assez mal vécue de provinces, duchés, comtés, seigneuries dominés par de grands corps et surtout de grands seigneurs entourés de vastes clientèles personnelles, vassaux pas toujours très fidèles d'un personnage à la fois mystique et sacré, le roi, vers qui montait la religieuse vénération de tout un peuple, qui n'en restait pas moins citoyen de sa province et de son « pays ».

La Fronde provinciale — ou ce qu'on appelle ainsi — est en somme l'expression à peu près normale de l'ancienne France, profondément divisée, que Louis XIV et ses ministres essaieront non pas d'unifier, mais de faire obéir — ce qu'au fond réussira Napoléon seul, fils de la Révolution jacobine et père d'un centralisme forcené et durable.

Ces prolégomènes assez peu orthodoxes étant posés, il convient désormais d'accomplir, suivant le roi et son train, le tour de France des petites, médiocres et plus sérieuses Frondes, en se souvenant pourtant que l'emprisonnement des Princes (janvier 1650) aggrave généralement les agitations provinciales.

Dans la France du Nord

Il y avait peu à craindre de la Picardie et de ses abords, province travailleuse et fidèle, dont la plus grave cause de mécontentement venait des soldats fourrageant, pillant ou cantonnant l'hiver. Mais les paysans avaient de bonnes défenses traditionnelles : ils dissimulaient bétail et grains dans de véritables villages souterrains aux entrées introuvables, qui doublaient les villages de surface (il en existe encore). Cependant, quelques gouverneurs de villes bien murées, comme Péronne, étaient douteux ; aussi la Cour et quelques régiments y séjournèrent-ils l'été de 1649, tout en surveillant la frontière assez proche.

Il en allait tout autrement de la Normandie voisine. Cette riche province avait connu sous le règne précédent une épouvantable révolte, en grande partie populaire, que le parlement de Rouen n'avait pas su ou pas osé réprimer, mais que les troupes royales n'avaient pas hésité à châtier durement, Louis XIII et Richelieu n'ayant jamais reculé devant la violence. Le Parlement de Rouen s'en trouva interdit durant plus d'un an. À son rétablissement, on lui infligea le semestre (dédoublement des offices et vente des offices nouveaux). À Rouen comme ailleurs, les « semestres » — affaires de gros sous autant que d'honneur, mais d'honneur tout de même — ont toujours révolté ceux qu'on appelait « Messieurs » ou « Nosseigneurs du Parlement » (mais les dédoublements existaient aussi pour bien d'autres offices, même modestes).

La Normandie possédait aussi un gouverneur richement doté, le vieux duc de Longueville, homme fort médiocre, abondamment trompé et plus encore avare bien que lourdement possessionné dans la province. Il entretenait avec le Parlement des relations variables, en général moins hostiles qu'en Guyenne ou en Provence. En 1648, au moment des affaires parisiennes (barricades), il réussit à peu près à ménager les uns et les autres. Il est vrai que la présence, bruyante et remuante, d'un prolétariat du port et de la fabrique drapière poussait à la sagesse.

Mais, ayant rejoint Conti dans l'opposition à la Cour en janvier 1649, Longueville essaya d'aller soulever la Normandie. Dans un premier temps, il tenta de rassembler sa clientèle nobiliaire, qui ne manifesta pas un enthousiasme unanime. Puis il tenta d'entraîner Rouen. Là il rencontra une municipalité plutôt fidèle au roi, un petit peuple prêt à se révolter (et qui commença par ne plus payer l'impôt) et un Parlement incertain : comme dans tous les autres, on y trouvait des excités, des loyalistes et une majorité d'attentistes. Dès le 10 janvier, Mazarin avait envoyé à Rouen une sorte de négociateur, nommé Duplessis-

Besançon, qui fit de son mieux, sans résultat précis. Le cardinal dépêcha alors le comte d'Harcourt, nommé gouverneur intérimaire de la province. De tumultueuses manifestations populaires et l'hésitation finalement négative des parlementaires firent qu'on lui ferma franchement les portes de la ville. Mais les gens du port ouvrirent en revanche à Longueville une poterne proche de la Seine par laquelle il effectua, sans risque, une entrée victorieuse et se fit acclamer comme un libérateur (24 janvier 1649).

Le duc décida donc de lever une armée pour aller débloquer Paris assiégé par les troupes du roi. S'il trouva l'argent en saisissant les recettes de l'État et en vendant à l'encan le sel de la gabelle, il eut plus de mal à trouver des hommes : une poignée de nobles, ses obligés, escortés de leurs valets et de leur clientèle locale, à peu près aucun paysan (ils se contentèrent de refuser tout impôt) et quelques échantillons du menu et du bas peuple rouennais. Harcourt revint avec quelques régiments, et l'armée normande fut en partie décimée ; le reste s'évapora. Par la suite, la province ne s'émut pas lorsque son gouverneur (réinstallé) fut emprisonné en janvier 1650, et n'aida en rien sa magnifique épouse quand elle vint chercher du secours : elle fut obligée de se replier le long de la côte et échoua en Hollande. La libération de Longueville un an plus tard n'enthousiasma personne, sinon quelques clients. La vieille province, un moment agitée, retourna à ses travaux et à sa belle prospérité, et ne tracassa plus aucun gouvernement... jusqu'aux insurrections fédéralistes un siècle et demi plus tard.

Elle rejoignait ainsi un groupe de provinces « sages », qu'on oublie généralement : presque toujours celles dont le gouverneur était fort proche du pouvoir royal ou le resterait quelque temps — Bretagne, Bourgogne, Languedoc — que gouvernaient respectivement la reine, Condé et Monsieur.

Monsieur était trop lointain et trop indolent pour s'occuper du Parlement de Toulouse et des puissants États de Languedoc : en cette province coincée entre deux agitées, Provence et Guyenne, une relative sagesse s'était emparée des parlementaires comme de tous les notables, protestants particulièrement ; et puis l'armée, qui guerroyait en Catalogne, pouvait revenir avec d'autres desseins que d'hiverner paisiblement.

La Bourgogne « appartenait » depuis longtemps aux Condé, qu'elle contribuait à bien alimenter — ils aimaient amasser autant que dépenser — et Monsieur le Prince, de quelque parti qu'il fût, traitait fort bien les parlementaires dijonnais (et *vice versa*), et s'employait à ce que la province ne fût pas trop imposée. D'ailleurs, les quelques compagnies qui surveillaient les terres espagnoles du côté comtois pouvaient être renforcées (on y songea lors d'une amorce d'agitation au début de 1650) et les Bourguignons, très éprouvés par les dévastations assez récentes de la guerre de Trente Ans, tenaient à leur tranquillité. Mais lorsque Condé devint l'ennemi du roi de France, ils eurent quelques raisons de trembler.

La reine mère s'était sagement attribué le gouvernement de cette Bretagne qui avait été apportée par une autre reine, en son contrat de mariage, il n'y avait guère plus de cent ans. C'était une province alors prospère, fière de son originalité, et la Fronde ne l'atteignit guère : Paris était si loin... Par surcroît, le maréchal de La Meilleraye, à qui la reine avait pratiquement délégué ses fonctions, ne venait pas trop souvent, étant fort occupé ailleurs. Au début de 1649, il parut tout de même pour surveiller de plus près l'assemblée des États, qui décidait de l'essentiel, et s'informer sur l'état d'esprit (parfois incertain, jamais dangereux) d'un Parlement qui jouissait du privilège de ne pas connaître le « semestre », s'il était remué par la querelle, incompréhensible ailleurs, qui opposait les magistrats « originaires » (de Bretagne) aux « non-originaires », parisiens ou angevins (comme les Descartes et les Fouquet), lesquels pourtant s'assimilaient lentement.

L'Anjou, voisin mais tellement différent, avait connu, au contraire, une assez notable agitation qui poussa, voici plus d'un siècle, un historien bien oublié, Debidour, à consacrer une impressionnante thèse d'une impitoyable précision à la *Fronde angevine*. Un tel titre ne doit pas impressionner : il s'agit d'une querelle municipale entre deux « partis », l'un de gros bourgeois, l'autre de plus modestes, mais soutenu par le petit peuple. Leurs luttes n'auraient guère dépassé les murs de la ville si de très grands seigneurs du voisinage — un La Trémoïlle, un Maillé-Brezé, un Rohan-Chabot — ne s'en étaient mêlés. Le premier s'étant affilié en janvier au groupe frondeur, le « parti démocratique » lui ouvrit les portes d'Angers. Mais il changea d'idée, et le second, véritable gouverneur de l'Anjou, s'en revint et réinstalla la municipalité précédente, au grand dam du petit peuple. On eût pu croire terminée cette mince querelle lorsque le nouveau gouverneur, Rohan-Chabot, disparaissant en 1650, redonna l'occasion au « parti populaire » de se remettre en selle, en attendant la suite : retour de Rohan, devenu condéen, installé dans la cité, mais cédant, à la fin de février 1652, dès l'apparition des troupes royales, qui pillèrent consciencieusement les faubourgs (la ville fut protégée grâce à son évêque, un Arnauld). Retour au calme, ou à peu près. Épisode apparemment insignifiant dans le contexte général, qui montre bien à quoi se réduisit parfois ce qu'on appelle la Fronde.

Provence et Fronde

Il n'en fut pas de même pour la Provence et la Guyenne, surtout pour leurs principales villes : leur situation et leurs agitations touchent en effet la sûreté de l'État en révélant des influences étrangères, à Bordeaux surtout.

Depuis que René Pillorget a consacré plus de mille pages aux *Mouvements insurrectionnels en Provence entre 1596 et 1715* — il en a dénombré 364, la plupart peu graves, et qui n'ont pas tué grand monde —, on n'ignore plus rien de la Fronde provençale, à la fois sérieuse, dispersée, discontinue, et un peu risible pour qui vient du Nord.

En réalité, il y avait toujours eu des difficultés avec cette lointaine et ombrageuse province, qui n'aimait pas payer d'impôts (elle était pourtant ménagée) et entendait, au fond, se diriger à peu près seule, le roi ne jouissant là-bas que du titre éminent (dont Louis XIII et même Louis XIV au début n'oublierait jamais de se parer) de comte de Provence (et des terres adjacentes) et, dans le voisinage, de dauphin de Valentinois. Les querelles les plus récentes tournaient autour de deux ou trois points qui passionnaient surtout les urbains, à Aix principalement : continuerait-on à élire les consuls, ou le roi finirait-il par imposer toujours son choix ? (ce qui arriva effectivement). À la banale querelle sur les impôts et les financiers s'était ajoutée la querelle banale du semestre : les dignes parlementaires d'Aix seraient-ils dédoublés (non gratuitement) comme tant d'autres et contraints de subir cet abaissement de leur honneur et de leurs revenus ? Par surcroît, la Provence appartenait à cette catégorie de provinces où Parlement et gouverneur s'opposaient franchement. Ce dernier, le comte d'Alais, cousin de Condé, joignait la maladresse à l'autoritarisme, mais était pourvu d'un régiment (les alliés de l'Espagne n'étaient pas bien loin). Fidèle au roi, Alais s'attira l'hostilité du parlement, qui contribua à exciter un peuple naturellement remuant : il y eut du bruit, des bagarres, trois ou quatre barricades en janvier 1649, six ou sept personnes tuées, et les paysans d'alentour (clients ou métayers des parlementaires) vinrent participer au désordre. Alais demeura deux mois prisonnier du Parlement et du petit peuple dans son palais aixois.

Mazarin, qui, outre Paris et la guerre, avait sur les bras Rouen et surtout Bordeaux, ne demandait qu'à calmer le jeu. Il envoya son vieil ami le cardinal Bichi — son voisin de Cavaillon quand il se morfondait en Avignon — pour calmer des adversaires assez excités en trouvant un « accommodement ». Celui-ci survint en mars, sur la base des desiderata des parlementaires, qui applaudirent la suppression (provisoire !) de l'affreux « semestre » qui demeurait le fond de l'affaire, avec une bonne dose de vanité robine et d'égoïsme provincial. La paix de Bichi n'acheva d'ailleurs rien. Libéré, Alais trouva des partisans, à Marseille, à Toulon, à Tarascon notamment, dont quelques-uns allèrent se battre, avec succès, contre la petite troupe recrutée par le Parlement, toujours adversaire du gouverneur. Celui-ci fit mouvement de Marseille vers Aix pour assiéger la ville toujours rebelle. Mazarin envoya alors un second médiateur, Étampes, qui obtint en juillet une paix relative : le siège cessa, mais les soldats se mirent à vagabonder et à chaparder. A la fin de 1649, rien n'était vraiment réglé ; la situation pourrissait presque paisiblement, avec quelques poussées de fièvre, surtout dans les villes. Pour le moment, on pouvait s'en accommoder.

Bordeaux et la Guyenne

Les deux pôles frondeurs du Midi offraient quelques points communs : leur assez récente réunion au royaume de France (moins de deux siècles), leur éloignement de la capitale (une bonne semaine avec de bons chevaux), leur vivace habitude de s'administrer dans une certaine indépendance, leurs langues et leurs coutumes provinciales fort originales, un très généreux traitement financier (au moins pour les villes) mal compris sinon ignoré, et deux puissants et opulents Parlements aux attributions et aux prétentions des plus considérables, tous deux menacés par la création d'offices « semestres » mal supportés, tous deux en opposition avec des gouverneurs fiers et autoritaires, qui pourtant représentaient le commandement et la majesté royale. On pourrait ajouter que, dans les deux cas, les campagnes, qui pourtant payaient de vrais impôts, se contentèrent de tricher, de traîner, de grogner et de batailler mollement, laissant aux citoyens des riches cités et à la bonne noblesse le soin de fronder le roi, en la personne de son ministre, pour des querelles de droit, de juridiction ou de grosse monnaie qui ne les intéressaient en rien. Elles se contentèrent de compter les coups et de subir les soldats, en fin de compte moins durement que dans le Nord. Il faut rappeler que les deux provinces, mais surtout la Guyenne, nourrissaient une longue tradition de grogne et de révolte, que la période frondeuse accusa fortement mais ne termina pas, puisqu'elle osa persister jusqu'en 1675, le Grand Roi régnant.

Cela dit, il est bien certain que la Guyenne et surtout Bordeaux jouèrent dans l'orchestre frondeur une partition plus bruyante que les galoubets provençaux. Une solide tradition de révolte y régnait depuis deux siècles : les premiers historiens sérieux de l'Aquitaine donnaient dès 1971 une manière de statistique unissant les révoltes paysannes aux séditions urbaines, petite ou grandes. Ils en comptaient en moyenne une par an, mais le demi-siècle 1635-1685 atteignit le respectable chiffre de 160. Et nos compteurs d'ajouter : « Loin de constituer une nouveauté, elles s'enracinent au contraire dans un très vieux fond d'insoumission populaire. [...] Leur accumulation dans les deuxième et troisième quarts du XVIIe siècle colore tragiquement les prémices et les débuts du “ Grand Siècle ” » (loin des ors versaillais, ajoutent les auteurs qui, comme beaucoup d'autres, ignorent l'histoire du château). En fait, pour Mazarin, qui se moquait bien des émeutes de croquants (d'ailleurs rudement traitées quelques années plus tôt), qui ne le gênaient pas plus que tant d'agitations antifiscales et ne mettaient jamais en cause le roi ni même ce qu'on peut appeler l'État, Bordeaux seule comptait, à la fois par sa situation maritime, sa richesse et sa puissance régionale. Le considérable trafic du port, avec la Hollande en tête, l'Angleterre en recul passager, les pays du Nord tous assoiffés et avides de sel (parmi d'autres marchandises et sans compter le cabotage de Bretagne en Galice), tout cela enrichissait la ville et aussi le royaume : en effet les aides (surtout sur le vin) bien organisées et les douanes (qui prudemment se percevaient à Bourg, sur l'autre rive de la Gironde) fournissaient des sommes fort appréciables, alors que la ville, comme tant d'autres, ne payait pas la taille. De vives querelles internes agitaient la cité : magistrats contre gouverneur, anciens officiers contre les nouveaux, intendant détesté de tous mais ménageant la jurade, petit peuple remuant et coléreux. Le caractère portuaire et la relative proximité de l'Espagne n'arrangeaient rien : ce pays, non dénué d'ailleurs de marine, était moins conçu comme ennemi que comme partenaire commercial.

Les affaires bordelaises ne prirent certes une réelle gravité que lors des irruptions condéennes — la princesse dès 1650, le prince un peu plus tard — qui allumèrent une manière de large guerre civile provinciale. Mais une sorte de première Fronde bordelaise, qui imitait quelque peu la parisienne, apparut au printemps 1648. Des placards séditieux furent affichés en mai, au lendemain de l'arrêt d'union des Cours parisiennes. On aurait volontiers chassé l'intendant Lauson qui se heurtait au Parlement, s'il n'était parti en Saintonge dès avril. Le Parlement bordelais, qui se prétendait le second du royaume (à tort : c'était Toulouse), suivait visiblement les audaces de son vénérable modèle parisien, sans trop s'avancer tout de même. Il se heurtait aussi au gouverneur Épernon, personnage arrogant, violent et avide, mais qui jouissait de la confiance de la reine et de l'appui de la jurade dont le prestige demeurait à peu près intact, ce qui ne dura pas. Pendant que la ville tergiversait dans ses querelles, le petit peuple bordelais prit l'initiative. Il manifesta violemment sur le port à la nouvelle qu'un convoi de blé (autorisé par Épernon moyennant fort pot-de-vin) allait partir pour l'Espagne — toujours la peur d'une disette pourtant improbable... Le Parlement exploita l'émotion populaire en révoquant les passeports qui permettaient l'exportation et, dans la foulée, interdit la perception d'une impopulaire taxe de 6 livres par tonneau de vin, qui pourtant datait de 1637. C'était retrouver à peu de frais une popularité qui s'effritait, effacer le prestige de la paisible (et complice) jurade en même temps que celui du gouverneur. La Jurade s'aplatit, et Épernon quitta la ville, suivi de bonnes troupes, en attendant que d'autres, de retour de Catalogne, viennent prendre leurs quartiers d'hiver dans la banlieue proche, et donc la ravager, au mépris des privilèges anciens dont elle prétendait jouir.

Il s'ensuivit une première guerre civile, localisée et assez brève. Selon une tactique classique, Épernon essaya de bloquer les rivières ravitaillant la ville : il mit des troupes à Cadillac (sur la Garonne) et fortifia Libourne, puis s'empara du château de Vayres, plus en aval. Mazarin fit envoyer des renforts, et une flotte dans la Gironde. Dans la ville, le Parlement se proclama chef d'état-major, tenta de lever des « compagnies bourgeoises », de les financer, d'enrégimenter le petit peuple et d'appeler quelques seigneurs périgourdins et même limousins pour commander ces troupes improvisées, peu exercées et peu vaillantes. Après avoir essayé deux arbitres, dont un évêque, Mazarin et Épernon se résolurent à en découdre. L'armée bordelaise, qui tenta de prendre Libourne en mai 1649, subit un échec sanglant : des milliers de morts, a-t-on dit, ce qui paraît beaucoup. Épernon rentra dans sa ville, dont il fut chassé par une nouvelle « journée des barricades » le 24 juillet. Il essaya alors de se fortifier dans le vieux Château-Trompette, que les insurgés mirent plus de deux mois à prendre, se promettant bien de le démolir ensuite. Mais le gouverneur, qui en était sorti à temps, rassembla à nouveau ses troupes tandis que l'escadre royale paraissait devant Lormont (fin 1649). Soumission et châtiment paraissaient dès lors inévitables... En fait, affronté à d'énormes difficultés, surtout parisiennes, ce fut Mazarin qui le 26 décembre, au grand dam d'Épernon, accorda amnistie, pardon et réduction d'impôts aux Bordelais éberlués mais qui durent tout de même livrer le Château-Trompette aux troupes royales.

En avait-on terminé avec l'insurrection bordelaise ? Évidemment non, puisque, quelques jours plus tard, l'arrestation de Condé et de ses comparses fit repartir intrigues et agitation, à Bordeaux comme en d'autres lieux.

Mais pourquoi prendre le risque presque insensé de mettre en prison Monsieur le Prince, son jeune frère Conti et son vieux beau-frère Longueville ? On se doute bien que Mazarin avait ses raisons, ou ses calculs, peut-être hasardeux, mais lesquels ?

CHAPITRE X

Voyages royaux et prisons princières (été 1649-février 1651)

Il faut bien revenir à Paris, où l'essentiel se produit le plus souvent.

Pendant la longue absence du roi et de la Cour (rentrés le 18 août seulement), intrigues, complots, pamphlets et « affaires » avaient fait rage, dans un beau désordre qu'on peut simplifier en considérant que s'opposaient habituellement — mais avec maints retournements — trois fortes clientèles (Condé, Gaston, Gondi) et deux ou trois groupuscules parlementaires, et tout de même les « royaux » qu'on qualifiait de « mazarins ». La clientèle de Condé, qui était vexé d'avoir été écarté du commandement de l'armée par Mazarin, recrutait surtout dans la belle noblesse; celle de Gondi, qui visait principalement le chapeau de cardinal (que le pape aurait volontiers accordé à ce fidèle pro-espagnol, mais que la reine, qui seule le pouvait, refusait de demander) comprenait une bonne partie des curés de Paris, souvent remuants et influents dans leurs paroisses, beaucoup de Messieurs de la Compagnie du Saint-Sacrement, et pas mal de jolies femmes. Monsieur, qui avait des ressources et une sorte de petite cour, recrutait volontiers chez les autres, mais était toujours partagé entre une certaine fidélité et beaucoup d'ambition (mais laquelle ?), qu'il conciliait en temps de crise en se mettant au lit sous prétexte de goutte ou de « dévoiements » (digestifs), il est vrai fréquents tous les deux en ces temps d'alimentation insensée. Le Parlement se divisait imperturbablement, mais avec des effectifs variables, entre les agités (des jeunes plus les broussellliens), quelques fidèles et une majorité flottante d'attentistes. Au fond, il se méfiait des princes (et de la « canaille » trop vite excitée) presque autant que de Mazarin, et en serait venu à se contenter d'une sorte de contrôle de la législation du temps. L'Hôtel de Ville flottait, comme un certain nombre d'officiers et de marchands qui y avaient ou non entrée. Mais ce qu'on appelait la populace, la lie du peuple ou la canaille pouvait, montée ou non — et on ignore souvent par qui —, provoquer des émotions, des explosions et des retournements fort brutaux qui n'empêchaient en rien la religieuse adoration du jeune roi. Chacun avait ses amis, plus ou moins sûrs, ses troupes plus ou moins armées, ses espions et ses espionnes, ses hommes de plume et ses imprimeurs, inlassables et à peu près libres, qui luttaient à coups de pamphlets allant de l'odieux au sublime, ou presque.

Les prétentions, les variations et les chocs de tous ces groupes mouvants composent le brouet quotidien de l'histoire frondeuse. Toute l'habileté de Mazarin (il essaie de la communiquer à la reine, plus entière) consiste à jouer les uns contre les autres, à sourire, à caresser, à promettre, à acheter (ou se faire payer) jusqu'à la limite du possible, lorsqu'il se trouve contraint de prendre des décisions brutales, sortes d'agressions soudaines dont on ne peut apercevoir, en leur temps, la lointaine finalité. Ainsi, l'arrestation tout à fait inattendue des princes le 18 janvier 1650. Elle fut pourtant applaudie à Paris, où l'on se souvenait des souffrances du siège, ce qui suppose d'énormes maladresses de la part de Condé et des siens, et une incroyable adresse de la part du cardinal, de la reine et de leur petit groupe de ministres et soldats fidèles. Un tel acte opérait ce qu'on appellerait aujourd'hui une redistribution des cartes.

Avant de l'examiner, il convient tout de même d'évoquer quelques affaires dignes d'Alexandre Dumas, sinon de Ponson du Terrail, qui donnent l'atmosphère du temps tout en contribuant à expliquer le coup de théâtre du 18 janvier 1650.

En l'absence du roi, quelques juges du Châtelet et même du Parlement s'avisèrent de poursuivre ou de modérer la floraison de feuilles burlesques ou vulgaires, dont beaucoup cherchaient à soutenir Condé contre Mazarin, les Parisiens frondeurs contre le Parlement assagi, les durs contre les modérés et Monsieur ou Gondi contre l'un ou l'autre, plus des trois quarts chargeant le cardinal de tous les vices imaginables — parfois tout de même avec esprit. L'on vit même l'Hôtel de Ville, rentrant dans son rôle normalement pacificateur, enjoindre aux quartiniers (chefs de quartier) d'appuyer l'action répressive du lieutenant civil (un juge important du Châtelet) ; mais les quartiniers semblaient mous. Éclata soudain, en juillet, l'incroyable affaire Claude Morlot.

Ce modeste imprimeur sortit de son unique presse un poème plus longuement ignoble que pas mal d'autres, dû peut-être à la plume féconde et parfois spirituelle du baron de Blot, attaché à l'entourage très libertin de Monsieur. *La custode* [= rideaux] *du lit de la reine qui dit tout* s'ouvrait par ces beaux vers :

Peuple, n'en doutez pas, il est vrai qu'il la fout
Et que c'est par ce trou que Jules nous canarde.

Suivait cette précision :

Elle consent, l'infâme, au vice d'Italie.

Et de décrire avec délectation les « sales ébats » de la régente et de son « bougre » (= sodomite), affublé ailleurs des attributs de « bougre bougrant » et « bougre bougré » — l'actif et le passif.

Sans doute y avait-il beau temps que couraient chansonnettes ou triolets effleurant ou abordant de tels thèmes, mais l'ordure n'avait jamais été si longuement étalée. Même des frondeurs exaltés s'indignèrent. Morlot fut arrêté avant d'avoir achevé de distribuer son pamphlet, les exemplaires qu'on put saisir confisqués et détruits (quelques-uns échappèrent). Déféré au Châtelet (tribunal parisien correspondant à un bailliage), il fut rapidement condamné à être « pendu et étranglé » en place de Grève. Les archers qui le conduisaient donc vers l'Hôtel de Ville (à deux pas) furent rattrapés, ainsi que le bourreau, par une foule furieuse... et favorable à Morlot. Délivré, celui-ci disparut. Ainsi fonctionnait la justice du roi (absent) en sa capitale.

Peu après les grandes réjouissances qui marquèrent le onzième anniversaire de Louis XIV, éclata une affaire d'un style différent, mais non pas nouveau. À l'échéance trimestrielle du 19 septembre, les payeurs de rentes sur l'Hôtel de Ville comme les traitants qui se chargeaient de l'opération se trouvèrent sans un sol vaillant — ou le dirent —, certains allant même jusqu'à se déclarer faillis. Bons ou modestes bourgeois s'ameutent et crient, comme il leur arrivait fréquemment. Le coadjuteur saisit l'occasion : il propulse son secrétaire et âme damnée Guy Joly pour rameuter les rentiers, afin de leur faire élire douze syndics (qu'il dirige) pour les représenter et réclame l'appui du toujours populaire duc de Beaufort, et naturellement de Gondi lui-même. Les mécontents parviennent à faire arrêter quelques fermiers des gabelles (sur lesquelles étaient assignées lesdites rentes) et prétendent continuer à tenir des réunions de protestation à l'Hôtel de Ville. Le président Molé, peu rassuré par cette agitation, les interdit. Là-dessus, les ex-frondeurs réclament une nouvelle réunion des Cours souveraines, comme en juin 1648. L'affaire tourne court après de faux attentats, montés par Gondi et sciemment manqués, contre Guy Joly lui-même et peut-être aussi contre le président Charton et un certain marquis de La Boulaye sans doute effrayés à tort. Le Parlement ne cille pas ; Gondi, soupçonné, ravale sa fureur et les rentiers, à qui l'on finit par distribuer quelques écus — on en trouve toujours — attendent des jours meilleurs. Affaire classique, typique d'un aspect de Paris, que ces émeutes de rentiers et leur exploitation, en attendant leur répression.

Autre épisode typique, apparemment grotesque mais probablement décisif, au moins dans le court terme : une affaire de mariage provisoirement manqué. Il est vrai qu'il s'agissait du duc de Mercœur, petit-fils de Henri IV (par la ligne bâtarde des Vendôme), et de la première « mazarinette » casée, Laura-Vittoria Mancini, nièce du cardinal. Tout s'apprêtait pour les fiançailles, que suivrait un magnifique souper, puis la cérémonie, à minuit comme il sied, le tout prévu pour le 19 septembre. Restait le contrat, que les princes du sang se devaient de signer auparavant. Le 14, Condé arriva furieux, déclarant qu'il ne consentirait jamais à l'union d'un bâtard de France avec une roturière (elle était de noblesse romaine), que d'ailleurs bien des mazarinades daubaient sans esprit (guenons, magots, baveuses, gueuserie, bâtardes noiraudes, pour toutes les mazarinettes) ; en outre, Condé réclamait une place normande, Pont-de-l'Arche, et des « grâces » (monnayées) pour son beau-frère. Mariage rompu (il ressuscitera), aigres négociations entre le prince et le cardinal, achevées par un froid dîner de réconciliation. Et on verra Mazarin, toute honte bue mais n'en pensant pas moins, signer un invraisemblable grimoire dans lequel il s'engage à ne rien décider, ni nomination ni mariage sans l'assentiment de Monsieur le Prince, qui lui accordera alors sa « protection »... Baigne-t-on dans l'illusion, et qui rêve ? Le cardinal est bien sûr décidé à ne pas tenir cette promesse, comme bien d'autres, dès qu'il le pourra. En attendant, il manœuvre pour se rapprocher des adversaires de Condé. Une aventure presque invraisemblable va les aider.

Le soir du 11 décembre, sur le Pont-Neuf, on tira sur le carrosse de Condé, qui se trouvait vide, le prince étant alors au bain, ce qui lui arrivait rarement. Coup monté, mais par qui ? Gondi, Beaufort, Mazarin, des espions espagnols, et pourquoi pas Condé lui-même ? Le Parlement au grand complet en discuta gravement le 13, blanchit Gondi, sans décider rien d'autre (et d'ailleurs quoi ?).

Dans cette atmosphère trouble et dangereuse montait la mésentente entre Mazarin, ce roturier, et Condé, ce prince du sang. Ce dernier osa même montrer quelque insolence à l'égard de la reine. Perdant quelque peu la tête, il avait même, en octobre, engagé un de ses fidèles, Jarzé, capitaine aux gardes, à se déclarer ouvertement amoureux de la régente et à entamer une cour pressante. Celle-ci en rit d'abord et se moqua publiquement du soupirant, qu'elle chassa. Condé eut la sottise de prendre cette attitude pour un affront personnel, le proclama et exigea grossièrement que l'amoureux éconduit soit invité à nouveau aux soirées de la reine. Cette incroyable affaire, qui montre à la fois les limites de l'intelligence du prince et de la patience de la reine, fut décisive, surtout après les précédentes.

Anne, ulcérée, se rapprocha du coadjuteur par l'intercession de sa vieille amie Chevreuse (dont la fille occupait les nuits de Gondi et de quelques autres), lui fit miroiter l'espoir du chapeau, le rencontra secrètement dans un cloître (un roman !) et le lia lentement à sa cause en le détachant de Condé, au moins pour un temps. D'ailleurs, les deux hommes étaient inconciliables, l'un tortueux et fin, l'autre éclatant et brutal. Enfin, elle n'eut pas grand mal à se rapprocher de Gaston qui au fond l'aimait bien et lui demeurait fidèle au travers de ses infidélités.

Cette conjonction mélodramo-comique de facteurs et d'intérêts jusque-là divergents suffit-elle à expliquer la facilité avec laquelle les princes furent arrêtés et emprisonnés au donjon de Vincennes, et par-dessus le marché l'enthousiasme bruyant des Parisiens, apparemment incorrigibles dans leur versatilité (qui se retrouvera) mais qui se souvenaient des privations du siège de l'année précédente ?

Mais l'événement montrait que Condé devenait le personnage qui comptait et allait compter plus encore, même en sa prison devenue dorée après quelques jours pénibles. Et d'ailleurs, presque immédiatement, le paysage politique de la France changeait. Tandis que la guerre continuait imperturbablement — heureusement sans chocs terribles —, les agitations provinciales allaient être suscitées ou réveillées par la famille et les fidèles des enfermés. Le roi et son train pouvaient se préparer à voyager...

De l'emprisonnement à la libération de Condé (janvier 1650-février 1651)

La femme, la mère et la sœur de Condé furent priées ou contraintes de quitter Paris, ce qui les conduisait à des villes fortes comme Montrond ou à des provinces supposées fidèles, Normandie, Bourgogne, Guyenne, dont ils se trouvaient gouverneurs ou protecteurs, ou les deux. D'autre part, des amis de Condé comme Bouillon et son frère Turenne tenaient solidement, l'un la vicomté de Turenne (au sud du Limousin), l'autre Stenay sur la Meuse avec de bonnes troupes. En outre, le beau-père du prince, Brezé, se fortifiait dans sa solide place de Saumur. Et les Espagnols étaient toujours installés sur la frontière nord et dans une partie de la Catalogne, l'autre demeurant occupée par les Français, sous le Liégeois Marchin, qui allait devenir condéen. La situation du royaume n'était donc ni claire ni sûre, et Mazarin pouvait toujours redouter les intrigues des ex-frondeurs un moment ralliés et les colères populaires. Il fallait manœuvrer entre tous ces dangers.

Le cardinal choisit les tournées provinciales, qui offraient au moins trois avantages : s'écarter du guêpier parisien, ramener « les peuples » à l'obéissance en leur montrant la personne vénérée du jeune roi et ramasser quelque monnaie — à la fois pour lui et pour l'État — en levant quelques bonnes taxes dont le paiement était facilité par la présence de l'attendrissante famille royale et d'une solide suite de militaires tout à fait sûrs, gardes, chevau-légers, Suisses et gendarmes du roi. C'était renouveler dans un dessein comparable le « grand tour » accompli par Catherine de Médicis et le jeune Charles IX près d'un siècle auparavant.

Ces voyages occupèrent une bonne partie de l'année 1650. On vit la Cour et le cardinal en Normandie, en Bourgogne, en Guyenne et le cardinal seul non loin des lieux de bataille. En sorte que la Cour dut passer quatre mois sur douze à Paris qui supportait mal son absence (et le manque à gagner qui en résultait), et le cardinal un mois de moins, ce qui dénotait chez lui beaucoup d'activité, autant d'inquiétude et le fondamental désir de voir s'écouler le temps jusqu'au jour béni où le roi deviendrait enfin majeur et où la régence cesserait. Il devait redouter de ne pouvoir atteindre sain et sauf la date fatidique, et on verra qu'il ne put l'apprécier que dans l'exil.

Le voyage de Normandie ne dura que trois semaines, en février. Il avait été précédé par une tentative de la duchesse de Longueville pour soulever Rouen (qui détestait son mari, faux et autoritaire); bien que soutenue par une partie du petit peuple, elle tint moins de vingt-quatre heures. Elle passa alors à Dieppe où de fidèles gentilshommes se disposaient à l'aider; mais ni la municipalité ni le peuple ne la soutinrent, et l'on vit même quelques barricades hostiles, encouragées par la présence de Du Plessis-Praslin et de quelques troupes fidèles. Après avoir un peu erré en costume de cavalier, la duchesse prit un bateau anglais et atteignit Rotterdam où la rejoignit son ancien amant, Marcillac, qui devait bientôt reprendre le nom familial de La Rochefoucauld.

C'est dire à quel point l'expédition fut facile. Escortée par une centaine de soldats fidèles et magnifiques, la famille royale entra à Rouen dans la liesse générale. « Jamais le peuple n'a témoigné plus de joie à la vue de son prince », écrivait Mazarin à Le Tellier dès le 7 février, pendant que les modestes troupes du comte d'Harcourt recueillaient la soumission empressée de quelques villes dont la fidélité avait paru incertaine. Et de renchérir quelques jours plus tard : « Il n'y a point maintenant de province dans le royaume où l'autorité royale soit mieux établie et plus respectée qu'en celle-ci. » Il est vrai que la Normandie avait été rudement étrillée par le premier cardinal... Aussi profita-t-on de cette paix dans l'opulence pour taxer les trois généralités normandes (Rouen, Caen, Alençon) à 300 000 livres, ce que le Parlement enregistra sans sourciller. L'ambassadeur vénitien Morosini, habituellement bien renseigné, écrivit même que Mazarin leva 900 000 écus, somme énorme, l'équivalent de 22 quintaux d'argent ou de près de 2 d'or. On croit rêver, mais on aperçoit surtout les ressources profondes de la province...

Vers l'est, se trouvaient les derniers soldats de Turenne et les Espagnols. Les « royaux » parvinrent pourtant à leur reprendre quelques villes modestes, mais fortifiées, bien placées et plutôt condéennes : Damvillers, Jametz, Clermont (en Argonne). Un peu plus tard, une manœuvre hardie de Du Plessis-Praslin sauvait Le Catelet et Guise, que Turenne et l'archiduc s'apprêtaient à assiéger. Les risques d'invasion par le nord ou le nord-est étaient momentanément écartés. Et le duc de Saint-Aignan avait enlevé Bourges, occupée quelque temps par les condéens réduits désormais à se réfugier dans leur vieille forteresse de Montrond (Saint-Amand).

Si l'on excepte Bordeaux et ses environs, la situation générale semblait donc assez bien éclaircie, d'autant que la Bourgogne, dont on redoutait le passage aux condéens, s'était assez aisément ralliée aux « royaux ». En effet, revenus de Normandie, Mazarin et la Cour ne demeurèrent que douze jours dans la capitale dont le ministre s'écartait pour les raisons déjà invoquées. On fit paisiblement route vers la Bourgogne dès le début de mars. Le gouvernement de cette vaste province, qui appartenait à Condé, lui avait été enlevé et confié à Vendôme (comme la Normandie était passée de Longueville à Harcourt). On avait nourri quelque inquiétude sur son obéissance, d'autant que le premier président du Parlement, Lenet, était un farouche et assez redoutable condéen. En effet, dès janvier, il tenta de soulever Dijon et le plat-pays ; mais le marquis de Tavannes, lieutenant du roi et fidèle de Mazarin, entra dans la ville par surprise. Malgré l'échec passager qui lui fut infligé par son neveu, un autre Tavannes, condéen celui-là, Dijon resta fidèle et empêcha le neveu de chasser l'oncle. L'arrivée du nouveau gouverneur, Vendôme, à la mi-février, s'effectua dans la joie générale et, toutes factions apaisées, Vendôme sut se rendre populaire en distribuant des cadeaux, dans le meilleur style mazarinien. Le Parlement, désavouant Lenet (qui alla épauler les condéens), alla même jusqu'à condamner Turenne, Bouillon et Marcillac (en paroles s'entend) le 25 février. La route était donc ouverte pour le voyage lent et triomphal de la Cour, de Paris à Dijon, du 5 au 16 mars. Le temps passa en fêtes, réceptions, levées de taxes et, plus difficilement, à reprendre la dernière forteresse rebelle, Bellegarde-Seurre, qui céda le 11 avril, en présence du jeune roi, lequel vit là sa première bataille. Comme chacun se trouvait fort bien en Bourgogne, on ne se décida à rentrer que le 2 mai, après deux mois d'absence, mais pour un mois seulement, avant un nouveau grand voyage vers l'Aquitaine.

Mais, depuis janvier, Paris ne s'était pas contenté d'attendre ou de se distraire à lire ou chanter des pamphlets plus ou moins spirituels. En mars, la reine avait opéré un remaniement, pour plaire à son amie Chevreuse, à Retz et même au vieux Broussel : les Sceaux furent provisoirement ôtés à Séguier et redonnés au vénérable Châteauneuf ; le président de Maisons, frère d'un fieffé frondeur, Longueil, remplaça Particelli, décédé après avoir reparu ; la Prévôté des marchands (mairie) de Paris fut donnée à un féal de Gondi, et la Bastille à Broussel fils. Tout cela écartait les condéens, qui l'avaient été déjà des gouvernements de province.

Mazarin était derrière tout et manœuvrait sans cesse, un peu trop peut-être. Ainsi, il avait promis à Gondi la riche abbaye normande du Bec[-Helloin] ; puis il se ravisa, garda Le Bec pour lui, et lui offrit Ourscamp (Oise), moins bien dotée ; le coadjuteur, furieux, refusa (en mars). Il avait aussi promis au duc de Noirmoutier, autre frondeur, le gouvernement d'Arras et les revenus qui y étaient attachés. Puis il se ravisa et lui demanda en avril d'attendre la fin de la guerre. Simples exemples de maladresses (intéressées) qui éloignaient le coadjuteur du cardinal.

Avait-il été plus grave de céder aux prétentions de frondeurs repentis ? En mai, Vendôme et son fils Beaufort réclamèrent la lucrative charge de l'Amirauté, la survivance allant au fils. Ils l'obtinrent, et prêtèrent serment le 1er juin. Le lendemain, la Cour quittait à nouveau Paris, allait s'aérer à Fontainebleau, puis Compiègne, tandis que Mazarin surveillait le front nord, qui tenait bien. Après un bref retour à Paris, pour juste cinq jours, tout le monde repartit pour un long voyage, en pleine canicule, vers le centre-ouest et la Guyenne dont les nouvelles étaient médiocres, laissant Paris où la marmite politico-frondeuse allait bouillir plus dangereusement encore. On conserve l'impression que, durant tous ces mois de 1650, Mazarin chercha surtout à gagner (outre de l'argent et des hommes) ce temps sur lequel il a toujours compté, joué, et gagné, malgré quelques traverses.

Bordeaux et la Guyenne, mais aussi Angoumois, Limousin et Périgord s'agitaient ou se révoltaient. Retracer par le menu les péripéties qui ont traversé ces années — 1650 à 1652, voire 1653 — quelque peu démentes peut passionner les descendants de ces agités et quelques historiens qui essaient de comprendre, en particulier des Anglais et des Américains. On dira seulement pourquoi la Cour dut intervenir : trop d'hommes, en ces régions, entretenaient le désordre, confisquaient les revenus royaux et ne craignaient pas d'appeler les Espagnols à l'aide, ce qui était peu tolérable. Il convenait d'intervenir, d'autant que cette expédition éloignait des miasmes parisiens, encore plus dangereux.

Comme auparavant, le Parlement de Bordeaux et le gouverneur Épernon s'opposaient farouchement, dans une atmosphère urbaine trouble. Nouveauté : une véritable armée frondeuse — des gentilshommes rameutant quelques milliers de paysans — avait été rassemblée autour du château de Turenne par la princesse de Condé, Bouillon, La Trémoïlle, La Rochefoucauld, le dangereux Lenet, rescapé de ses intrigues dijonnaises. En revanche, les troupes du gouverneur (que Mazarin allait prudemment révoquer) se trouvaient vers Cadillac, bientôt épaulées par le maréchal de La Meilleraye et quelques régiments fidèles. Aucun ne peut empêcher la princesse de Condé et son parti d'entrer à Bordeaux, d'autant plus qu'était survenu un envoyé espagnol, Osorio, escorté de trois frégates. Bien que les gens rassis, dont pas mal de parlementaires, fussent restés sur la réserve, le petit peuple soutenait princes et frondeurs : une véritable sécession.

Épernon réagit en rapprochant ses troupes de Médoc, menaçant de dévaster les précieux vignobles, attendant que se rapproche le train royal, parti seulement au début de juillet et qui cheminait bien majestueusement par Fontainebleau, Pithiviers, Orléans, Tours et Richelieu. La reine fit raser au passage le château de La Rochefoucauld (qu'elle détestait et qui la trahissait) à Vertheuil, obtint la soumission de régions quelque peu troublées en Poitou, Angoumois et Nord-Guyenne, reprit Libourne et s'installa à Bourg sur la Gironde. Après un violent assaut mené par La Meilleraye le 5 septembre contre Bouillon dans les faubourgs immédiats de Bordeaux, des négociations s'engagèrent, Gaston s'improvisant médiateur entre la Cour et les révoltés. Elles aboutirent le 1er octobre : les insurgés furent naturellement amnistiés (mais, pour une fois, sans indemnité), le départ d'Épernon confirmé et la princesse, ses amis condéens et espagnols invités à partir. Cela fait, le roi entra le 5 octobre dans Bordeaux fort tiède ; on peut se demander si les habitants ne préféraient pas les

Espagnols et leurs alliés français à leur monarque légitime...

Provisoirement (elles devaient reprendre) les « affaires » de Guyenne étaient apaisées. Mazarin et la Cour pouvaient se consacrer à d'autres tâches bien difficiles. Parti le 15 octobre, le convoi de la reine (qui fut malade à Amboise durant une semaine) mit un bon mois pour regagner, sans joie, le Palais-Royal. Mazarin, après quelques tournées auprès des zones de combat, ne rentra que le 31 décembre, souffrant et inquiet des nouvelles transmises par ses agents.

Durant la trop longue tournée provinciale, le pouvoir incombait à Paris au duc d'Orléans et au plus sûr des ministres, Le Tellier. Or ni l'un ni l'autre ne jouissait d'une autorité suffisante pour contrôler les ambitions et tractations qui allaient bon train. Le Parlement recommençait à s'agiter ; une bonne partie des parlementaires soutenaient les princes emprisonnés, et demandaient tout spécialement (et assez raisonnablement, semble-t-il) qu'ils passent en jugement devant eux s'ils étaient coupables. Le nombre de leurs partisans, sincères ou subventionnés, s'accroissait, tandis que revenait vers eux un allié de poids. En effet, Gondi, qui avait d'abord permis l'arrestation des princes, s'irritait de ne pas voir venir le fameux chapeau cardinalice qu'il pensait lui être dû. Il recommença donc à travailler ses habituels alliés, les curés, le petit peuple, les dames, et même Gaston l'incertain. Ainsi se reformait progressivement une sorte d'union parisienne antimazarine qui recevait deux nouveaux appuis.

D'abord celui de la petite et moyenne noblesse provinciale qui s'était mobilisée en ses cantons, réunie çà et là dans l'espoir d'États généraux vaguement promis, et se retrouvait à Paris, encore peu nombreuse, rêvant toujours d'une monarchie de style vaguement féodal appuyée sur elle. S'était aussi réunie, comme à chaque « quinquennat », ce qu'on appelait l'Assemblée du clergé — en réalité du haut clergé à peu près seul — pour discuter de doctrine et surtout d'argent. Les prélats n'aimaient guère Mazarin, peu dévot, peu jésuite, trop joueur et trop aimable collectionneur de statues beaucoup trop nues, mais qui pourtant régnait sur la « feuille des bénéfices » (les nominations). L'Assemblée protesta contre la façon cavalière et parfois rude dont Épernon avait traité les évêques de Guyenne et refusa par trois fois les subsides que demanda le ministre à une Église richissime dans le but, peut-être impie, de soutenir la guerre contre le si catholique roi d'Espagne. En outre, elle demanda la libération de Conti sous prétexte qu'il détenait un titre ecclésiastique (qui, à ce moment, ne le poussait guère à la piété). À la mi-août, la reine ordonna à l'Assemblée de se transporter à Saintes où se trouvait la Cour. Elle n'obéit pas. De toute évidence, l'Église penchait vers les princes.

Trop bien informé, Mazarin avait hésité avant de rentrer à Paris. Il avait envisagé un voyage en Languedoc où soufflait un léger vent de Fronde (en réalité pour y quêter des subsides), puis en Provence où Alais, pourtant destitué, se maintenait (un bon moment à Toulon) et bataillait toujours quelque peu avec le Parlement, avec Aix et parfois Marseille. Pour une fois, Monsieur eut la sagesse de dissuader Mazarin d'entreprendre ces périples inutiles. Pendant quelques semaines, le cardinal parut hésiter, s'agiter assez vainement et une fois au moins perdre patience : n'osa-t-il pas comparer, en janvier, le récalcitrant Parlement de Paris au régicide Parlement d'Angleterre ? Il se sentait menacé, et l'était en effet. Pourtant, il venait de remporter, à Rethel, en décembre, un beau succès militaire, sur Turenne et ses provisoires alliés espagnols, grâce à la jonction des troupes royales avec celles de Du Plessis-Praslin revenues de Guyenne. Succès qui contrastait avec les mécomptes subis par Monsieur durant l'été : en effet, en août, les hispano-condéens s'étaient approchés de Paris, exactement jusqu'à La Ferté-Milon. Gaston, affolé, avait expédié les princes de Versailles à Marcoussis (avant de les envoyer au Havre) et avait tenté de trouver des hommes et de l'argent à Paris, qui se déroba : fronder, oui, mais gratuitement ! Après quelques vagues négociations, l'ennemi, non ravitaillé et loin de ses bases, regagna le nord.

Inversement, la victoire de Mazarin à Rethel consterna ses adversaires, dont Gondi, et poussa la reine à faire chanter immédiatement le *Te Deum* rituel. Autre conséquence, d'une autre portée : Turenne, battu, presque abandonné par ses dernières troupes et très sérieusement porté à réfléchir, décida de revenir à son devoir. Il rentra très discrètement à Paris au début de mai, pour se mettre bientôt à la disposition de la reine, fort heureusement pour elle et pour le jeune roi, bientôt majeur.

Mais la victoire de Rethel n'empêcha pas les adversaires provisoirement unis du cardinal de sonner l'hallali. Le Parlement, qui avait demandé fermement à la reine d'instruire un procès régulier contre les princes, se heurta à un refus. Dès lors, tout se précipita. Gondi et Gaston assurèrent le Parlement de leur appui le 1er février. Sortant du Conseil d'En-Haut, le même Gaston, qui s'était querellé avec Mazarin alors peu patient, fit savoir à la reine qu'il n'y reviendrait plus tant que le cardinal y siégerait. Ce fut alors que Mazarin lâcha sa malheureuse comparaison entre les Parlements de Paris et d'Angleterre. Le 4 février, le même Parlement demanda à la reine de signer des lettres de cachet pour libérer les trois princes et éloigner le cardinal. Puis, épaulé par Gaston, il ordonna d'empêcher la famille royale de sortir de Paris, donc de bloquer le Palais-Royal, et aux maréchaux de France de ne plus obéir qu'au duc d'Orléans.

Détesté ou abandonné (sauf par la reine, effondrée, qui ne pouvait rien), Mazarin prépara rapidement et méthodiquement son départ. Sorti, déguisé, dans la nuit du 6 au 7, il fit étape à Saint-Germain où il espérait que la reine et ses enfants le rejoindraient. C'était matériellement impossible, et c'eût été une erreur politique considérable. D'ailleurs, le coadjuteur et Gaston firent fermer les portes de la ville, mobilisèrent Hôtel de Ville et milices bourgeoises, et firent renouveler par le Parlement l'ordre d'enjoindre à Mazarin de quitter la France sous quinzaine, faute de quoi on pourrait lui « courir sus ». On osa même envoyer un capitaine des Suisses de Monsieur au Palais-Royal pour vérifier que la famille royale s'y trouvait bien. Très digne, la reine montra le jeune roi (en réalité habillé pour rejoindre effectivement le cardinal) couché et feignant de dormir, et des centaines de Parisiens purent défiler, admiratifs, devant la couche du jeune monarque, qui se souviendrait toujours de cette insupportable humiliation. Il était néanmoins prisonnier.

La délivrance des princes par Mazarin en personne fut le résultat d'une sorte de course, presque risible. À la prière des frondeurs momentanément unis, la reine avait consenti, le 11 février, à ce que quelques cavaliers, dont La Rochefoucauld et le président Viole (un antimazarin violent) galopent vers Le Havre pour mettre eux-mêmes les princes en liberté. Mais le cardinal, qui, comme d'habitude, était bien renseigné et attendait son heure, apprit la nouvelle à Lillebonne et arriva bon premier au Havre avec une petite escorte, sans doute pas mécontent de lui. Les mémorialistes et les historiens, qui varient, expliquent que les princes invitèrent Mazarin à leur table, soutinrent une conversation tantôt érudite et spirituelle, tantôt rude ; on lit çà et là que Mazarin baisa la botte de Condé (qui le rejeta) avant de partir : probable ragot pêché dans les Mémoires de Mademoiselle. Quoi qu'il en soit, le cardinal était très capable de feindre de s'abaisser, si c'était nécessaire.

Puis chacun prit son chemin.

Les trois libérés rencontrèrent sur la route de Paris la petite troupe de frondeurs qui arrivait en retard, et tous ces brillants cavaliers furent accueillis à Paris avec l'enthousiasme bruyant propre à la frémissante et incertaine cité. Mazarin parti, la reine et ses enfants pratiquement prisonniers au Palais-Royal, on pouvait croire que nobles seigneurs, dignes parlementaires, bons bourgeois et sages ecclésiastiques soutenus par le « commun peuple » allaient réaliser ensemble une œuvre admirable qui restaurerait le royaume dans sa splendeur ancienne, telle qu'on l'imaginait, dans le concours harmonieux de tous les ordres et compagnies du passé, avec la bénédiction du roi bientôt majeur, de la reine, de l'Église et du roi d'Espagne. Mazarin, de son exil à la fois inévitable et calculé, savait bien qu'il n'en serait rien, que les alliés du jour se querelleraient vite, puis se combattraient ; aussi bien, il y travaillait. Calcul judicieux, comme d'habitude, mais à lente réalisation.

Il convient d'ailleurs de le retrouver, dans son voyage de la Seine au Rhin, puis sur les bords du fleuve — ou non loin de lui.

CHAPITRE XI

Exil et majorité

Depuis le départ du Havre jusqu'à l'installation à Brühl, beau château que son ami l'archevêque-électeur de Cologne (un prince bavarois) lui avait prêté, presque deux mois s'étaient écoulés. Qu'était devenu Mazarin pendant ce laps de temps ? Avait-il erré tristement, avec le semi-découragement d'un semi-vaincu ? Certes, il s'est plaint du froid, de l'inconfort de ses nuits, de l'insuffisance de son bagage, d'un relatif abandon, mais la vérité semble tout autre.

Au Havre, il avait commencé par donner des instructions précises (complétant ce dont il était convenu avec la reine) à son ami Hugues de Lionne (ministre) qui l'accompagnait et dont la fidélité ne paraissait pas douteuse. De là, il gagna Dieppe dont le gouverneur, Du Plessis-Bellière, lui était acquis. Mais le parlement de Normandie jugea sa présence indésirable dans la province. Il fit donc étape à Doullens où une centaine de cavaliers lui faisaient escorte, puis à Péronne, autre place sûre où commandait le maréchal d'Hocquincourt. Il y séjourna quelque peu, écrivant beaucoup, notamment une remarquable lettre à Anne d'Autriche *, espérant peut-être un rappel et surtout se faisant expédier de l'argent. Au début de mars, retardé par le mauvais temps et une suite trop nombreuse, il paraît avoir hésité quelque peu, et gagna Sedan, où régnait toujours le solide et honnête Fabert. Dans l'intervalle, il avait récupéré nièces et neveu, que la reine avait préservés d'éventuelles folies frondeuses en les abritant au Val-de-Grâce ou chez les jésuites, puis lui avait expédié en Picardie, sous la houlette de Zongo Ondedei, sûr et subtil. Il les traîna tous dans ses déplacements, qui n'en furent pas allégés. Plus importante peut-être que la famille, l'arrivée de lourds colis de vaisselle, de linge (et d'argent) que des valets avaient traîné puis escorté depuis Paris. Précautionneux, il avait dissimulé de l'or et des bijoux, emprunté çà et là, et peut-être emporté (ou caché ?) une partie des bijoux de la couronne, du moins ceux qui n'étaient pas en nantissement chez quelque créancier prudent. Mais il est sûr qu'il n'acheva pas son voyage désargenté.

À mesure qu'il progressait vers le nord-est, le cortège mazarinesque s'alourdissait donc de gens, de bagages et de monnaie. Chaque jour, le cardinal gribouillait des gémissements et des instructions pour ses fidèles et pour la reine, organisant difficilement le réseau des courriers et des correspondants.

Quittant les confins du royaume, il lui avait bien fallu se préoccuper de ce qu'on appelait déjà, mais au pluriel, des « passeports » pour traverser les terres étrangères. Pour les lorraines et les germaniques, avec les souverains desquelles la paix avait été conclue (moins nettement pour la Lorraine), il ne se trouva aucune difficulté. Pour les terres dépendant du roi

* Reproduite en partie en appendice du présent ouvrage.

d'Espagne, l'archiduc Léopold-Guillaume, gouverneur des Pays-Bas, ajouta aux papiers une magnifique escorte, commandée par un grand personnage, don Antonio Pimientel ; en le conduisant jusqu'à Juliers, porte de l'Empire, don Antonio lui témoigna « la plus extrême civilité » (Mazarin *dixit*), normale entre de très grands personnages qui formaient une sorte de caste suprême en Europe — d'autant que l'un était prince de l'Église et, qui sait ? peut-être prochainement *papabile*. Lui offrit-il, comme on l'a suggéré, de passer au service de Philippe IV ? C'est douteux, mais la réponse ne l'était pas. À Juliers, les canons de la forteresse tirèrent une triple salve pour le saluer, et le cardinal reçut une compagnie d'honneur qui, avec le chambellan de l'Électeur le conduisirent, en passant par Aix-la-Chapelle, au château de plaisance de Brühl, entre Cologne et Bonn : une maison bien meublée, précisa Mazarin, où on lui offrit des compliments et « divers régals de vin, de poissons et d'autres choses ». Le banni était traité à la manière d'un hôte d'honneur, presque comme un chef d'État.

En attendant deux victoires dont l'une était certaine (la majorité royale) et l'autre probable et voulue (la désunion des frondeurs), il fallait à la fois organiser les contacts avec Paris, la vie en Rhénanie et le futur retour, ce qui requérait des hommes, de l'argent et la circulation des deux. Fort bien préparée malgré de feintes déficiences, l'affaire, difficile, réussit malgré d'inévitables traverses.

Sur le chemin vers le Rhin comme pendant le séjour à Brühl, les liaisons étaient assurées par de très fidèles messagers : Zongo Ondedei, l'ami de toujours, et des gens apparemment plus obscurs, comme Bluet, un avocat, Basile Fouquet, frère du grand, plus policier qu'abbé, un Brachet, un Bartet, un

Millet (dit de Jeurre) — tout ce qui se termine en *et* est d'espèce mazarine, aurait sifflé Monsieur — ; plus, par moment, le huguenot Ruvigny, personnage d'une autre trempe. L'un de ceux-là, Millet, venait d'être bombardé sous-gouverneur du duc d'Anjou, ce qui lui donnait un accès facile auprès de la reine ; un autre, sans doute Bartet, avait été spécialisé dans d'intermittents faux messages. Les itinéraires variaient beaucoup et ne brillaient pas par la simplicité : certains courriers passaient sous des noms d'emprunt par Anvers, Nancy, même Marseille. La plupart utilisaient des chemins détournés, ce qui, dans un climat d'« espionnite », n'empêchait ni les incidents ni les vols. Ainsi, le trousseau de la jeune épousée Mancini-Mercœur fut-il dérobé, plus quelques paquets diplomatiques (en partie falsifiés) et du courrier. Les correspondants parisiens, outre la reine et les ministres sûrs (Chavigny ne l'était pas), Le Tellier, Lionne, Servien, étaient des hommes d'affaires anciens de Mazarin (comme Jobart), ou un nouveau, issu de la clientèle Le Tellier, qui s'occupait des détails domestiques, des rangements et de grosses affaires de finances : Jean-Baptiste Colbert, qui venait d'épouser une Charron (cent mille livres de dot), aussi avide qu'organisé, se poussait lentement, malgré le mal qu'il eut à s'accommoder à Mazarin, apparemment désordonné et fort autoritaire « en son particulier ». Dans les lettres échangées, les affaires tenaient autant de place que la politique et, si les détails abondaient, la ligne d'ensemble manquait de clarté. Rien, d'ailleurs, n'était simple, et les liaisons, trop lentes.

Bon nombre d'historiens — même Hubert Méthivier, habituellement si sûr — ont soutenu que, de Brühl, Mazarin continua de gouverner à la fois la reine et la France. On peut douter : d'une part chaque voyage, aller comme retour, demandait au moins trois jours et souvent plus ; ainsi, une situation exposée à Paris tel jour pouvait s'être modifiée lorsque sa relation atteignait Brühl, et la réponse, même immédiate, ne plus avoir d'objet lors du retour, une bonne semaine plus tard. Comment gouverner alors que l'on communique à la vitesse du cheval ? Ainsi, l'influence directe et décisive de Mazarin ne peut être soutenue.

Moins encore si l'on veut bien accepter deux simples constatations : la reine est au cœur de toutes les intrigues, et il lui arrive fatalement d'avoir à décider, parfois sur-le-champ, bien qu'elle sache parfaitement que la sagesse consiste à tergiverser et à attiser les divisions entre groupes frondeurs. Il est patent aussi qu'Anne d'Autriche n'a jamais montré un parfait esprit de soumission, même à Mazarin ; qu'elle est une Habsbourg, certes devenue Bourbon parce que reine et surtout mère ; que cette femme très fière est capable de chaleur humaine autant que de froideur glacée, de subtilité que d'incompréhension ; qu'elle a bien appris à dissimuler (avec des faiblesses) et à temporiser (avec des restes d'impatience). En fait, son unique but est l'intérêt de son fils aîné. Et tout cela ne peut empêcher l'indépendance, qui ressort d'un témoignage probablement capital que seuls Louis Battifol * et le si pénétrant Kossman ont fortement souligné : un passage des Mémoires de la duchesse de Nemours. Elle y affirme : « Contre l'opinion générale [...], car il lui semble que les vérités ignorées sont dignes d'une plus grande curiosité et ce que j'ai à dire de si inconnu, c'est que,

* Dans son *Cardinal de Retz*, p. 81.

depuis que le cardinal fut parti, la reine et lui agirent peu de concert, et furent souvent peu satisfaits l'un de l'autre. » C'est bien ce que montrent en partie les lettres de Mazarin publiées depuis plus d'un siècle par Ravenel et Chéruel : Mazarin se plaint beaucoup, du manque de linge notamment, d'argent aussi, manifeste quelque mécontentement, craint d'autres influences que la sienne et réclame son retour à cor et à cri, avec plus d'insistance encore dès que le roi a été proclamé majeur et la régence terminée. La reine parviendra à le faire patienter, peut-être pas assez longtemps.

Il faut bien avouer que les nouvelles tardives qu'il recevait de Paris manquaient de clarté, reflétant d'ailleurs une situation confuse et mouvante, mais qui évoluait tout de même dans le sens qu'il désirait : la désunion des groupes frondeurs.

PARIS, FÉVRIER-SEPTEMBRE 1651 : INTRIGUES, MÉDIOCRITÉ, DÉSUNION DES FRONDEURS

À Paris où l'essentiel se joue presque toujours, le printemps et l'été 1651 n'ont pas été marqués par beaucoup de netteté, et moins encore de grandeur.

Donc, Mazarin parti et les princes rentrés, la plus belle union frondeuse qu'on puisse imaginer se réalisa quelques semaines. Mais les trois grands chefs de file, leurs groupes de pression et quelques groupuscules ne pouvaient pas prolonger longtemps leur accord, chacun ayant ses buts et ses ambitions propres, et la reine et les siens travaillant à leur mésentente. Les trois grands — si l'on peut dire — désiraient sinon le pouvoir, du moins la puissance et beaucoup d'argent. Gondi voulait tout cela, plus le chapeau — sa faiblesse. Monsieur aurait voulu gouverner quelque peu, mais il n'en avait ni le courage ni la capacité et conservait du respect pour sa belle-sœur. Condé voulait tout, mais avec plus d'ardeur et moins de précision, et conservait aussi quelque respect pour la reine. Chenues ou blondines, les têtes folles du Parlement réclamaient toujours le contrôle, voire la rédaction des lois, surtout financières. Des gentilshommes de province, assemblés à Paris de plus en plus nombreux, mais pacifiquement, demandaient le rétablissement de tous leurs anciens privilèges, réels ou supposés, et de ne pas être jugés par des roturiers, même parlementaires. L'Assemblée quinquennale de l'Église de France tonnait comme d'habitude contre les hérétiques et l' « affreuse liberté de conscience », et refusait en outre tout subside à Mazarin, donc au roi, pour conduire la guerre. Le petit peuple parisien, fatigué par des chertés, des épidémies et d'incessantes agitations, ne se manifestait que par à-coups, les plus sages et les moins miséreux restant prudents.

Dans un entrelacs d'intrigues, tantôt risibles, tantôt presque tragiques, où Gondi joue ou prétendra avoir joué les premiers rôles, quelques incidents, graves ou savoureux, peuvent être rapportés.

Ainsi, autour du 1er mars, un projet Gondi-Broussel aurait visé à déposer la reine et à faire proclamer Condé régent par le Parlement ; mais Condé avait trop d'honneur pour se prêter à cette douteuse intrigue. Le vieux Broussel revint à la charge : il fit demander à la reine par un Parlement réticent de ne plus admettre désormais aucun étranger et aucun cardinal au Conseil du roi : la reine éluda, puis acquiesça vaguement, d'autant que Gondi (qui quémandait toujours son chapeau) prit fort mal l'initiative parlementaire, de même que Châteauneuf — soixante-douze ans —, alors ministre, qui se mit aussi en tête de devenir cardinal, soutenu par un Mazarin jubilant. L'Assemblée du clergé et les gentilshommes prirent aussi fort mal l'initiative parlementaire, qu'ils jugeaient déplacée, surtout venant de robins qui ne jouissaient que d'une noblesse achetée...

Les sottises se succédant, voici que le Parlement déclare dissoute l'Assemblée de la noblesse, et que celle-ci propose de jeter à la Seine le président Molé (un sage, pourtant), et son fils, dénommé Champlâtreux, du nom d'une de ses terres. Du coup, le Parlement essaie de mobiliser les milices bourgeoises (très pacifiques) et appelle à l'aide Condé et Gaston... Le conflit cessa soudain lorsque la reine, bien conseillée, décida de convoquer les États généraux, où tout le monde pourrait se retrouver... mais à Tours et le 8 septembre, trois jours après la majorité du Roi, qui rendait caduque la réunion. Le Parlement avait d'ailleurs crié, clamant qu'il représentait les États généraux à lui seul, quand la noblesse y venait, le « garnissant de pairs ».

La reine avait profité de ces querelles pour faire lever la garde (déjà allégée) qui la claquemurait au Palais-Royal, et engagea une sorte de politique de bascule qui la conduisit à soutenir tantôt Condé, tantôt Gondi. Au jeune roi peut-être surpris de cette attitude, Mazarin donna, dans une lettre du 12 mai, cette leçon de politique : « Il ne faut pas que Votre Majesté ait aucun scrupule à se raccommoder avec les gens qui lui ont fait du mal. [...] La règle de votre conduite ne doit jamais être la passion de la haine ou de l'amour, mais l'intérêt de l'avantage de l'État. » Un texte qui va loin, et ne sera pas oublié.

En avril, la reine avait misé sur la carte Condé : elle avait nommé les ministres qui lui plaisaient alors (Chavigny, Molé, Séguier) et couvert de gouvernements somptueux tout le groupe de Monsieur le Prince : à lui-même la Guyenne, la Bourgogne à Épernon, la Provence puis le Languedoc à Conti, l'Auvergne à Nemours, Blaye et la Guyenne en second à La Rochefoucauld, et la Normandie derechef à Longueville. Le but est atteint : Monsieur et Gondi sont furieux, parlent de soulever le peuple (s'il y consent) et de jeter (encore !) Molé à la Seine, font rompre des mariages projetés dans l'aristocratie et vont bouder, l'un au Luxembourg, l'autre à l'archevêché (bien gardé par ses soldats écossais) d'où il s'échappe chaque nuit pour aller visiter la jeune Chevreuse (promise pourtant à Conti, vite averti).

La belle saison venue, le ballet continue. La reine s'éloigne de Condé, et reprend ses nocturnes entrevues avec Gondi au cloître Saint-Honoré, bien chaperonnée par le maréchal de Du Plessis-Praslin (mai-juin). Prévenu, Mazarin choisit ce moment pour promettre enfin le chapeau au languissant coadjuteur — désormais presque conquis — au moment même où il vend pratiquement à La Vieuville la charge vacante de surintendant des finances... pour 400 000 livres qu'il encaisse au moins pour la moitié et convertira en régiments. Parmi ces intrigues (et d'autres), Condé s'énerve : une nuit de juillet, il entend du bruit dans Paris, se croit menacé et file dans son château de Saint-Maur avec son entourage : ce n'était qu'un convoi de vin sur les pavés, puis un troupeau d'ânes et les charrettes des maraîchers...

Rentré à Paris plus excité que jamais, il se distingue en refusant par deux fois de saluer la reine dont une fois en public, au Cours-la-Reine. Rentré en son hôtel, il s'installe, arrogant, avec sa famille et une forte suite, et s'emploie à parader et à braver chacun. En août, la reine communique adroitement au Parlement ses plaintes contre le prince. Celui-ci réplique vertement, « contré » par Gondi que la reine protège au point de lui confier quelques troupes.

Survint la journée tragi-comique du 21 août : au Parlement envahi par les troupes des deux adversaires, La Rochefoucauld tente d'étouffer Gondi en lui serrant la tête entre les deux battants d'une porte — en même temps, dit-on, une épée piquait l'arrière-train du saint homme. Molé et quelques autres s'entremirent pour réconcilier les deux jaloux, dont la rivalité ne pouvait que favoriser Mazarin. On put assister le lendemain à l'une des plus divertissantes comédies de la saison d'été : le cortège de Condé revenant du Parlement croisa une procession conduite par le coadjuteur. Le premier vint s'agenouiller devant le second, qui le bénit, puis le remercia ensuite d'une profonde révérence. Simulacres.

Pour pousser la comédie, sur le conseil incroyable et pourtant judicieux de Mazarin, la reine consentit à s'humilier une dernière fois devant le Parlement, le 5 septembre : en une solennelle déclaration, elle lava Condé des crimes qui avaient pu naguère lui être imputés et feignit de renouveler l'anathème contre Mazarin, « banni à perpétuité » comme « perturbateur du repos public », et, s'il osait revenir, « criminel de lèse-majesté ». Rudes formules, mais vaines : ce même jour, le roi entrait dans sa quatorzième année et devenait majeur. Le « règne plein » commençait, la régence était terminée, la régente n'était plus qu'une reine-mère, Monsieur un oncle, et le roi pouvait en droit exercer son entière autorité et signer lui-même les plus importantes décisions de son Conseil — ce qu'il ferait, au moins de sa main.

Deux jours plus tard, la grandiose journée de la majorité était célébrée, et tout un pan de l'Histoire tournait, au moins en droit.

La majorité (5-7 septembre 1651)

Il convient de bien saisir, au moins une fois, la splendeur et la signification des grandes célébrations royales.

Le 7 septembre donc, fut proclamée et célébrée la majorité du roi Louis, quatorzième du nom, en la neuvième année de son règne et la dernière de la régence. Depuis l'aube, tout au long de l'itinéraire prévu, du Palais-Royal au Parlement par la rue Saint-Honoré, la rue Saint-Denis, le Châtelet et le pont Notre-Dame, gardes et Suisses contenaient la foule pressée, juchée sur de hautes tribunes ou serrée aux fenêtres. À huit heures, le roi avait reçu sa mère et sa famille, ses pairs et ses maréchaux, venus le saluer au palais, tout garni des plus belles troupes. Puis le cortège s'ébranla. En tête, deux trompettes, cinquante guides en livrée, huit cents gentilshommes somptueusement vêtus de soie, de velours, de brocart et de dentelles parsemés de perles et de diamants, coiffés de plumes fixées par de précieuses agrafes, puis les chevau-légers du roi et ceux de la reine, puis les archers à pied, puis les fameux Cent-Suisses, si fidèles, et bien d'autres, dont les gouverneurs, les chevaliers du Saint-Esprit, les maréchaux de France, le maître des cérémonies, le grand écuyer portant le glaive royal, puis encore de longues files de pages et de gardes et d'autres encore, tous magnifiques. Entouré de ses gardes du corps, de ses huit écuyers à pied, de six seigneurs de sa garde écossaise et d'autant d'officiers d'ordonnance, le roi s'avançait seul, vêtu d'or, caracolant habilement sur son cheval barbe, dressé à sauter et à saluer très haut. Suivait la foule presque infinie des princes, des ducs et de resplendissants carrosses, dont celui de la reine, de son jeune fils et de ses dames d'honneur, entouré aussi par ses gardes, ses Suisses, ses gendarmes... Esquisse partielle de ce mémorable défilé, qui était bien plus une célébration mystique qu'un spectacle rare : proclamation de la majorité au Parlement, déclaration du roi, agenouillement de tous les assistants, dont la reine (que son fils releva tendrement) qui lui jurent fidélité, puis messe solennelle. La signification profonde était, il faut y insister, la fin de la régence, de la lieutenance générale (Orléans) et du pesant Conseil de régence. Le vrai Conseil du roi retrouva sa puissance, qu'il soit « étroit », « large » ou « des dépêches », avec ses authentiques « conseillers d'État du roi en son Conseil privé » et son escouade de maîtres des requêtes, vivier des futurs grands administrateurs. Désormais, le roi pourra (et même devra) signer les actes essentiels et nommer de nouveaux ministres (ce qui sera fait) avec l'appui courtoisement requis de sa mère.

Alors que tout change ou devient autre, un scandale, d'abord discret, marque le début de la cérémonie : à la première heure est remise au roi une lettre de Condé qui tente de justifier son invraisemblable absence. Le roi ne l'ouvre même pas et la confie à quelqu'un de sa suite. Il n'oubliera jamais cette incorrection, qui frise le crime de lèse-majesté, et moins encore ce qui suivra. Cette énormité est bien dans la manière exaltée et insultante du Condé d'alors. Après la nomination de trois ministres qu'il exècre, il va quitter sa tanière de Saint-Maur pour aller rejoindre, suivi de sa famille et de sa noble troupe, la motte bourbonnienne de Montrond, avant de s'enfoncer vers le sud, la rébellion, la guerre, puis ce que nous appelons (et qu'on n'appelait pas alors) la franche trahison, puisqu'il n'aura rien de plus pressé que de traiter avec l'Espagne et de « sonder » le régicide Cromwell.

Ces événements si lourds de signification marquent un « tournant » du règne, confortent Mazarin et vont lui donner l'envie de revenir vite.

Le dernier grand épisode de la Fronde, la guerre condéenne, va s'étendre sur plus d'une année et se ramener apparemment à un aller et retour Paris-Bordeaux, coupé en contre-point par les voyages de Mazarin, simple retour pour le premier, petit exil rusé du côté de Sedan pour le second. En 1653, s'ouvriront d'autres temps qui scelleront la fin d'un monde, ou peu s'en faut.

CHAPITRE XII

Le retour du cardinal et la guerre civile de Condé

PARIS-BORDEAUX : CONDÉ

Écœuré de comprendre que s'étaient éloignés de lui à la fois la reine, le roi majeur, de prudents intrigants, d'ex-frondeurs tournant casaque et de nouveaux ministres récemment promus, Condé avait donc mis le cap sur sa forteresse de Montrond (aujourd'hui dans le Cher), où il retrouva ou bien le rejoignirent sa famille et ses amis. Après une halte dans ce qui restait du château des La Rochefoucauld à Vertheuil (Charente) et l'adjonction aux troupes rebelles d'un contingent de gentilshommes poitevins qui avaient réussi à transformer en soldats (provisoires) des bandes de paysans pauvres (il n'en manquait pas), Condé et quelques milliers d'hommes (qui se nourrissaient sur le pays) entrent à Bordeaux le 22 septembre. Le Parlement déchaîné d'enthousiasme et les frondeurs de toutes tendances acclamèrent pour une fois un gouverneur de province selon leur cœur ; mais la jurade resta prudente.

Le prince ne songeait qu'à en découdre avec les régiments de son roi, mais dans un premier temps il se contenta de parcourir une partie de sa province qui, sauf quelques municipalités réticentes, l'accueillit plutôt bien, lui et ses troupes à l'écharpe isabelle (les bannières étant rares, les écharpes identifiaient les troupes : les royales la blanche, les mazarines la verte et celles de Gaston la bleue). Ses quelques milliers d'hommes (qui seront bientôt battus par les « royaux » d'Aumont et Senecterre accourus de Stenay et Montmédy) ont été renforcés par les quatre régiments du Liégeois Marchin (ou Marsin) qui abandonne sans sourciller au roi d'Espagne une Catalogne d'ailleurs devenue hostile, qu'il était censé tenir au nom du roi de France, comte de Barcelone. Les rejoignit également, avec des soldats de toutes nationalités, un Suédois qu'on disait aussi suisse, dénommé Balthazar, ou même Balthazar de Simmern (parfois donné aussi pour allemand, parce qu'il parlait un dialecte germanique). Une flotte espagnole sous un certain Batteville (ou Wattenwyl) avait aussi paru sur la Gironde, qui aurait apporté des munitions et, dit-on, 400 000 livres pour payer les soldats. En outre, un nommé Dudaugnon tenait La Rochelle avec quelques navires et des soldats (il devait trahir pour de l'argent). Bientôt les troupes royales campaient ou tournaient autour de Poitiers, où la Cour avait fini par s'installer. Une sorte de champ de bataille se dessinait donc quelque part en Angoumois.

Mais comment les « royaux », comme on disait curieusement, étaient-ils parvenus en Poitou ? C'est ici que se placent d'autres voyages : un Paris-Poitiers et un Brühl-Poitiers, avec escales.

Paris-Poitiers : le roi

Pressée de sortir de Paris par un Mazarin qu'elle n'écoutait pas toujours, la reine hésitait à partir, d'une part parce qu'elle s'éloignerait de Brühl, d'autre part parce que les activités militaires sur les frontières nord et nord-est l'inquiétaient. Si d'Harcourt tenait bien la Picardie, quelques milliers d'hispano-condéens, groupés sur la Meuse, menaçaient les confins de la Champagne. Fort heureusement, les maréchaux d'Aumont et de La Ferté-Senecterre parvinrent, avec quelques troupes fraîches, à les repousser sur Montmédy, puis à rejoindre la Cour, entraînant même avec eux quelques bons généraux. Mais la Cour était déjà parvenue à Poitiers.

Un peu rassurée à l'annonce de ces succès, Anne d'Autriche avait fini, fin septembre, par donner le signal du départ — se doutait-elle qu'elle quittait Paris pour treize mois —? On alla d'abord se rafraîchir à Fontainebleau, avant de faire route sous la protection de quatre mille hommes du maréchal d'Estrées vers Montereau, Gien et Bourges. Curieusement, ni Gondi (qui s'en repentit), ni Gaston toujours hésitant, ni le Parlement où progressait la sagesse ne parurent émus par ce voyage, il est vrai lent et progressif. De Bourges, le comte de Palluau (futur maréchal de Clérambault) alla assiéger Montrond et l'on se demanda si l'on occuperait ou raserait cette grosse motte ; en fin de compte, on la laissa aux condéens, on progressa sagement vers Poitiers, vieille ville sûre, riche, pieuse et bien défendue, et l'on s'y installa.

De là, les troupes royales pouvaient surveiller l'Anjou qui s'agitait, l'Angoumois où l'on bataillait, mais aussi recueillir le précieux concours des trois mille hommes du comte d'Harcourt revenus de Picardie (les Espagnols exploitèrent son départ en prenant Dunkerque), du millier de nobles et paysans d'Angoumois recrutés par le baron d'Estissac (un oncle du rebelle La Rochefoucauld, curieuse famille comme celle des Tavannes : un pied dans chaque camp), puis bientôt d'un La Force (qu'on fit maréchal pour le récompenser), et surtout des deux frères La Tour d'Auvergne : Bouillon qui abandonna Condé et le priva de renforts limousins, et surtout Turenne, enfin fidèle pour toujours — ramené à la raison par son sérieux huguenot, quelques déceptions, de longues réflexions et la promesse d'un titre princier —, la « recrue » la plus précieuse, d'autant qu'il ne manifestera jamais la magnifique et irresponsable folie de son ancien (et futur) complice en génie militaire.

Brühl-Poitiers : le cardinal

Dès le début d'octobre, la reine le réclamait : elle avait besoin de sa forte, sûre et subtile présence, vraiment indispensable et probablement chère. Mazarin n'attendait que cet appel, mais il était trop fin — tout de même pas vraiment assez — pour ne pas sentir que son retour risquait de ressouder les morceaux épars des frondes anciennes, nouvelles, parlementaires, bourgeoises, populaires, orléanistes, coadjutoriennes, folles ou légères. Il décida donc de patienter près de trois mois, bien que ses préparatifs fussent déjà fort avancés fin octobre. Mais, pour revenir, il lui fallait en même temps des troupes, des sûretés politiques, des places fortes de relais et beaucoup d'argent, dont il se plaignait toujours de manquer.

En réalité, de Paris en Germanie, une poignée d'hommes travaillaient à lui en trouver et à le lui faire parvenir. Mais comment ? Un solide érudit Jean Villain, qui appartint à la Cour des Comptes, a essayé de reconstituer la mécanique, qui n'est pas simple. Si l'on comprend bien, elle consistait le plus souvent à emprunter en donnant comme garanties des recettes futures (tailles, aides, gabelles, revenus des villes, tous solides en principe), ou bien des bijoux (dont certains se trouvaient déjà engagés), ou bien des lettres des banquiers souvent italiens qu'utilisait Mazarin (les Cenami, les Contarini). L'une de ses plus belles réussites avait été (on s'en souvient) d'obtenir 400 000 livres comptant du vénérable La Vieuville qui voulait redevenir surintendant des finances (d'ailleurs chaque personnage pourvu d'une fonction ou d'un titre nouveau devait lui verser un sérieux pot-de-vin). Aussi, dès qu'il se rapprocha de la frontière à Huy sur la Meuse, vers la mi-octobre, prossédait-il déjà un joli magot. Il s'était assuré aussi des facilités et des complicités le long du chemin fort indirect qu'il pensait suivre. À Sedan, le fidèle Fabert fourbissait des canons pour les lui offrir, préparait l'étape pour accueillir à nouveau la bruyante troupe des neveux et nièces, et toute la suite ; à Péronne, Hocquincourt s'y préparait aussi. Plus important, les achats de troupes. À l'électeur de Brandebourg, par l'intermédiaire d'un comte Waldeck, huit régiments (dont trois de cavalerie), soit cinq mille hommes, surtout des Allemands. Par l'intermédiaire de Gravelle, l'un de ses agents, il venait également d'acheter, fin octobre, des troupes rhénanes, « de vieilles troupes, des Hessois et des Suédois, qu'il n'y en a pas plus belles [...] mais bien chères », écrivait-il le 30 octobre (mais il les fit plus tard régler par le Trésor royal). Dès la Saint-Martin (11 novembre), il était prêt à prendre la route.

Mais il n'entendait le faire — sa prudence était aussi grande que son avidité — qu'avec l'ordre royal dûment contresigné par un secrétaire d'État (l'un des Phélypeaux s'en chargeait habituellement), comme il était de règle. À la cour de Poitiers, de vieux prudents et quelques anciens adversaires ne souhaitaient pas un trop prompt retour du cardinal. Ainsi, le précepteur du roi, Beaumont, devenu évêque, se disait plutôt contre (il faillit y laisser sa place), tandis que son confesseur, le jésuite Paulin, glissait de la prudente réserve à une approbation mesurée. Le Parlement de Paris eut vent, fin décembre, d'un retour imminent ; saisi de fureur, il mit de nouveau la tête du cardinal à prix (le 29), décida de lui voler à nouveau ses biens (en grande partie mis à l'abri par Ondedei, Colbert et d'autres) et se contenta de piller et vendre à l'encan sa magnifique bibliothèque (en grande partie sauvée, restituée ou rachetée par la suite).

Mais Mazarin était déjà en France : il avait passé la frontière la veille de Noël, salué à Sedan par une triple salve d'artillerie. Quelques jours plus tard, il pénétrait en Champagne, à la tête de sept à huit mille écharpes vertes, encore moins françaises que lui.

Le cheminement, assez lent jusqu'à la Loire (Pont-sur-Yonne, 9 janvier, Gien, le 16) à cause des dangers à contourner, s'accéléra ensuite, puis se précipita, après Vierzon, dans une province tout acquise aux écharpes blanches. Mazarin s'était contenté d'une escorte de 300 cavaliers lorsqu'il rencontra, le 28 janvier, à deux lieues de Poitiers, le roi, son frère et de nombreux gentilshommes venus à sa rencontre : on dit qu'ils tenaient tous à la main des branches de laurier, signe de victoire... La reine, qui attendait chez elle, montrait de tels signes d'impatience qu'elle surprit le fidèle et sage Le Tellier, qui se posa aussi des questions sur le caractère réel de ce qui ressemblait à une vraie réunion de famille, joyeuse et pleine de chuchotements discrets.

Il faut bien y venir. Depuis plus de trois cents ans, on se pose ce grave problème, qui offre sûrement une importance cruciale dans l'histoire de l'humanité : la reine et le cardinal furent-ils amants, au sens actuel du mot ?

Sans doute le petit peuple, surtout urbain, qui lisait ou entendait les mazarinades les plus salaces, en était-il persuadé. Il faut dire très nettement qu'il n'existe aucune preuve de quoi que ce soit, qu'on ne sait rien, pas plus que sur la « sexualité » de Giulio, à qui on a trop prêté pour l'enrichir vraiment. Correspondance, signes cabalistiques et cachets ont été scrutés et interprétés avec passion et subtilité. Des trois chartistes qui ont débattu de la matière, deux sont pour la chasteté, et Mme Claude Dulong contre, avec inauguration à Poitiers. Cela dit, l'affection très chaleureuse de la reine est évidente, celle de Mazarin l'est un peu moins, si on a parfois l'impression qu'il s'adresse à elle « en mari » comme l'a malicieusement écrit Hubert Méthivier. Mon avis, c'est que ce point n'offre aucun intérêt historique.

L'important, et cela seul compte, c'est la confiance presque absolue que ces deux grands personnages —

surtout la reine — éprouvaient l'un pour l'autre. L'important, c'est que la reine (et son fils) ne pouvaient pas gouverner sans ce ministre qui tenait presque tous les fils en sa main, et que personne, absolument personne autour d'elle n'était capable de le remplacer, et même de le suppléer convenablement. L'important, c'est que cet homme, parrain — *padrone* en italien, on l'a dit — était en somme un père — *padre* — spirituel et serait bientôt un maître à penser et à gouverner. L'important enfin, c'est que Mazarin, quel que soit son pouvoir ou son charme, tient rigoureusement la totalité de son pouvoir de la reine seule jusqu'au 5 septembre 1651, et ensuite du roi, qui a délégué son propre pouvoir à sa mère : théoriquement, il peut être congédié sur-le-champ. Ces deux puis trois grands personnages sont profondément liés, voire soudés et ne peuvent rien isolément, bien que le roi grandissant puisse théoriquement tout, mais n'y songe pas ou ne veut pas y songer encore.

Il n'empêche qu'en février 1652 le pouvoir légal, mystique aussi et le droit de commander le royaume se trouvaient là où résidait le roi, donc à Poitiers, même si deux forts noyaux d'opposition existaient ailleurs, dans Paris grouillant et enfiévré et à Bordeaux et aux alentours avec Condé et ses bandes. Outre quelques secteurs agités (Anjou, Provence), il y avait tout de même encore l'armée espagnole, toujours présente aux frontières et même au cœur du royaume, grâce aux condéens et aux Bordelais.

Comment sortir de tout cela ?

LES RETOURS : BORDEAUX-PARIS, POITIERS-PARIS (JANVIER-AVRIL 1652)

Les efforts de Condé et de ses séides, bordelais ou non, n'avaient pas obtenu le succès escompté. Dans la Saintonge assez passive, ils avaient facilement (à la fin de 1651) pris Saintes, Taillebourg et Tonnay-Charente, et assiégé Cognac et Angoulême. Mais les troupes royales revenues de la frontière reprirent toutes ces villes, tandis que La Rochelle passait de Condé au roi moyennant quelque argent. Au début de 1652, les troupes condéennes, qui fondaient, furent vaincues à Tonnay-Charente et se contentèrent ensuite de se nourrir au sud de la rivière. D'autres régiments royaux survenant sous Harcourt et Saint-Luc, Monsieur le Prince perdit tour à tour les autres villes qui l'avaient accueilli ; même Agen, qui, après avoir refusé de lui rouvrir ses portes, acclama Harcourt, lequel apportait la promesse royale de sauvegarder privilèges et propriétés (1er avril). Il ne restait que Bordeaux, enfoncé dans le désordre et la quasi-guerre civile. Pas plus que Mazarin, Condé ne s'occupa de cette étrange ville. Il comprit très vite que la décision se ferait à Paris et entreprit, avec quelques amis sûrs, une extraordinaire et rapide chevauchée à travers la France profonde, qui se souciait peu de lui, tout occupée qu'elle était à panser ses plaies. Ils rencontrèrent le 1er avril les troupes amies de Monsieur, puis celles de Turenne, qui ne l'étaient pas. D'où venaient-elles ?

Mazarin et la Cour de Poitiers avaient rapidement su que, la plus grande partie de la Guyenne étant désormais soumise, il était inutile de marcher immédiatement sur Bordeaux enfiévré, alors que l'Anjou voisin frondait à nouveau. La remuante cité d'Angers avait repris ses querelles, chassé une municipalité jugée trop royaliste et installé des hommes nouveaux, marchands et boutiquiers, non officiers royaux surtout. Cette mini-révolution d'hôtel de ville aurait peu compté si deux personnages dangereux ne s'en étaient mêlés : le duc de Rohan, gouverneur de l'Anjou, s'était déclaré condéen en janvier et menait la chasse aux officiers, aux côtés du parti dit populaire ; d'autre part, le duc de Beaufort avait quitté Paris avec une petite armée, trois ou quatre mille hommes, en principe pour venir épauler Rohan. Il fallait réagir.

La Cour et son train allèrent donc s'installer à Saumur, dans le vaste château remarquablement restauré et fortifié par Duplessis-Mornay. Ils apprirent vite que le pauvre Beaufort s'était quelque peu égaré avec ses troupes, et qu'il avait été arrêté du côté du Mans par des régiments fidèles. Il fallut pourtant se résoudre à assiéger Angers, ville forte qui résista près de deux mois. Son évêque, un membre de l'illustre famille janséniste des Arnauld, avait assez tôt abandonné sa ville, par prudence autant que par raison. Rohan, non secouru de l'extérieur, ayant capitulé le 29 février, l'évêque réussit au moins à empêcher le pillage de la ville, abandonnant aux soldats les faubourgs, qui après tout n'étaient peuplés que d'ouvriers et de paysans. Un intendant qui avait déjà opéré dans le secteur, de Heere, arriva dans les bagages de l'armée, nettoya la municipalité frondeuse et installa pour plus d'un siècle des officiers royaux bien dévoués : épisode symbolique. Mais la ville se révolta encore en 1656, ce qui montre déjà que la clôture officielle de ce qu'on appelle Fronde ne sonne pas forcément le retour au calme complet et à l'ordre absolu. Ayant vaincu la petite fronde angevine et isolé les condéens de Bordeaux, Mazarin et la Cour remontèrent la Loire par Tours et Blois, mais évitèrent Orléans, la ville de Monsieur, assaillie puis occupée par son héroïne de fille, la Grande Mademoiselle, assistée d'un état-major de « maréchales » (trois comtesses très excitées) qui avait interdit la ville (d'ailleurs consentante) à Nemours, à Beaufort et à leurs équipages. La Cour atteignit la vallée du Loing... qu'empruntaient aussi Condé et les siens après avoir passé la Loire à La Charité. En somme parallèles, les deux troupes dévastaient tout sur leur passage, mais finirent par se rencontrer près de Bléneau (7 avril). Condé fit d'abord reculer Turenne (qui alla mettre la Cour à l'abri à Gien), puis il fut repoussé et fit route vers la capitale avec le reste de ses troupes, qui pillaient tout sur leur passage (celles de Turenne aussi). Le prince entra à Paris le 11 avril ; il reçut un accueil chaleureux, peut-être moins que précédemment, les habitants de la grand-ville se trouvant un peu fatigués de toutes ces agitations et en proie à de graves difficultés économiques auxquelles ils donnaient le nom — pour nous exagéré — de « famine » — et pourtant le prix du pain allait encore quadrupler. La Cour suivit à distance, mais alla prudemment s'installer à Saint-Germain (28 avril), se préparant au choc décisif.

En somme, la situation était sensiblement la même que trois années auparavant, mais ce n'était plus Condé mais Turenne qui protégeait le roi et la Cour ; Monsieur le Prince était devenu l'adversaire.

Va donc commencer le dernier épisode de cette suite insensée de désordres, de folies, de trahisons et de tueries qu'on appelle Fronde.

Le dernier épisode : la guerre de six mois, (avril-octobre 1652)

On ne peut qu'évoquer, et non pas conter — il y faudrait mille pages, dont la moitié incertaines — l'imbroglio d'intrigues, de querelles, de batailles et d'émeutes qui emplissent l'année 1652, l'une des pires que connut le royaume de France.

Pour y voir clair d'un seul trait, il suffit de rappeler que Condé, arrivé le 11 avril, repartit vers l'étranger le 13 octobre après avoir gagné, bien mal, l'affreuse et sanglante bataille de la porte Saint-Antoine (2 juillet), et que Louis XIV rentra triomphalement dans sa capitale, follement fêté, huit jours après la fuite du prince félon. Mazarin s'était prudemment éloigné et ne rentra, aussi triomphalement, que le 3 février 1653 : il avait laissé passer le temps, son grand maître.

Mais les acteurs ? Et les péripéties ?

Les acteurs sont toujours les mêmes, tantôt amis, tantôt ennemis, mais toujours pétris d'ambition et honnissant Mazarin ; quelques-uns pourtant, au Parlement, dans la bourgeoisie, dans le petit peuple fort éprouvé, inclinent vers une réconciliation longtemps improbable. L'un d'eux, non le moindre, Paul de Gondi, enfin fait cardinal par le pape le 19 février, l'apprit dix jours après et prit le nom de cardinal de Retz — le troisième de la famille — en attendant de recevoir du roi — qui le fit attendre — la barrette cardinalice, puis d'aller à Rome pour les ultimes cérémonies ; mais il restait coadjuteur, son oncle l'archevêque ne se décidant pas à mourir. L'une de ses ambitions étant exaucée, on aurait pu croire qu'il modérerait l'autre ; pourtant, il persista à intriguer, plus discrètement peut-être, mais en gardant sa clientèle de curés de choc, ses pamphlétaires et ses agitateurs à gages, capables de mobiliser plusieurs centaines de pauvres diables batailleurs et pillards. Monsieur, Beaufort, les Broussel et les autres demeurent eux-mêmes dans l'incertitude ou l'agitation. Condé domine tout ce monde de son ambition démesurée, de sa fierté, de son courage presque insensé, de son endurance, de sa rapide intelligence encore traversée de folies. Mais il se heurte aux ambitions rivales, aux prudences qui s'étendent, aux incertitudes des foules, et naturellement aux royaux qui croisent autour de la capitale.

Plusieurs armées avaient parcouru la banlieue, durant cet affreux printemps de 1652, plein d'épidémies, peut-être de peste, de misère, de faim, de larcins, de viols et de « brûlements ». Les deux armées adverses, qui prenaient ou reprenaient tantôt une ville (Étampes) tantôt un village (Saint-Cloud), manquaient de presque tout et volaient tout ce qu'elles pouvaient. Puis une troisième parut, venue de l'est, celle du duc de Lorraine Charles IV, un duc sans duché (puisque celui-ci était occupé par les Français), beau-père de Gaston, et devenu un *condottiere* vendant au plus offrant les services de ses mercenaires, soudards escortés de saltimbanques, de putains, de chariots et de troupeaux dérobés le long du chemin, sorte de ravitaillement ambulant. Les princes l'avaient acheté pour délivrer leur garnison d'Étampes et les épauler ; Mazarin le fit payer plus cher pour qu'il parte : ce qu'il fit après avoir marqué toute la région d'incendies et de meurtres.

Il faut bien qu'un jour un combat s'engage : Condé

comme Turenne, qui se suivait, cherchent la meilleure occasion. Après des cheminements de jour et de nuit, Monsieur le Prince, qui est passé par Suresnes, Saint-Cloud, Meudon, ne peut traverser la Seine vers Charenton, ni entrer dans Paris avec ses troupes ; il contourne donc la capitale. Turenne, qui protège la Cour installée à Saint-Denis, est averti de la manœuvre et coince son adversaire entre les hauteurs de Charonne et la porte Saint-Antoine. Le 2 juillet, un combat épouvantable et sanglant s'engage. Condé est en train de le perdre lorsqu'une sorte de miracle se produit. Sa cousine Mademoiselle fait tourner les canons de la Bastille contre les troupes royales et ouvrir de force la porte par où se précipitent les soldats sanglants et dépenaillés, mais sauvés. Dans le combat avait été blessé mortellement Paul Mancini, le neveu préféré de Mazarin, celui qu'il avait choisi comme compagnon du roi et sans doute comme successeur : la disparition de ce brillant adolescent (quatorze ans) plongea Mazarin dans une longue prostration : la plus grande peine de sa vie, sans doute.

Le roi et la Cour attendent leur heure. Mazarin a fait travailler dans Paris les partisans de la paix, car c'est évidemment là que se joueront les derniers actes de la tragédie. Dans Paris où les parlementaires (pas tous) et les bourgeois se méfiaient tellement de Condé et de ses soldats qu'ils avaient fait clore, d'abord contre les Lorrains qui rôdaient, et ensuite contre eux, toutes les portes de la ville. Le 1er juillet, le Parlement avait pris l'initiative de convoquer pour le 4 à l'Hôtel de Ville une assemblée de plus de 300 notables, officiers de tous les quartiers et de tous les corps, prêtres, marchands, bourgeois : le projet, ambitieux, était d'imaginer une sorte de gouvernement provisoire pour Paris. L'irruption de Condé, le 2, modifie évidemment les projets relativement sages qui vont se faire jour. Le 4 août, la réunion projetée a bien lieu ; le désaccord est total entre les sectes et les partis : les princes n'imaginent rien de moins que de rendre la lieutenance générale du royaume à Gaston et de faire de Condé une sorte de généralissime ; les sages se contenteraient du départ de Mazarin et du retour du roi. Les désaccords et les querelles montant, des manifestants bruyants et des agitateurs stipendiés (par plusieurs !) s'en mêlant, tout s'achèvera dans le massacre, la tuerie, l'incendie d'une partie de l'Hôtel de Ville. Plus de trois cents morts resteront sur le terrain. Après de telles journées, le détail des événements confus et souvent sanglants qui suivirent ne mérite pas d'être relaté : des duels — Beaufort tue son cousin Nemours pour une querelle de préséance —, des complots, des simulacres de gouvernement « révolutionnaire » avec l'inusable Broussel, Retz qui se retranche à l'archevêché alors que Gaston retombe malade ; propagande montante et écoutée des envoyés de Mazarin pour une paix raisonnable et division du Parlement à ce sujet... Deux faits marquants en août : le roi convoque le Parlement à Pontoise (une partie viendra, poussée par son habile procureur général, Nicolas Fouquet) puis il ordonne à Mazarin, sur la demande de ce dernier, de se retirer du royaume (il va à Bouillon) pour sa propre sécurité et surtout pour faciliter l'imminente pacification.

À Paris, les anciens chefs de la Fronde se disputent, s'effondrent, ou préparent leur reddition. En septembre, des Parisiens, papier blanc au chapeau (c'est le signe de la paix, opposé à la paille condéenne) osent se réunir devant le Palais-Royal sans que

Condé, encore présent, réagisse fermement. Il partit le 13 octobre pour se mettre au service des Espagnols, et le roi rentra huit jours plus tard, précédé par Turenne et ses soldats et accueilli par l'enthousiasme habituel, et quelque chose comme un lâche soulagement.

La Fronde était tombée assez vite de l'horreur à la résignation, de la folie à la raison, au milieu de ruines matérielles et morales bien difficiles à relever. Elle finissait mal ou pauvrement, sans dignité, si elle en eut jamais.

Il restait au roi à pardonner aux uns, à condamner les autres, à exiler les moins coupables et à permettre à son Parlement de rentrer à Paris « sans prendre à l'avenir aucune connaissance des affaires de l'État et des finances ». Naturellement, à peu près tout ce que celui-ci avait décidé naguère était annulé.

Une victoire royale, certes, mais sur qui ou sur quoi ? Sur le désordre ? les illusions ? les ambitions ? le passé ? Mais d'abord, outre ce seul facteur d'unité que lui confère la haine maladive de Mazarin, que fut vraiment cette Fronde, ce temps de la Fronde, que celui qu'elle visait sut, malgré des erreurs, soupeser, contourner, mépriser et finalement dominer et vaincre, avec une fureur dans le travail et une souplesse dans l'intelligence dont on trouverait difficilement l'équivalent ?

CHAPITRE XIII

Penser la Fronde ?

Comme François Furet l'a fait pour la Révolution française, peut-on essayer de « penser » la Fronde ? En fait, on ne s'en est jamais privé, mais souvent en se contentant de juger, de condamner, de fustiger, ou bien de comparer l'incomparable, le Parlement de Paris à celui de Londres, voire aux élus fort légitimes de 1789, le serment du Jeu de Paume à l'Arrêt d'union, voire la fuite vers Saint-Germain la nuit des Rois à l'aventure piteusement terminée à Varennes. De respectables auteurs du XIXe et du XXe siècle ont vu dans les acheteurs d'offices des pères fondateurs de la monarchie constitutionnelle, voire d'une sage république libérale (une république en 1648 ! : l'horreur hérétique anglaise, ou l'infiniment petit des cantons suisses, des Provinces-Unies, ou de Venise la « Sérénissime »). Dans ce qui s'écrivit, de Fénelon et Voltaire à Lavisse et au-delà, on pourrait ramasser sans peine une sorte de sottisier, mais aussi les éléments d'une interprétation plus sensée, de Kossmann à Richet et Méthivier, puis aux générations montantes, Carrier, Descimon, Jouhaud et une cohorte d'Anglo-Saxons insuffisamment fréquentés.

On affirmera fermement que presque tous les

éléments de la Fronde — ou, si l'on veut, des Frondes — se rattachent au passé, qu'ils prolongent, exaltent, puis terminent, ou peu s'en faut.

Ainsi, la prétention de la haute noblesse de continuer à commander dans les provinces où ses membres étaient solidement possessionnés, où ils pouvaient compter sur de nombreux vassaux qui leur étaient unis par un solide lien de fidélité, qui leur « appartenaient », comme on disait ; des provinces où le roi se devait de leur confier les fonctions de gouverneurs, aussi honorifiques que profitables. Des provinces qui consentaient à dépendre de ces sortes de chefs naturels, d'autant que chacune possédait sa langue et ses dialectes, ses coutumes juridiques, souvent ses propres institutions (États, parlements) garantes de ce qu'on appelait ses « libertés », c'est-à-dire ses privilèges. Il faudrait encore du temps pour que ces profondes attaches régionales se fondent — si elles y sont vraiment parvenues — dans un État, une nation, une patrie. Naturellement, ces prétentions nobiliaires et provinciales s'accentuaient toujours en temps de régence, temps d'affaiblissement de la puissance royale ; avant Anne d'Autriche, les deux Médicis — Catherine et Marie — avaient connu ces dures expériences déjà en tant qu'italiennes et la seconde avec un ministre italien, qui certes ne valait pas Mazarin (Concini).

Il était courant que les plus grands officiers de justice et même de finances, qui avait acheté fort cher leur fonction, ou en avaient hérité (avec une sécurité supplémentaire depuis la paulette) tentent de profiter de leur droit d'enregistrement pour réclamer le droit de contrôle, parfois même de décision, surtout en temps de régence. Il était tout à fait banal qu'en ces mêmes temps le Parlement de Paris rappelle qu'il était sorti — quatre siècles auparavant — du Conseil du roi, dans lequel il prétendait désormais s'immiscer ; bref, de participer à ce qu'on appela plus tard le pouvoir législatif.

Il était courant que le petit peuple des campagnes, et même des villes — de Paris surtout —, proteste, manifeste, brise, pille, à l'occasion tue quelque peu lorsque les impôts lui paraissaient particulièrement lourds et injustes, et ces manifestations durèrent bien au-delà de la mort de Mazarin. Mais il est de fait que — nous l'avons signalé — les impositions ont dans l'ensemble triplé depuis 1635, date à laquelle Louis XIII et Richelieu engagèrent la France dans une guerre qui devait durer un quart de siècle et consommer plus d'hommes que les précédentes ; naturellement, les révoltes antifiscales s'aggravèrent et se multiplièrent depuis cette date.

C'est aussi depuis 1635 que toute une partie de l'opinion qui comptait (pas le peuple, bien sûr) avait refusé d'accepter que la France entre en guerre contre les plus catholiques des monarques, car, pour ces descendants d'anciens ligueurs qui auraient préféré un monarque espagnol à Henri de Navarre, la politique du royaume devait dans tous les cas être inspirée et même commandée par la religion dominante, ce que Louis XIII et aucun des cardinaux ne pouvaient accepter, ce qu'ils appelaient la « raison d'État » commandant tout. Il est sûr que la « cabale des dévots », la Compagnie du Saint-Sacrement et des groupes jansénistes difficiles à circonscrire ont soutenu cette manière de voir, opposée à l'intérêt du royaume.

La Fronde — ou les Frondes — résultent de la conjonction de tous ces facteurs, exacerbés par cette croyance répandue (et diffusée moyennant finances) en la faiblesse de la « bonne reine » et la coupable vilenie de l'affreux « Sicilien » que la majorité des 5 200 mazarinades répandues inlassablement accuse de tous les péchés d'Israël (si l'on peut dire !) et de beaucoup d'autres.

Les ambitions, les rêveries et les appétits des uns et des autres, qui purent se joindre quelques mois, expliquent sans doute la violence et la durée du phénomène Fronde dans un climat de misère et d'horreurs qui sera décrit ; un phénomène dont aucun trait n'est nouveau, même si deux ou trois idées presque neuves peuvent être pêchées dans les pamphlets du temps. Un phénomène qui, même si certains de ses aspects ont reparu, un peu plus tard, ne peut être interprété que comme une terminaison, presque comme la fin d'un monde, celui des intrigues séparatistes et de la désobéissance institutionnelle.

Mais cette fin du monde, comment a-t-elle pu être vaincue, ou du moins jugulée ?

« Penser » l'échec de la Fronde

Point n'est besoin de réfléchir longtemps, ni de se perdre dans des « questionnements » savants. La Fronde a échoué par ses propres faiblesses et par l'intelligence — pourtant discutée — et la puissance — par instants branlante — de ceux qu'elle visait, c'est-à-dire Mazarin et son petit groupe de fidèles, et par ricochet la reine, sinon le jeune roi.

Qu'y avait-il de commun entre quelques douzaines de parlementaires qui avaient tous acheté leur charge (ou en avaient hérité) comme on acquiert une grosse ferme et en avaient tiré, outre du pouvoir et des profits, une noblesse qui n'était jamais que « de robe », et ces brillants personnages dont l'ancienneté nobiliaire (qui seule comptait) remontait à plusieurs siècles, parfois aussi loin que les Capétiens, plus loin même pour une poignée ? Comme les autres, Condé, en des termes qu'il savait rendre assassins, ne se privait guère de se moquer d'eux, quitte à les utiliser de temps à autre, parfois à leur sourire.

À l'intérieur de chaque groupe, l'entente régna rarement. On a eu l'occasion de relever que, dans le Parlement de Paris — le seul qui joua ou tenta de jouer un rôle important —, on trouvait des exaltés, des mesurés, des fidèles au pouvoir (dont le nouveau Procureur général, Nicolas Fouquet), et un marais attentif dont l'effectif grossit. Sans compter tous ceux (les deux tiers ?) qui, par alliances subtiles et actes sous seing privé, soutenaient secrètement de leurs deniers les financiers et traitants qu'ils vouaient à haute voix à toutes les gémonies.

Quant aux Grands, on a pu constater, tout au long d'un récit pourtant réduit à l'essentiel, à quel point leurs rivalités, d'ailleurs variables, les empêchaient d'agir efficacement. Par surcroît, l'orgueil souvent exacerbé de Monsieur le Prince comme les variations de Gaston d'Orléans et les manigances secrètes ou violentes de Gondi venaient s'entrecroiser et se gêner, empêchant d'aboutir telle combinaison pourtant subtile, tel projet hardi, peut-être réalisable avec de la persévérance et de l'application, dont tous manquaient.

Sans doute le mécontentement d'une partie de la bourgeoisie qui se disait surimposée et du petit peuple qui l'était vraiment vint-il à plusieurs reprises épauler par la manifestation, les cris, les violences et les armes les ambitions ou les aspirations des deux groupes privilégiés. Mais ce fut par à-coups, décisifs quelques jours ou quelques semaines, et avec des chutes de tension qu'expliquaient la profonde adoration du jeune roi, jointe à quelque fatigue et à plus encore de misère.

Aux frondeurs séparés ou provisoirement unis il aurait fallu autre chose que des bricoleurs de barricades, des compagnies de milice bourgeoise peu courageuses et mal armées ou quelques bandes de franches canailles avinées et pillardes. Certes, les seuls frondeurs qui auraient pu l'emporter, les grands nobles, eurent des troupes mais (sauf pour Condé, et encore...) assez peu nombreuses, capables de fondre ou de s'égailler lorsque la solde manquait ou que l'intendance ne suivait pas.

Sauf quelques excités — en de courts moments —, personne n'osait s'en prendre à la majesté du monarque grandissant puis majeur, bientôt sacré, mais bien à ses conseillers, l'odieux Italien surtout, homme de rien, plein de tous les vices. Mais celui-ci n'était rien de moins que faible, et très rarement vulnérable.

Certes, ce politique et ce diplomate avait mal saisi ce qu'était vraiment un parlement français et avait cru qu'il pourrait intimider ces prétentieux comploteurs en acceptant qu'on arrête quelques-uns de leurs meneurs. Les révoltes d'août 1648 lui ouvrirent rapidement les yeux. À partir de là, sa tactique revêtit une simplicité qu'on pourrait dire évangélique si ce terme convenait à l'homme. Il lui fallut calmer la fière et coléreuse Anne d'Autriche, et lui apprendre à souffrir en silence et à céder parfois, ou paraître céder. L'avenir de son fils étant en jeu, elle comprit. L'ascendant naturel et l'attentive affection du cardinal firent le reste.

Quant à l'essentiel de sa tactique, elle se ramena à éloigner le monarque et la Cour du danger — Paris, par là puni — ; à diviser ses adversaires, soit en les flattant, soit en les corrompant, soit en les infiltrant, soit en s'éloignant (sans joie la première fois, avec jubilation la seconde), donc en paraissant céder tout en préparant une revanche qui survint toujours. Il comptait religieusement sur le temps, ce grand maître que ne surent pas courtiser ses adversaires, Gondi comme Condé.

Et surtout il sut presque toujours, aux moments cruciaux, avoir la force avec lui, malgré quelques imprudences, comme d'aller habiter l'indéfendable Palais-Royal. Sans doute eut-il la chance d'avoir Condé avec lui au début de la Fronde, puis Turenne par la suite. Les deux plus grands généraux français jouèrent donc tour à tour le rôle de défenseurs du Trône et donc du ministre. Mais qu'auraient été de grands généraux sans armée ? Et comment recruter une armée sans l'acheter ? Ainsi, lorsque Turenne, après une éclipse, rejoignit le camp royal, ses régiments l'avaient en partie abandonné ou s'étaient évaporés. Quand Condé quitta Paris, ses propres troupes, défaites ou découragées, ne suffisaient effectivement plus à soutenir une ambition ou une résistance devenues l'une et l'autre impossibles.

Au contraire, le roi, soutenu à la fois par des financiers, des gardes, une maison militaire solide et sûre, détenait la double puissance de l'argent et des armes — qui pourtant avaient paru un moment prête à se dérober. C'est ici qu'il convient de souligner le rôle bénéfique des unités suisses au service de la France, qui peut-être la sauvèrent du désordre, comme le montre un article très neuf et peu connu d'Yves-Marie Bercé sur « Le rôle des suisses pendant la Fronde* ».

Depuis plus d'un siècle, les soldats suisses avaient formé le noyau stable et solide des forces de la monarchie française. Les Cent-Suisses ordinaires, institués dès 1496, appartenaient à la garde personnelle et en quelque sorte « rapprochée » du roi. Le régiment des Gardes suisses, appelé à devenir fameux, fut constitué en 1616. On trouvait aussi des Suisses, généralement fantassins, dans d'autres régiments, où ils fournissaient souvent avant-gardes et troupes de choc, et gardaient les plus importantes places-frontières. En tout, une bonne dizaine de milliers d'hommes, solides et bien payés (du moins en temps ordinaire). Ils avaient défendu le Palais-Royal au milieu des émeutes, protégé la fuite à Saint-Germain et se tenaient au premier rang devant Paris insurgé. On a dit que Louis XIV évoqua leur fidélité et le nom de leurs capitaines jusqu'à la fin de sa vie. Même si Mazarin omit parfois de les payer ou détourna une partie de leur solde (ce que conte sans ambages l'ambassadeur de France auprès des Treize Cantons, La Barde, en résidence à Soleure), les velléités de « grève » des soldats ou de retour dans leurs cantons ne passèrent jamais à complète réalisation, même si quelques hommes, impayés ou congédiés par aberration, regagnèrent leurs vallées ou écoutèrent les sirènes d'Espagne. Même si l'employeur français leur devait plusieurs millions (dont finalement la plus grande partie fut versée), la plupart demeurèrent fidèles, les cantons ayant besoin du soutien politique, économique et même financier de la France, même si elle se dérobait par moments.

* Dans *Cinq siècles de relations franco-suisses*, 1984, p. 73-86.

Si bien que la discipline, la solidité et la bravoure des Suisses, jointes à celles d'autres régiments de la Maison du roi, concoururent fortement à contenir ou vaincre les diverses troupes frondeuses, surtout aux périodes les plus difficiles. Ils avaient déjà joué ce rôle durant les guerres de Religion, et Henri IV dut vendre beaucoup d'offices pour honorer ses dettes envers eux. Mazarin et le roi triomphèrent des divers frondeurs et de leurs alliés parce qu'ils purent, aux moments graves, rassembler les soldats les plus braves et les plus nombreux. Et s'ils y parvinrent, ce fut parce que le respect du roi était profond, mais au moins autant parce que les meilleurs financiers et leurs habituels prêteurs ne ménagèrent pas leur soutien, après quelques hésitations tout de même.

En de pareilles difficultés, ce sont presque toujours, intimement unies, les armées solides et l'argent abondant, plus de l'intelligence, qui décident de la victoire. Mazarin en fut-il toujours également persuadé ? L'argent à débourser le fit toujours souffrir, et il peut paraître absurde qu'il ait tenté d'économiser ou de grappiller sur la solde des excellentes troupes qui, suivant le roi, n'avaient ni l'habitude ni la possibilité de « vivre sur le pays », comme tant d'autres. Le cardinal avait toujours compté, avant tout, sur son génie de l'intrigue et sur son évidente supériorité intellectuelle dans le domaine de la négociation et de la séduction. Mais quand il décida de revenir de Brühl, à la fin de 1651, il fut bien contraint d'acheter une armée, même s'il trouva l'argent ailleurs que dans ses réserves. Exemple encore plus frappant de cette simple constatation à laquelle il dut se soumettre, que l'or et les armes décident presque toujours de tout...

CHAPITRE XIV

Les malheurs des temps (1648-1652)

Un grand personnage peut fournir un portrait en pied à un peintre et un titre à un livre. Il ne peut être isolé de son entourage, pas plus que de son temps. Aussi ce chapitre, trop court, est-il dédié à l'ensemble des Français sans lesquels Mazarin n'eût pu être ce qu'il fut.

En 1862, paraissait chez Didier et Cie un livre de plus de 500 pages qu'Alphonse Feillet, assez oublié, consacrait à *La Misère au temps de la Fronde et saint Vincent de Paul, ou un chapitre de l'histoire du paupérisme en France*. Certes, l'auteur rendait ainsi hommage à un thème cher à l'empereur Napoléon III et à une œuvre et à un saint chers à l'impératrice. « L'histoire est fille de son temps », devait plus tard dire Lucien Febvre, qui fut peu compris. Au-delà d'une préface qui surprendrait qui la lirait aujourd'hui (« il faut prouver par des faits et des chiffres ; il faut que l'historien se fasse économiste », p. VI), on découvre chez Feillet une imposante collection de lettres, de Mémoires, de statistiques démographiques (mais oui) émanant de sources de première main et de premier plan, soigneusement recueillies, dont la réunion dut frapper les âmes sensibles et les véritables historiens du second Empire. On y relève d'impressionnantes et précises relations de ravages soldatesques, de misère, d'épidémies et de disettes qui embrassent la presque totalité de la régence (donc plus que la période frondeuse) et la plus grande partie du royaume, avec une prédominance des provinces où a sévi la guerre, civile ou étrangère. Cela va de la quasi-anthropophagie et de la mastication de charognes au viol de filles qu'on fait sauter de l'intérieur à la poudre après usage réitéré et aux commis des tailles qu'on fait bouillir dans des marmites de corroyeurs. Des témoignages moins horribles ou plus sereinement exprimés sont également donnés, ainsi que de très simples relevés de sépultures et de baptêmes transmis par quelque juge ou curé érudit.

Ainsi, cette lettre à son frère du poète et dramaturge Rotrou, officier de justice au bailliage royal de Dreux et qui refuse de quitter son poste au milieu d'une épidémie (de peste ?) : « Ce n'est pas que le péril où je me trouve ne soit fort grand, puisqu'au moment où j'écris les cloches sonnent pour la vingt-deuxième personne qui est morte aujourd'hui ; ce sera pour moi quand il plaira à Dieu. » Il plut à Dieu quelques jours après, le 27 juin 1650. Rotrou avait quarante ans...

Deux mois plus tard, le médecin, épistolier et polémiste Guy Patin notait que Paris avait déjà perdu vingt-deux médecins sur une centaine qui y sévissaient, et que d'autres étaient fort malades — on peut d'ailleurs se demander, Molière aidant, si c'était là un grand malheur !

Feillet cite aussi la correspondance, maintes fois invoquée depuis, de l'abbesse de Port-Royal Angélique Arnauld, qui peint simplement la détresse en Ile-de-France : « On ne laboure plus, il n'y a plus de chevaux, tout est volé. [...] Il sera impossible de vous envoyer du pain, ni d'en avoir pour nous. [...] Les paysans sont réduits à coucher dans les bois, heureux d'y avoir retraite pour éviter d'être assommés [par les soldats] ; et encore s'ils avaient du pain à leur besoin » (janvier 1649). Et de répéter en sa correspondance cette exclamation empruntée à l'Écriture : « Les grands et les puissants seront tourmentés puissamment », puisqu'ils sont responsables... Et pourtant ils ne faisaient que guerroyer à la mode du temps, avec tortures, rapines, viols et incendies, ce qui saisissait d'horreur Feillet et ses lecteurs. Nous avons fait mieux depuis, mais le problème n'est pas là.

Des excès, qu'on attribue presque toujours aux armées, sont dénoncés avec la plus touchante sensibilité dans les *Relations* que firent publier une pléiade de belles âmes fort charitables, dont beaucoup de femmes liées à la fois au jansénisme et à la Compagnie du Saint-Sacrement. Ces courtes brochures peignent, de 1650 à 1655, la détresse des provinces du Nord et de l'Est, Picardie et Champagne surtout, et même de la Loire, pour exciter les dons aux œuvres charitables, qui consistent souvent en l'organisation de sortes de soupes populaires, mais par milliers, dont on se transmet les recettes. Feillet, comme d'autres avant et surtout après lui, tire de ces relations et de beaucoup d'autres Mémoires des centaines de lamentables exemples de détresse.

Sans doute de bons esprits pour qui le XVIIe siècle ne saurait jamais être assez brillant ont soutenu que les kyrielles de récits lamentables rassemblés par Feillet avaient été choisis — et peut-être noircis — dans le dessein probable d'éveiller une puissante et durable charité. La remarque est fondée et il est vrai que les exemples donnés ne couvrent qu'une partie du royaume. Il n'empêche que les faits rapportés sont exacts et que deux catégories d'études très postérieures — régionales et thématiques — les soutiennent et les nuancent par des confirmations, des élargissements et aussi des exceptions.

Avant de les rappeler, il convient de souligner un apport de Feillet particulièrement neuf, du moins en son temps : il entame un premier cycle, assez simple, de recherches de démographie historique (à vrai dire, le XVIIIe siècle avait commencé, mais en s'étudiant lui-même, avec Messance, Moheau et quelques autres). Il donne le résultat de comptages effectués dans de bons registres paroissiaux, par exemple pour Verdun-sur-le-Doubs et Limours. Dans la première ville, on enterrait annuellement entre 60 et 80 personnes ; or 120 moururent en 1650 et, après un répit, 234 en 1652. À Limours (Essonne), où d'habitude on ne dépassait pas la vingtaine, on atteint 43 en 1650 et 101 en 1652. L'auteur faisait remarquer qu'en même temps que croissaient les sépultures, les baptêmes chutaient environ de moitié : ainsi, à Verdun, en 1652, 37 au lieu de 80 habituellement, face aux 234 morts recensés. Feillet venait de découvrir (ou de redécouvrir) ce qu'on appela longtemps après lui — avec quelque systématisation peut-être — la « crise démographique de type ancien ». Et de répéter l'expérience pour Arnay-le-Duc (Côte-d'Or), qui entre dans le même schéma, retrouvé en d'autres lieux par la suite. Mais pourquoi 1650 et 1652 ? Les agents de mort étaient-ils les seuls soldats, même s'ils véhiculaient des épidémies et s'ils emportaient ou détruisaient récoltes, animaux, outils, arbres ? A Limours, oui, sans doute ; à Verdun, non. Les choses sont plus compliquées.

Soixante années après Feillet, un Bourguignon de

talent, poète et romancier autant qu'historien — heureuse rencontre —, allait beaucoup plus loin en étudiant avec profondeur et délicatesse *Les Populations de la ville et de la campagne dijonnaise au* XVIIe *siècle*, une thèse élégante et brève, rééditée en 1955. Outre l'application à une région précise de l'analyse économique et sociale d'une longue dépression et d'une lente reconstruction, Gaston Roupnel mettait en relief, avec les ravages militaires et les épidémies, le rôle patent de ce qu'on appelait alors « famine » (soit disette plus cherté des vivres, les céréales étant l'essentiel), et les profits tirés de la misère des uns (les paysans) par la ruse et l'âpreté des autres, essentiellement les parlementaires, officiers et bourgeois de Dijon.

De ces « famines » issues de la cherté (due à de mauvaises récoltes, à une mauvaise distribution et à des spéculations avérées) de l'aliment essentiel, le blé, la moins chère et la plus utilisée des calories, il détermine avec précision les apogées : 1648-1652, 1652 surtout, en attendant 1661-1662, et en démonte bien la mécanique, posant ainsi des problèmes de prix des subsistances qui ont beaucoup occupé les historiens des années 1950 (et furent abandonnés ensuite). Son autre apport, peut-être plus profond, fut de démonter une autre mécanique, celle de l'enrichissement des « gros » au milieu des misères, par un procédé vieux comme le monde mais que certains historiens (pudeur ?) hésitent à exposer. Rien de plus simple : on prête du blé, du bois, de l'argent à des chefs de famille ou à une communauté villageoise, à condition qu'ils ne soient pas dépourvus de quelques biens au soleil. Les difficultés persistant et les intérêts (tolérés plutôt que légaux, mais effectifs : 5 % l'an pour les raisonnables) courant d'année en année, le débiteur ne peut rembourser. Le créancier, qui a toujours pris hypothèque, se paie en se faisant adjuger à bon compte les biens de son débiteur, qui devient parfois fermier sur son ancien domaine. Ainsi passèrent à de solides parlementaires dijonnais (parmi eux, des Bossuet) de belles forêts communales, des prairies de vallées et des arpents de vigne et de terre à blé. Ce milieu de siècle ? Une expropriation, osa écrire Roupnel qui exagérait à peine.

D'autres historiens ont labouré les mêmes sillons, en les approfondissant et les élargissant, et il n'est pas inutile de le dire. En Lorraine, Guy Cabourdin a mesuré avec précision la catastrophe économique du XVIIe siècle : beaucoup de villages ont perdu les deux tiers de leurs habitants et n'ont pas encore forcément retrouvé leur niveau antérieur à la fin du XVIIIe siècle. Mais la catastrophe date d'avant Mazarin et s'insère dans les ravages de la guerre de Trente Ans. Cependant, personne n'a étudié avec une aussi précise maîtrise l'impitoyable système d'enrichissement des bourgeois (ici de Toul) aux dépens de petites gens épuisés par des crises de subsistance qui les ont contraints à s'endetter. Il est seulement dommage pour nous que ces admirables pages concernent la fin du XVIe siècle (comme telle étude de l'auteur de ces lignes sur un Pocquelin beauvaisien de 1572). Mais la même mécanique impitoyable d'expropriation des paysans endettés a été présentée pour l'Ile-de-France par Jean Jacquart qui a donné, justement pour la période de la Fronde, une étude démographique, économique et sociale d'une grande précision. La rappeler clôt toute discussion, au moins pour la France du Nord, à laquelle appartient la région parisienne.

En cinq années, mais surtout en 1652, année

terrible où les soldats royaux, condéens et lorrains se conjuguèrent avec une météorologie désastreuse et de longues traînées d'épidémies dites « pesteuses », donc très contagieuses, trente villages étudiés de près mirent au tombeau 25 à 30 % de leur population ; en cette année 1652, dans quelques paroisses, le nombre habituel des sépultures quintupla, et parfois décupla. Parallèlement, les subsistances se trouvant rares, coûteuses et mauvaises et la terre rapportant de moins en moins, la rituelle mécanique se déclencha, avec une rudesse accrue par la puissance de la capitale voisine. En gros, les petits paysans perdirent presque tous leurs biens, les paysans moyens furent laminés par les gros, et certains bons laboureurs (les plus aisés) n'échappèrent pas aux riches parlementaires et financiers de Paris qui appauvrirent même de modestes gentilshommes. Une victoire de la Ville sur une paysannerie qui s'affaiblit ou s'enfonce, sauf quelques coqs de village. Vers 1660, à la veille de la grande crise de 1661-1662 (trop souvent ignorée), la situation ne s'est pas vraiment rétablie. Jean Jacquart rencontre des friches persistantes, des fermes toujours ruinées, des vergers non replantés, de nouveaux maîtres orgueilleusement installés, et de petits paysans démunis réduits à l'état de journaliers ou de valets sur leurs anciens biens, quand ils n'ont pas, écœurés, rejoint la plèbe mendiante de la capitale. Si Jean Jacquart n'a jamais été soupçonné de « noircir le trait », on notera pourtant qu'il a étudié spécialement la banlieue Sud, une de celles qui connut — mais l'Est et le Nord aussi — les plus graves dégâts des diverses soldatesques.

Et pourtant, si l'on se transporte vingt lieues plus au nord, autour de Beauvais, en un région qui ne fronda pas, qui ne fut pas envahie, où l'on ne se battit pas (mais où firent étapes quelques régiments du roi, qui paraissent s'en être surtout pris aux poulaillers, aux filles et aux cabarets), des observations à la fois singulières et assez concordantes peuvent être présentées. D'une part, le prix des blés sur les marchés, parfaitement connu, enregistre sous la Fronde (absente ici) une hausse qui va du simple au triple et culmine également en 1650 et 1652. Il en résulta les classiques difficultés d'alimentation, la misère, des épidémies (digestives souvent) et les habituelles conséquences sociales (endettement, saisies, expropriations : ainsi, de gros marchands comme Nicolas Danse purent se constituer six domaines ruraux en quelques années). Et comme en Ile-de-France, les mêmes phénomènes redémarrent vers 1659-1660, sans que ni la guerre ni la peste ne jouent un rôle quelconque, mais simplement une suite de mauvaises récoltes aux conséquences multipliées par les maladresses — ou la trop grande adresse — de la distribution. Et dans ce Beauvaisis aussi, la lecture des registres paroissiaux mène à des conclusions comparables, surtout en 1649 et 1652 : doublement ou triplement des sépultures, réduction de moitié du nombre des baptêmes. Dans le gros bourg de Mouy (il est vrai textile en partie, donc pauvre), le nombre des convois mortuaires passe d'une vingtaine par trimestre au début de 1648 à une centaine dans le troisième trimestre 1649 et dans les deux derniers de 1652 (les données intermédiaires manquent). Disettes ? maladies ? Sans doute les deux, mais surtout pas les soldats, et Mazarin moins encore.

Des sommets de cherté en 1650

Il est temps désormais de quitter le champ réduit mais fort probant des exemples régionaux pour tenter de prendre une vue plus haute de ces graves phénomènes qui ont affecté le milieu du siècle. Pour y parvenir, il est maintenant possible de s'appuyer sur de vastes et solides synthèses : Biraben pour la peste, Braudel pour les prix et leurs conséquences, Dupâquier pour la démographie française (les autres pays sont aussi connus, mais on les laissera de côté).

Pour la peste, la vraie (bubonique ou pulmonaire car on appelait peste toute maladie très contagieuse), Jean-Noël Biraben, le grand spécialiste, situe les épidémies les plus graves avant 1644, avec des pointes terribles vers 1606 et 1630 et suggère qu'elles firent au moins 1,5 million de morts. Pour l'époque mazarine, une trentaine de cités (on connaît mieux les villes, qui écrivent, que les campagnes) purent être atteintes, presque toutes situées dans le Midi languedocien et surtout aquitain (Montpellier, Narbonne, Toulouse) et frappées plutôt en 1652 (toujours cette année maudite) et 1653. Sauf Bordeaux, toutes se situaient fort loin de la Fronde et des activités mazarines. Biraben estime que, de 1644 à 1657, la peste jeta au tombeau plus de 200 000 personnes. Chiffre bien élevé, qui doit englober des maladies dites « pesteuses », du type de l'épouvantable dysenterie bretonne et angevine de 1639, révélée par François Lebrun et Alain Croix.

Point de peste donc au temps de Mazarin, sauf des bribes méridionales. Mais des éruptions de prix céréaliers et de sépultures qui ne peuvent être étrangères l'une à l'autre. Voici plus de vingt ans que, dans la remarquable *Cambridge History of Europe* (t. IV), paraissait l'extraordinaire synthèse de Fernand Braudel *Prices in Europe from 1450 to 1750*, désormais disponible en français (dans *Écrits sur l'Histoire*, t. II). Un coup d'œil aux graphiques rassemblés montre que presque partout, de la Pologne à l'Angleterre en passant par la France (avec des exceptions méridionales), les sommets de la cherté ont été atteints autour de 1650. Sans aller rechercher tous les facteurs d'explication (la météorologie est essentielle), on constatera simplement que les misères, chertés et disettes de Paris, d'Ile-de-France et d'ailleurs ne sont pas des phénomènes isolés. Certaines particularités exceptées (les deux sièges de Paris), elles entrent dans un complexe largement européen, sauf la zone méditerranéenne, préservée (donc, en France, Languedoc et Provence). Quand, dans son texte sur les prix, Fernand Braudel traite de « La crise du blé en Europe de 1639 à 1660 », il montre encore que, d'Exeter à Beauvais, Paris, Lyon, Sienne et Lwow, les grandes pointes se placent toutes entre 1649 et 1653, avec des coefficients de cherté qui croissent régulièrement de la mer au cœur continental : doublement à Exeter, triplement à Paris, quadruplement à Sienne, décuplement dans la lointaine Lwow.

Se limitant au royaume de France — aller au-delà eût été possible, mais épuisant —, Jacques Dupâquier et son équipe ont essayé de restituer l'histoire de la population française. Dans les abondants tableaux, graphiques et cartes qu'ils procurent, les années dites de la Fronde occupent presque toujours un creux dans les courbes de baptêmes et des sommets dans celles des sépultures. Est soigneusement reproduit (t. II, p. 202) l'extraordinaire graphique donné par Moriceau pour la région d'Athis : 130 décès au trimestre d'été 1652 contre une vingtaine aux autres. Sont aussi proposées des cartes qui montrent, dans un cadre départemental inattendu, les années de pointe des sépultures et les années de déficit des baptêmes : celles qu'on attendait, avec l'Himalaya de 1652. Quant à l'interprétation, on allègue prudemment « les grandes lignes de l'histoire et de la géographie de la Fronde », ce qu'on ne saurait contester, ni trouver suffisant.

Mieux vaut se reporter aux analyses régionales sérieusement documentées pour constater que l'exceptionnelle mortalité qu'on décèle souvent dans les années 1650 est absente en Bretagne (Alain Croix), faible en Anjou, Languedoc et Basse-Provence, qu'étudièrent respectivement François Lebrun, Emmanuel Le Roy Ladurie et René Baehrel. (Comme quoi toute généralisation absolue est à proscrire, que « France, c'est diversité » — répétait Lucien Febvre —, et qu'Adolphe Feillet a choisi sa collection de malheurs dans les lieux et les temps où ils se manifestèrent, sans trop regarder avant, après ou au-delà, ce qui ne constituait d'ailleurs pas son propos.) La Fronde, comme les années mazarines dans leur ensemble, ne peuvent décidément être traitées uniformément dans le style tragique ou les couleurs sombres. Autrement, comment le royaume aurait-il vécu et vaincu ?

Quelques centaines, peut-être quelques milliers de paroisses connurent, de 1648 à 1652 (en janvier 1653, 193 paroisses du diocèse de Paris étaient encore secourues régulièrement), un ensemble de misères souvent mortelles dont la peinture paraissait horrifique aux âmes sensibles du XIXe siècle. Mais il pouvait se trouver quelque trente mille paroisses dans le royaume de France, et il est tout à fait sûr que plus de vingt mille ne souffrirent pas, ou pas plus que d'habitude : il suffit, rappelons-le, de consulter les témoignages assez nombreux et les tableaux souvent crédibles qu'autorisent ou que fournissent les documents du temps pour en être persuadé. D'autre part, si l'on excepte quelques secteurs d'Ile-de-France, de Champagne ou de Picardie qui mirent des années à récupérer, on constate que, dès 1653, les récoltes commencent à être bonnes ; même aux halles de Paris, le prix des blés (et donc du pain, indexé à ceux-ci) retrouve, au printemps de 1653, son niveau habituel et s'y maintiendra facilement jusqu'en 1659. Ce qui montre à l'évidence que presque partout (sauf graves dégâts aux maisons, aux arbres, aux bestiaux), les paysans se sont courageusement remis aux tâches quotidiennes et traditionnelles, sans que les excès météorologiques (comme les pluies tardives) ne viennent compromettre des récoltes par moments surabondantes, comme en 1654-1655. Et puis, sauf épidémie de passage, on ne voit plus les décès se multiplier et les baptêmes se raréfier avant la grande crise de 1661-1662, qui inaugurera à sa manière la « prise du pouvoir » par Louis XIV.

Enfin, dans le domaine manufacturier, commercial et maritime, si certains lieux ont connu de réelles difficultés (chute dans la grosse production des étoffes amiénoises, faiblesses dans les exportations des précieuses toiles bretonnes), il ne semble pas que celles-ci aient été générales ou insurmontables. À Bordeaux, ville remuante et troublée s'il en fut, on apprend avec stupéfaction * qu'en 1651 pas moins de 446 navires hollandais jaugeant près de 75 000 tonneaux sont venus se ravitailler comme d'habitude (et pas seulement en vin et en eau-de-vie), assurant 70 % du tonnage à la sortie du port. S'il en était de même à La Rochelle relevée de ses malheurs et dans toute la zone de marais salants, comme à Nantes et dans les nombreuses criques bretonnes garnies de barques agiles et omniprésentes des Pays-Bas au Portugal, et si l'on songe à la relative faiblesse de la flotte espagnole et à la provisoire abstention d'une Angleterre en pleine crise, on comprendra mieux que Mazarin et Fouquet aient pu reprendre de vieux projets maritimes et coloniaux et se faire tous deux armateurs. La prospérité de la France, si elle provient essentiellement d'une terre assidûment et amoureusement travaillée (malgré des traverses) vient en effet aussi de la mer, qui apporte les très précieuses espèces d'or et d'argent (du moins celles que laissent les Hollandais) en échange de massives exportations, gênées pourtant un an ou deux : vins et eaux-de-vie des pays d'entre Loire et Adour, étoffes et toiles d'une large zone Nord et Ouest, aux bonnes années blés qui alimentent une partie de l'Europe, plus l'indispensable sel d'entre Loire et Gironde (Bourgneuf et plus encore Brouage) — celui de Peccais en Languedoc remontant par le Rhône tout juste effleuré par les Frondes. Remarques qui contribuent à expliquer que la teneur argent de la livre tournois (8,33 grammes) ne bougea pas, sauf un affaiblissement, en partie spéculatif, en 1652-1653, même si sa cote par rapport au florin sur le grand marché d'Amsterdam baissa de 20 % (mais Louis XIV fera mieux).

* Robert Boutruche, *Histoire de Bordeaux, 1453-1715*, p. 470.

Cette force d'ensemble, malgré des faiblesses et de graves crises (momentanées) explique que les hommes chargés par Mazarin de trouver de l'argent pour la guerre et les dépenses courantes y soient parvenus difficilement, mais effectivement, bien soutenus par des financiers plus « mazarins » que jamais, dont la confiance a rarement fait défaut. Françoise Bayard a ainsi observé que si, de 1648 à 1650, les recettes *effectives* de l'État n'ont jamais atteint 100 millions, elles ont allégrement dépassé ce niveau par la suite. Il est vrai qu'en 1653 l'adroit et méthodique Nicolas Fouquet vient aux affaires, et que sa considérable fortune, qu'il engage, suffit à donner confiance aux escadrons de financiers (à qui il verse au moins 12 % d'intérêt) qui vont soutenir invariablement le gouvernement de Mazarin et de Louis XIV, jusqu'à la mort du premier, et même après.

Mais nous voici désormais en 1653, aurore d'une période nouvelle où ne se traînent plus que des queues ou des murmures de Fronde, dont le cardinal et son équipe viendront à peu près à bout, comme de l'épuisante et interminable guerre contre l'Espagne. Les années terribles sont alors passées, sinon oubliées, et l'on peut se demander si ce n'est pas un apogée qui se dessine.

QUATRIÈME PARTIE

Les années fécondes : vers l'apogée

Condé parti, les autres Grands exilés ou soumis, le Parlement apparemment assagi, Paris heureux d'être en paix, de se nourrir mieux et de travailler plus, le roi, la reine-mère et le cardinal ne manquaient pourtant pas de préoccupations. La principale était de terminer l'interminable guerre, de trouver inlassablement les deniers nécessaires à la victoire, mais aussi de maîtriser les hostilités rampantes. Pour le premier point, Mazarin pouvait désormais compter sur Turenne et sur l'éclat donné par la présence du jeune roi à l'armée. Pour l'argent, Fouquet allait opérer le miracle de réaliser l'improbable ; pour la paix intérieure, chacun allait s'en occuper. Restait à former ce roi entré dans sa quinzième année : sa mère et surtout son parrain allaient y consacrer leur temps, leur intelligence (si différente, mais complémentaire) et leur amour, maternel d'un côté, très attentif de l'autre.

Cet ensemble d'efforts que vont couronner la victoire, les traités, le mariage espagnol et déjà une sorte de prééminence européenne donne aux dernières années de ce triumvirat un éclat et une couleur d'apogée qui n'ont pas été souvent soulignés, tout obnubilés qu'étaient les historiens par la « prise de pouvoir » tant célébrée, qui les empêchait de voir la continuité sous l'éclatante mais apparente « révolution » du 10 mars 1661.

CHAPITRE XV

L'intérieur : queues de Fronde, opposition rampante et mini-éruptions

On a souvent pensé et écrit que, le roi et Mazarin une fois triomphalement rentrés à Paris (octobre 1652-février 1653), le calme et l'ordre commencèrent à régner dans le royaume de France : Parlements soumis, villes, nobles et petit peuple apaisés, intendants rétablis et impôts payés presque régulièrement, tandis que les armées résistaient bien aux Espagnols et à Condé réunis, en attendant la victoire des Dunes (1658) puis la glorieuse paix des Pyrénées (1659) et le mariage du roi (1660).

Vision simpliste. Des études anciennes ou récentes ont montré que la victoire ne fut pas aisée, que les Parlements, surtout à Paris, manifestèrent encore leurs prétentions, qu'une partie des nobles, notamment des gentilshommes de province, continua à se concerter, à former des assemblées et des ligues — on a même pu parler d'une « troisième Fronde » — ; rappelons aussi que quelques villes encore agitées durent être châtiées et que des campagnes (comme la Sologne) remuèrent à nouveau. Il faudrait enfin parvenir à saisir le rôle de l'insidieux et puissant parti dévot, regroupé partiellement derrière Retz et ses fidèles, les curés parisiens, des groupes jansénistes, et la Compagnie du Saint-Sacrement. Plusieurs occasions furent d'ailleurs données à ces mécontentements, le plus souvent médiocres, pour relever la tête : l'arrestation de Retz, les difficultés de l'armée royale, spécialement sa défaite devant Valenciennes (été 1656), et surtout la subite et grave maladie du roi (juillet 1658), qui éveilla ambitions et espoirs, vite déçus.

Pour plus de clarté, on évoquera un à un les divers aspects d'une opposition qui ne fut pas très dangereuse, mais qui révèle bien des aspects de ce royaume de France, en fin de compte plus complexe qu'on aurait pu penser.

Auparavant, il faut bien retracer les étapes de ce qu'on peut appeler la période des liquidations. Si les premières intervinrent en l'absence de Mazarin, il est certain qu'il les inspira presque toutes.

Liquidations

Avant que le roi ne rentre dès le lendemain du départ de Condé, donc le 14 octobre, la municipalité frondeuse et broussellienne, qui s'était prudemment retirée, laissa la place à la municipalité légale, composée de bons royalistes et de vieux frondeurs repentis. Elle se prépara à accueillir triomphalement le monarque, la reine-mère et la Cour, précédés et escortés par de solides régiments.

Le 22 octobre, le roi, assisté du Chancelier, tint lit de justice dans la grande galerie de peinture du Louvre. Le Parlement enregistra sans murmurer deux déclarations et un édit révoquant la plupart des arrêts frondeurs, proclamant une amnistie dont étaient nommément exclus quelques grands nobles (Beaufort, La Rochefoucauld) et quelques magistrats dont le vieux Broussel (qui se cacha) et son fils ; les amazones furent exilées (Mmes de Montbazon, de Châtillon, de Fiesque, naguère fort frondeuses), et Mademoiselle put aller pleurer en son splendide château de Saint-Fargeau, qu'elle eut le temps de restaurer. On sait qu'il fut aussi interdit au Parlement de « prendre à l'avenir aucune connaissance des affaires de l'État et des finances » ; il obtempéra quelque temps, avant de relever la tête.

Monsieur ayant été gentiment prié de gagner son château de Blois, il ne restait des plus importants adversaires de la veille que le plus redoutable, Gondi, que le pape venait de faire cardinal (sur la requête de la reine lassée, mais poussée par la rouerie de Mazarin, on l'a dit). Le nouveau cardinal de Retz n'en était pas peu fier, mais dut attendre sept mois (février à septembre) pour recevoir du roi, à Compiègne, la fameuse barrette rouge qui le cardinalisait plus qu'à demi, en attendant le chapeau qu'il aurait à aller quérir à Rome. Immédiatement, il se distingue en prononçant devant le roi et la reine-mère une vibrante harangue maudissant les malheurs de la guerre et réclamant une paix rapide. Rentré à Paris, il prononce à Saint-Germain-l'Auxerrois, paroisse du roi, un sermon de Toussaint éloquent et hardi où il déclare que seule l'Église peut conseiller utilement les rois, au moins leur indiquer la route à suivre. Saisi par la reine et le roi qui ne l'ont jamais aimé, le Conseil, après mûre discussion, décide de le faire arrêter, nonobstant sa qualité cardinalice qui paraissait ne le rendre justiciable que d'un tribunal ecclésiastique, et même pontifical. Mais la France est peu ultramontaine, et Mazarin, de son exil mal supporté, a dû donner son accord.

Suit un acte retentissant. Le 19 décembre 1652, en plein Louvre, Louis XIV, après une conversation anodine, ordonne son arrestation par un capitaine de ses gardes, à deux pas de son confesseur jésuite, le père Paulin, stupéfait. On conduit Retz à Vincennes où de plus illustres l'ont précédé. Il y restera quinze mois et tombera malade. Bien que prévue par le Conseil, la hardiesse de l'acte et la maîtrise du jeune roi ont beaucoup impressionné. Mazarin s'en déclarera ravi, et plus encore d'être débarrassé (croit-il) d'un personnage encombrant.

Il n'avait pas fini de l'être. Immédiatement, des protestations jaillissent : son oncle l'archevêque titulaire, le chapitre de Notre-Dame, la plupart des curés de Paris et bientôt le haut clergé de France et le pape lui-même réclament sa libération immédiate, en insistant sur le fait que des ecclésiastiques seuls peuvent le juger. Tout le clan dévot de Paris, de France et même de Rome soutient ces protestations. Rien n'y fit. Pourtant le roi et le nonce Bagni avaient fait proposer au prisonnier de Vincennes d'abandonner toute prétention au siège archiépiscopal (le titulaire était très malade) contre son départ pour Rome et les solides rentes de quelques abbayes : il refusa. Ce prisonnier encombrant et trop bien soutenu — on a pu parler, en se référant à ses amis, de « Fronde religieuse » — n'avait pas fini de tracasser la triade royale et son entourage.

En mars 1654, l'archevêque son oncle tomba gravement malade dans le couvent où il s'était réfugié. Sa mort étant prévue, il fallait assurer très rapidement la succession. Ici se place un épisode romanesque exact. Déguisé en garçon tapissier, un notaire apostolique (donc lié au pouvoir pontifical) se glisse à Vincennes et fait signer au prisonnier une procuration en bonne et due forme en faveur d'un prêtre, Pierre Labeur, afin que celui-ci puisse prendre possession de l'archevêché au nom du coadjuteur. Le 21, à 4 heures et demie du matin, l'archevêque meurt ; à 5 heures, le chapitre s'assemble, reçoit Labeur, qui prête serment et prend possession de la cathédrale, fort légalement, au nom du cardinal de Retz. Celui-ci est rituellement proclamé du haut du jubé par le théologal du chapitre. Le Tellier arrive vers dix heures pour proclamer la vacance du siège : il est trop tard, Mazarin lui-même a été joué. Sans doute refusera-t-il de reconnaître les deux vicaires généraux nommés par Retz pour administrer le diocèse ; sans doute obtiendra-t-il, à la fin du mois, du prisonnier malade une démission (que n'accepteront ni le pape ni les curés de Paris) et son départ pour Nantes. Mais le roman ne s'arrête par là. La situation de l'archidiocèse de Paris est inextricable, les querelles religieuses vivaces, les relations avec Rome détestables... lorsque Retz s'évade du château de Nantes au bout de quatre mois. Pour une fois, Mazarin, alors à Péronne avec l'armée, entre en fureur, tandis que se réjouissent, à Paris, le chapitre et les amis de l'évadé, dont les aventures ne sont d'ailleurs pas terminées. Il trouvera devant lui, pendant plus de vingt ans, l'hostilité de la Cour et du roi, qui ne lui pardonnera pas avant 1675. Le monarque a la mémoire longue, et le montrera en plus d'une rencontre.

Pour en revenir aux lendemains de la Fronde et au temps où Retz habitait Vincennes, il apparaît tout de même que sa personne ne constituait pas le seul obstacle à ce qu'on appelait naguère, un peu vite, le retour à l'ordre et au calme.

Il y avait la guerre, donc le problème financier et la réorganisation de ce qui n'était pas alors vraiment l'administration ; il y avait encore des Frondes qui traînaient en province, dans le Midi surtout, d'ultimes manifestations nobiliaires, des révoltes paysannes, les velléités de sursaut du Parlement de Paris et les graves affaires jansénistes, dont l'impact politique est certain, bien que difficile à saisir.

Mieux vaut sérier les questions, en bousculant au besoin la chronologie.

« Queues de Fronde » provinciales

Il y avait Bordeaux et la Guyenne, il y avait Marseille et la Provence. Le premier cas, plus rude, fut assez rapidement expédié ; le second, plus dilué et comme intermittent, demanda plus de temps.

En mars 1652, Condé avait abandonné à son frère le gouvernement de Bordeaux, ville toujours aussi antimazarine, tout comme son Parlement. Il y avait laissé quelques troupes et admis que les Espagnols s'installent en face, à Bourg. La reine et Mazarin avaient alors à s'occuper, à Paris et à l'entour, de bien autre chose que de cette ville lointaine et compliquée où l'influence espagnole (aussi bien que l'anglaise) était évidente, quoique mesurée, et surtout diversement appréciée. En fait, l'originalité de la Fronde bordelaise tient à l'existence et à la puissance passagère et discutée d'un mouvement original, l'Ormée (du nom d'une place plantée d'ormes où se réunissaient habituellement ses membres). L'Ormée a excité la curiosité de nombreux historiens, y compris anglais, américains et allemands, qui d'ailleurs ne sont pas absolument d'accord. Cette association bien structurée paraît surtout avoir compris des gens de métier, des avocats, des membres de la bourgeoisie moyenne, quelques prêtres exaltés et peu de nobles. Elle semble avoir défendu surtout les libertés de la ville et de ses corporations, à la fois contre le Parlement — honni en gros, sauf quelques sympathisants —, contre la jurade oligarchique, bien sûr contre Mazarin, ses envoyés et ses impôts, mais dans le plus grand respect de la majesté royale. L'influence d'extrémistes issus de la Révolution anglaise, des « niveleurs » fort radicaux dont un chef, Sexby, passa à Bordeaux, est à la fois avérée et relativement secondaire, malgré la violence des quelques textes hardis qui furent traduits et distribués. Le gouvernement, qui était au courant, attachait bien plus d'importance à la prise en main de la ville par une véritable structure ormiste, avec conseil politique (500 membres), chambre ormiste et tribunal (été 1652). Des parlementaires furent expulsés, de riches quartiers envahis, l'hôtel de ville occupé un moment et le drapeau rouge (couleur d'Espagne) hissé sur quelques clochers. Tout cela avait été facilité par le départ de la majeure partie des troupes royales vers les Flandres ou vers la Catalogne, tandis que la petite flottille — huit navires — faisait voile vers la Manche. Le succès ormiste ne ravissait d'ailleurs pas tout Bordeaux, d'autant que le commerce s'en trouvait fort gêné.

Les affaires parisiennes étant à peu près réglées et le cardinal revenu (février 1653), ce dernier décida d'extraire cette espèce de tumeur bordelaise, d'autant qu'elle s'était à nouveau étendue à quelques villes du voisinage, et même de l'Agenais et du Périgord après le retrait des régiments royaux. Le mieux était de les ramener. Il expédia donc une flotte sous le duc de Vendôme et de bons régiments commandés par Candale, fils du duc d'Épernon. L'affaire ne traîna pas : après les villes du Périgord, la garnison espagnole de Bourg capitula en juillet, puis Candale s'installa à Lormont, et l'escadre de Vendôme bloqua la Gironde. En face, dans Bordeaux, les divisions internes, le marasme et les privations disposaient à la sagesse. Des drapeaux blancs commencèrent à remplacer les étendards rouges des ormistes, qui d'ailleurs se divisaient, se querellaient, puis s'évanouissaient. La paix fut conclue à la fin de juillet, et les « royaux » entrèrent dans la ville au début août. Une amnistie fut accordée aux Bordelais, sauf aux chefs ormistes nommément désignés : on les poursuivit, et on exécuta ceux qu'on prit. Aucune réduction d'impôt ne fut accordée, et les Bordelais durent accepter une municipalité nommée par le vainqueur, et s'engager à reconstruire la redoutable forteresse du Château-Trompette destinée à les surveiller. Cependant, paix et prospérité ne furent pas immédiatement rétablies, des navires espagnols gênant le commerce, et les Anglais, alors soutenus par Condé, soupçonnés de vouloir intervenir. Le Parlement, qui avait été exilé à Agen, puis à La Réole, ne rentra qu'à la fin de 1654, après plus de deux ans de pénitence. Dans la ville, des placards antifiscaux ou franchement séditieux furent affichés jusqu'en 1656. Pourtant, la seule révolte provinciale grave avait été jugulée (ce ne fut pourtant pas la dernière : en 1675, une autre osa braver le Grand Roi). Restait le dernier bastion condéen, Villeneuve-sur-Lot ; à nouveau assiégé, il capitula le 13 août.

Quant aux grands seigneurs qui avaient en partie

inspiré, toléré ou soutenu la révolte de l'Ormée, ils se distribuèrent entre la soumission (Conti, nanti du riche gouvernement de Languedoc et d'une « mazarinette », lestée d'une énorme dot de 600 000 livres, à qui il donna immédiatement la syphilis), le passage à l'ennemi espagnol (la princesse de Condé et son fils rejoignirent Monsieur le Prince, et le conte de Marsin retourna en Catalogne, mais du côté espagnol) ou la retraite discrète (la belle Longueville au château de Montreuil-Bellay, en attendant le recueillement à l'ombre de Port-Royal).

Provence

Apparemment moins graves, les affaires de Provence traînèrent pourtant plus longtemps, sans beaucoup de violence ni de sang versé, avant de se terminer assez durement et fort tard : en 1660 seulement.

Leur attentif chroniqueur René Pillorget a souligné, rappelons-le, qu'elles ne touchèrent ni les campagnes (sauf ravages militaires) ni la Haute-Provence ; qu'elles s'inspirèrent beaucoup des événements parisiens ; qu'elles opposèrent d'abord les parlementaires au gouverneur, puis aux « mazarins » en général ; que des querelles municipales et des rancœurs fiscales s'y mêlèrent et qu'en fin de compte elles ne firent guère plus de cent victimes en cinq ou six ans, le gouverneur étant seulement responsable de deux condamnations à mort. Il n'empêche que Mazarin correspondit assidûment avec ses fidèles dans cette province et qu'il envoya, pour la pacifier, son neveu par alliance, le duc de Mercœur, époux de Laure Mancini, avant de s'appuyer sur le parlementaire le plus puissant, Oppède, un ancien adversaire d'ailleurs.

Pendant cinq ans, les villes et la province furent à peu près sages : quelques émeutes antifiscales, une seule grave, à Aubagne en 1656, treize condamnations à mort furent prononcées, mais contre des contumaces. Le montant du « don » (impôt) de la province fut fermement discuté à l'assemblée des communautés de Manosque (1653) puis de Brignoles (1654). On se querella nettement plus au sujet des étapes et des quartiers d'hiver des régiments qui combattaient en Italie (Piémont, Lombardie) et en Catalogne. Marseille et Arles (qui effectivement n'appartenaient pas au « corps » du pays provençal) arguaient de privilèges ancestraux pour ne rien payer. En outre, de complexes conflits de barques, de galères et de corsaires (français autant que majorquins) n'arrangeraient rien. Mazarin, tout en essayant de récupérer quelque argent, surveillait de près toutes les affaires méditerranéennes (qui lui étaient chères) et ne ménagea pas ses instructions à ses fidèles.

La mauvaise récolte de 1656, des querelles électorales à Draguignan et à Toulon, la terreur de la contagion de la peste de Gênes et surtout l'arrivée de l'armée d'Italie, qui vient se rafraîchir en Provence durant l'hiver 1656-1657, autant de soucis pour Mazarin qui ne cesse d'intervenir par le truchement de Mercœur et d'Oppède.

Une véritable crise éclate en 1658, année difficile un peu partout ; mais la Provence remue plus longtemps. Pour en finir, la répression s'abat sur Marseille, cité hyperprivilégiée, peu obéissante et rarement satisfaite. Au lendemain de la paix des Pyrénées (novembre 1659), le roi se charge lui-même de la punition choisie en Conseil, avec l'autorité méprisante qui le caractérise déjà et qu'on a pu percevoir lors de quelques épisodes précédents, comme l'arrestation de Retz.

Au début de 1660, Marseille est occupée par vingt compagnies d'élite : gardes-françaises, gardes suisses, mousquetaires du ministre. Une Chambre de justice s'installe immédiatement et tâche de juger les séditieux : un seul ne parvient pas à s'échapper. Les consuls sont chassés, le conseil de ville dissous ; un gouverneur et deux échevins nommés par le roi en choisiront d'autres à leur tour, surtout des marchands, intéressés à la paix civile, condition de prospérité commerciale. Enfin et surtout, le roi en personne, après avoir fait abattre l'orgueilleuse Porte Royale dédiée à la liberté marseillaise et six toises des murailles qui l'entouraient, entre solennellement par la brèche (il s'en vantera dans ses Mémoires, comme s'il avait tout décidé personnellement). Il est aussi décidé que, pour surveiller la trop fière cité, le chevalier de Clerville (prédécesseur de Vauban) commencera immédiatement à construire la citadelle Saint-Nicolas et dressera le plan du fort Saint-Jean dont Mazarin pousse activement la réalisation — comme le révèle son inépuisable correspondance.

Cet exemple de reprise en main montre pertinemment que l'énergie politique ne commença pas à se manifester le 10 mars 1661, mais auparavant, grâce à une paix générale et durable qui constituait tout de même l'œuvre du cardinal à peu près seul, même si de bons négociateurs l'assistèrent. Ce même cardinal, que la reine chaleureusement attentive et le roi déférent soutinrent sans fléchir, venait aussi de réinstaller lentement et sûrement le gouvernement et l'administration monarchiques, avec les principes et la solidité qu'ils conservèrent longtemps, et qui datent de lui.

Réorganisation du pouvoir

Rentrée à Paris entre octobre et février et triomphalement fêtée par ceux-là même qui l'avaient contrainte à partir (le plus bel exemple : le conseiller Videau qui traita Mazarin de « plus grande ordure du siècle », fut le premier à le haranguer), la triade — que Guy Patin appelait « Trinité » — dut reconstituer un gouvernement et une haute administration que la Fronde avait bouleversés et dont la majorité du roi avait juridiquement transformé la substance.

Le Conseil du roi, qui s'était abîmé dans un fluctuant et trop abondant Conseil de Régence, retrouvait sa nature profonde et prenait déjà les contours qu'il garda, à peu près intacts, après mars. En droit, le roi le présidait (même en son absence), et le Chancelier en son absence physique. En fait, si on laisse de côté le Conseil de conscience — réduit à Mazarin seul, parfois assisté de la reine et d'un évêque (M. Vincent, suspect pendant la Fronde, avait été poliment oublié) — ce Conseil juridiquement « un » fonctionnait habituellement à trois étages : le Conseil étroit (quelques ministres), le « Conseil d'État du roi privé et des Finances » avec des conseillers d'État titulaires et des maîtres de requêtes, sortes de rapporteurs plus jeunes (plus des avocats, greffiers, huissiers et autres auxiliaires) et le

Conseil des dépêches, une nouveauté (qui soulageait le précédent des questions les moins urgentes et surtout de la correspondance avec les provinces) avec le concours des quatre secrétaires d'État qui, entre autres attributions, étaient chargés chacun d'un quart du royaume).

Au sein du Conseil étroit (le futur Conseil d'En Haut, premier étage des palais royaux) outre la reine mère et le roi (vers sa quinzième année), Mazarin avait désigné des hommes sûrs et compétents. Premier de tous, le chancelier Séguier, en place depuis Louis XIII, diversement apprécié et théoriquement inamovible (il resta jusqu'à sa mort, en 1672) ; second personnage, en place depuis 1643, Michel Le Tellier, secrétaire d'État à la Guerre, le fidèle par excellence, un homme rude, méthodique, inflexible, qui sut dresser son fils Louvois pour lui succéder et s'éclipsa prudemment cinq mois durant l'exil de Mazarin ; Henri de Loménie de Brienne, secrétaire d'État aux étrangers, fidèle aussi mais timoré et vieillissant, que domine vite le jeune et brillant Hugues de Lionne, neveu et élève du diplomate Servien (curieusement passé aux Finances), mais qui n'entra au Conseil étroit qu'un peu plus tard ; les deux surintendants des finances enfin, que Mazarin accola après longue réflexion : le rude Servien, chargé de gérer les dépenses, et son collègue le jeune, brillant, fort riche et encore plus adroit Nicolas Fouquet, fils d'un fidèle de Richelieu, encore plus fidèle s'il se peut, qui avait été nommé à trente-cinq ans Procureur général du Parlement de Paris où sa subtilité fit merveille pour assagir progressivement la docte compagnie ; il était chargé de trouver l'argent.

Beau rassemblement de capacités que Louis XIV conserva tel quel et reconduisit en leur descendance

— sauf Fouquet, iniquement condamné. On a noté au passage qu'il n'est pas question de Colbert, alors simple chargé d'affaires dans la maison de Mazarin, quelque chose comme son intendant personnel.

La besogne ne manquait pas : non seulement légiférer, mais surtout faire appliquer édits, déclarations et arrêts du Conseil, notamment financiers. Ce qui posait non plus le problème des gouverneurs, soigneusement choisis, mais à nouveau celui des parlements et des collèges provinciaux d'officiers, spécialement les Trésoriers de France et les Élus toujours syndiqués, bien qu'assagis et désireux de gérer à nouveau (avec profit) le domaine des impôts. En dépit de beaucoup de serments d'obéissance, tout ne fonctionna pourtant pas avec une sage facilité.

Parlements

Bien que respectueux, assagi et en partie acheté, le Parlement de Paris, auquel on ne pouvait enlever son droit d'enregistrement, tentait encore de se mêler du contenu des édits et des déclarations royales ; sur le plan financier, il détenait en droit quelque contrôle, sur les « édits bursaux », comme on disait.

En mars 1655 — il fallait bien préparer la campagne contre l'Espagne —, Mazarin fit tenir à Louis XIV un lit de justice pour contraindre le Parlement à enregistrer des édits fiscaux. En présence du roi, le Chancelier ayant exposé la nécessité de donner au gouvernement les moyens de vaincre, le Parlement enregistra donc : il ne pouvait faire autrement. Louis XIV parti, des magistrats prétendirent, comme jadis, que leur vote n'avait pas été « libre » et qu'il faudrait délibérer à nouveau sur les textes pourtant enregistrés. Le roi fut informé de cette hardiesse alors qu'il chassait dans le bois de Vincennes, le 13 avril 1655. Depuis la Fronde, Louis ne pouvait plus souffrir les parlementaires. Avec l'accord du cardinal, il partit immédiatement pour le Parlement où il parut soudain en tenue de veneur — grosses bottes, justaucorps rouge et feutre gris : un manque de majesté marqué de mépris pour les magistrats. Il ne leur déclara pas : « L'État, c'est moi ! » — pure légende —, mais dans un discours ferme rappela leur hardiesse de la veille, condamna leur conduite du jour et leur ordonna de cesser toute discussion. Après l'arrestation de Retz, c'était le deuxième « coup de maître » du jeune monarque, et il est d'usage d'en béer d'admiration. Il se trouva pourtant que ce coup d'éclat n'obtint pas un succès immédiat. Dès le lendemain, le premier président Bellière et les présidents à mortier vinrent dire à Mazarin la douleur de l'assemblée. Comme d'habitude, Mazarin écouta, fit de vagues promesses, mais finit par envoyer Turenne au Parlement pour le convaincre de se soumettre. Il fut tout de même contraint, pour y parvenir, d'acheter quelques belles consciences : celle du premier président fut estimée 300 000 livres (soit 25 quintaux d'argent, ou presque 2 d'or). Mazarin continuait de gouverner par un mélange de souplesse et de corruption dont le roi de seize ans dut ignorer les détails.

Provinces

Avec les provinces soumises mais peu disposées à payer encore, le mieux était de tourner ou de subjuguer les diverses résistances, en utilisant de nouveau les intendants, généralement des maîtres des requêtes issus du Conseil, escortés au besoin de quelques troupes. Il est vrai qu'en 1648 on avait conservé ceux qui exerçaient dans les provinces frontières (fort vastes) et ceux qui opéraient auprès des armées. Par la suite, on ne s'était pas privé d'envoyer « en mission » quelques « commissaires » que des érudits comme Esmonin ont débusqués en Dauphiné et Auvergne dans les années 1649-1650. Le titre mis à part, ils étaient pratiquement des intendants, mais avec une mission souvent limitée dans l'espace et le temps. Pour rétablir l'institution, Mazarin et le Conseil opérèrent avec une sage lenteur, n'expédiant personne dans quelques provinces (Bretagne, Béarn, Ile-de-France, Provence) et imaginant de coupler deux provinces sous un seul « commissaire ». Toutefois, l'institution s'ancrait peu à peu, y compris à Paris et à Aix, et était promise à un bel avenir. On a pu constater en passant que Colbert ne fut pour rien dans sa réinstauration, pas plus d'ailleurs que dans son achèvement, accompli après sa mort (Bretagne et Béarn, 1689).

Après l'organisation, la sanctification, ou peu s'en faut.

Le roi sacré : Reims, 1654

L'antique, rituelle, mystique et hautement symbolique cérémonie du sacre devait avoir lieu à Reims, puisque ce fut là qu'un ange porta à Clovis la Sainte Ampoule, conservée à l'église Saint-Remi de cette ville depuis des siècles. Son huile venue du Ciel transformait le monarque légitime en un personnage religieux, doublement sacré. « Oint du Seigneur » dans une cérémonie qui tient à la fois de l'ordination et, par quelques apparences, de l'extrême-onction (qu'elle n'est évidemment pas), elle fait du roi un « quasi prêtre » et un thaumaturge, guérisseur des écrouelles (Louis « toucha » trois mille malades), comme Marc Bloch l'a jadis rappelé et fortement souligné dans un livre plus souvent cité que lu. Hautement symbolique, la longue cérémonie figurait autant l'étroite liaison à Dieu qu'aux Grands de son royaume, ses vassaux (six pairs laïcs, six ecclésiastiques) et même à son peuple, censé l'accepter par ses acclamations. Dans son serment, le roi promettait justice et protection à tous, et jurait en outre de purger l'Église de toute hérésie. Le roi, sa mère et le cardinal avaient attendu impatiemment que la Fronde soit terminée et la Champagne libre de soldats pour procéder à cette cérémonie pleine de joie, de mystère et de majesté.

Celle-ci eut le lieu le 4 juin 1654, et il faut en lire le récit précis et chaleureux dans le *Louis XIV, roi de gloire* de Jean-Pierre Labatut, dont la ferveur ne cèle aucun détail — il est vrai toujours significatif.

Cette prestigieuse cérémonie (que le pauvre Charles X voulut tardivement ressusciter) comportait tout de même quelques anomalies que son pieux conteur ne cache pas, dans sa grande honnêteté. Ainsi l'archevêque ne put officier, puisqu'il n'était pas prêtre ; l'évêque de Soissons le suppléa ; le second duché-pairie, Laon, se trouvait vacant, et le troisième, Langres, occupé par un infirme ; il fallut faire appel à des suppléants, des évêques-comtes (dont celui de Beauvais, l'hyperjanséniste Buzenval) qui, eux-mêmes mobilisés, durent être remplacés par des prélats dont le siège (Bourges, Rouen) n'avait jamais été érigé en pairie. Quant aux anciennes pairies laïques (Bourgogne, Normandie, Aquitaine, Champagne, Flandre, Toulouse), il n'en existait plus aucun titulaire direct : on prit les grands nobles qui n'avaient pas trop frondé. Le peuple, rituellement présent, ne put acclamer le roi que lorsque, après plusieurs heures de cérémonie lentes et précises, les portes de la cathédrale s'ouvrirent, en même temps qu'étaient lâchés des douzaines d'oiseaux, pour la beauté et pour le symbole.

Mazarin, discret dans un fauteuil, et la reine, de sa haute tribune, assistèrent avec une joie sûrement profonde à cette très grande cérémonie, où avaient été invités tous les princes et les ambassadeurs de la chrétienté ainsi qu'un brillant parterre de grands personnages magnifiquement vêtus et parés.

Pour achever en quelque sorte cette consécration quasi divine par une consécration militaire — puisqu'un roi victorieux atteignait un autre style de grandeur —, le cardinal emmena Louis à Sedan pour ouvrir (tardivement) la campagne d'été, puis à Stenay, dernière place condéenne sur la Meuse, dont la prise, début août, dûment célébrée, ferma enfin aux armées adverses la route du Barrois et de la Champagne. La participation active du roi à cette campagne constituait une des solides bases de son renom du moment et de sa puissance future. La reine, pourtant inquiète, le savait bien, et le cardinal l'avait compris.

Ces glorieuses célébrations n'empêchaient pas les difficultés. De 1653 à 1658 et parfois 1660, elles ne manquèrent pas, si elles n'atteignirent jamais le degré de gravité des années précédentes. Si le plus grand souci demeurait l'interminable guerre — encore cinq campagnes — et les soucis financiers qu'elle entraînait, des problèmes intérieurs se posaient aussi. Ils ne provenaient plus de frondeurs avérés, mais de ceux que Mazarin, son commis Colbert et le Conseil appelaient les « malintentionnés », venus d'un peu tous les bords, mais avec une relative discrétion. Mis à part quelques bouillonnements antifiscaux (vers 1658 surtout), c'étaient tout de même des groupes de gentilshommes et de gens d'Église (ou liés à celle-ci) qui provoquaient des soucis réels par des attaques pas toujours feutrées. Impressionnés par ces rébellions tardives, quelques historiens comme le français Constant et l'américain Golden ont pu parler de troisième et à peu près de quatrième Fronde (« *godly rebellion, religious Fronde* »). Est-ce vraiment trop dire ?

Ce qu'on a appelé la troisième Fronde : une décennie d'assemblées de noblesse provinciale, 1649-1659

Assez peu titrée, la noblesse provinciale, qui se disait « de race » et l'était souvent, et d' « épée » (mais Jean-Marie Constant a montré que les deux tiers n'allaient pas à l'armée et restaient sur leurs terres), avait depuis longtemps exprimé son regret de voir la monarchie évoluer lentement vers le centralisme dit « absolutiste » et vers le gouvernement par officiers (non nobles, ô scandale), puis par commissaires et intendants. Sa fidélité au roi était profonde, mais à un roi selon ses traditions ou ses rêves : un roi qui accepte le *consilium* médiéval (même si l'*auxilium* armé est peu respecté), gouverne avec sa bonne noblesse, ses États provinciaux, à la rigueur des États généraux. Or les États généraux n'ont pas été réunis depuis 1614, et, sauf les grands (Bretagne, Bourgogne, Languedoc) et quelques minuscules (vallées pyrénéennes), les États provinciaux ont été supprimés, transformés en un simulacre (Provence, 1639, simple « assemblée des communautés ») ou plus simplement jamais convoqués (Dauphiné depuis 1637, Normandie depuis 1655). Or les gentilshommes provinciaux admettaient aussi mal cette sorte de diminution que d'être jugés par des roturiers, que de voir les offices rendus héréditaires par la paulette, que de devoir payer ban et arrière-ban (taxes remplaçant le service militaire non accompli), et que de ne pas obtenir de tarifs très adoucis pour aides, traites et gabelle, et même d'y être soumis. Et puis, les « recherches de noblesse » qui les visaient de temps à autre — que Colbert devait reprendre — les vexaient et les inquiétaient, surtout ceux qui avaient un peu triché sur leur généalogie et qui auraient à payer pour le moins une « confirmation » (de noblesse). Il faut ajouter que ces nobles prenaient bravement la défense de leurs « vassaux » paysans surtaxés, autant par générosité paternelle que par crainte (non imaginaire) d'une concurrence fiscale entre les levées du roi et les leurs... Tout cela exprimé avec un grand sérieux et le désir un peu naïf de voir revivre la monarchie rêvée de jadis.

Au temps de la Fronde, à Paris en 1649 d'abord (suggestion de Mazarin dans l'espoir de diviser l'adversaire ?), en 1651 ensuite, pour obtenir la tenue d'États généraux, en 1652 enfin, mais en province, pour rédiger des doléances et faire élire des députés aux États deux fois promis, plusieurs fois ajournés et jamais réunis, se rassemblèrent donc quelques centaines de nobles. À Paris, en 1651, ils étaient environ 460, dont 70 % de simples « écuyers » (le plus modeste rang de noblesse, mais authentique) ; les deux tiers au moins venaient du nord de la Loire. Tous voulaient être, à Paris, la voix souvent oubliée de la province, en même temps que la leur, celle d'une noblesse simple et vraie, qui signa bientôt, à son tour, une sorte d' « acte d'union ».

La majorité du roi ayant entraîné l' « ajournement » des États généraux, les nobles, rentrés chez eux, tentèrent, entre voisins, parents et amis, de reprendre l'action brusquement interrompue. Ils provoquèrent le mouvement à peu près spontané des « bailliages unis ». De février à juillet 1652, se tinrent en province proche de la capitale (Magny-en-Vexin, Maintenon, La Roche-Guyon, Dreux) de fort sérieuses assemblées de gentilshommes qui demandèrent à nouveau, bien en vain, la réunion des États généraux et réitérèrent leurs respectueuses doléances. Informé, le roi envoya une lettre de cachet (c'est-à-dire scellée de son propre cachet) à ceux de La Roche-Guyon, chez le duc de Liancourt, pour leur ordonner de cesser de « faire des unions, des écrits et des assemblées inutiles » et de songer plutôt à venir l'aider à repousser ses ennemis. Quelques-uns « montèrent à cheval » pour se mettre à la disposition du jeune monarque. Celui-ci les reçut assez sèchement le 23 juin 1652, les remercia, mais les renvoya chez eux, où ils auraient à attendre son appel, qui ne vint pas.

Déçus, mais non résignés (cela viendrait), les gentilshommes, sans doute inspirés par des agents de Condé, imaginèrent alors des sortes de réunions provinciales, que la méfiance royale poussa à la clandestinité. Ce furent les « conspirations des forêts ».

En 1656 en Anjou, en 1657 en Normandie, les gentilshommes se dotèrent d'une organisation assez remarquable : chaque province fut divisée en « cantons », au sein desquels deux députés étaient chargés de recueillir plaintes et doléances. Des assemblées eurent lieu à Ingrandes (en Anjou) en avril 1656 et à Trun près d'Argentan en mars 1658 : à cette dernière, on aurait compté 700 chevaux, ceux des valets compris. Mazarin dûment averti, notamment par Colbert, le roi interdit en juin 1658 toute nouvelle réunion, la doctrine constante ayant toujours été de se méfier de tout groupement non officiel, invariablement soupçonné de mauvaises intentions. Et justement le terme largement employé de « malintentionnés » désigne toujours d'éventuels conspirateurs.

Ainsi condamnés, mais toujours pleins d'illusions, sinon de velléités de complot, les nobles décidèrent d'entrer dans la clandestinité et de se réunir désormais dans les grandes forêts, souvent la nuit. On pourrait sourire, mais la correspondance Colbert-Mazarin (publiée par Clément) reflète une certaine inquiétude ; or Mazarin ne négligeait rien, et le roi prisait peu tout ce qui pouvait ressembler à une opposition.

En fait, furent utilisées comme centres de rassemblement les forêts de Conches, de Royaumont, d'Orléans, des fermes et des auberges dans le Maine, la foire de Guibray (près de Caen) et une fameuse auberge de Patay où l'on but un peu trop et trop bruyamment. Si Monsieur refusa sagement son patronage, de grands seigneurs comme les comtes d'Harcourt, de Matignon, de Saint-Aignan et le maréchal d'Hocquincourt (et, de loin, Condé) encourageaient des assemblées dont les dimensions pouvaient inquiéter. En effet, à Conches parurent les représentants des « bailliages unis » de Rouen, du pays de Caux, du Cotentin, d'Évreux, d'Alençon, de Mortagne, de l'Orléanais et du Berry. À Peray, en Vendômois, quatorze provinces avaient « député », de la Bourgogne à l'Anjou, au Poitou et à la Marche ; selon un informateur de Colbert, des parlementaires leur auraient promis leur appui. Pire, pour la première fois, des protestants infiltraient le mouvement ; le plus connu était Gabriel de Jaucourt, sieur de Bonnesson, descendant indirect de Duplessis-Mornay. Ce dernier, Solognot, essaya d'armer et d'utiliser une puissante révolte paysanne qui s'en prenait au cours forcé des liards, toute petite monnaie dépréciée et vraiment inacceptable, et manifestait une fois de plus la réelle misère rurale, en une année « pourrie » ou la météorologie n'arrangeait rien nulle part. Cette révolte dite des « Sabotiers », peu connue mais grave, violente, fort étendue, heureusement apaisée par Gaston devenu sage, compromit irrémédiablement les plus imprudents des conspirateurs des forêts. Certains, comme ceux de Conches, mais surtout Bonnesson et ses amis — dont Laubarderie, Lézanville, Annery, Créqui, Moulin-Chapel — résolurent au début de 1659 de « monter à cheval », donc de prendre les armes. De la Normandie à la Beauce et à l'Orléanais, ils mobilisèrent peu de gens et, très surveillés, furent vite trahis : le 2 septembre 1659, Bonnesson et deux de ses amis étaient arrêtés. En décembre, Bonnesson fut exécuté. D'autres nobles parmi ses compagnons furent condamnés à mort, mais par contumace ; du moins leurs biens furent-ils confisqués, leurs châteaux rasés et leurs forêts coupées « à hauteur d'infamie » c'est-à-dire d'homme (selon Arlette Jouanna). Il n'était pas bon de braver le roi, et Mazarin dut consentir, pour une fois, que le sang fût versé. Puis le silence tomba sur cette affaire, comme l'avait prévu Saint-Évremond qui dut s'exiler pour avoir commis une lettre satirique sur un sujet tabou. Ainsi se termina ce que les gentilshommes concevaient comme un « devoir de révolte ». Le devoir de soumission allait lui succéder.

Allait-il en être de même pour les pieux « malintentionnés » ?

UNE « QUATRIÈME FRONDE » : DÉVOTS, JANSÉNISTES, SOUVERAIN PONTIFE ET CARDINAL EN FUITE FACE À MAZARIN

Des milliers de pages de tout ordre ayant été consacrées aux problèmes religieux et surtout au jansénisme — simple hérésie pour l'un, approfondissement rigoureux et sévère pour d'autres, plus dix autres « approches » —, on ne se risquera pas à une définition. Sera adoptée ici l'attitude même de Mazarin, qui n'avait ni le temps ni peut-être le goût de disserter théologie : une attitude politique, qui suffisait à le soucier. Son filleul, plus tard, dans ses

Mémoires, exprima une position qui leur fut sans doute commune, en un texte qu'on cite bien rarement, et où l'on se permettra de souligner quelques mots : « L'Église, sans compter *ses maux ordinaires*, après de longues disputes sur les matières de l'école, dont on avouait que *la connaissance n'était nécessaire à personne pour le salut*, les différends s'augmentant chaque jour avec la chaleur et l'opiniâtreté des esprits, et *se mêlant sans cesse à de nouveaux intérêts humains*, était enfin ouvertement menacée d'un *schisme* par des gens d'autant plus *dangereux* qu'ils pouvaient être utiles, d'un *grand mérite*. [...] Il ne s'agissait plus seulement de quelques docteurs particuliers et cachés, mais d'évêques établis dans leur siège, capables d'entraîner la multitude après eux, de beaucoup de réputation, d'une piété digne en effet d'être révérée. [...] Le cardinal de Retz, par inclination ou par intérêt, favorisait toute *cette secte* naissante, et en était favorisé. »

On l'a compris : il s'agissait essentiellement de l'affaire janséniste, en pleine lumière en 1661 ; on voit poindre aussi l'affaire Retz, moins insignifiante qu'on ne pourrait penser, et à l'arrière-plan les « maux ordinaires » de l'Église. Un seul problème, qui n'est pas mince, manque à l'appel : celui du parti dévot, qui ne date pas de la veille, mais des années 1630. Point commun à ces divers problèmes : aucun n'est résolu à la mort du cardinal Mazarin. Autre point commun : la difficulté de pénétrer les sentiments, les intérêts et les liaisons des uns et des autres, voire à les identifier sûrement ; difficulté accrue par les désaccords fréquents des historiens de la vie religieuse, chacun plaidant, si l'on peut dire, pour son saint, et n'aimant pas toujours que des non-catholiques tentent de pénétrer leurs mystères.

L'affaire Retz, du moins, n'en comporte pas, ou peu, à condition de ne pas croire ce qu'il a raconté lui-même. Lié plus ou moins étroitement au parti dévot, à la papauté, donc à l'Espagne, l'homme brillait d'une intelligence souvent éclatante et subtile, qu'il gâtait par des outrances et quelques lourdes erreurs. Mazarin, qui le comprenait fort bien, s'en méfiait beaucoup ; quant au roi et à sa mère, ils le détestaient franchement. Il avait noué dans Paris tout un réseau de fidèles ou de comploteurs, curés, marguilliers, confréries, souvent anciens frondeurs et proches du jansénisme, plus un certain nombre d'hommes de main et de jolies femmes. Arrêté et transféré à Nantes, puis évadé, il continuait d'entretenir une sorte de parti, vivifié lorsque ses aventures le conduisirent à Rome (fin novembre 1654) après un périple surprenant, grâce à la protection des Espagnols. De Rome, il put se remettre à comploter (et osa faire voter contre le candidat de la France au conclave de 1655, qui choisit un Chigi, Alexandre VII, fondamentalement antifrançais). À Paris, des querelles sans grandeur, mais vives, opposaient les vicaires généraux qu'il nommait à ceux que nommait le roi ; on songea même à désigner une sorte d'archevêque suppléant, ce qui ne put aboutir. De temps à autre, Retz écrivait au roi ou à Mazarin, qui lui retournaient ses lettres non ouvertes ; il lança même, à la fin de 1657, un vigoureux pamphlet contre l'alliance anglaise. Après la paix des Pyrénées, il comprit enfin que tout rôle était désormais impossible pour lui ; mais il pouvait se vanter d'avoir longtemps agacé Mazarin et la Cour par des querelles qui, à distance, paraissent médiocres, mais n'étaient pas alors interprétées ainsi.

Plus sérieuse, plus profonde, plus grave, l'affaire

janséniste a provoqué la rédaction de centaines d'ouvrages et de dizaines de milliers de pages, parfois géniales (Pascal, Racine, Sainte-Beuve même), bien souvent trop subtiles ou trop lourdes. Avant de tenter d'y pénétrer, il faut rappeler que beaucoup de jansénistes furent, pour Mazarin, puis pour Louis XIV, de sérieux adversaires et parfois pourtant des auxiliaires de talent. Une partie — mais laquelle ? — s'est engagée dans divers aspects de la Fronde, et l'on sait par exemple qu'Arnauld d'Andilly publia en 1649 et 1652 deux mazarinades d'une assez belle tenue. D'autres que lui ne se haussaient pas à ce niveau, mais on hésite à les identifier formellement (ce qui, à distance, importe assez peu). Mais il est plus fascinant de constater que leurs thèses (supposées) furent dénoncées en Sorbonne dès juillet 1649 ; que Mazarin déclinait fortement lorsque les *Provinciales* eurent l'honneur d'être brûlées par le bourreau (fin 1660), et qu'il agonisait presque lorsque les évêques inventèrent le Formulaire (février 1661) qui gêna ou scandalisa la meilleure part du clergé français pendant plus d'un siècle, et que se dessinait l'attaque en règle contre les deux monastères de Port-Royal, que Louis XIV assuma et achèvera, après une pause, avec sa brutalité habituelle, au début du XVIIIe siècle. D'une certaine manière, le jansénisme « enveloppe » la période mazarine et continuera sa route difficile longtemps après. Considéré par le pouvoir (et particulièrement par Mazarin) sous son aspect presque uniquement politique, il est pourtant bien plus que cela : une théologie, une piété, une morale, une culture, une société, le tout rigoureux et sévère.

On n'ira pas rappeler l'énorme *Augustinus* de Jansénius, évêque d'Ypres (paru en français en 1641), qui dénonçait la morale facile et prônait un retour aux sources sacrées et aux Pères de l'Église, particulièrement le fort sévère saint Augustin. Doctrine qui rejoignait au moins dans la pratique, ce qu'enseignait l'abbé de Saint-Cyran à son petit groupe austère et rigide. Un abbé que Richelieu, qui n'aimait pas les petits groupes, même pieux, expédia à la Bastille, d'où il ressortit en 1643 pour mourir. Au même moment paraissait un ouvrage de l'un des nombreux frères Arnauld (dont la sœur avait profondément réformé l'abbaye de Port-Royal) intitulé *La Fréquente Communion* et interprété (assez justement) comme une critique de cette pratique et l'invitation à une foi exigeante et à une morale stricte. L'attaque contre la dévotion facile et la morale prétendument relâchée des jésuites était transparente. Par surcroît, auprès de la succursale champêtre de Port-Royal, une poignée de « Messieurs » de qualité, pieux, sages, savants, venaient se recueillir et bientôt ouvraient, pour des disciples sélectionnés, des « petites écoles » dont la qualité et le renom éclataient à tous les yeux — ou presque —, au grand dam des collèges jésuites, qui pourtant travaillaient fort bien mais dans le style mondain. Autour de la famille Arnauld (vingt enfants) et de quelques autres s'assemblèrent discrètement quelques nobles, beaucoup de parlementaires et de grands bourgeois qui aimaient se distinguer par la sévérité (même du costume), la rigueur et une certaine communauté de vue sur les « affaires du temps », marquée par une certaine indépendance non dénuée de fierté. Tout cela ne pouvait plaire à Mazarin et son équipe qui, comme Richelieu, se méfiaient beaucoup des « sectes » — même catholiques — et avaient tendance à voir des complots partout (il est possible que des jansénistes de renom soient entrés dans quelques-uns). Aussi n'étaient-ils pas disposés à une grande bienveillance.

Il y avait longtemps que les jésuites et leurs amis cherchaient à faire condamner les livres jansénistes, surtout *La Fréquente Communion*, que le talent rendait lisible et qui connaissait un certain succès. Ils la déférèrent en cour de Rome, mais une quinzaine d'évêques et plus encore de docteurs (en théologie) la défendirent, et l'Inquisition, sollicitée, ne condamna pas. Il faut dire aussi que la pieuse reine Anne et les puissants Condé semblaient favorables à la tribu Arnauld et aux graves augustiniens. Mais les jésuites surent réagir, regrouper de fidèles anciens élèves et animer des querelles de plume et de langage entre les deux écoles — l'aimable et la sévère. Le talent ne se trouvant guère de leur côté, les « molinistes » et leurs amis devaient trouver un bon angle d'attaque. La Sorbonne le leur fournit.

Il s'agissait alors de la faculté de théologie. Son syndic, Nicolas Cornet, lui présenta donc le 1er juillet 1649 (en pleine pause de Fronde), pour qu'elle discute sept, puis cinq propositions sur la grâce extraites, disait-il, de l'*Augustinus* et censées contenir l'essentiel de la doctrine. Les condamner revenait à condamner le jansénisme. La faculté décida de les examiner, mais le Parlement, qui en avait le droit et où les jansénistes étaient nombreux, le lui interdit. Après réflexion, plus de quatre-vingts évêques décidèrent d'en appeler au pape qui, ravi d'arbitrer une querelle française, reçut les champions de l'une et l'autre cause. Après mûres délibérations, une congrégation romaine approuva pleinement le texte de Cornet, et Innocent X signa, le 31 mai 1653 — près de quatre ans après l'initiative bien guidée du syndic de Sorbonne — la bulle *Cum occasione* qui condamnait les cinq propositions et donc apparemment les jansénistes (sans le dire, bien sûr). Deux mois plus tard, le roi acceptait et publiait la bulle.

Fort embarrassés, les jansénistes, qui ne voulaient rompre ni avec l'Église ni avec la Cour, approuvèrent aussi la bulle... mais soutinrent que les cinq propositions condamnées ne se trouvaient pas dans l'*Augustinus*. On leur répliqua que, si elles ne s'y trouvaient pas *stricto sensu*, elles en exprimaient l'esprit. Cette querelle, plus grave qu'il ne peut paraître, continua sans discontinuer. Mazarin — d'autant plus irrité que Retz et sa coterie se mirent à soutenir les jansénistes, que Madame de Longueville et les « restes de la Fronde » se rapprochaient de Port-Royal et que Pascal lançait ses *Provinciales* où le sérieux transparaissait sous l'esprit, et qui fustigeaient tout spécialement la morale des casuistes jésuites — résolut d'en finir.

Après avoir réuni au Louvre une assemblée d'évêques, il leur ordonna de travailler à faire connaître et au besoin de signer un texte approuvant la bulle. Ils se mirent au travail. Dans un premier temps, en septembre 1660, une commission d'évêques et de théologiens examina les *Provinciales* et naturellement les condamna. Le bourreau les brûla. À l'Assemblée du clergé de France alors réunie, le roi déclara qu'il fallait terminer l'affaire. Deux mois plus tard — Mazarin souffrait beaucoup, mais gardait sa lucidité —, l'Assemblée conçut le texte d'un « formulaire » à faire obligatoirement signer par tous les ecclésiastiques : il condamnait les cinq propositions déclarées se trouver dans l'*Augustinus*, ouvrage dont l'auteur était censé n'avoir pas compris la vraie doctrine de saint Augustin. Un formulaire qui devait troubler la conscience de bien des prêtres pendant plus d'un siècle.

Au même moment, ce qu'on a appelé la « grande

persécution » commençait. Les supérieures des deux couvents de Port-Royal durent renvoyer leurs pensionnaires, leurs novices, leurs postulantes, avec interdiction d'en recevoir d'autres ; « messieurs » et « solitaires » achevèrent de partir. Mazarin pouvait mourir en paix, il savait que son filleul continuerait — avec quelle vigueur ! — le grand nettoyage qu'il venait de commencer. Pour l'un comme pour l'autre, tout le jansénisme se ramenait à une affaire politique : il s'agissait simplement d'exécuter une secte, un parti, un complot latent, ou ce qu'ils estimaient tel. Mais l'affaire n'était pas terminée, loin de là.

Assez proches des augustiniens, par certains côtés, les vieux adversaires de Richelieu et de Mazarin, les dévots, déjà évoqués, continuaient d'être, ici, là, ailleurs, partout peut-être, presque insaisissables, donc difficiles à présenter.

Les dévots

Durant tout le XVIIe siècle, plus particulièrement de 1630 à 1670, il est bien souvent question d'eux, avec une connotation peu favorable, due sans doute à leur silence, à leur action discrète ou secrète, et aussi à leur activité pro-espagnole, qui leur valut les foudres de Richelieu — et la simple méfiance de Mazarin.

Fils ou petits-fils d'une Contre-Réforme sourcilleuse et sévère, issus parfois d'une ancienne famille ligueuse, ils se distinguent par une piété ostentatoire, un grand sens de la charité et de la pénitence, une forte fréquentation des confréries, une ferme hostilité aux huguenots et par leur façon de s'insinuer discrètement dans les familles et les institutions. Les plus importants constituaient les cadres assez secrets de la Compagnie du Saint-Sacrement, à laquelle appartinrent certainement Vincent de Paul, Ventadour, Schomberg, Olier, Conti, Bossuet, Lamoignon (la « tête »), d'Aguesseau, le père Suffren, l'abbé de Grignan, qui animaient des groupes étroits, reliés seulement au centre parisien, s'ignorant parfois entre eux. Pendant toute la Fronde et ensuite, ils assistèrent les misérables, s'employèrent activement à combattre les mauvaises mœurs, les compagnonnages, les protestants, parfois les juifs, et s'en prirent avec une indignation non bruyante à la politique de Mazarin, à son alliance avec Cromwell surtout. Ils pénétraient dans les récentes institutions hospitalières, entraient dans les cénacles jansénistes (et aussi chez leurs adversaires) et participèrent assez souvent aux diverses formes de Fronde. Les pistes ont tellement été brouillées ou effacées qu'on ne discerne pas toujours si tel confrère est là ou ailleurs. De toute manière, leur sentiment pro-espagnol est général ; mais ils ne sont pas les seuls.

Dans ce brouillard, Daniel Dessert a repéré les dévots autour de Fouquet : sa femme, sa belle-famille, ses amies (dont Sévigné), son entourage, lui-même peut-être. Il n'est d'ailleurs pas impossible que sa condamnation, toute jalousie colbertienne mise à part, ait été aussi celle du parti dévot, que le même Colbert englobait parmi les « malintentionnés » dans sa correspondance avec son maître Mazarin.

Il arriva pourtant au parti dévot de se dévoiler par quelques imprudences : Conti devenu bigot ostensiblement, Monsieur dans un de ses accès de piété, le nonce Bagni qui songeait — bien maladroitement —

à installer à Rome une succursale de la Compagnie (1658). Il se trouva aussi que la province renchérit dans la maladresse : à Bordeaux en 1656, plusieurs femmes et filles soupçonnées de se mal conduire furent enfermées dans un couvent ; l'année suivante, il faillit en être de même à Blois, mais les échevins arrangèrent et apaisèrent l'affaire. Le pire se produisit à Caen en 1660 : deux libelles dénoncèrent « le scandale de l'Ermitage », qui paraît s'être ramené à quelques extravagances mystiques de confrères bien connus, comme Bernières et Louvigny ; dans ces libelles, la Compagnie était nommée et ses activités secrètes dévoilées.

Mazarin, bien informé, et se méfiant de la dévotion parfois outrée de la reine, profita de ces incidents et de dénonciations envoyées par les prélats de Caen et de Rouen pour obtenir du Parlement, en décembre 1660, une condamnation très ferme de toutes ces activités... mais sans citer nommément la Compagnie. Aussi celle-ci, protégée par Lamoignon, persista-t-elle durant quelques années dans ses activités, devenues fort discrètes. Et puis la paix générale enlevait tout prétexte à son activité pro-espagnole, tandis que les débuts du règne personnel étaient marqués par des réjouissances assez païennes, sous un jeune roi que la dévotion n'habitait pas encore. Dans ce climat, elle pouvait paraître vieillote et démodée. Cela n'empêchait pas Guy Patin, le médecin épistolier, esprit fort et mauvaise langue, de déclarer, à la fin de 1660, après les libelles caennais : « Paris est plein de faux prophètes. [...] Nous avons des Pharisiens, des fripons, des filous même en matière de religion. [...] On ne vit jamais plus de religion et de moinerie, et jamais si peu de charité. Tous ces gens-là se servent du nom de Dieu pour faire leurs affaires et tromper le monde. La religion est un grand manteau qui met bien des fourbes à couvert*. »

Un peu plus tard, le même Guy Patin soutient que la Compagnie « a dessein d'introduire l'Inquisition » (!) et, en attendant, « met le nez dans le gouvernement des maisons ». Comment ne pas penser au Tartuffe, alors que justement ce sera en 1665 que Louis XIV supprimera nommément la Compagnie (qui survivra plus discrètement encore). Sans doute un peu forcé, ce témoignage traduit pourtant, une certaine lassitude, dans ce qu'on appelle à Paris l'opinion, à l'égard des dévotions outrées et des menées souterraines des dévots. Mais n'est-ce pas apparence, au moment où chacun pourra se rattraper sur le dos des protestants ?

Protestants

Ils savaient parfaitement que leur survie en tant que religion tolérée dépendait du roi ; leur intérêt comme leur tempérament et leur morale les poussaient donc à la fidélité. Aussi ne posèrent-ils jamais de problème à Mazarin, pas plus qu'à Louis XIV au début de son règne personnel. Il convient à ce sujet de citer le texte, presque jamais invoqué, de ses *Mémoires pour l'année 1661* où il expliquait que « les nouveaux réformateurs disaient vrai visiblement en plusieurs choses »... notamment celles qui concernaient la mauvaise conduite — ignorance, luxe,

* Cité par Rebelliau, *Revue des deux mondes*, 1909, p. 89 *sq*.

débauche — des « ecclésiastiques du siècle précédent ». Mazarin, qui savait à quoi s'en tenir sur ce point, ne dénonçait rien, disait que « le petit troupeau » était bien fidèle, et ne semble jamais avoir écrit quoi que ce soit sur les huguenots en général.

Dès 1643, il avait sagement fait renouveler l'édit de Nantes d'Henri IV par une simple déclaration royale. Neuf ans plus tard, en mai 1652, donc en pleine Fronde, il réitérait, avec l'amabilité suivante dans le préambule : « Nos sujets de la RPR [abréviation courante pour " Religion Prétendue Réformée "] nous ont donné des preuves de leur fidélité, notamment dans les occasions présentes, dont nous demeurons très satisfait. » Sept ans plus tard, lors du synode des Églises réformées tenu à Loudun (ce fut le dernier), il leur écrivait : « Je vous prie de croire que j'ai une grande estime pour vous, étant de si bons et si fidèles serviteurs du roi. » Ce dernier tint d'abord un langage voisin avant de s'engager peu à peu dans la répression feutrée que préparaient depuis longtemps les dévots, les jésuites, l'Église dans son ensemble et les juristes à son service. Les réformés pouvaient s'attendre à souffrir, d'autant que les successives Assemblées du clergé de France ne manquaient jamais de proclamer que l'édit de Nantes n'avait été qu'un expédient provisoire, et condamnaient invariablement « cette malheureuse liberté de conscience qui détruit la liberté des enfants de Dieu » — singulière affirmation, il est vrai, à trois siècles de distance. Dès 1651, la même assemblée avait indiqué la voie à suivre pour « que ce mal ne fît pas de progrès et que, si votre autorité ne le peut étouffer tout d'un coup, elle le rendît languissant et le fît périr peu à peu par le retranchement et la diminution de ses forces ».

En fait, à partir de 1656 surtout, en plusieurs villes

partagées entre les deux religions — Rouen, Poitiers, Bordeaux notamment — des incidents, parfois vifs, avaient éclaté, que récapitulèrent en février 1658 les députés des synodes de la RPR reçus en audience par le roi. Ils réitérèrent l'année suivante sous la forme d'un long mémoire.

Pendant que montaient insensiblement les pieuses astuces des uns et les doléances des autres, Mazarin était occupé à terminer la guerre et à négocier la paix, tâches essentielles, épuisantes pour un autre que lui, qui pourtant s'enfonçait dans la maladie. Alors, les protestants…

CHAPITRE XVI

Guerre, paix, prépondérance (1653-1660)

Cette guerre presque impie contre le roi d'Espagne, qui lui fut si amèrement reprochée par les frondeurs et les dévots, il fallait bien que Mazarin la termine, et victorieusement, quoi qu'il puisse en coûter. Et il en coûta.

Trois phases se succédèrent, évoluant de la médiocrité à la magnificence, atteinte au moment précis où le cardinal s'affaiblissait gravement et où son fringant filleul et disciple s'apprêtait à recevoir un héritage que personne n'eût pu envisager une décennie plus tôt.

Une guerre qui traîne : Turenne sans Cromwell (1653-1657)

De cette longue guerre, on a tendance à considérer le seul front nord, important parce que relativement proche de Paris. Chaque campagne d'été (l'hiver, on se repose et surtout on se refait), tantôt Turenne bat Condé, et tantôt Condé bat Turenne : le premier à

Arras en 1654, le second à Valenciennes en 1656. Dans l'intervalle, on prend une ville et on en perd une autre. Le tout avec des effectifs souvent faibles, une quinzaine de milliers d'hommes de chaque côté, rarement plus, et de « nations » étonnamment variables : Irlandais, Allemands, Suédois, Suisses, et même des Anglais, des Français et des Espagnols. À l'ultime bataille des Dunes, on dit que les Anglais de chaque bord admiraient ceux d'en face... Tous étaient irrégulièrement soldés et se payaient sur le pays, comme d'habitude.

Mazarin suivait les campagnes de près, feignait de les régler, mais en fait s'appuyait sur l'expérience et l'intelligence militaire de Turenne. Malgré les gémissements de sa mère, il emmenait régulièrement le jeune roi, qui aimait les camps, les combats, les chevauchées (il était un remarquable cavalier) et l'odeur de la poudre. Il fallait le retenir pour qu'il n'aille pas ferrailler aux premiers rangs ; en fait, il n'attrapa qu'une maladie, si grave qu'on crut qu'il passerait (juillet 1658) : mais sa robuste constitution triomphait déjà de tout, en attendant d'épuiser quatre générations de médecins ignares.

Mais les Pays-Bas espagnols, essentiels, n'étaient pas le seul théâtre de guerre. En Catalogne, les généraux avaient peu brillé ou, comme Marsin, avaient rejoint Condé. Leurs troupes, fort pillardes, avaient provoqué l'irritation des Catalans : ils ne s'étaient pas révoltés en 1640 contre les Castillans pour se voir exploités au moins autant par leurs provisoires alliés venus du nord. Ils finirent par aider les troupes du roi Philippe à faire repasser les Albères aux troupes du roi Louis. Ces dernières ne trouvèrent pas un meilleur accueil dans les comtés de Catalogne du Nord (que nous appelons Roussillon, Cerdagne,

Conflent...), mais enfin elles s'y maintinrent, appuyées sur de bonnes forteresses. En fait, le front pyrénéen, stabilisé, ne devait plus jouer aucun rôle.

Toujours attentif et même passionné par les intrigues et les hommes de sa chère Italie, Mazarin avait gardé de bonnes relations avec la maison de Savoie, qu'il devait bientôt utiliser dans une comédie de mariage royal, et il cherchait toujours à créer des difficultés aux Espagnols installés en Milanais et dans les présides de Toscane. Si les expéditions vers celles-ci (et Naples) échouèrent, comme on a vu, assez lamentablement, l'amitié avec le vieux duc Charles de Nevers aboutit à un demi-succès. Les deux fils du duc étaient également ducs, l'un de Modène, l'autre de Mantoue. Ils vinrent visiter Mazarin en son palais parisien, et le fils du Modénois épousa Laura Martinozzi, l'une des nièces, en 1655. En même temps, fut conclue entre la France et les deux frères une alliance, qui renforça, comme un quart de siècle plus tôt, l'influence française à Montferrat et Casal, ce qui pouvait gêner les Espagnols du Milanais. En réalité cela flattait surtout les sentiments de Mazarin, sans revêtir une réelle importance internationale.

Du côté de la Franche-Comté, terre espagnole fort bien gouvernée, rien à craindre : l'existence d'un ancien contrat de neutralité entre les deux Bourgognes (duché et comté), qu'avaient pourtant ignoré dix années de guerre épouvantable entre 1635 et 1644, garantissait à peu près la paix. Les garnisons voisines se surveillaient à peine, et nul n'avait intérêt à réveiller des affrontements que ne pouvaient supporter ni l'un ni l'autre adversaire, ni l'une ni l'autre province. Un peu plus tard, Louis XIV se chargea de changer tout cela.

Restaient les mers, que les Français d'alors avaient

tendance à oublier — il est vrai qu'ils ne pouvaient être partout. Quelques navires et quelques galères, plus ou moins entretenus ou renouvelés depuis Richelieu, subsistaient tout de même (mais la flotte de commerce, non négligeable, pouvait être armée). Galères espagnoles et toulonnaises se heurtèrent au large de la Toscane et de Naples, sans gloire pour les françaises. Pirates majorquins, maltais et barbaresques « insultaient » d'ailleurs les côtes, pillaient les navires venus du Levant et finissaient par s'entre-piller. Parut soudain, sur la mer intérieure comme ailleurs, l'amiral Blake, qui balaya large, fut reçu à Livourne, Tunis et Alger et rappela aux souvenirs des Méditerranéens la puissance ancienne, un moment discrète, puis renouvelée, Cromwell aidant, de la flotte anglaise. La flottille française qui avait fait voile en 1652 de Bordeaux vers Dunkerque put s'en apercevoir : elle trouva Blake sur son chemin et vira de bord. À vrai dire, marine anglaise, mieux armée, et marine hollandaise, propre surtout au grand commerce, luttaient pour dominer la mer ; Tromp et Ruyter pénétraient dans la Tamise, ce qui n'empêchait pas leur rival — toujours Blake — de gêner le trafic des Provinces-Unies (vaincues dans un bref conflit que calma Cromwell), de croiser devant Lisbonne et surtout de couler ou piller les galions espagnols de retour des Indes — dont une partie du chargement gagna la Tour de Londres dans trente-huit chariots chargés d'or et d'argent. Il est tout à fait évident que la modeste marine française, surtout commerciale, ne pouvait jouer aucun rôle sérieux auprès de ces sortes de titans des mers.

Mazarin avait parfaitement compris la situation, et aurait pu se consoler de la faiblesse maritime de la France en considérant celle de l'Espagne, qui avait bien de la peine à armer et protéger les galions d'Amérique. Mais ce qu'il avait surtout saisi — et pas seulement sur mer — c'était la nouvelle puissance anglaise et la valeur exceptionnelle du « protecteur » qui la soutenait. Dès 1651, il l'avait d'ailleurs sondé secrètement, suggérant même que son gouvernement — qui abritait au Louvre la fille d'Henri IV, veuve du roi Charles Ier — puisse reconnaître la république anglaise. C'était sans doute un peu tôt ; mais, devant le piétinement des armées françaises et la lassitude générale, quelle autre solution que de recruter, fût-ce au prix fort, un bon allié qui avait su organiser de solides régiments ?

Le scandale, fortement ressenti, venait du fait que l'Anglais était à la fois hérétique, républicain et régicide. Or c'était à cet homme que Mazarin n'avait pas craint d'envoyer, dès décembre 1652, un ambassadeur dûment accrédité (Antoine de Bordeaux, un fils de financier), puis d'en envoyer un autre, Créqui, avec une suite somptueuse pour le saluer lorsqu'il s'était promu Lord Protecteur. La Fronde terminée ou à peu près, Mazarin ne pouvait que rechercher son appui (qui d'autre ?) pour achever aussi la guerre. Les négociations s'engagèrent assez tôt et ne furent pas faciles. D'ailleurs, Cromwell avait offert aussi bien ses services au roi d'Espagne (et à Condé) qu'au roi de France. Celui-ci pouvait évidemment payer plus facilement et surtout détenait, de l'autre côté du Channel, des ports que tout bon Anglais ne pouvait qu'apprécier, d'autant qu'ils avaient déjà été utilisés et occupés dans un passé assez récent (Calais, abandonné un siècle plus tôt, avec quels regrets !).

Malgré de nombreuses et importantes difficultés, il fallait bien que Mazarin se procure l'aide de la marine anglaise et des soldats de Cromwell, s'il voulait en finir. Il s'y résigna à la fin de 1655.

La solution : Cromwell et l'infante (1656-1659)

On fut assez sage pour commencer par une convention commerciale : on se rendrait les navires de commerce pris de part et d'autre, ainsi que quelques forts dans la lointaine Acadie, et on jura de ne pas renouveler de telles pratiques. Plus important, des articles secrets convenaient que chacun exclurait les rebelles de l'autre (de France, Charles et Jacques Stuart et une quinzaine de leurs amis ; de Londres, des complices de Condé, dont des Bordelais quelque peu « cromwellisés ») ; on sous-entendait même que si un heureux hasard voulait que Dunkerque fût prise aux Espagnols, elle irait aux Anglais, qui n'attendaient que ce cadeau.

Fort de ce premier traité, Mazarin essaya alors de négocier à Madrid, où il envoya Hugues de Lionne, son meilleur diplomate, lesté de longues instructions, l'essentiel étant de conclure la paix sur la base d'un mariage entre l'infante Marie-Thérèse et Louis XIV. Après de longues et pénibles négociations en 1656, Lionne revint bredouille : un nouvel infant était né à Philippe IV remarié (ce qui réglait provisoirement un problème successoral embrouillé, qui devait rebondir) et enfin ses armées n'étaient pas battues, loin de là. En effet, Turenne avait essuyé un grave échec, dû à Condé, devant Valenciennes, dans l'été 1656. Après quelques manœuvres, les armées françaises durent même repasser la Somme pour prendre leurs quartiers d'hiver.

Il était temps d'en finir. Au milieu d'intrigues diplomatiques complexes qui embrassaient une bonne partie de l'Europe, du Portugal à la Baltique (nous les retrouverons), Mazarin parvint à conclure avec le Lord Protecteur une alliance formelle, offensive et défensive ; Lionne et Brienne signèrent pour la France et, pour l'Angleterre, Lockart, neveu de Cromwell, son ambassadeur à Paris et par surcroît bon général. Le projet consistait à attaquer en commun Gravelines, Mardyck et Dunkerque, ce dernier port étant promis à l'Angleterre. Six mille soldats anglais, rompus à la guerre comme à la prière, transportés par une flotte puissante, débarquèrent donc pour soutenir les régiments de Turenne, qui en avaient besoin. La pieuse Motteville s'est indignée de cet apport, « odieux à tous les gens de bien, [...] de sujets d'un hérétique et d'un usurpateur ». Mazarin, qui savait bien qu'on ne fait pas forcément de bonne politique avec de bons sentiments, avait déjà passé outre.

La première campagne commune, celle de 1657, fut assez décevante. Les Anglais s'estimaient mal couchés, mal nourris (ils se gavaient de fruits), donc malades, et surtout mal payés, d'autant qu'on leur avait promis de fortes soldes, qui arrivaient mal. Il semble bien que Turenne dut sacrifier et découper sa vaisselle d'argent pour les satisfaire. Méfiant, il les garda en réserve sur la terre ferme, vers Saint-Quentin, tandis qu'il essayait d'attirer les hispano-condéens vers l'est, envoyant même l'un de ses généraux jusqu'à Montmédy. Lockart s'impatientant de telles manœuvres, le maréchal s'empara de Bourbourg et surtout de Mardyck, médiocre place côtière qu'il remit aux Anglais pour qu'ils la gardent et la fortifient (octobre 1657). Le mois suivant, tout le monde se mit d'accord pour prendre les rituels quartiers d'hiver.

Profitant de ce temps de repos, les deux alliés, déçus des résultats de la campagne et se méfiant l'un de l'autre, revinrent le 28 mars 1658 sur le traité signé un an auparavant, l'accrurent de six articles qui décidèrent surtout l'attaque directe de Dunkerque, par mer et par terre. Un échec cuisant du maréchal d'Aumont devant Ostende (il fut même fait prisonnier) n'empêcha pas que l'attaque de la ville fut sérieusement engagée, malgré les difficultés causées par le terrain boueux et peu stable. Turenne avait rassemblé près de 40 000 hommes (puritains compris). Les Espagnols étaient renforcés par des Allemands, des Irlandais et des royalistes anglais que commandaient les deux Stuarts. Condé n'avait pas approuvé le dispositif de bataille conçu par les Espagnols et craignait la défaite. Elle survint en effet, très nette, le 14 juin, sur les dunes proches de Dunkerque, qui lui donnèrent leur nom. Tandis que Louis XIV abandonnait tristement le grand port aux Anglais, Turenne exploitait rapidement sa victoire et enlevait Furnes, Dixmude, Gravelines, Audenarde, Ypres. Il marchait sur Bruxelles épouvantée lorsque le mauvais temps l'arrêta au début de l'automne. Il prit donc ses quartiers d'hiver et commença à préparer la campagne de 1659, mais elle ne s'ouvrit pas, la suspension d'armes survenant début mai, alors que les négociations de paix s'engageaient enfin sérieusement, après de longues discussions préalables.

Dans l'intervalle, deux événements considérables étaient survenus. À Calais, au début de juillet, Louis XIV avait failli mourir (sans doute d'une insolation), ce qui remua mille ambitions dans le royaume et fit prendre par Colbert des précautions militaires à Paris ; mais ce roi athlète se rétablit vite. Cromwell, lui, mourut réellement, d'épuisement et de gravelle, le 3 septembre 1658 : accident capital pour l'Angleterre un moment désemparée et aux conséquences internationales. Un troisième accident concernait l'Espagne et allait la pousser à la paix : les armées du Portugal (annexé en 1580, révolté en 1640) vainquirent celles de Philippe IV près de Badajos, à Elvas ; à vrai dire, Anglais et Français les avaient quelque peu aidées.

Il était temps de se décider à la paix. En réalité, on n'avait guère cessé de négocier, en vain jusque-là. Désormais, il fallait passer à la diplomatie de haut vol. Mais des obstacles imprévus retardèrent la conclusion.

Vers la paix (1658-1659)

Après sa défaite des Dunes, l'Espagne ne pouvait obtenir la « paix blanche » qu'elle souhaitait. Mais les deux grands royaumes désiraient une paix acceptable, avec des gains appréciables pour le vainqueur, mais non déshonorants pour le vaincu. Chacun savait que l'essentiel était constitué par une nouvelle union dynastique, tenue pour décisive par le cardinal et fortement désirée par la reine : celle de son fils et de sa nièce. Pour des raisons d'honneur pointilleux et surtout de succession au trône, Philippe IV hésitait : il n'avait conservé qu'une fille de son premier mariage, le premier infant issu du second mourut vite, mais un deuxième était né (il mourut aussi très vite, mais le troisième, bien que très faible, vécut jusqu'en 1700). À l'automne de 1658, Philippe IV avait décidé de ne rien décider.

Ce fut alors que Mazarin prépara et opéra une surprenante réplique, une comédie aussi grosse qu'efficace. Il lança un projet d'union entre Louis XIV et une autre cousine germaine, fille de la vieillissante Chrestienne, duchesse régente de Savoie et fille longtemps joyeuse d'Henri IV. La farce alla jusqu'au bord de la réalisation : Mazarin conçut l'idée d'une rencontre à Lyon entre les deux pseudo-fiancés et les deux belles-sœurs. En novembre 1658, la Cour se transporta donc en cette cité, escortée comme de coutume de serviteurs, armes, meubles et bagages. Des douzaines de carrosses et de chariots transitèrent avec une sage lenteur de la capitale du royaume à la capitale des Gaules, en un voyage coupé de belles étapes, fêtes, entrées, réceptions et offrandes. La belle rencontre allait donc avoir lieu.

Mais, dès que Philippe IV apprit ce projet et le départ de la Cour pour Lyon, il déclara, dit-on : « *Este no puede ser y no sera* *. » Aussi Pimentel, son habituel diplomate, expédia-t-il très vite (à Mâcon) un courrier pour demander à Mazarin une audience secrète à Lyon où la Cour s'installa le 24 novembre.

L'affaire fut rapidement réglée, à la satisfaction et à la grande joie de la reine et du cardinal. Les princesses de Savoie étaient présentes à Lyon, heureuses. Il fallut adoucir leur déception. De beaux cadeaux et quelques bijoux les aidèrent à regagner Turin.

La Cour de France demeura à Lyon près de six

* Ce ne peut être et ne sera pas.

semaines, attendant que le gros de l'hiver se passe et festoyant joyeusement avant de regagner Paris pour d'autres réjouissances, celles du Carnaval. Louis XIV, qui logeait — éclatant symbole du siècle — dans la somptueuse demeure du financier Mascarani, se distrayait le plus délicatement du monde. Non pas de son prochain mariage avec l'infante, mais bien d'un mariage rêvé avec une autre. Et cette autre faillit bien constituer le principal obstacle à la paix des Pyrénées, bâtie sur une nouvelle union Bourbon-Habsbourg d'Espagne.

On sait bien qu'il s'agissait de Marie Mancini, l'une des plus jeunes nièces de Mazarin. Tant de récits larmoyants ont été consacrés à cet amour impossible d'un roi et d'une petite comtesse romaine (Mancini père était vraiment comte — noblesse pontificale, il est vrai) que l'auteur de ces lignes se demanda quelque temps s'il ne s'agissait pas là d'une aimable affabulation montée en épingle par les éternels romanciers de ce qu'ils appellent l'histoire. Mais la documentation de première main est abondante et formelle : affaire d'amour, sûrement ; affaire d'État plus encore, fort grave, qui dut donner — si l'on peut dire — des sueurs froides à Mazarin comme à la reine puisque enfin le jeune roi crut pouvoir épouser — incroyable aberration politique, mais il avait juste vingt ans — celle qu'incontestablement il aima profondément, la seule sans doute.

La jeune personne — à peine vingt ans elle aussi — irradiait le charme des Italiennes brunes, longues, minces, souples, et à la magnifique chevelure bouclée. Elle changeait Louis des grasses beautés blondes peintes de blanc et de rouge qui l'entouraient, et plus encore des servantes, demoiselles légères ou maritornes qu'il avait eu l'occasion de visiter jusque-là et que « servit » longtemps son inlassable et faunesque appétit. Marie, il la respectait profondément — et ce respect physique dûment constaté stupéfia le futur mari de la belle, un prince Colonna. Et puis lui, le monarque à la culture sommaire et inégale mais à l'esprit heureusement ouvert du côté de la musique et des belles-lettres fut particulièrement sensible à la vive intelligence de la jeune fille, à sa conversation spirituelle, à sa réelle connaissance des langues, latin et grec compris, à son goût pour les livres sérieux comme pour le théâtre et surtout pour la musique : comme Louis, elle grattait la guitare, mais mieux. Pendant plusieurs mois, ils ne se quittèrent guère, à la Cour, à l'armée, durant sa maladie, durant le voyage vers Lyon et à Lyon même avec, dit-on, de charmants rendez-vous place Bellecour au clair de lune (en plein hiver ?). Au charme, à l'esprit et à la culture, il est à peu près sûr que Marie Mancini joignait l'ambition, ou plutôt le rêve insensé de devenir reine (car, maîtresse du roi, sa fierté le lui interdisait et le lui interdit encore lorsqu'elle retrouva quelques semaines à la Cour le roi marié). Le plus extraordinaire, c'est que Louis désira longuement ce mariage impossible, et qu'il fallut sa mère pour le lui interdire. Mais l'idylle dura tout de même près de dix-huit mois. Exilée à La Rochelle, puis à Brouage, Marie se soumet avec larmes et rage. Une longue correspondance, une ultime rencontre à Saint-Jean-d'Angély (août 1659) après le mariage du roi (juin) terminent l'épisode. Louis n'a pu que s'incliner. D'abord déchiré, il semble avoir oublié assez vite. Quoi qu'il en soit, Marie Mancini et son aventure sortent de la grande histoire. L'essentiel s'élargit aux dimensions de l'Europe, bien au-delà des amourettes manquées.

La paix mazarine et la prépondérance instaurée (1659-mars 1661)

Méritée depuis longtemps, pratiquement décidée lors de la comédie savoyarde de Lyon, la paix entre les deux couronnes (paix des Pyrénées) fut l'objet de longues tractations et de discussions de point d'honneur et de points de détail dans la désormais fameuse île (dite des Faisans) de la Bidassoa où elle finit par être signée (7 novembre), puisque les Espagnols, malgré leur douce obstination, n'étaient pas parvenus à épuiser intellectuellement un Mazarin physiquement affaibli.

Une multitude d'articles — près de deux cents — et une forêt de détails n'empêchent que l'essentiel tienne en trois décisions : les gains territoriaux, le pardon de Condé, le mariage royal célébré en juin 1659 et décidé dès les préliminaires signés à Paris. La dernière fut la clé de tout, mais la deuxième, qui mettait en jeu l'honneur des deux couronnes, l'espagnole surtout, la plus pointilleuse, fut l'objet de discussions farouches, parfois si entêtées qu'elles faillirent faire sombrer l'ensemble. On ajoutera que l'arbitrage international de la France mazarine ne résidait pas en ce seul traité : d'autres le précédèrent, d'autres suivirent, comme on verra.

Simplifiant à l'extrême, on peut dire que le royaume de France s'agrandit de l'Artois et du Roussillon, que Condé pardonné rentra dans tous ses titres, fonctions et domaines et que, dans le contrat de mariage avec l'infante Marie-Thérèse, le roi renonçait à toute prétention au trône d'Espagne (succession apparemment menacée par le décès de plusieurs infants)... moyennant... le paiement d'une dot de 500 000 écus d'or que Mazarin, dit-on, savait l'Espagne incapable de régler (incapacité à vérifier de près, la somme n'apparaissant pas tellement extravagante, du moins vue de la France). Depuis trois siècles, les historiens n'ont cessé d'admirer la suprême astuce de ce « moyennant », qui devait évidemment autoriser Louis XIV à revendiquer par morceaux, puis en entier, la « Succession d'Espagne ». Soutenir que ce fut là une magnifique occasion de gloire et de victoires se ramène à brûler l'encens devant la statue divinisée du Grand Roi, puisque la guerre de Succession d'Espagne sonna justement le déclin de cette « prépondérance française » que Mazarin avait instaurée, seul.

Mieux vaut examiner d'assez près les autres clauses, et d'abord les territoriales.

Le roi de France réunissait donc à sa couronne trois vigueries du nord de la Catalogne qui englobaient trois hautes vallées, celles de Roussillon et Vallespir, de Conflent et Cerdagne et de Sègre supérieure. La Catalogne, quasi indépendante, jouissait d'une sorte de constitution, les « usatjes » que les rois devaient jurer de respecter avant de devenir comtes de Barcelone, ce que firent les Habsbourg de Madrid comme Louis XIII en 1641. On traça, avec beaucoup de mauvaise foi partagée, les frontières montagnardes de ce qu'on appelait couramment le comté de Roussillon-Cerdagne (une enclave, Llivia, survit encore), et le respect des anciens « usatjes » fut accepté ou imposé par l'édit pris à Saint-Jean-de-Luz le 7 juin 1660. Cet édit instituait aussi le conseil souverain de la province, en principe chargé de les faire respecter, tout en jouant le rôle approximatif d'un parlement en miniature, qui délibéra longtemps en catalan ; mais Louis XIV devait mettre bon ordre à tout cela, commençant par introduire la gabelle dans la nouvelle province, qui apprécia si peu qu'elle se révolta. Mazarin n'y était pour rien : à ce moment-là, il était mort.

Pour la frontière nord et nord-est, trop proche de Paris comme elle le fut toujours, les négociations furent encore plus délicates, et les résultats fort compliqués. La cession de l'Artois se fit sans grande difficulté, et l'on s'accorda pour qu'Aire et Saint-Omer — vers le Nord — restent (provisoirement) espagnoles. Beaucoup plus pénibles furent les discussions concernant les « places » (les villes comptaient en tant que forteresses, leur « plat-pays » suivant leur sort). C'est qu'aux conquêtes de la guerre qui s'achevait se mêlait l'impossible rêverie — de Turenne surtout, de Mazarin parfois — de la conquête, apparemment facile d'une « Belgique » (sans le nom) que ni l'Angleterre, même momentanément affaiblie par la mort de Cromwell, ni la Hollande, ni même l'Empire (qui venait de trouver un empereur) ne pouvaient accepter, et n'accepteraient jamais. Par surcroît, Condé, dont le « pardon » constituait la plus grosse pierre d'achoppement, avait défendu et occupé nombre de places, dont le statut n'était pas clair. Il fallut trancher. Onze villes, depuis Gravelines aux abords de Dunkerque jusqu'à Thionville et Montmédy en Luxembourg, passaient à la France. Trois d'entre elles, sises en Hainaut, Philippeville, Marienbourg et Avesnes, permirent ou salarièrent le pardon accordé à Condé. Un pardon que ni Mazarin ni surtout Louis XIV n'auraient accordé si Philippe IV n'avait mis en avant son « point d'honneur », plus intraitable encore. Il fut donc convenu que le prince rentrerait, retrouvant ses titres et ses domaine — même Chantilly, que le roi eût aimé garder —, mais pas le vaste et riche gouvernement de cette Guyenne si remuante et par lui tant remuée naguère.

Louis lui envoya ses passeports à la mi-novembre 1659, et le prince signa sa soumission totale le 26. Il quitta Bruxelles fin décembre seulement, dans un magnifique carrosse (le premier doté de vitres) offert par les Espagnols, salué par les cloches et les canons de la ville, escorté d'une considérable et riche suite. Après un voyage de près d'un mois ponctué de réceptions fastueuses, il vint s'agenouiller longuement — trois fois — aux pieds du roi et de la reine mère, dans une salle bien close de l'archevêché d'Aix. On ne sait ce qui fut dit. Monsieur le Prince entrait ainsi dans une obéissance respectueuse et dorée, devant un roi qui avait bien changé en sept années, et qui demeura longtemps distant et froid, mais qui l'acceptait et se réservait de l'utiliser.

Avec ce trublion de grand style, ce parangon d'ambition sans objet précis qui avait empoisonné une quasi-décennie, le cardinal venait de résoudre, sans gloire, mais efficacement, l'un des plus gros problèmes qu'il rencontra au cours de sa longue et épuisante carrière.

Épuisant est bien le mot. À Aix, au début de 1660 comme sur la Bidassoa, à Paris ou ailleurs peu de mois auparavant, chacun avait pu observer les étapes de cet affaissement physique. Perclus de goutte — comme tant d'autres fort mal nourris, y compris Gaston et bientôt Condé lui-même —, des ulcères aux jambes, des digestions pénibles dont sa science des parfums et des pastilles tentait de surmonter les pénibles odeurs, des coliques néphrétiques, la gravelle, des ennuis pulmonaires qui s'achevèrent en œdème — tout cela le rendait de plus en plus maigre et pâle ; mais là encore les fards lui redonnaient une apparence de fraîcheur. Cet homme qu'on transportait de plus en plus souvent sur une chaise, un fauteuil, bientôt sur un matelas tenu par quatre valets, cet homme devenu fluet et apparemment quasi mourant bien que seulement quinquagénaire (mais c'était alors le seuil de la vieillesse), ce cardinal en imposante robe rouge n'avait cependant rien perdu de son intelligence, de sa subtilité, de sa patience, de sa faculté à suivre dix intrigues en même temps, d'écrire ou dicter jusqu'à quarante lettres par jour (Claude Dulong en a dénombré 48 pour la seule journée du 16 juillet 1659 — encore certaines ont-elles pu se perdre). En dehors des grandes affaires, ne s'occupait-il pas aussi des problèmes posés par les voyages, les logements, la nourriture, les costumes de parade ou de cérémonie et même des musiciens (souvent italiens) pour les festivités civiles et religieuses ? Étonnante vitalité de l'esprit qui domine les misères du corps, et les jugulera jusqu'aux dernières heures de mars 1661...

On demeure d'autant plus surpris devant le travail accompli durant les deux ultimes années qu'on n'a pas terminé d'exposer le contenu du traité des Pyrénées et de tous ceux qui l'entourèrent. Dans l'île des Faisans, le 7 novembre, les deux souverains s'étaient également juré de ne plus se gêner l'un l'autre au Portugal comme en Italie et dans l'Empire.

Réuni à l'Espagne par Philippe II en 1580, le Portugal, on l'a vu, s'était révolté en 1640 et, après divers épisodes, venait de battre l'armée espagnole à Elvas. La France et l'Angleterre l'avaient soutenu avec plus ou moins de discrétion. Mazarin avait donc promis de ne pas recommencer (ce qui n'empêcha pas Louis XIV de réitérer quelques années plus tard et avec succès pour le Portugal). Le même roi disait d'ailleurs dans ses Mémoires que « les traités ne s'observent pas toujours à la lettre » et qu'il faut faire « passer l'intérêt des couronnes » avant les engagements pris. Du moins Philippe IV était-il décédé quand l'aide décisive parvint au Portugal et lui permit de se libérer.

Du côté de l'Italie, l'Espagne acceptait définitivement l'occupation et l'annexion de la forteresse de Pignerol, porte du Piémont, et s'engageait à laisser en repos les clients du roi de France, petit duc de Modène ou considérable duc de Savoie. Ainsi semblaient restaurés la paix et les traités des années 1630, et la rivalité des deux couronnes dans toute la péninsule, apaisée pour un temps.

Autrement compliquées et importantes étaient les dispositions concernant les terres d'Empire et le duché de Lorraine ; les premières ratifiaient un passé proche, les secondes préparaient l'avenir.

Moins de dix ans après les traités de Westphalie, qui avaient affaibli à la fois l'Empire et l'Empereur, un événement à vrai dire prévisible avait offert à Mazarin l'occasion d'une de ces manœuvres à la fois mirifiques, souples et déconcertantes dont il avait le secret. L'Empereur Ferdinand III de Habsbourg étant mort le 2 avril 1657 et son fils aîné « roi des Romains » en titre (donc successeur désigné) l'ayant précédé dans la tombe, la couronne impériale se trouva vacante et une élection inévitable. Pourtant souffrant et en pleine guerre contre l'Espagne, Mazarin rêva, aperçut, puis accomplit une opération de grand style, mélange quasi somptueux de manœuvres, de promesses, de séduction et de corruption :

rien de moins que l'impossible candidature à l'Empire du jeune Louis XIV, qu'il tourna en une opération diplomatico-politique : la constitution de la Ligue du Rhin.

Le récit des opérations ne manque pas de saveur, et les historiens allemands (y compris Federn dès 1923) n'ont pas manqué de les conter par le menu. La campagne de 1657 close, Mazarin mena son pupille à Metz pour passer l'automne et recevoir maintes visites de princes et seigneurs allemands, bons catholiques et rhénans. Il faisait répandre toutes sortes de bruits contradictoires à propos de la future élection. Ayant tâté le terrain et compris que les chances de Louis XIV étaient nulles, il chercha un candidat crédible, et le trouva dans la lignée des Wittelsbach, séculaire rivale des Habsbourg : c'était l'Électeur de Bavière, qui pourrait au moins monnayer son ralliement et celui de ses amis au jeune Léopold, second fils de Ferdinand III, déjà roi de Bohême et de Hongrie (ou de ce que les Turcs lui en avaient laissé). Dans cette perspective, le cardinal régala de banquets, de bals, de vin, d'argent et de nombreux cadeaux les électeurs ecclésiastiques et de nombreux ducs, comtes et moindres seigneurs. Un à deux millions d'or généreusement dépensés n'empêchèrent pas l'élection de Léopold, mais aboutirent à des résultats positifs. Les uns tenaient aux promesses du nouvel Empereur avant son élection, les autres à la constitution, juste un mois après, de la Ligue du Rhin.

Léopold avait en effet dû jurer qu'il respecterait scrupuleusement les traités de Westphalie et ne soutiendrait sous aucun prétexte les éventuels ennemis de la France aux Pays-Bas comme en Lorraine et même en Italie du Nord (Savoie, Modène). Le 19 août 1658 fut constituée la Ligue du Rhin, qui conclut le lendemain, pour trois ans, un traité avec la France. Y adhérèrent, en deux étapes, les trois électeurs ecclésiastiques (Cologne, Mayence, Trèves), les trois ducs de Brunswick, de Palatinat-Neubourg et de Wurtemberg, le landgrave de Hesse, le roi de Suède (possessionné dans l'Empire) et de moindres personnages. Tous s'engageaient à maintenir et au besoin défendre les clauses de la paix de Westphalie. Deux grands groupes d'intérêts se trouvaient ainsi coïncider : les Rhénans et leurs voisins désiraient conserver ou acquérir le plus d'indépendance possible à l'égard de la Maison d'Autriche; Mazarin entendait barrer l'accès des Pays-Bas aux troupes espagnoles, opposer ses alliés rhénans à la fois à l'Empire et à l'Espagne et garantir ainsi, au moins en principe, la tranquillité de la présence française dans le nord-est, sur le Rhin, en Alsace et dans tout ce qui pourrait être saisi de la Lorraine, outre les Trois-Évêchés. Après avoir grassement stipendié tous ces nouveaux alliés (le résident français en Allemagne, Gravelle, dit leur avoir distribué en trois ans plus de 2 750 000 livres), Mazarin eut la joie de renouveler le traité au début de 1661, presque sur son lit de mort.

Il y signa aussi le traité concernant la Lorraine. Les bases en avaient été incluses dans la paix des Pyrénées : Philippe IV n'entendait pas protéger le duc Charles IV, qui l'avait trahi et qu'il détenait prisonnier à Tolède, alors que son duché était en grande partie occupé par les troupes françaises. Il fut convenu qu'on lui rendrait son duché, amputé des villes de l'Argonne, de Moyenvic et de Sierck, que Nancy serait démantelée et qu'une large route demeurerait ouverte en permanence à travers ses terres pour permettre aux Français d'atteindre aisément l'Alsace et le Rhin. Libéré sur l'intervention de Mazarin, qui ne tenait pas à accroître le nombre de ses adversaires, le duc protesta vigoureusement et fut peu écouté, mais on lui rendit pourtant une partie du Barrois qu'on avait projeté d'annexer. Bon gré mal gré (il aurait pu être plus maltraité encore), il vint signer son traité dans la chambre même de Mazarin, à Vincennes, neuf jours avant la mort du cardinal qui n'était affaibli que de corps et qui allait continuer à agir encore.

Dans le dessein de bien protéger Paris et le royaume, Mazarin avait ajouté à son système d'annexions, de traités et d'alliances toute une politique de mariages, qu'il s'employait à parachever.

Après avoir marié le roi de France, il mariait le nouveau roi d'Angleterre à une Bragance du Portugal allié, et préparait (pour avril) l'union de Monsieur, frère du jeune roi, à la brillante sœur de Charles II, qui venait de recueillir en mai 1660 un royaume pratiquement vacant. Elle était notamment chargée de « tenir » son frère, homme cultivé, charmant, peu politique et très léger, que Louis XIV pensait dominer avec quelques sacs d'écus et quelques faciles beautés, continentales ou insulaires (dont une Mancini !)

La politique de mariages du cardinal embrassait aussi ses propres nièces « employées » en quelque sorte à l'intérieur comme à l'extérieur. Elles ne le savaient que trop et s'en réjouissaient rarement. De ses sept nièces, quatre avaient déjà été fort bien « casées » : une princesse (de Conti), trois duchesses (Modène, Mercœur, Soissons) et bientôt une quatrième, la belle Hortense, quinze ans, destinée à l'héritier qu'il s'était choisi, un La Porte, parent de

Richelieu (quel symbole !) qu'il fit duc Mazarin. Il prit même le temps de négocier l'union de l'ambitieuse Marie — que le roi eût peut-être désiré conserver en réserve — avec un membre de l'illustre famille qui avait fait la fortune de la sienne, un Colonna, qui avait aussi le mérite d'habiter loin de Paris ; le mariage eut lieu par procuration dans la chapelle du Louvre, d'où elle partit vers l'Italie. Restait la petite dernière, Marianne, qui n'avait pas douze ans, mais de l'esprit à revendre. Contre son avis, la reine mère l'avait promise au duc de Bouillon, épousé en 1662 : ce fut le seul échec matrimonial — il est vrai posthume — de Mazarin.

Ainsi, à l'intérieur comme à l'extérieur du royaume, toutes les précautions avaient été prises pour assurer paix et sécurité : le plus beau cadeau laissé par le parrain au filleul ; un parrain qui, en outre, voyait bien au-delà des frontières du royaume.

Mazarin et le Nord

En ce temps-là, on parlait volontiers du « Nord », des « Cours du Nord ». Il s'agissait des pays qui entouraient la Baltique et bordaient la mer du Nord dans sa partie orientale. Trois grands royaumes — Danemark, Suède, Pologne — de puissants ports hanséatiques, quelques beaux morceaux d'Empire — Poméranie, Brandebourg, Prusse — plus les premières avancées de la Moscovie se rassemblaient et rivalisaient autour de ces eaux très fréquentées que dominaient pourtant les nombreux navires marchands de la République des Provinces-Unies, de loin les meilleurs clients de la douane d'Elseneur, dont le château que hantait peut-être l'ombre d'Hamlet commandait le Sund, le détroit alors le plus fréquenté du monde.

Ce n'était pas le Sund (où passaient peu de navires français) qui préoccupait Mazarin, mais le nécessaire équilibre des forces sur le flanc septentrional de l'Empire. Le vieil allié suédois, toujours puissant, pouvait le garantir, mais il nourrissait aussi de gênantes ambitions dominatrices. Charles X-Gustave, successeur de la fantasque reine Christine — qui avait abdiqué en 1654 et était devenue presque aussi papiste (elle alla plus tard vivre à Rome) que cultivée et mangeuse d'hommes — avait décidé, comme naguère Gustave-Adolphe et plus tard Charles XII, d'étendre ses domaines de tous côtés : vers le Danemark (qui possédait alors la Norvège et le sud de l'actuelle Suède), vers la Pologne (dont la reine était française), vers la Russie le cas échéant, mais plus encore vers l'Empire où les traités de Westphalie l'avaient déjà installé. Charles X-Gustave faillit réussir ; mais il trouva devant lui de solides adversaires, comme le premier des grands Hohenzollern, margrave et électeur de Brandebourg et bientôt duc souverain de Prusse, et surtout la Hollande qui voulait continuer à dominer la Baltique par ses navires, sa richesse (le florin était la plus forte monnaie du monde) et ses grands marchands. Mazarin souhaitait simplement que toutes ces forces se contrebalancent.

Une première guerre heureuse de la Suède contre le vaste et faible royaume polono-lithuanien, amena provisoirement les Suédois jusqu'à Cracovie ; dans une deuxième, le Danemark, qui avait attaqué par le sud et l'ouest, fut largement battu et dut abandonner, au traité de Roskilde (février 1658), toute la pointe de la Suède, l'île de Bornholm et le ditrict de Trondjem en Norvège, ce qui était beaucoup ; une troisième guerre, provoquée par le roi de Suède qui voulut prendre Copenhague (été 1659), amena une vive réaction des flottes anglaise et surtout hollandaise, lesquelles soutinrent le Danemark tandis que les troupes brandebourgeoises, avec l'acquiescement de l'Empereur, commençaient à intervenir. La Suède était menacée d'écrasement. Mazarin, qui en avait terminé avec l'Espagne, ne pouvait admettre une défaite prévisible de son ancien allié suédois et une remise en cause des traités de Westphalie. Il offrit une médiation que tout le monde désirait. Aux traités de Copenhague et d'Oliva (mai-juin 1660), le Danemark reconnut à la Suède la possession de la seule Scanie (au sud), mais rien de plus ; la Pologne lui céda la Livonie intérieure (au nord de la Dvina) et renonça à sa souveraineté sur la Prusse, où l'électeur de Brandebourg Frédéric-Guillaume devint maître absolu (point de départ de ce qui serait la grande Prusse des Hohenzollern). Mazarin obtint la solennelle confirmation des traités de Westphalie, allant jusqu'à menacer de l'intervention des troupes françaises quiconque oserait troubler l'ordre établi — avertissement valable pour l'Électeur de Brandebourg, qui guignait la partie suédoise de la Poméranie. En juin 1661, la Russie devait reconnaître à la Suède la possession de la Carélie et de l'Ingrie, riveraines de la Baltique : l'affaire avait été préparée par Mazarin, mort trois mois plus tôt. Dans le nord comme ailleurs, Louis XIV pourrait fort justement déclarer que « tout était calme en tous lieux ». Grâce à Mazarin.

Ce dernier, qui rêvait parfois sur les premières

bonnes cartes du monde (hollandaises), s'inquiétait de ce qui se passait dans la Méditerranée orientale, entièrement dominée par l'immense Empire ottoman, et, comme tant d'autres, se prenait aussi à rêver de croisade.

Les horizons d'Orient

On aurait tendance à penser dans ce pays que, même au XVIIe siècle, la France se trouvait au cœur de l'Europe alors qu'elle n'en occupait qu'une des pointes occidentales. Il suffit de lire les historiens non français pour saisir vite que même ceux qui regardent surtout vers l'océan considèrent que le centre de l'Europe est... l'Europe centrale où se heurtent aux sédentaires les peuples venus de l'est, en dernier lieu les Turcs, désormais bien installés aux lisières de l'Empire et de l'Italie. Cette zone d'affrontements, encore paisible à la période mazarine, s'animera peu de temps après, et il n'est pas évident que Louis XIV saisira vraiment l'importance de cette nouveauté. Il est une autre zone semi-européenne où, hormis Fernand Braudel, les historiens français ont seulement aperçu Toulon et Marseille, deux ports parmi d'autres dans l'immense Méditerranée où naviguent surtout, outre les pirates de toutes « nations », quelques navires marseillais, beaucoup de vaisseaux hollandais et surtout anglais, et la flotte un moment affaiblie du Grand Seigneur (sultan). En bon Méditerranéen, Mazarin sait bien que toutes les côtes africaines (sauf le Maroc) et asiatiques de la mer intérieure appartiennent aux Ottomans, comme la moitié des européennes jusqu'aux ports vénitiens (ou ex-vénitiens) de Raguse (Dubrovnik) et Spalato (Split) et non loin des limites de la Sérénissime. Par surcroît, mer Noire et mer Rouge sont des lacs turcs, comme une partie de la Caspienne et du golfe Persique. Du côté des terres, les Ottomans occupent un bon tiers de l'Ukraine, côtoient la Pologne, vassalisent la Transylvanie et se sont franchement installés dans les deux tiers du royaume de Hongrie, campant à une centaine de kilomètres de Vienne. Mazarin sait bien que l'Empire turc s'est affaibli, mais qu'au besoin ce serait au Habsbourg de Vienne de le contenir, et que, ainsi occupé à l'est, celui-ci serait absent à l'ouest.

Mais le cardinal Mazarin est aussi un chrétien qui n'ignore pas qu'il doit combattre l'Infidèle, et par surcroît il est vite informé que l'Empire turc se réveille, sous la ferme poigne de la mère d'un sultan incapable (Mehmed IV), l'Albanaise Turhan et des grands vizirs qu'elle impose à partir de 1656, Köprülü père et fils, Albanais comme elle. Une reprise en main qui commence par une épuration brutale (quelque 60 000 décapités, dont le grand amiral et le patriarche orthodoxe) et continue par l'administration, les finances, l'armée, la marine. Aussi, dès 1657, les îles de Lemnos et Tenedos sont-elles reprises aux Vénitiens et leur blocus des Dardanelles rompu, et revoit-on la flotte du Grand Seigneur dominer la mer Égée. Tandis que ses troupes progressent aussi vers la Transylvanie et au-delà avec une inquiétante efficacité, les États chrétiens sont comme obnubilés par ce qui se passe en Crète (alors appelée Candie).

Cette riche île, le plus beau fleuron de l'Empire maritime vénitien, était assiégée depuis longtemps par les Turcs, qui avaient pris sa capitale, La Canée, dès 1645 ; depuis lors, les chrétiens résistaient comme ils pouvaient, renforcés de temps à autre par quelques petites troupes d'Occident, qui pensaient venir à la croisade. Dans cette situation, que faire quand on est Premier ministre de France et cardinal ?

La politique traditionnelle de la France, au moins depuis François Ier et ses « capitulations », consistait à faire protéger la personne et le trafic des marchands français (souvent marseillais) installés au Levant, à Istanbul et dans les « échelles » de Smyrne, Saïda, parfois Alexandrie. Des ambassadeurs avaient été échangés (pas toujours bien reçus par les Turcs) et quelques couvents acceptés. Le roi de France estimait aussi que la puissance turque pouvait fonctionner comme un bon contrepoids de l'autre côté de l'Empire qu'on n'appelait pas encore allemand. Ces prises de position économiques et surtout politiques ne pouvaient que rencontrer dans le royaume l'opposition farouche de l'Église et des dévots.

Devant les progrès des infidèles et la fixation qu'une bonne partie de la chrétienté avait faite sur la « guerre de Candie », il fallait bien que le Roi « Très-Chrétien » fasse au moins un geste ; et d'ailleurs Mazarin semble avoir été vraiment habité, sur la fin de sa vie, au moins par moments, par l'esprit de la croisade. Aussi, à partir de 1654, laissa-t-il partir vers la Crète de courageux volontaires, expédia-t-il en juin 1658 100 000 écus à Venise et encouragea-t-il quelque trois mille Français à participer (mais sous commandement vénitien) à des assauts infructueux contre les Turcs (1659-1660). Copieusement battus en décembre, les chrétiens faits prisonniers furent exhibés dans les rues de l'ex-Constantinople en décembre 1660. Par ailleurs, le chevalier Paul, l'un des bons marins du temps, avait été expédié pour tenter d'empêcher les Barbaresques de dévaster l'Archipel. Au pape qui le suppliait d'agir, Mazarin devait léguer 600 000 livres (l'équivalent de la dot d'une nièce...) pour aider cette croisade provénitienne, mais refusa nettement de rompre avec la Sublime Porte, qui avait pourtant emprisonné son ambassadeur. Les intérêts commandent...

Louis XIV suivra à peu près la même démarche, tergiversera à son tour, finira par envoyer un petit contingent (mais sous la bannière pontificale !) qui arrivera trop tard, les Vénitiens ayant abandonné la partie après plus de vingt années de lutte et des milliers de morts.

CHAPITRE XVII

Financer la guerre : Mazarin et Fouquet

On aurait pu penser que, la guerre contre l'Empire terminée, la Fronde vaincue, Mazarin rentré, le médiocre surintendant La Vieuville décédé (2 février 1653) et Fouquet, flanqué de Servien, lui succédant, des temps moins agités et moins pénibles allaient s'ouvrir pour les difficiles et quasi mystérieuses finances du royaume de France. Ce serait oublier le poids d'un lourd passé, les dettes énormes, les rancœurs et surtout la continuation d'une guerre fort sérieuse contre Condé et l'Espagne, avec tout ce qu'elle impliquait de régiments à solder, à ravitailler, à armer, d'alliés du dehors et de ralliés du dedans à stipendier grassement (sinon, ils iraient quémander et servir ailleurs) sans compter les déplacements incessants de la Cour et les festivités brillantes et interminables qui allaient se multiplier avec la paix espagnole et le mariage du roi (mais, dans ce dernier cas, villes et provinces étaient appelées à participer au financement des fêtes, défilés, cavalcades et festins, et n'y manquaient guère).

Il fallait donc, dans un climat un peu moins troublé (mais qui le fut de temps à autre, notamment en 1658), refaire fonctionner la vieille machine et les systèmes parallèles, mais avec l'aide des intendants ou commissaires, répartis en province et sous la direction effective et assez remarquable de l'un des deux surintendants (laissons son grognon collègue, le vieux Servien, qui gérait les seules dépenses), celui dont l'exacte fonction consistait à trouver de l'argent, Nicolas Fouquet.

Pour ces questions financières, déjà abordées au chapitre V (sur le contenu duquel on ne reviendra pas), on dispose désormais de deux ouvrages dont la profondeur, la précision et la nouveauté laissent loin derrière eux ce qui a été écrit auparavant, et même depuis. À celui qui a déjà été utilisé, il faut ajouter le *Fouquet* du même Daniel Dessert, probablement définitif, même si Colbert y est fort maltraité — assez justement d'ailleurs.

On connaît assez médiocrement le montant total des recettes (une partie restait en province) qui alimentèrent le trésor royal sous le « ministère » de Fouquet. Françoise Bayard a avancé pour 1653 le chiffre de 109 millions de livres, qui correspondent à plus de 800 tonnes d'argent et à près de 60 d'or. Après avoir quelque peu stagné, les dépenses (et donc les recettes en métal) atteignirent leur maximum entre 1656 et 1659. On sait que 98 traités furent signés pour plus de 125 millions avec des financiers durant ces quatre années ; on sait aussi que, pendant le même laps de temps, 345 prêts furent consentis au roi pour plus de 160 millions. Il semble que le record, si l'on peut dire, ait été atteint en 1657 : 27 traités et 100 prêts, pour près de 98 millions. Naturellement, d'autres recettes arrivaient par des voies en somme normales, celles des officiers de finances, receveurs généraux et intendants, qui avaient déjà réglé en partie les dépenses provinciales, civiles et éventuellement militaires. Le total annuel dut osciller autour de 120 millions, baisser quelque peu en 1659 et surtout après.

On connaît assez bien aussi l'évolution générale des grands types d'impositions, mais les montants qu'on va donner ne s'ajoutent pas entièrement aux chiffres précédents, puisque justement une bonne part était levée par les traitants. Mais il correspond à ce que le peuple tâcha de payer. Les tailles tournaient entre 29 et 38 millions, niveau probablement supportable dans la paix intérieure et avec des récoltes satisfaisantes ; celui des impôts que nous appelons indirects également, de 17 millions en 1653 à 20 en 1659. Mais il subsistait depuis 1647 plusieurs dizaines de millions de retard : au début de 1661, la paix retrouvée, en même temps qu'il entreprenait un assainissement d'ensemble (dont Colbert s'attribuera le mérite), Fouquet annula 20 millions d'arriérés de tailles (à vrai dire irrécupérables), travailla à leur diminution et chercha à regrouper fermes et traités. C'était alors le temps apparemment revenu de la facilité dans la paix, alors que Colbert préparait la chute du surintendant qui avait su alimenter la monarchie dans la guerre comme dans la gloire, la paix et les fêtes. Si les procédés — l'appel aux financiers — demeuraient sensiblement les mêmes qu'auparavant, l'homme qui les mit en œuvre mérite quelque attention.

Rappelons d'abord le système.

Sous un prête-nom habituellement, les financiers ont signé en quelque sorte un bail annuel, dont ils avancent au roi la moitié ou le tiers. L'argent vient d'eux-mêmes, de leurs associés et surtout de leurs prêteurs, essentiellement la grande noblesse (d'épée, de robe, d'Église, de fonctions...) qui place ainsi ses capitaux. En échange, le roi donne aux fermiers, pour une somme généralement supérieure, une assignation sur telle recette ou sur l'Épargne (le « Trésor »), avec la permission de lever sur « les peuples » les sommes correspondant non pas à ce qu'ils ont avancé, mais nettement plus, ce qui constituera une bonne part du profit des financiers... s'ils arrivent à les percevoir.

Il est possible qu'en fin de bail certains d'entre eux, et surtout leurs sous-traitants, se voient pourvus de « papiers d'État », assignations sans grande valeur sur des fonds déjà employés ou impossibles à lever. Le papier d'État ainsi dévalué peut passer de main en main, négocié à petit prix, et devenir à peu près sans valeur. Pas toujours : il arrive que des financiers puissants, avisés et bien en cour finissent par présenter à l'Épargne les papiers apparemment dévalués et se les fassent rembourser en espèces à leur valeur originale... à moins qu'ils ne les réutilisent pour les prêter à nouveau au roi, bien contraint d'accepter ce qu'il a signé (et qui peut ainsi « éponger » en partie son passif). Tout ce commerce aux détours difficiles à suivre entre dans les habitudes courantes du monde de la finance. Le risque de tout perdre existe (et s'est rencontré) ; le risque d'y gagner beaucoup aussi ; heureux si, assez souvent, le papier d'État est remboursé à un taux raisonnable...

Tout cela était naturellement parfaitement familier à Fouquet, qu'on a plaisir à évoquer, même rapidement.

Fouquet

Aujourd'hui très bien connu, Nicolas Fouquet possédait deux vertus capitales, l'intelligence et la richesse, l'une et l'autre exceptionnelles, plus une troisième, le charme, qu'on hésite à mettre au rang des vertus.

Tout cela venait pour une bonne part d'une famille et d'alliances également considérables. La famille, d'origine angevine, avait contracté de riches mariages, bretons et parisiens, investi le Parlement et quelques bénéfices ecclésiastiques, conquis aussi la confiance d'Armand du Plessis, presque angevin lui aussi puisque né tout près de ce qui sera la ville de Richelieu, dans le gouvernement de Saumur. Pour le jeune Nicolas, très soutenu par ses proches, deux mariages quasiment prodigieux : le premier à Nantes en 1640 (il a vingt-cinq ans) avec l'une des plus riches héritières de Bretagne, qui mourut vite en lui laissant sa fortune, ses héritages et aussi une fille ; le second, bien plus tard (1651) à Paris avec une jouvencelle de quinze ans issue de l'une des familles les plus riches, les plus puissantes et les plus pieuses du royaume, Marie-Madeleine de Castille, aussi remarquable que sa propre mère Marie de Maupeou. Derrière la jeune femme se profilaient vingt personnages de très haut rang, installés dans les grands offices de finances, de justice, le Parlement, le Conseil d'État et vraisemblablement aussi la Compagnie du Saint-Sacrement. Une famille qui « pesait » plusieurs millions de livres, plus encore que Nicolas.

Celui-ci s'était marié en plein désordre, en février,

au moment de la fuite de Mazarin, qu'il contribua d'ailleurs à organiser, puisqu'il était à son service depuis toujours.

Pourvu à vingt ans d'une charge de maître des requêtes que lui avait achetée son père, le jeune homme, vite remarqué malgré quelques déboires comme intendant du difficile Dauphiné dans une période difficile (1643-1644), passa par une intendance d'armée, puis par une autre à Paris avant d'être promu Procureur général au Parlement de Paris, à trente-cinq ans ; autant dire qu'il y représentait le roi. C'est dire la confiance mise par Mazarin dans cet homme dont il apprécia rapidement la vive intelligence, l'habileté et la parfaite fidélité. Par l'adresse et la persuasion (et sans doute quelque argent), le Procureur général inclina doucement le Parlement et les autres Cours vers la soumission et la sagesse. Quand mourut le surintendant des finances La Vieuville, on sait que Mazarin hésita quelque temps à confier (contre argent comptant) ce poste capital à un jeune serviteur aussi brillant — peut-être trop. Aussi le flanqua-t-il du prudent Servien.

Il n'est pas impossible que la grosse fortune de Fouquet (3 à 4 millions à ce moment) ait constitué un sérieux élément du choix du cardinal. C'est qu'en effet, durant huit ans, Nicolas Fouquet allait être exactement promu au rôle éprouvant de fournisseur d'argent frais. À lui, et au crédit dont il disposait, de répondre aux incessantes demandes d'argent de Mazarin.

Cet argent frais, il sait habituellement où le trouver. Et d'ailleurs, si nul prêteur ou traitant n'est disponible, il lui arrive de prendre sur sa fortune. Ainsi, en novembre 1657, lorsque Mazarin est presque aux abois, l'armée du Nord en danger et ses soldats non payés, il prête 11,8 millions de livres avec le concours de son cousin Jeannin de Castille et du banquier Hervart, qu'il garantit par surcroît. Il ne peut aller plus loin en la difficile année 1658, mais réussit à négocier des emprunts auprès de très gros financiers comme le trésorier de l'Épargne La Bazinière et les frères Monnerot. Certes, il a pu récupérer en partie son prêt de novembre 1657 sur les rentrées fiscales du quartier d'hiver, mais son incessant dévouement arrive à ce point que la monarchie lui doive plus de 5 millions début 1659, et largement autant au moment de son arrestation en septembre 1661 ; créances qui ont fortement aidé à annuler tout l'actif de l'ancienne fortune de Fouquet, qu'il a généreusement mise au service de l'État — ce qui n'est le cas ni de Mazarin ni de Colbert.

Avec lui et par lui, ce furent donc une fois encore les financiers qui, par des avances, des traités et des prêts, fournirent au roi tout ce dont il avait besoin pour ses victoires, sa splendeur et sa gloire ; et derrière les financiers, comme auparavant, tout ce qui détient la richesse du royaume, haute noblesse et grande bourgeoisie, la première surtout. On connaît d'ailleurs à peu près tous ceux qui, moyennant des ristournes aimables et des taux d'intérêts rares (on vit le denier 6, soit 16,66 % l'an) ont placé leur or et leur argent, à travers Fouquet et quelques autres, dans les « affaires du roi ». En voici quelques-uns.

Dans le bail général des « Cinq grosses fermes », sous le nom d'un certain Nicolas Pinson, pour huit ans (1652-1659) entrent en réalité neuf financiers, dont les trois frères Gruyn et Nicolas Jacquier, qui ne sont pas menu fretin.

Dans la ferme générale des Aides (1653-1659), pour près de 2,5 millions par an, avec Jacques André comme prête-nom, figurent cinq financiers, dont deux frères Girardin, très proches de Mazarin.

Enfin, pour ne pas tout citer, considérons le bail de la ferme générale des Gabelles de France, signé par un certain Lenoir, pour quatre ans, pour la belle somme de 8,6 millions de livres par an. Sont en réalité preneurs douze personnages : Jean de Béringhen, noble cousin du premier écuyer du roi, plus un très beau quintette : Pierre Aubert, Thomas Bonneau, un Girardin, un Gruyn et un Monnerot. Au début de 1660, nouveau bail, bien plus élevé, la paix étant de retour : pour 14,75 millions de livres l'an, on retrouve le même quintette, mais Jacquier (déjà rencontré) a remplacé Monnerot. Ajoutons qu'étaient intéressés en sous-parts d'autres Gruyn, d'autres Monnerot et les cinq enfants de Nicolas de Rambouillet, illustre et rare famille à la fois huguenote et financière, et parente des Tallemant.

Parmi les plus gros financiers de ce florilège figurent trois Tourangeaux, tous cousins : Aubert, Bonneau, Châtellain. Le premier régna trente ans sur la ferme des Gabelles, bien qu'il ne soit entré que dans une douzaine de traités, il est vrai considérables. En une quinzaine d'années, Bonneau osa participer à 159 traités et fut l'un des meilleurs soutiens de la Cour pendant la Fronde ; il était apparenté aux Scarron et aux Colbert, représentait aussi la finance ultracatholique et compta dans sa famille au moins trois évêques, les deux frères Gault qui se succédèrent à Marseille et son neveu Pallu, premier évêque de Chine ; on peut leur adjoindre une nièce, Mme de Miramion, illustre également par sa grande piété. Bel exemple classique de l'union de la haute finance et de la haute piété comme chez les Fouquet d'ailleurs. Il n'empêche que Bonneau et ses héritiers (il mourut en

1662) eurent les pires ennuis avec Colbert et son groupe. Il fallait bien que la main passe.

Le troisième homme, Claude Châtelain, qui sortait à la fois des greniers à sel et des fournitures pour l'artillerie, connut une fin aussi difficile. Beau-frère de Pierre Aubert, allié à toute la finance italo-lyonnaise (Pollaison, Lumagne, Mascrany) et par surcroît à Marion Delorme, ami de dames influentes comme la duchesse d'Aiguillon, la maréchale d'Effiat et la « chancelière » Séguier, il ne participa qu'à 34 traités mais domina avec ses collègues déjà cités les Gabelles et les Cinq grosses fermes jusqu'à la mort de Mazarin. Colbert l'élimina sèchement par le moyen de la Chambre de justice qu'il avait composée pour substituer sa parenté et son équipe à celle de son ancien maître.

On pourrait continuer longtemps (grâce à Daniel Dessert) et citer encore bien d'autres financiers. On se contentera d'évoquer quelques paires ou triplettes fraternelles qui ne comptèrent pas parmi les plus modestes.

Claude et Pierre Girardin, nés en 1616 et 1618 d'une famille d'origine champenoise passée par Rouen, se marièrent et s'installèrent dans la grande finance parisienne. Ils entrèrent dans 71 affaires extraordinaires et surtout jouirent de la confiance de Mazarin qui leur fit gérer tous ses biens ecclésiastiques et une partie des autres. Colbert et Condé leur firent payer cette activité. Monsieur le Prince se chargea de Pierre en le faisant enlever et emprisonner à Anvers, où il mourut en 1657. Colbert emprisonna et ruina Claude, le plus puissant des deux, qui avait eu le tort de se rallier à Fouquet : il s'en alla mourir de misère en Italie vers 1686.

Faut-il évoquer aussi les deux Monnerot, qui

entrèrent dans 106 traités de finances et furent aussi les victimes de Colbert, pour les services qu'ils avaient rendu à Mazarin et Fouquet ?

Quant aux quatre frères Gruyn, escortés de deux de leurs fils, ils pourraient tenter les auteurs de sagas familiales. Ils offrent d'ailleurs l'originalité de sortir vraisemblablement d'un milieu modeste : ils descendaient d'un marchand de vin de Paris, dont le cabaret fut fameux sous Louis XIII, et ce serait un bon client, le maréchal de La Meilleraye, qui les auraient lancés dans la finance. Autre originalité : ils se spécialisèrent volontiers dans la fourniture aux armées, où ils rencontrèrent un parent, l'illustre François Jacquier, champenois, sans doute le plus compétent munitionnaire de son temps (et partie prenante dans 57 traités). Turenne l'appréciait beaucoup, de même que Mazarin et Fouquet. Cela lui valut la rancune de Colbert, qui le fit condamner à l'énorme amende de 8 millions (qu'il ne paya pas) par sa Chambre de justice. Mais il ne parvint pas à l'abattre, tant ses services s'étaient révélés indispensables.

Évidemment, cette élite financière n'est pas composée de petits saints — si toutefois il s'en trouvait dans les cercles gouvernementaux. Mais sans eux, ni Richelieu, ni Mazarin, ni plus tard Louis XIV n'auraient pu faire du royaume de France ce qu'il devint au XVIIe siècle.

On n'aurait garde d'oublier deux réalités déjà signalées et bien rarement relevées par les historiens, même de qualité. Ce sont les nobles de toutes catégories, mais surtout les plus élevées, qui ont en quelque sorte financé, sans toujours bien le comprendre, la puissance et l'éclat de leur pays. Ce qui leur aurait été impossible sans les revenus qu'ils tiraient du travail inlassable et habile d'un peuple abondant et courageux, capable d'attirer, de maintenir et de faire prospérer les quintaux d'or et d'argent qu'évidemment il détenait, accumulait, acquérait et faisait circuler de manière bien plus considérable qu'on ne l'a longtemps cru. Une abondance qui n'empêche pas les misères latentes et les crises brutales, mais passagères ou localisées, qui tissaient en somme la modeste vie quotidienne des Français de ce siècle.

À ces grands succès permis par tant d'hommes et de femmes de courage, de talent et de vertu — qu'il fallait bien signaler —, il est juste d'apporter un indispensable correctif, déjà évoqué : à la Bourse d'Amsterdam, alors baromètre quasi universel de toutes valeurs, monétaires et économiques, la livre tournois avait, sous la régence, perdu 20 % sur l'inébranlable florin. En dix-huit années, ce n'est pas énorme, et Louis XIV fera encore moins bien (on ne le dit ou ne le sait pas). Mais ce n'étaient là que rapports monétaires internationaux, qui touchaient surtout les très grands marchands et les hommes d'affaires d'envergure. Le « Français moyen » n'en avait cure en remuant ses piécettes d'argent ou de billon, rarement d'or, et il a fallu qu'une pincée d'historiens lisent l'énorme travail du Néerlandais Posthumus pour apercevoir ce « détail * ».

* Voir le texte de 1967 de Braudel, *Écrits sur l'histoire,* t. II, p. 136.

Neuf mars 1661

Le 9 mars 1661, mourut à Vincennes, où ses médecins avaient estimé qu'il trouverait un air meilleur qu'au Louvre (qui venait de brûler en partie), le cardinal Giulio Mazzarino, dans sa cinquante-neuvième année, après de longues souffrances et un énorme travail, qui aurait suffi à en tuer d'autres bien plus tôt. Tout le monde pleura ; seuls, la reine et quelques amis romains éprouvèrent une douleur profonde et durable. Le roi, qui attendait qu'on lui termine un théâtre, venait de danser le *Ballet de l'impatience*. Il écouta l'agonisant, prit note et pleura aussi.

En son temps et depuis lors, cet homme a été souvent honni et traîné dans la boue, même par des historiens par ailleurs sérieux, dont ce n'était pas la fonction. En dehors de toute passion, il mérite au moins qu'on recherche quels furent son héritage et son empreinte.

CINQUIÈME PARTIE

L'empreinte et l'héritage

CHAPITRE XVIII

L'air de Rome

Il y avait bien plus d'un siècle que le vent d'Italie soufflait, à peu près seul, sur le royaume de France : celui d'Espagne était hostile et rude, ceux d'Angleterre et de Germanie n'avaient laissé que de mauvais souvenirs ou rien. Bien après les papes d'Avignon et les rêves méditerranéens des ducs d'Anjou, il y avait eu ce roi un peu fou, Charles VIII, prétendant au royaume de Naples, dont les capitaines et les soldats avaient découvert avec stupeur, les Alpes passées, ce pays extraordinaire qui montrait tant de richesse, tant de culture, tant de raffinement. Aussi, malgré des déboires, ramenèrent-ils d'Italie, outre un somptueux butin, des idées, des goûts et des hommes. En sortit la première Renaissance française, très italianisante, l'arrivée de Léonard et des peintres qui décorèrent Fontainebleau, et de puissants marchands et banquiers qui rejoignirent ceux déjà installés à Lyon, dont ils firent la fortune, avant leur massive migration vers Paris devenue vraiment capitale au temps de la première régente Médicis, Catherine. Avec elle, ses artistes, ses hommes d'affaires et ses alchimistes, c'était Florence et la Toscane qui coloraient la Cour et le règne. Mais au siècle suivant, dès la régence de l'autre Médicis, Marie, Rome l'emportait déjà.

Elle demeurait l'*Urbs*, la Ville par excellence, l'ancienne tête d'un immense empire dont les témoins étaient partout présents, la capitale d'une chrétienté redevenue puissante — malgré les déchirures d'hérésies — et orgueilleuse en plein cœur d'une Réforme catholique (succédant à une Contre-Réforme défensive) qui se présente fièrement et triomphalement dans le raffermissement et l'enrichissement du dogme, de la piété, des dévotions, avec ses orgueilleuses constructions d'églises et de palais, dressés et magnifiés par des artistes et des décorateurs à la fois admirés et enviés, dont le cavalier Bernin va bientôt devenir quelque chose comme le roi.

Si l'on y avait trouvé des Florentins, il n'y avait jamais eu de Romains au Conseil du roi. Giulio Mazarino combla cette lacune. Enfant de Rome bien que né en altitude (et sur terre espagnole !), élevé à Rome, formé à Rome, mûri à Rome chez de vrais Romains, frère et oncle de Romains de souche ou d'adoption, nourri dans le sérail chez les Colonna puis les Barberini parmi les clans et les intrigues qui serpentaient dans Rome, bien que « canonisé français » et fervent serviteur de son second pays, il demeure profondément romain par sa famille et au moins en partie par ses biens, ses spéculations, ses amis, ses goûts artistiques et un certain style à la fois magnifique et souple. Et, romain avec tout de même une moitié de sang sicilien, il assume pleinement, la réussite venue, le rang de chef de famille en même temps que de *padrone* à la mode méditerranéenne : despote presque toujours, tendre par exception (sa mère, une sœur), commandant aux mâles et choisissant (puis perdant tout jeune) son successeur et principal héritier et utilisant les filles, par bonheur nombreuses, mais fort peu dorlotées, comme des pions de choix pour ses combinaisons politiques. Et par surcroît déménageant de la Ville éternelle vers Paris la grand-ville des quintaux de marbres, de pierres, de toiles, de meubles, de perles, de bijoux — sans compter ce qui ne se pèse pas : les idées, les astuces, les dévotions, les moines, voire un ou deux cardinaux, mais aussi les artistes fameux, les musiciens, les metteurs en scène d'opéras et les cantatrices. Ce qui n'était pas rien, au milieu des graves soucis que lui procuraient nobles, parlementaires, dévots et émeutiers, et la guerre interminable qu'il dut mener seize années durant, pour passer ses derniers mois à négocier des traités et exercer sa médiation, celle du plus grand, peut-être, des Européens politiques du temps.

L'homme privé, moins passionnant peut-être que l'homme public, et si difficile à atteindre, a pourtant été beaucoup étudié, avec un bonheur inégal. Une masse énorme d'archives, dont plusieurs dizaines de milliers de lettres reçues, écrites ou dictées (sans compter ce qu'on ignore), jointes à des dizaines de Mémoires de valeur variable, permettent ou permettraient d'approcher le personnage. Beaucoup d'historiens ont tenté de le faire ; dans ce pays, surtout des chartistes. Georges Dethan a donné, voici près de dix ans, une élégante étude de l'homme, mais non du ministre : Claude Dulong l'a côtoyé de fort près dans ses livres sur Anne d'Autriche et sur le mariage de Louis XIV. Madeleine Laurain-Portemer, avec une exigeante érudition, a donné des analyses si neuves, si pénétrantes et rigoureuses, qu'on souhaiterait vivement les voir aboutir à une grande et forte synthèse.

Mais tous trois et bien d'autres ne doutent pas qu'il ait puissamment renforcé à Paris les influences romaines déjà fortes, ne serait-ce que dans le domaine de la piété tridentine, de l'afflux des ordres religieux et du style des églises transformées, reconstruites ou nouvellement érigées. Mais enfin on n'avait encore jamais vu de Romain dans les allées ou au cœur du pouvoir.

Rome et Paris : la galaxie Mazarin

Ce ne fut naturellement pas parce que Mazarin était romain que Richelieu, Louis XIII puis Anne d'Autriche le distinguèrent et le hissèrent au plus haut. Il avait été choisi simplement pour son intelligence rapide, sa profonde connaissance des Cours et de la diplomatie, pour son génie de la patience, de la persuasion et de l'opportunité et pour l'inviolabilité que lui conférait sa robe rouge. N'empêche qu'il était romain, et traînait avec lui comme un parfum et un morceau de Rome.

Sur sa famille — père, mère, un frère, quatre sœurs dont trois mariées et une brochette de neveux et de nièces —, les historiens de l'anecdote se sont abattus avec gourmandise. Au niveau où opérait Mazarin, la destinée familiale importe assez peu (à l'exception de la fâcheuse Marie Mancini), même si la tribu l'occupa beaucoup — trop, sans doute, mais enfin il en était pratiquement le chef.

Pietro, son père, lui causa bien des soucis : maladroit, dépensier ou grippe-sou, peu honnête, un moment compromis dans une sombre histoire criminelle dont dut le sortir son fils, il finit par être superbement logé dans le somptueux palais que Giulio avait acquis et meublé sur le monte Cavallo (ancien et actuel Quirinal). Lorsqu'il fut veuf en 1644, ses enfants romains entreprirent de le remarier sous prétexte de continuer la lignée (par un mâle non clerc !). Aux premiers jours de 1645, une jeune et très noble princesse Orsini, couverte de dettes, l'accepta comme époux, sans doute fière de devenir la belle-mère d'un grand ministre. Le quasi-septuagénaire ne procréa pas de nouveaux petits Mazarin et mourut en 1654, couvert de dettes, dans le palais de son fils. Celui-ci le fit inhumer dans l'église paroissiale qu'il venait de restaurer et d'embellir, Saints-Vincent-et-Anastase, où paraissent encore son nom et ses armes, face à l'actuelle fontaine de Trevi.

La douce mère du cardinal, qui seule jouissait d'une honnête mais réelle noblesse, laisse, par toute sa correspondance, active comme passive, l'image d'une mère simple, attentive et pieuse que son fils, dont elle n'était pas peu fière, entourait de respect et de tendresse. Il lui promit vingt fois, comme elle le désirait tant, de venir la revoir, ne serait-ce que pour recevoir du Saint-Père les attributs complets de sa dignité cardinalice (il ne reçut jamais le chapeau). Elle mourut chez ses enfants Mancini en 1644, sans revoir Giulio, qui ne pouvait naturellement quitter Paris à une telle date (ni d'ailleurs à une autre).

Michele, de cinq ans le cadet de Giulio, semble avoir hérité de ce grain d'instabilité et de semi-« dérangement » qui a marqué certains membres de la famille : le père et quelques petites-filles. Il ne fut pas éduqué chez les jésuites, mais chez les dominicains de Bologne. Il resta dans l'ordre, devint très tôt père provincial à Rome, fréquenta à son tour le palais

Barberini et fut travaillé par une ambition brouillonne. Avec l'aide du clan Barberini et de son frère aîné, il réussit à se faire élire en 1642 général de l'ordre dominicain ; il avait trente-cinq ans. Élection tellement irrégulière que le Saint-Siège la contesta vivement, et que même le cardinal Antoine Barberini ne put soutenir Michele, qui dut renoncer au généralat. Intervint alors le Premier ministre de France, qui régnait sur la feuille des bénéfices, et lui confia trois ans plus tard l'archevêché d'Aix où il seconda assez bien son frère dans le traitement des révoltes locales. En 1647, lui fut attribué, malgré la mauvaise volonté du Saint-Siège, peu francophile, le chapeau de cardinal au titre (le *titulus* romain) de Sainte-Cécile. Mazarin lui confia même la vice-royauté (sans risques) de Catalogne, ce qui ne le ravit pas, d'autant que les régiments français n'y brillaient plus. Michele Mazarin jouit fort brièvement de ces honneurs à vrai dire surprenants. Il mourut en 1648, soulageant peut-être son aîné de prévisibles complications ou extravagances.

Deux de leurs sœurs furent élevées dans un couvent de Citta di Castello, près de leur famille maternelle. L'une, Cleria, désirait vivement se marier. Après une pittoresque série de mésaventures (prétendants trop endettés ou s'évanouissant), sa famille l'unit enfin à un certain Muti. Elle avait au moins trente-trois ans, ne fut point mère, accueillit aigrement les bien modestes cadeaux de son illustre frère (des bijoux) et s'accommoda mal du non-paiement de la dot pourtant modeste (10 000 écus romains) qu'il lui avait promise. *Exit* Cleria, qui ne tint qu'un petit rôle dans la geste des Mazzarini.

Seule Anna-Maria demeura religieuse. Non contente d'avoir été élue abbesse, toute jeune, par les religieuses de son couvent — exactement lorsque son frère aîné devint Premier ministre —, elle demanda et naturellement obtint d'être transférée dans la Ville éternelle, au couvent de Santa Maria di Campo Marzio — aimable maison, à peine close, très visitée. Elle en devint évidemment abbesse, correspondit régulièrement avec Giulio, qui paraissait l'aimer beaucoup (d'autant qu'elle ne le gênait en rien), se contentant de lui demander de temps à autre quelque monnaie — « afin de ne pas devenir religieuse mendiante », plaisantait-elle. Elle conseillait aussi son frère sur les meilleures prières et les meilleures dévotions (en avait-il besoin ?) et désirait vivement le voir revenir à Rome, si possible comme pape. (Pape ! Mazarin y rêva peut-être. Sans doute, obtenir l'indispensable prêtrise n'offrait aucune difficulté. Encore eût-il fallu que le ministre ait pensé que son devoir ne l'attachait pas au trône de France, ce qui n'était pas concevable à la mort d'Innocent X en 1655 ; par la suite, il aurait au moins fallu que le Saint-Siège fût vacant : or, on disait le pape Alexandre souffrant et sa succession envisageable. Mais il mourut six ans après Mazarin... La question n'avait donc pas à être posée.)

Quant aux deux autres sœurs, qui lui donnèrent une dizaine de neveux et nièces, il s'en occupa beaucoup, ainsi que de leur descendance, et de multiples « affaires » romaines, fort mal connues.

Il a nettement précisé (dans une lettre à Servien de juillet 1634, citée par Georges Dethan) qu'il s'était lui-même chargé de les marier en leur donnant 40 000 livres de dot à chacune (d'où venait cet argent ?). L'aînée épousa Martinozzi, un veuf fort riche dont le père était — comme par hasard — majordome chez le cardinal Antoine Barberini. Vite veuve à son tour,

Margarita n'eut que deux filles : Laura devint duchesse de Modène (et belle-mère de Jacques II Stuart) ; Anna-Maria fut princesse de Conti, et malheureuse.

Sa sœur Girolama (ou Geronima) avait épousé presque au même moment un Mancini, issu d'une ancienne famille romaine, anoblie, fort riche avec un palais sur le Corso, et fort cultivée, puisque l' « Académie des humoristes », fondée en 1602 par un Mancini, y avait son siège. Là naquirent de fort nombreux enfants, dont sept devinrent adultes et, comme leurs cousins, furent expédiés vers la France où leur oncle illustre les logea et les protégea autoritairement, avant de les « caser ». Des trois garçons, deux moururent à quatorze ans (à la guerre et par accident), et Mazarin pleura l'aîné, sur qui il avait misé ; le survivant, Philippe, qui devint duc de Nevers, était un vaurien.

On sait déjà le sort des filles, surnommées « mazarinettes » par les gens aimables, méprisées pour leur teint mat et leurs cheveux noirs, et vouées à l'exécration par les jaloux et les haineux. Comme il était à prévoir, elles firent de beaux et riches mariages, arrangés par cet oncle qu'elles aimaient peu.

On pourrait rattacher à ce que nous avons irrévérencieusement nommé « galaxie Mazarin » de fidèles commis comme Elpidio Benedetti ou maints cardinaux déjà rencontrés comme les Barberini, Bichi, Bagni, etc. Au centre de cette nébuleuse, le noyau paraît être constitué par le palais Mazarin de Rome (il existe encore, fort transformé), qui abrita famille, amis, hôtes de passage et une admirable bibliothèque (de plus de 5 000 volumes fort bien reliés selon un inventaire presque ignoré, datant sans doute de 1660, qui repose dans les manuscrits italiens de la Bibliothèque nationale *).

Assez mal connu, ce palais mériterait une étude approfondie, si elle est possible. Pourvu de très grands jardins, il avait été construit au début du siècle face à la Présidence pontificale (emplacement de l'actuelle présidence de la République) pour un Borghèse, neveu du pape Paul V. Le jeune Mazarin, qui habitait plus bas, vers Trevi, avait pu voir la fastueuse résidence s'élever et se meubler. Dans les années 1630, le palais, assez mal entretenu, était passé aux Bentivoglio, noble famille venue de Ferrare qui, inévitablement, comptait dans ses rangs un cardinal, ami de Giulio, donc francophile. Mais, vers 1640, les Bentivoglio eurent besoin d'argent alors que Mazarin, fixé à Paris, cherchait à acquérir à Rome une résidence digne du grand personnage qu'il devenait. Son secrétaire Benedetti lui indiqua l'affaire, qui fut négociée par des parents, dont ses beaux-frères, et conclue en mars 1641 chez Mancini. Il lui en coûta 75 000 écus — français ou romains, on ne sait —, en gros l'équivalent d'au moins 2 tonnes d'argent fin, qu'il s'arrangea pour ne pas payer immédiatement. Ravi de sa *follia*, il commença immédiatement à la faire réparer, décorer, garnir de tapisseries, meubler, orner d'objets d'art et de livres magnifiquement reliés. Comme pour les dots de ses sœurs, on peut se demander d'où il tirait l'argent. En 1634, quand il maria ses sœurs, il détenait fort peu de bénéfices ecclésiastiques : le canonicat de Saint-Jean de Latran ne donnait que d'honnêtes revenus : or il avait vendu en août au cardinal Antoine Barberini, pour la coquette somme de 6 000 écus, une croix ornée de

* Exposition de 1961, cote n° 500.

vingt-sept diamants, et l'on sait qu'il récupéra de l'argent que lui devait la cour de Savoie en passant par Turin en octobre. On a prétendu qu'il s'enrichissait par le jeu, chose rare quand elle est continue ; en fait, il n'avait pas effectué gratuitement ses diverses missions diplomatiques en Italie du Nord et en France ; il avait été fort aimablement rétribué à Turin comme à Paris, et le cardinal Antoine, à qui il avait rendu cent services, le couvrait vraisemblablement de cadeaux. Un peu plus tard, lorsqu'il quitta définitivement Rome, on sait qu'il emporta des milliers d'écus en perles et bijoux, et qu'il en laissa 8 000 à Benedetti. Le futur cardinal était donc déjà fort à son aise à la fin de 1639, quelle que fût l'origine de ses ressources, qu'on ne peut qu'apercevoir ou deviner. Il n'en reste pas moins que Mazarin possédait le génie de faire surgir l'argent, de le faire fructifier, de le conserver, de l'accroître.

Puis, progressivement, à partir de 1640, famille, résidence, meubles, objets d'art, livres et bijoux se transportèrent, s'installèrent et s'accrurent à Paris. En quelques années, presque toute la « galaxie » avait migré.

Si, en dehors de ses voyages, le cardinal vécut surtout au Palais-Royal, puis au Louvre, il logea sa famille et tous ses trésors dans un hôtel qu'il avait acheté, après des négociations compliquées et habiles, au président Tubeuf. Il aurait désiré que ce soit le Bernin, l'artiste-roi, qui préside à l'embellissement et à l'agrandissement de ce qui serait bientôt le Palais-Mazarin ; il se rabattit sur Mansart et plus tard sur Le Muet ; d'où les deux galeries, à la mode de Rome (et, jadis, de Fontainebleau), où allaient s'aligner les merveilleuses pièces d'un collectionneur acharné, dans un décor presque entièrement romain, et d'ailleurs conçu et réalisé par des artistes venus d'Italie, presque tous recrutés à Rome par les amis du Premier ministre.

ROME À PARIS, OU LE « BAROQUE » MAZARINESQUE

Mazarin avait été élevé dans la Rome pontificale, en pleine période d'exaltation et déjà de triomphalisme catholique, alors que se construisaient ou se restauraient églises et palais, dans un style tantôt sévère et tantôt riant, joyeux, presque échevelé, deux aspects de ce qu'il est convenu d'appeler « baroque ». Giulio n'a pu manquer d'être frappé et sans doute peu séduit par la rigoureuse façade du Gesù et l'aspect réfrigérant du Collegio Romano qu'il hanta plusieurs années. Son tempérament heureux — un aspect de sa personne — le poussait sans doute plus volontiers vers les courbes, les contre-courbes, les ovales, les jaillissements de piété joyeuse que montraient ou suggéraient les premiers chefs-d'œuvre du renouveau : après Saint-Luc et Sainte-Martine du Forum, la toute première (1635), la Sapienza et, à deux pas de son palais, la suprême élégance de l'ovale bordé de huit chapelles de Saint-Charles aux Quatre-Fontaines (1638) et surtout de Saint-André du Quirinal, l'un des chefs-d'œuvre du Bernin, qu'il supplia longtemps de venir en France (ce que l'artiste fit pour Louis XIV, qui ne le comprit pas, et Colbert moins encore). Giulio a surtout longuement hanté le palais Barberini (toujours debout) immense et somptueux, pourvu d'un théâtre de 3 000 places dont le Bernin dessinait les décors, où rivalisèrent Borromini et Bernin, chacun construisant son escalier — celui du Bernin marqué de ce flamboyant génie qui anime la fontaine des Quatre-Fleuves de la place Navone, face à l'élégante courbe de Sainte-Agnès in Agonia, tracée par son adversaire Borromini. Mazarin fut d'ailleurs l'exact contemporain de Borromini et du Bernin ainsi que des peintres pleins de feu que furent le Guerchin et Pierre de Cortone et de Cavalli, créateur de l'opéra italien, et même de Carissimi, le maître de l'oratorio. Grandi, mûri et sans doute charmé par cette atmosphère de renouveau, il ne pourra que désirer la transporter avec lui.

On a appelé tout cela le « baroque », un mot sur lequel on bute trop souvent, vingt fois défini et redéfini, qu'on oppose habituellement à on ne sait quel « classique ». Le goût de Jean Delumeau, dans un premier temps historien de Rome, l'a amené à le concevoir comme « une synthèse de la beauté, de l'eau et de la mort, et une conscience aiguë de la fuite du temps », avec « une large place faite à l'illusion, aux espaces artificiellement dilatés, aux décors irréels * » ; on pourrait ajouter le sens du théâtre et l'exaltation de la foi, mais tant d'autres définitions ont été présentées — alors qu'il s'agit davantage peut-être de sentir que de définir. Une chose est sûre : ce baroque est né à Rome, dans la Rome de la Contre-Réforme (désormais nommée Réforme catholique) et c'est de Rome qu'il s'est répandu sur la plus grande partie de l'Europe, avec ses architectes, ses sculpteurs et ses peintres surtout, mais aussi ses hommes de théâtre et ses musiciens. L'époque mazarine — quel autre nom donner à ces deux décennies centrales du XVIIe siècle ? — est rigoureusement contemporaine de son essor, et le cardinal y contribua grandement.

* Jean Delumeau, *L'Italie, de Botticelli à Bonaparte,* p. 255.

Sans doute ne songea-t-il pas (en eut-il eu le temps ?) à transporter massivement dans Paris les œuvres et les artistes qui faisaient de la Ville éternelle — au moins pour lui — un modèle inégalable et une sorte de vivante perfection. Mais persuadé qu'un pays se grandit par le mécénat presque autant que par la victoire, il a très tôt — peu après 1630 — réussi à importer des « antiques » (abondants à Rome, et faciles à copier), des œuvres d'art récentes et des artistes.

Bien avant d'accéder au pouvoir, il s'occupe comme « surintendant » de la galerie de Richelieu (tout homme de haut rang se devait d'en posséder une) et enrichit d'envois romains ce bel ensemble de bustes, de bronzes, de nudités non voilées, de tableaux et de décors italiens ou italianisants, et d'impressionnantes tapisseries souvent de Bruxelles. Le plus beau cadeau qu'il fit à la galerie du Palais-Cardinal fut le Faune grec et le Faune romain découverts sur le Caelius, près de l'église des Quatre-Saints couronnés et acquis par « Monsignor Mazarino » peu avant son départ de 1639.

On a retrouvé de nombreuses listes d'envois faits par Mazarin avant (comme pendant) son ministériat. Cela va des « bagatelles » — gants, parfums, savons, huiles, carafes — aux « galanteries » — petites tables, coraux, ivoires, statuettes de bronze — jusqu'aux tables d'ébène ornées de mosaïques et aux grands tableaux — Guerchin, Paris Bordonne, Sacchi, Romanelli, Carrache, un Titien, un Raphaël peut-être. Les destinataires vont du financier Tubeuf (qui reçoit des pastilles avec des reliquaires et des éventails) à Richelieu et à toute la famille royale, en passant par le surintendant Bullion et le chancelier Séguier.

En 1640, une curieuse « mission » menée par Chantelou, parent du surintendant des Bâtiments de France, Sublet de Noyers, essaie d'étudier la Ville éternelle en plein délire artistique, de visiter sculpteurs, peintres, musiciens et chanteurs. Finalement la mission est surtout séduite par la Rome antique, en fait copier les monuments intacts ou brisés et rapporte trente ballots de moulages d'antiques plus Poussin (devenu romain) pour peu de temps et, à défaut d'illustres vedettes, un groupe de cinq artistes utiles et talentueux, dont trois collaborateurs de l'inaccessible Bernin : le « perspectiviste » Mariani, un autre peintre, deux menuisiers, et l'excellent stuccateur Pietro Sassi que l'on retrouvera au Louvre en 1655. De la même époque (été 1641) date l'étonnante affaire du buste (différemment apprécié) de Richelieu par le Bernin (aujourd'hui au Louvre) exécuté non pas sur le modèle, mais d'après des « profils » peints on ne sait par qui.

Paris tenta d'attirer d'autres artistes. Échec avec Pierre de Cortone, trop occupé au palais Pitti de Florence et à Sainte-Martine de Rome, et financièrement trop exigeant. Réussite avec le jeune et talentueux Romanelli, tandis que Benedetti tâchait de décider Grimaldi (un Bolonais) et l'Algarde.

Le goût romain et les artistes de Rome se trouvant en place ou presque, Mazarin, devenu Premier ministre, pouvait se consacrer à l'achèvement, à la décoration et à l'ameublement de l'hôtel qu'il venait d'acquérir. Les galeries étant terminées vers 1646, Romanelli — aidé par son compatriote Gimondi, dit « le Perugine », et par un doreur romain lié à Mazarin, Ottaviani — put se mettre au travail. Il illustra la galerie haute de scènes mythologiques empruntées à Ovide, le premier projet, qui avait pour thème l'histoire de Rome, ayant sagement été déconseillé par le maître des lieux. Romanelli reparti (fin 1647), deux autres artistes italiens surviennent, Manchole et surtout Grimaldi ; ils resteront jusqu'en pleine Fronde (1651). Ils ont continué de peindre et d'orner le palais Mazarin, qui devint aussi fameux que discuté. Tandis que s'accrochent aux murs des toiles d'artistes italiens assez oubliés — Scarcellino, Salucci, Tassi —, Grimaldi décore le *camerone* (grand salon) de manière admirable, dit-on (il a disparu) — frises, bas-reliefs, *putti*, paysages, fleurs et fruits — et collabore au choix du mobilier. Celui-ci, inventorié en 1653 et en 1661 (il s'est alors quelque peu accru) est parfaitement connu, ainsi que les statues, bustes, toiles, cabinets... exposés notamment dans les galeries. Beaucoup d'amateurs qualifiés se sont penchés sur ces inventaires ; Roger-Armand Weigert, en 1961, en a dégagé l'essentiel.

Pour qui n'est pas un historien de l'art et du goût, importe surtout ce qu'on retrouve de Mazarin dans cette énumération d'œuvres et d'objets d'art, à vrai dire extraordinaire, ne serait-ce que par leur abondance. Au partage des statues et bustes du palais, en juillet 1661 entre les deux héritiers désignés, le duc Mazarin et le « marquis Mancini », on avait trouvé 63 statues et 24 bustes dans la galerie basse et respectivement 24 et 38 dans la galerie haute, plus quelques autres dans les pièces adjacentes, sans compter les scabellons (commodes-présentoirs) de marbre, le tout estimé plus de 116 000 livres. Presque tous les sujets étaient des « antiques », personnages mythologiques ou grands hommes de la Rome ancienne. On retrouve des pièces fameuses : les « quatre bacchantes qui se regardent l'une l'autre » (estimées 3 150 livres), deux consuls pour 3 000 livres, une Flore et une Cérès pour

2 500 livres, des impératrices, des « demoiselles romaines », un Atlante, un Cupidon, des têtes « modernes » d'empereurs romains et, au milieu de cette débauche de marbre, des morceaux fameux tels que la Pallas de porphyre (estimée 4 500 livres), la Julia Mammea sortant du bain, les douze têtes de Césars en porphyre, et douze autres en bronze, trésors d'une collection vouée au nombre, à l'Antiquité, à la mythologie, aux matières précieuses et aux nudités. On n'a pas l'impression d'un goût raffiné, mais il faut prendre ainsi Mazarin et son temps.

Quant aux tableaux, on en a inventorié exactement 471, plus quelques petits non numérotés. Ce qui frappe immédiatement, c'est l'absolue domination de la peinture italienne, et spécialement des maîtres contemporains formés à Rome, dont le nom n'est pas toujours passé à la postérité ; les quelques grandes pièces — des Giorgione, Raphaël, Vinci, Titien — en fort petit nombre proviennent presque toutes de la dispersion des magnifiques collections du malheureux Charles Ier ; un Greco, peu de Flamands, mais des fleurs attribuées à un certain « Brugle », 26 Van Dyck — qui avait l'esprit de peindre des « gens de condition » (rois, reines, cardinaux, électeurs...) — et moins de dix Français : trois Poussin (mais il vit à Rome), deux Claude Gellée, quelques Vouet pour la piété, des Valentin (bien oublié, cet artiste), et deux Mignard, pour le remercier de son concours à la collecte des tableaux que le maître de céans faisait acheter un peu partout par ses amis et correspondants.

Dans ces deux domaines donc (il en est d'autres, les « cabinets », gemmes, pierres rares, tapisseries...), l'Italie, ancienne ou récente, domine largement, les sujets pieux côtoyant les nudités : à preuve, ces n° 80 et 81, qui font voisiner Suzanne au bain avec « Notre-Dame qui tient le petit Jésus entre ses bras, tout nu, et saint Jean-Baptiste avec son agneau » : un peu plus loin (n° 97), « plusieurs nymphes de Diane qui despouillent l'Amour, rompent la pointe de ses ailes et brûlent son carquois ». Ainsi se présentait le palais du cardinal, orné de sujets aussi bien sacrés que profanes, mais généralement très romains, Rome antique ou Rome moderne...

À Paris, le calme revenu, Grimaldi triomphe. Il va même travailler chez les jésuites. L'exubérance romaine l'a emporté à tel point sur l'atticisme des peintres français que Mazarin néglige complètement Le Brun déjà connu et soutenu par Séguier, et lui refuse d'occuper au Louvre le logement devenu vacant par la mort de Simon Vouet.

Rentré en février 1653, le cardinal fait regarnir son palais, moins pillé qu'on a cru, de bons amis et la reine même ayant mis à l'abri le plus précieux. Et Romanelli peut donc revenir avec son équipe (Sassi, Ottaviani, Anguier). Il restera près de trois années (1654-1657) pour travailler surtout au Louvre, chez la reine.

Celle-ci avait décidé d'aménager, au rez-de-chaussée de la petite galerie, un appartement de quatre pièces entre cour intérieure et jardin donnant sur le quai de Seine (il en subsiste encore une partie). Romanelli et son équipe s'employèrent à le décorer. Un opuscule de 1657 publié par le Frioulan Amalteo, traducteur d'italien du roi (qui décidément ne savait que le français, sa mère ayant dû lui faire répéter un peu de castillan avant son mariage), a décrit et interprété toute la décoration. Le cabinet de travail est consacré à Rome, patrie du ministre ; à son intention, sans doute, figurent Mucius Scaevola (le courage), Cincinnatus (la vertu civique), Scipion (la continence) tandis que l'*Urbs* trône au plafond entre l'Histoire, la Poésie et la Renommée, qui brave le Temps. Dans la chambre de la reine se poursuit ce que Madeleine Laurain-Portemer appelle un « enseignement par l'image » : la religion, toute de blanc vêtue, entourée de diverses figures symboliques, dont la tempérance et la chasteté... qui chasse l'Amour. La grande antichambre, salle d'accueil, a été consacrée à Apollon et Diane, tandis que le grand vestibule dit « de la Paix » (mais peint en pleine guerre) est voué à la France elle-même, une France pacifique symbolisée par trois lys d'or sur ciel serein (les véritables armoiries royales) soutenue par trois dieux ; coulent aussi les quatre grands fleuves accompagnés des attributs des riches et pacifiques provinces qu'ils traversent, avec la devise *De bello pax*. Cet apogée du grand style romain (baroque, si l'on y tient) illustre-t-il la transition entre le palais Pitti et Versailles, comme on a pu l'écrire ? On ne saurait en décider ici.

Depuis la fin de la Fronde, de grands travaux animent Paris : Salpêtrière, Vincennes rajeuni, Val-de-Grâce cher à la reine. On sait ou on se doute que Mazarin s'y intéresse ; eut-il quelque part dans leur conception ? Peut-être. Qu'il ait été très au courant, c'est sûr ; mais, outre ses lourdes tâches diplomatiques et politiques, il insistait à nouveau pour attirer le Bernin, et ordonnait à Benedetti en 1657 de lui trouver à Rome des projets pour un tombeau, un collège, une église, une bibliothèque. Il ne peut s'agir que du futur collège des Quatre-Nations (les trois provinces qu'il annexe, plus Pignerol, qui effectivement parlaient quatre langues différentes) ; la bibliothèque envisagée devait abriter ses milliers de volumes récents, anciens, précieux, en toutes langues ; le tombeau devait sans doute être le sien. Quant à l'église, destinée à ses très chers théatins, elle devait s'appeler Sainte-Anne-la-Royale, un bel hommage : elle s'édifiait déjà en 1660, mais ne fut jamais terminée ; il en reste quelques pierres et un ange, rue de Lille. Le cardinal demi-mourant avait choisi un architecte pour le collège, le piémontais Valperga. Quoi qu'on puisse en penser, l'actuel Institut de France, évidemment postérieur à celui qui laissa des fonds pour l'édifier, ressemble bien plus à un magnifique palais romain qu'à une construction à la française.

Sans insister ici — on ne peut tout dire — sur l'énorme et précieuse bibliothèque qu'il fit garnir par des achats intelligents et massifs opérés par des hommes d'exceptionnelle qualité — tel Gabriel Naudé, qui sauva ou racheta l'essentiel au moment des saccages et voleries des frondeurs —, sans insister non plus sur l'extraordinaire amas de gemmes, perles, pierres précieuses, bijoux, objets d'or et pistoles qu'il adorait caresser, il est permis de mettre en relief une importation fameuse, bien que diversement accueillie, l'opéra italien et tout ce qui l'accompagne : chanteurs, instrumentistes, décors.

La musique d'Italie

À partir de François Ier, la venue en France de musiciens italiens, d'abord peu nombreux, va s'accélérer avec le choix d'une Florentine, Catherine de Médicis épouse d'Henri II. Des voyages qui ne fonctionnaient pas à sens unique, la circulation des princesses d'une Cour à l'autre, par mariage, s'accompagnaient volontiers d'une circulation parallèle de leurs chanteurs, de leurs violons, et d'autres. En France, les trois grandes vagues, comme la mode de l'italianisme, ont suivi les deux reines Médicis, puis Mazarin : celui-ci était un ardent mélomane, formé chez les Colonna et plus encore chez les Barberini. Alternèrent aussi des phases de réaction, ou plutôt d'adaptation. Du temps de Catherine, les violonistes milanais concoururent à constituer la « bande » des 24 violons du roi, sous l'égide de Baltazarini de Belgiojoso (francisé en Balthazar de Beaujoyeux) ; ils développèrent aussi un style français et furent les initiateurs du ballet de cour, qui connut durant un bon siècle un tel prestige (les rois dansaient, et Louis XIV adorait). Avec Marie de Médicis, l'influence s'accentue ; le chant italien, amorce de l'opéra, est introduit par le fameux Caccini, sa fille Francesca, et la non moins célèbre Cecchina, qui influèrent sur la tradition française.

Philippe Beaussant, à qui l'on s'est permis d'emprunter des précisions, insiste particulièrement sur la troisième vague, la plus éclatante, la plus puissante — beau chapitre qu'a conté Henry Prunières. Elle doit tout à Mazarin, mais fut très bien accueillie par la reine.

Tout jeune, Giulio était à la fois passionné de musique et connaisseur fort éclairé. Monteverdi vivait encore, et publiait sa musique quand il avait vingt ans et qu'il joua le rôle, peut-être en partie chanté, de saint Ignace lors de ces tragédies-oratorios que les jésuites montaient avec éclat dans leurs collèges. Il n'est pas impossible qu'il ne se soit aussi occupé, en tant que familier de ces autres fous de musique qu'étaient les Barberini, des représentations, célèbres en leur temps, du *Sant'Alessio,* de Stefano Iandi. Il soutint passionnément la plus célèbre cantatrice du temps, Leonora Baroni, qu'il invitera à Paris où elle séduisit littéralement Anne d'Autriche qui ne cessait de l'entendre et la couvrait de cadeaux. Malgré ses lourdes charges, Mazarin ne cessera de lutter pour la musique et pour l'opéra italien « avec le mélange de dilettantisme et de fougue qui est la manière des grands d'Italie de s'occuper des arts... cette mixture de passion, d'intrigue, de désintéressement et d'âpreté avec laquelle un prince fait d'un chanteur son ambassadeur et oublie toutes les affaires de l'État pendant les répétitions de l'Opéra ». Comment ne pas citer ce texte chaleureux de Philippe Beaussant ?

Après avoir attiré la Baroni qui séduira la Cour, mais non la Ville, Paris n'étant point Rome et possédant d'autres traditions, Mazarin invite un jeune castrat, cet Atto Melani qui deviendra diplomate après avoir chanté avec la Baroni une sorte de pastorale à l'italienne devant Anne d'Autriche et sa belle-sœur la reine d'Angleterre. Le castrat était accompagné de son frère et d'une autre chanteuse, Francesca Costa dite la Checca ; survinrent bientôt un harpiste et plusieurs guitaristes — le jeune roi aimait cet instrument, et on assure qu'il le grattait fort bien. Et voici enfin qu'il réussit à capter le « magicien » Torelli, dont la science de la mise en scène et des machines de scène avait enthousiasmé successivement Florence, Parme et Venise, où justement il venait de monter les machines qui fourniraient les mouvants décors de la *Finta Pazza* (La Folle feinte). Le tout stupéfia, en décembre 1645, les spectateurs de la salle du Petit-Bourbon, à tel point qu'on fit graver les merveilleux décors pour l'édification des générations futures. La musique, il est vrai, impressionna moins.

Mazarin réunissait peu à peu une troupe italienne, qui représenta, sans grand succès d'ailleurs (mais la mise en scène était modeste), l'*Egisto* de Franco Cavalli dans une petite salle du Palais-Royal. Après une longue préparation, le grand coup fut frappé au Carnaval de 1647 : ce fut l'éclatant *Orfeo*, qui rassemblait tant de talents, presque tous italiens : l'abbé Buti pour le livret (il en écrivit plus tard pour Lulli), Luigi Rossi pour la musique, Pamfilo Miccinello et Marc-Antoine Pasquanili pour le chant. Le grand homme, c'est Jacomo Torelli, le magicien des machines, chèrement payé et si exagérément loué qu'il sera maudit par les frondeurs (dont le poète Sarrazin, d'ailleurs embastillé, mais pas seulement pour antitorellisme...). Il faut bien dire que cet énorme succès est balancé par l'énorme impopularité de tout nom qui se termine en *i*, que la basse mazarinade va pousser à l'odieux.

Au plus fort de la Fronde, les musiciens italiens se cachèrent ou repassèrent les Alpes. Quand elle le pouvait, la Cour se distrayait avec de gentils ballets à la française où le roi, bien qu'à peu près prisonnier au Palais-Royal (1651) fit ses premiers pas, très remarqués et sans doute très remarquables. L'un des thèmes choisis fut *Les Fêtes de Bacchus*, dont Denise Launay assure qu'il s'agissait de « méchants ballets, faits de morceaux cousus les uns aux autres ».

La paix venue, on retrouve les Italiens, les ballets à grand spectacle et un presque nouveau venu, Giambattista Lulli, dit Baptiste. Il était déjà apparu plus tôt, ramené de Florence par le chevalier de Lorraine, qui l'appréciait grandement et l'avait « donné » à Mademoiselle, laquelle lui fut bien utile pendant la

Fronde. Baptiste, qui n'est pas encore « le sieur Lully », est violoniste et danseur, et participe au *Ballet de la Nuit* du 23 février 1653, où ce roi de quatorze ans, en habits brodés d'or et de pierres précieuses, figure déjà le Soleil, vieil emblème royal, triomphateur de cette nuit que fut la Fronde. Dès lors, l'Italie et l'opéra italien triomphent décidément. Ce fut la belle époque des *Nozze di Peleo e di Theti* (1654) en attendant le *Xerse* de Cavalli, célèbre en Italie — avec six ballets — et l'imminent éclat de l'*Ercole amante*, qui inaugurera le théâtre des Tuileries projeté par le cardinal, devant la Cour jeune et joyeuse d'après Mazarin (1662). Un peu plus tard, les Italiens chantèrent encore le final du *Mariage forcé*, où Molière et Lulli conjuguaient leurs talents. Cette grande époque de l'opéra italien, voulue par Mazarin, ne lui survécut que quelque temps, avant de revenir en force, mais bien plus tard.

Avant de disparaître, la grandissime Éminence réussit à offrir à Paris, le 24 août 1660, le merveilleux spectacle de l'entrée du jeune roi et de sa jeune épouse — encore une Espagnole, grincèrent quelques grognons : une apothéose de gloire et de magnificence. Fort malade, presque intransportable, le cardinal regarda, d'une fenêtre de l'hôtel de Beauvais, passer ses Suisses à cheval, ses soixante-douze mules richement caparaçonnées, ses vingt-quatre pages tout en rouge, ses écuyers, ses douze chevaux d'Espagne, ses onze splendides carrosses escortés de quarante estafiers, de quarante gentilshommes et de cent gardes, carabine haute, et les fameux mousquetaires que le roi s'attribua bientôt. Même les arcs de triomphe dressés par la ville avaient adopté, pour quelques-uns du moins, le style « baroque » venu de Rome : un triomphe !

CHAPITRE XIX

L'or du Romain

La fortune apparemment considérable et les douteux moyens d'enrichissement du cardinal Mazarin ont nourri la verve haineuse des frondeurs et la paresse des historiens et conteurs d'anecdotes qui leur ont succédé en s'inspirant d'eux. Tous ignoraient, ou feignaient d'ignorer, que n'importe quel ministre de l'Ancien Régime (et des suivants ?) s'enrichissait toujours, aimablement ou copieusement, que d'ailleurs c'était la coutume et qu'il fallait bien qu'ils aient un style et un train de vie, des escortes, des carrosses et des résidences fastueuses. Imaginer un ministre pauvre ou presque, c'est naïveté ou sottise, même si on a affublé certains — Sully, Colbert — d'une réputation absolument imméritée d'honnêteté. Ces billevesées, qu'on croit parfois entendre encore, ont été balayées après un ouvrage imparfait (et introuvable) de Jean Villain sur *Mazarin homme d'argent* en 1956 (paru au défunt Club du Livre d'Histoire), par un grand et irréprochable article de Daniel Dessert paru en 1976 dans la *Revue d'Histoire moderne et contemporaine*, et qui porte justement sur « La fortune du cardinal Mazarin », vingt pages qui reposent sur une documentation en partie connue, mais négligée ou incomprise par les prédécesseurs et sur des textes qu'il fallait avoir l'esprit et le courage de découvrir. Depuis près de quinze ans, le même auteur est quelque peu revenu sur le sujet, tandis que, outre-Manche, son ami Joseph Bergin opérait une démarche encore plus imposante sur la fortune et le pouvoir de Richelieu * avant de traiter, dans le numéro qui ouvre l'excellente revue *French History,* des bénéfices ecclésiastiques de Mazarin (mars 1987). Il est permis de penser que presque tout est devenu parfaitement clair — pour autant que les archives le permettent — et que seuls des attardés ou des inconscients peuvent encore l'ignorer ou feindre de l'ignorer.

Allons donc à l'essentiel : la succession de Mazarin approche de 35 millions de livres tournois, et sa fortune (avant qu'il n'ait doté ses dernières nièces) avoisinait 39 millions ; en face, un passif insignifiant (pour lui) d'un peu plus d'un million, dont une bonne part due à une nièce et à deux de ses banquiers, Cenami et Contarini, italiens bien sûr. Il s'agit de la plus grosse fortune de tout le XVIIe siècle, la deuxième étant celle de Richelieu (une vingtaine de millions pour le moins), qui dépassait sensiblement celle de Condé le père (guère plus de 14 millions) ; même au milieu du XVIIIe siècle, les descendants Condé dépasseront tout juste la trentaine de millions — alors que les fermiers généraux, tant décriés, en laissaient en moyenne moins de 3.

Tâchons de donner un sens à cette débauche (fort scrupuleuse) de chiffres. Rappelons qu'au temps de Mazarin la livre contenait 8,33 grammes d'argent à 9/10e de fin ou environ 0,6 gramme d'or : un calcul

* Yale, 1985, Paris, 1987.

simple tend à montrer que, converti en métal fin, les 35 millions eussent pesé près de 300 tonnes d'argent et 14 à 15 fois moins d'or. Calculs irréels sans doute, mais Mazarin laissait tout de même quelque 8,7 millions de livres en argent liquide, sonnant et trébuchant, et cette fois-ci, on se voit contraint de conclure qu'ils équivalaient en poids à plus de 70 tonnes d'argent, ou à 5 d'or, et plus probablement à un mélange des deux. On n'aurait jamais vu cela en France en ce temps-là, si on avait pu le contempler. Il est vrai que Richelieu avait laissé en argent liquide une petite moitié de la même somme — quelque 4 millions.

Cette surabondance d'espèces monnayées montre à nouveau qu'elles constituaient une part essentielle de la richesse des hommes comme des royaumes. Si l'on n'a que peu de doutes au sujet de leur provenance — paiements des nombreuses charges détenues par le cardinal, et part des levées opérées sur les sujets et les clients (il faudra bien y revenir) —, il est au moins aussi intéressant de mettre en relief les lieux où elles se trouvaient. Près de la moitié à Paris, dont 766 000 au Louvre, près de 300 000 au Palais-Mazarin, 1 930 000 dans un « coffre-fort » qu'on ne situe pas, 663 000 chez le financier Picon, et 600 000 en réserve pour compléter la dot (double) d'Hortense Mancini. Le reste était soigneusement et curieusement dissimulé et dispersé : près d'1,5 dans la forteresse de Vincennes (dont Mazarin s'était fait donner une sorte de surintendance — rétribuée...), et le reste — près de 3 millions — en des lieux frontières — Fère, Sedan, Brouage — où il était facile de les cueillir en cas de départ précipité (qui n'eût jamais été que le troisième). On apprend enfin qu'à Rome se seraient trouvées quelque 37 000 livres — une misère, mais la somme est invérifiable. Si l'on ajoutait les objets précieux, près de 4,5, l'ensemble donnerait une belle proportion d'espèces et de bijoux aisément monnayables (et transportables), bienheureuse réserve pour la couronne et le ministre : plus de 37 % de la succession (13 millions), proportion qui ne s'est jamais rencontrée dans aucun patrimoine de cette époque (haute noblesse comprise) où les terres et les seigneuries constituaient presque toujours l'essentiel, et de loin. Cela ressemble, en beaucoup plus gros, à une fortune de financier, ce que fut Mazarin, entre autres incarnations.

Pour la petite histoire peut-être — mais à ce niveau c'est de la grande —, on n'hésitera pas à énumérer, au moins en partie, ce qu'on appelle les « objets précieux ». Si les tableaux originaux — plus de 470 —, légués à son héritier principal, le duc Mazarin, époux d'Hortense Mancini à la dot-record — étaient à peine estimés 225 000 livres, on comptait près d'un demi-million de tapisseries et presque autant d'argenterie (il fallait bien « recevoir »). Deux « cabinets » d'ébène trouvés dans sa chambre du Louvre ne détenaient pas moins de 450 perles grosses et pures, plus quantité de croix et chaînes d'or, bagues et pierres précieuses que le cardinal adorait manier ; tout cela était encore estimé plus de 400 000 livres. A ce niveau, presque rien...

En effet, à une poignée de grands personnages qu'il aimait beaucoup, le cardinal avait légué des bijoux que Daniel Dessert a estimés (avec preuves à l'appui) à près de 2,5 millions de livres. Au connétable Colonna, descendant direct de ses premiers *padroni* et amis, il donne, outre Marie Mancini, *virgo intacta* (lestée de 600 000 livres de dot), une « épée d'apparat » constellée de 629 diamants de grosseur variée, accompagnée d'un baudrier qui n'en comprenait que 357 et ne valait après tout guère plus de 224 000 livres. Monsieur recevait 31 émeraudes et une quinzaine de kilogrammes d'or pur. À la jeune reine était galamment offert un « bouquet de 50 diamants taillés en pointe », « prisés » quelque 50 000 livres. À la reine-mère, à qui il devait tout, essentiellement un diamant brut de 14 carats plus cet autre diamant taillé appelé « la rose d'Angleterre » — soit la contre-valeur de 73 000 livres avec quelques babioles (dont un rubis). Tout naturellement allèrent au roi, son filleul et maître, les legs les plus fastueux : outre des tapisseries, des « cabinets » et des livres rares (dont Colbert saurait augmenter la collection) les très fameux 18 grands diamants, dits les « dix-huit mazarins » : un seul pesait moins de dix carats ; le plus précieux, le « Sancy » en pesait 53 3/4, un autre 33, et le « miroir du Portugal » près de 26. Le paquet atteignait 370 carats et pas loin de 2 millions de livres. Tous ces diamants ont une histoire, que conta Germain Bapst voici un siècle, avec celle des autres bijoux de la couronne. Mazarin avait acheté ou fait acheter les uns et les autres à des monarques en difficulté, comme ceux d'Angleterre, ou à la reine Christine, ou à des Italiens, à des conditions rarement connues, mais alors surprenantes (il prenait son bénéfice à chaque opération).

L'aspect pharamineux de tout cela (on ne connaît personne, au moins en Europe, qui accumula autant) comme le style douteux des acquisitions ne doivent pas faire oublier que tous ces trésors représentaient une valeur énorme sous un petit volume, et que tous étaient assez aisément transportables, disponibles, prêtables, « engageables » : et, de fait, on « engagea » tel ou tel bijou, y compris ceux de la couronne, pour se procurer de quoi payer les armées, et particulièrement les si précieux régiments suisses.

Si l'on excepte des omissions manifestes, surtout sur les biens romains, où l'énorme et luxueux *palazzo* n'est estimé que 275 000 livres (pour y voir clair, il faudrait plonger dans des océans d'archives complexes ou privées) et de sombres histoires de « créances et effets divers » (près de 10 millions) à éclaircir si possible, le reste de la fortune de Mazarin ne pose pas de problèmes graves.

Comme son cher *padrone* Richelieu, il a collectionné les abbayes — ou plutôt les revenus des abbayes —, jamais les plus pauvres, dont Joseph Bergin a donné scrupuleusement la liste et les recettes pour l'un et l'autre cardinal. Chacun en a détenu autour de 25. En 1642, l'illustre Tallemant, banquier et homme d'affaires de Richelieu (parent du littérateur ?) et fermier de toutes ses abbayes, lui en « rendait » pour près de 320 000 livres (plus ce qu'il conservait, au moins un dixième en sus). Quelque vingt ans plus tard, Mazarin, après avoir fait mettre un peu d'ordre dans ses papiers par son « domestique » (au sens du temps), Jean-Baptiste Colbert, avait affermé en bloc les vingt et une abbayes qu'il conservait à l'une de ses créatures, l'un des très gros traitants d'après-Fronde, Pierre Girardin, qui lui en « rendait » annuellement 572 000 livres (plus ses droits et sa commission, qu'il conservait). Ce qui pouvait représenter le tiers des revenus « ordinaires » de Mazarin, et, si cette évaluation a un sens, à un capital (irréel, puisque les abbayes ne s'estimaient qu'en revenu annuel) de 15 à 18 millions.

Curieusement, Mazarin ne s'est pas intéressé à l'immobilier, qui ne constituait pourtant pas à Paris un mauvais placement (il est vrai qu'il en pratiquait de bien plus exaltants). Il se contenta d'agrandir et d'embellir le palais acheté en 1649 et de lui adjoindre quelques maisons (dans l'une logea Colbert) ; le tout fut estimé 1,2 million livres, presque le double du prix d'achat ; aussi modiques fussent-ils (4 700 livres), les loyers des petites maisons parisiennes étaient néanmoins dûment perçus et comptabilisés.

Plus curieusement encore, Mazarin ne détenait, avant son retour définitif au début de 1653, aucune terre, domaine ou seigneurie dans le royaume. Surviennent soudain deux afflux successifs — achats à de grands personnages désargentés, ou « dons » du roi. En 1654, il acquiert du duc de Mantoue le duché-pairie de Mayenne (756 000 livres) que Colbert va administrer, agrandir rapidement et exploiter avidement — spécialement les bois, qu'il ravagera avec son complice Berryer (l'ensemble sera estimé près du million en 1661). Le cardinal en fera don intégralement à sa nièce Hortense, comme complément de dot, lors de son mariage avec La Meilleraye, parent de Richelieu (ce qui unira indirectement les deux familles cardinalices), lequel deviendra duc Mazarin, ultra-dévot, ultra-jaloux et à demi fou (il ne fut pas le « bon choix »). Cinq ans plus tard, le cardinal acquiert (toujours aux dépens de la Maison de Mantoue) les deux duchés de Nivernais et de Donziois réunis par le roi au profit de Mazarin, qui mourra donc duc et pair ! Au même moment, Louis XIV qui, bien qu'âgé de vingt ans, n'agissait sans doute pas sans les suggestions de son parrain, lui donne, en Alsace, un beau lot de comtés (Ferrette, Belfort) et de seigneuries (dont Thann et Altkirch) avec de nombreuses dépendances et complexes droits de toute nature : l'ensemble alsacien est évalué par Daniel Dessert à 2 millions de livres ; le duc Mazarin, si bien étudié par Georges Livet, en héritera, ainsi que de beaucoup d'autres biens. La même bonté du roi s'était d'ailleurs manifestée dès 1654 (le roi avait quinze ans) : il lui avait fait « adjuger » (en principe provisoirement) par « aliénation » de son Domaine, les comtés et seigneuries de La Fère, Marle et Ham plus la forêt de Saint-Gobain, que Colbert et son habituel complice vont vigoureusement exploiter : le tout sera estimé un demi-million, ce qui paraît faible.

Relativement aisées à comprendre également, les diverses « charges » dont bénéficiait le cardinal : « Surintendant » de la maison de chaque reine, gouverneur ou grand bailli dans maints lieux d'Alsace, gouverneur encore à La Rochelle, Aunis, îles voisines et Brouage (paradis de mirifiques et considérables ventes de sel), gouverneur aussi et même « capitaine » de Vincennes (où il mourra) et détenteur... de huit charges de gentilshommes du roi (!), plus quelques miettes, le tout estimé près de 2,3 millions de livres. Presque transparents également, des « droits sur le roi » achetés depuis 1654 : la perception d'aides, de tailles, de droits domaniaux étalés de Mortagne à Brouage (encore), Auvergne et Languedoc, plus la « ferme des fers et aciers » du Maine, le tout pour 2,6 millions de livres en sus, le brave sel de Brouage (où opéra aussi Richelieu) comptant pour l'exacte somme de 883 423 livres... En somme, il percevait pour sa cassette les droits qu'il avait fait décider de payer au roi : cela ne constitue pas une rareté, sauf à ce degré.

Autre secteur, par certains côtés plus surprenant : les dettes d'une vingtaine de particuliers (non humbles, ce qui s'explique), du roi et de l'Épargne (nous dirions à peu près : du Trésor), ce qui permet de rêver.

Les « divers particuliers » sont représentés par trois monarques (Angleterre, Pologne, Suède) qui ont emprunté près d'un million, qu'ils ne sauraient rembourser, surtout le roi d'Angleterre ; trois ducs et une duchesse, l'inévitable Chevreuse pour 60 000 livres, un Guise, un Gramont et un Candale pour quelque 110 000 livres ; tout le reste ne se hausse pas à ce niveau : une bonne brochette de banquiers comme les également inévitables Tallemant (230 000 livres) et Cenami (plus de 400 000), quelques financiers de moins haute volée, comme Tubeuf, Gravé, un Colbert (celui dit de Villacerf pour tout juste 75 000 livres) et le bientôt illustre Béchameil qui a épousé une Marie Colbert, cousine germaine de Jean-Baptiste. Les deux cousins et Berryer ont participé au pillage des forêts de Normandie ; d'autre part, Béchameil, qui deviendra de Nointel, s'occupa activement des affaires du duc d'Orléans, dont il est receveur général ; Mazarin l'a-t-il aidé à s'établir en lui prêtant 218 750 livres ?

Pour arriver au fabuleux total des créances de Mazarin — presque 10 millions —, il faut considérer deux rubriques. L'une paraît claire et correspond peut-être à la réalité : près de 1,1 million de livres « avancées pour le service du roi » ; opération plausible, et assez courante. L'autre l'est moins : ce sont les 6 millions de « billets de l'Épargne et autres papiers ». Il s'agit de « billets » (3,5 millions rien que pour 1660) assignés sur de grosses recettes générales du centre et du Sud-Ouest, sur les fermes des gabelles et une fois encore sur le sel de Brouage... S'agit-il d'authentiques créances, ou plutôt (Fouquet le dira) de ces papiers d'État dévalués qui circulaient à bas prix et que des malins bien placés (qui l'était mieux que le défunt ?) parvenaient à se faire rembourser (en or) à ce qu'on peut appeler leur valeur nominale, pour le moins quintuple de leur valeur réelle. Genre de trafic pas absolument inconnu dans le monde de la finance, auquel Mazarin était si visiblement lié, mais rarement pratiqué à ce degré et sous un tel volume.

On pourrait épiloguer longtemps sur cette fortune ministérielle, l'une des plus fortes qu'on connaisse, en tout cas en France. L'historien n'est ni un moraliste ni un juge, et n'a pas à le devenir. Il peut seulement constater qu'un certain nombre de propos fort malveillants colportés sur Mazarin ont dû correspondre à la réalité. Mais il ne peut oublier que cet homme évidemment avide, retors, mais suprêmement intelligent, travailleur et dévoué à son vrai roi et filleul autant qu'à sa mère, a su gagner deux guerres, trois provinces, sauvegarder un trône menacé, et a beaucoup moins fait souffrir la France que les révoltés, les soudards, et même la disette et l'épidémie qui vont bientôt reparaître.

CHAPITRE XX

Héritages

Un personnage tel que Mazarin ouvrait, à sa mort, deux sortes d'héritages : héritage banal, celui de ses biens, exceptionnel pourtant par leur volume et les nuées qui l'entourent. Beaucoup plus important, l'héritage spirituel, celui de sa politique, qui concerne en principe le seul Louis XIV, et dont on n'a pas toujours perçu la puissance et la portée.

Héritage matériel

Malgré l'ultime comédie qui consista à tout léguer à celui à qui, disait-il, il devait tout, le roi, en espérant bien que celui-ci refuserait — ce qu'il mit tout de même trois jours à décider —, Mazarin avait depuis toujours recherché un héritier digne de lui. Celui-ci ne pouvait être qu'un neveu, les filles (qu'il gâtait peu, sauf la belle Hortense et la petite dernière) se réduisant à des sortes de pions (bien lestés de deniers) à accoupler dans des hyménées politiques. De ses trois neveux, l'aîné, Paul Mancini, apparemment plein de qualités, était son préféré : on sait qu'il fut mortellement blessé au combat de la porte Saint-Antoine (1652), ce dont le cardinal, pour une fois effondré, mit plusieurs semaines à se remettre. Le second neveu, Philippe, atteignait alors sa onzième année et donnait déjà les signes annonciateurs du vaurien impie et débridé qu'il devint en effet : Mazarin pouvait si peu se fier à lui qu'il le fit enfermer à Brisach, un peu plus tard, après des débauches scandaleuses et sacrilèges (il finit tout de même duc de Nevers et épousa une nièce de la Montespan). Le troisième neveu mourut sottement d'un accident lors d'un « chahut » de collège, à quatorze ans, en 1658. Il fallait trouver un neveu par alliance, qui ne pouvait qu'épouser Hortense (quinze ans !) et devenir ainsi légataire universel, à condition de prendre le nom et le titre de duc Mazarin. Le choix tomba malheureusement sur un petit-neveu de Richelieu (c'était là son principal mérite), fils de La Meilleraye, maréchal et grand maître de l'artillerie : pas sot, mais instable, jaloux, maladroit et dévot jusqu'à une pruderie qui dépassait celle d'Arsinoé qui

faisait des tableaux voiler les nudités.

Lui les brisait ou les barbouillait — même ceux de son oncle. Ce personnage, son épouse et les cinq exécuteurs testamentaires astucieusement choisis par le défunt (Fouquet, Le Tellier, Lamoignon, Ondedei, Colbert) eurent à régler l'étonnante succession et furent bien contraints (loués soient-ils !) d'effectuer l'inventaire qu'avait interdit Mazarin, et cela dès le 30 mars. Étranges péripéties, qu'on repère ou qu'on devine. Ainsi, on fit des abondants papiers de Mazarin trois tas, dont deux furent inventoriés en détail, le premier seul allant chez l'héritier principal, Colbert gardant les deux autres, dont le dernier qui resta tout à fait secret (il compromettait trop de gens) et que l'ancien intendant du cardinal s'appropria froidement (on n'en revit plus jamais quoi que ce soit). Il paraît probable aussi que — outre pas mal de tapisseries et de beaux livres du défunt qui passèrent chez le roi (ou chez Colbert) et échappèrent donc à l'héritier —, plusieurs cassettes pleines d'or furent remises par le même Colbert (qui savait tout) au même monarque, qui n'en dit rien : un bon historien du début de ce siècle, Rebelliau, a même avancé, dans la *Revue des deux mondes* de 1927 (référence due à Georges Livet), l'invraisemblable somme de 40 millions (quelqu'un a dû lire un zéro de trop).

Le duc Mazarin avait d'abord été contraint d'acquérir une « terre de dignité » pour être vraiment duc et pair ; il dut acheter le Rethelois, 2 millions. Il devait aussi assumer l'exécution de tous les legs particuliers. Ainsi il fut obligé de faire venir l'or de Brouage pour commencer l'édification du collège des Quatre-Nations. D'autre part, les dots de ses belles-sœurs n'avaient pas été intégralement versées (vieille technique mazarine) : il fallut compléter. Péripéties presque risibles : on se souvient que le roi de France et le roi d'Angleterre devaient de fortes sommes au cardinal : un beau jour, son héritier s'avisa de les réclamer humblement : Charles II (qui était l'amant de la duchesse Mazarin, qui avait fui le duc) répondit par un éclat de rire ; Louis XIV ne répondit rien. Sans entrer dans des détails complexes, précisons simplement que le légataire universel avait vu fondre presque tout son héritage comme sa fortune personnelle, et qu'il mourut presque ruiné en 1713. Les autres nièces, qui avaient seulement reçu des dots et quelques cadeaux, étaient disparues depuis longtemps, après avoir vécu soit pieusement, soit follement.

En somme, l'héritage de Mazarin, outre le magnifique collège des Quatre Nations, avait été dispersé dans les galeries, les bibliothèques et les palais de Louis XIV et de Colbert. Du moins une belle et bonne partie en a-t-elle été conservée.

L'autre partie de l'héritage offre sans aucun doute une tout autre importance.

L'HÉRITAGE POLITIQUE : PARRAIN ET FILLEUL

Quelques jours avant de mourir, Louis XIII avait fait de Mazarin le parrain de son fils. Ce choix réfléchi et intelligent désignait chrétiennement et ouvertement celui qui aurait à le suppléer dans son rôle d'éducateur, de formateur, de protecteur, de guide. Anne d'Autriche ne pouvait qu'être d'accord : qui d'autre, une fois encore ? Que le cardinal ait été pourvu un peu plus tard de la charge (fort bien payée) de surintendant de l'éducation du roi n'ajoute rien qui puisse compter.

Durant la prime jeunesse du monarque, Anne s'occupa de ce qui revenait à une mère attentive, et le cardinal choisit quelques précepteurs parfois inattendus, car peu dévots, comme La Mothe Le Vayer. On sait que, si les exercices du corps, du cheval, de la danse et de la religion devinrent familiers au jeune roi et la musique au moins autant, il ne fit guère que frôler le latin, l'italien et l'espagnol (il eut toujours des interprètes, semble-t-il) ; il semble s'être éveillé assez tard, et Condé, en pleine Fronde, le jugeait pour le moins sans finesse (il est vrai qu'il n'avait alors qu'une douzaine d'années). Il s'éveillera : son parrain, et même Marie Mancini y furent pour beaucoup.

Mazarin suivait sa croissance d'un œil plus attentif qu'on n'a dit et de toute manière faisait confiance à la reine. Au lendemain de la Fronde, les choses changèrent. L'éducation mazarine commença.

On l'a contée bien des fois, avec assez de vraisemblance : le roi assistait au moins à une partie du Conseil, d'abord silencieux, si possible attentif (on raconte qu'il bâilla ou fut dissipé une ou deux fois...) ; par la suite, il assistait à un entretien du Premier ministre avec un secrétaire d'État, un autre ministre, quelques maîtres des requêtes, sur des sujets relativement simples sans doute, pour débuter. Vinrent des sortes de leçons particulières : le jeune roi allait « gratter », comme on disait, à la porte du cabinet de Mazarin, vraisemblablement pour s'informer et critiquer, textes ou dépêches en main, des nouvelles des provinces, des armées, des négociations. Il est certain que le parrain apprit à son filleul, outre les intrigues de Cour et de Conseil qu'il pouvait observer, l'Europe des rois, des princes, des petits duchés et comtés, des ambassadeurs, des prélats, des diplomates et des agents secrets peut-être. De finances et d'économie, il ne dut pas être question : ce sera la tâche future de Fouquet et surtout de Colbert, qui auront bien du mal avec le monarque. Mazarin insista sans doute, mais par l'exemple et non par le discours, sur la nécessité de jouer avec le temps, d'attendre, de feindre, de rester maître de soi, de n'avoir de comptes à rendre qu'à Dieu, d'écouter sans trancher immédiatement ; et que les faits, fort têtus, pouvaient être contournés, comme les traités, qui ne sont pas des textes sacrés, et que de toute manière tous les hommes sont à vendre, même les rois comme Charles II. A propos de Marie Mancini, il l'obligea à comprendre que l'amour ou son apparence doit toujours passer après l'intérêt du prince et du royaume, et que les femmes ont rarement l'occasion de bien gouverner. Et il lui ordonna presque de gouverner seul.

Que Louis XIV ressentait-il devant les manières d'être, d'instruire, de morigéner et de gouverner de ce quinquagénaire fatigué, souffrant, infatigable pourtant, et toujours dominateur — mais souvent avec grâce ? Dans ses Mémoires (bien postérieurs), il manifeste à la fois sa reconnaissance, son affection et son impatience de régner (être quasiment mineur à vingt-deux ans, pour un roi !). La réponse est dans le bilan du gouvernement de Mazarin, dans la France qu'il a léguée, et dans la politique que va mener ce roi désormais parfaitement libre.

Presque tous les historiens ont maintes fois signalé que, le lendemain même du décès du cardinal, dès l'aube (et même avant : il était 7 heures, le 10 mars), Louis XIV réunit Chancelier, ministres et secrétaires d'État et proclama brièvement et fermement que, désormais, il gouvernerait lui-même son État, que chacun aurait à lui référer de toutes les affaires importantes et à lui donner leur avis « quand il le demanderait ». Magnifique, et bien dans le style qu'il avait décidé d'adopter (poussé sans doute par Mazarin), le discours impressionna fort les présents, comme les générations à venir. Quelques historiens ont même parlé de « révolution du 10 mars », révolution qui se ramène à une prise d'autorité, puisqu'enfin, à un homme près, rien ne changea.

Mazarin décidait seul, lui aussi, sur l'essentiel, sans prendre forcément beaucoup d'avis — sinon celui de la reine, qui désormais apprit à se taire devant la courtoisie fidèle et neutre de son fils. Fouquet mis à part — mais c'était une autre histoire —, Louis XIV garda exactement les mêmes ministres et serviteurs que Mazarin. Il les garda même jusqu'à leur mort, ce que le cardinal n'eût peut-être pas fait. Mieux, il les fit survivre dans leur progéniture qui à son tour entra dans les ministères et les secrétariats d'État. Les cas les plus célèbres sont ceux du fils Le Tellier, mieux connu sous le nom d'une terre, Louvois, et aussi des fils et des neveux Colbert, y compris le dernier, Desmaretz — presque génial celui-là —, qui eut en charge les misérables finances de la fin du long règne.

Comme Mazarin, Louis XIV, dont la ferveur religieuse se trouvait alors assez tiède et qui allait devenir (avec son frère) l'un des plus grands pécheurs du royaume, laissa provisoirement les protestants en paix (ils avaient été si fidèles, et souvent si bons capitaines !), mais poursuivit obstinément, quelques années du moins, les sectes jansénistes et dévotes, pour une bonne part frondeuses et comploteuses, que Mazarin avait commencé avec décision à tracasser, poursuivre et presque persécuter — notamment les gens de Port-Royal, qui avaient trop fréquemment su conjuguer rigorisme, charité et subtile opposition. Il est d'ailleurs vraisemblable que Fouquet, par ailleurs l'un des rares ministres à avoir perdu toute sa fortune au service du roi (et par trop de magnificence) fut condamné autant par la haine de Colbert et de son groupe parentélo-financier que par ses liens évidents avec les membres devenus clandestins de la Compagnie du Saint-Sacrement (dissoute en principe par Mazarin) à laquelle avaient appartenu presque toute sa famille et ses proches, et beaucoup de ses belles et pieuses amies. Louis XIV ne pratiquera pendant des années qu'une dévotion formelle, se méfiera longtemps des dévots (qui eurent leur revanche), dissoudra à nouveau la sainte Compagnie (1665) avant cela, jusqu'au *Tartuffe* qu'un historien sans doute simplet ne peut considérer que comme une sorte de demi-complicité entre le grand comédien et le Grand Roi, assertion abrupte mais non absurde.

En revanche, il est tout à fait certain que la totale mésentente entre le pape et Mazarin persista et s'aggrava sous Louis XIV. Un incident subalterne, une querelle — mais avec mort d'homme — entre des gardes (corses) du pape et quelques Français ivres amena en août 1662 une épouvantable querelle, une lettre fort rude de Louis XIV à Alexandre VII et l'occupation (temporaire) d'Avignon et du Comtat. De cette belle réplique résultèrent une séance d'excuses du légat pontifical au monarque et l'érection à Rome d'une pyramide expiatoire... Mazarin n'eût sans doute pas été si loin, mais enfin il avait indiqué la ligne politique. Eût-il approuvé la guerre dite de Dévolution qui, cinq ans plus tard, opposa Louis XIV à l'Espagne au nom de droits contestés de la reine son épouse, guerre brève et peu coûteuse qui amena l'annexion d'une douzaine de villes des Flandres couvrant la frontière du nord ? Peut-être, puisque le germe du conflit se trouvait dans le traité des Pyrénées, la dot de la reine n'ayant point été payée, comme il s'y attendait. Il n'eût certainement pas envisagé l'invasion de la Hollande, cinq années plus tard encore... mais trêve de suppositions posthumes. L'héritage politique essentiel du cardinal, ce n'était pas la guerre, mais la paix.

Cette paix générale, dont Louis XIV semble se

glorifier au début de ses Mémoires (« Tout était calme en tous lieux... »), Mazarin l'a voulue, il l'a négociée, il l'a signée, il l'a inspirée, il l'a provoquée, il l'a instaurée, de la Méditerranée à la Baltique, de la mer du Ponant aux franges de la Moscovie. Seul, le Turc avait tenu ; si loin qu'il fût, Mazarin songeait pourtant, ses derniers jours venus, à le contraindre. La paix aux frontières proches, reculées, protégées, était la seule qui comptait ; non pas pour le roi, qui rêvait de « paraître à la tête de ses armées », mais pour les ministres et les grands administrateurs qui l'entouraient, et qu'il avait aussi hérités de son parrain.

Il est banal, mais indispensable d'insister sur le fait que, sans ces douze années de paix (ou presque, la guerre de Dévolution n'étant qu'une brève secousse), la remise en ordre du royaume (où la désobéissance persista quelque temps — en Boulonnais dès 1662), l'immense travail de bureaucrate de Colbert et de ses supérieurs (tardivement collègues) qui concernait à la fois la législation (à regrouper), les finances (à éclaircir), l'armée à remettre en ordre, la marine à étoffer (elle n'était pas inexistante en 1661), Paris à nettoyer, les dettes des villes à éponger, les faux nobles à débusquer, les quelques colonies tout juste occupées à étendre, la noblesse à occuper ou juguler, le clergé de France à gourmander et surtout à faire payer... On en passe : bref, tout ce qu'on englobait avant-hier assez abusivement sous l'égide du grand Colbert et de son « colbertisme » (qu'est-ce au juste ? le protectionnisme ?), tout cela donc eût été impossible, impensable si Mazarin n'avait fait cet ultime cadeau au pays qu'il avait adopté et qui ne l'avait pas vraiment adopté.

Mais on lui fit de belles funérailles, les églises de

Paris s'apprêtèrent à dire dix mille messes, son cœur fut porté à Saint-Anne-la-Royale, et son corps attendit en la Sainte-Chapelle de Vincennes (où restèrent ses « entrailles ») que son tombeau fût prêt dans ce qui est maintenant l'Institut. Le transfert ne se fit qu'en 1684 : à cette date, il devait être assez oublié, sauf par ses ennemis survivants...

CHAPITRE XXI

Oraisons funèbres

L'oraison funèbre est couramment tenue pour un genre oratoire propre à glorifier des défunts de haute extraction, et son caractère habituel d'éloquence sacrée la condamne presque obligatoirement à l'enflure et à la longueur. Certains amateurs les collectionnaient, car elles étaient souvent publiées. Pour le prosaïque historien, elles ne constituent certes pas des sources de premier ordre bien que, au moins aussi déformées et trompeuses que tels « Mémoires », elles n'exagèrent que dans un seul sens.

Les mauvais esprits infligent aussi l'étiquette d'oraisons funèbres à quelques vers de mirliton, souvent malveillants, parfois simplement irrespectueux, qui célèbrent à leur façon l'illustre disparu.

Il peut exister aussi, et par bonheur il existe ici, des sortes de rapports précis, mesurés et confidentiels sur les derniers jours, les ultimes attitudes, mais aussi le passé de celui qui va mourir. On s'attardera donc sur l'admirable texte du père Bissaro, après avoir seulement donné de rapides exemples des deux autres styles.

Débutant par le style plaisant — ou presque —, on

rapportera trois épigrammes en forme d'épitaphes, après avoir tout de même rappelé que l'affreuse exclamation de deux mazarinettes et de leur frère (« *Pure è crepato* » = le voilà enfin crevé) a été extraite de Mémoires plus ou moins authentiques de l'une d'elles, Hortense, publiés en 1676 en un lieu appelé Cologne (pas plus exact sans doute).

La plus brève épitaphe est sans doute la meilleure :

Ci-gît l'Éminence deuxième.
Dieu nous gard' de la troisième !

La seconde est moins enlevée et ne vaut que par la chute :

Enfin le cardinal a terminé son sort.
Français, que dirons-nous de ce grand personnage ?
Il a fait la paix, il est mort :
Il ne pouvait pour nous rien faire davantage.

La troisième a pris la forme d'une chanson, datée précisément de 1661 par ceux qui ont publié un bien précieux recueil, Pierre Barbier et France Vermillat.

Ici dessous gît Mazarin
Qui, plus adroit qu'un Tabarin,
Par ses ruses dupa la France.
Il eût éternisé son sort
Si, par finesse ou par finance,
Il avait pu duper la mort.

Du cardinal mis au cercueil,
On dit qu'on va prendre le deuil.
S'il te prend une telle envie,
Ô France, quel sera ton sort ?

Tu portais le deuil de sa vie,
Le porterais-tu de sa mort ?

Enfin, s'il est vrai ce qu'on dit,
L'avarice eut tant de crédit
Dessus ce cœur insatiable
Qu'afin d'acquérir plus de bien,
S'il n'eût donné son âme au diable,
Il n'aurait jamais donné rien.

Vous qui passez près de ce lieu,
Venez jeter, au nom de Dieu,
À Mazarin de l'eau bénite.
Il en donna tant à la Cour
Que c'est bien le moins qu'il mérite
Que l'on lui en donne à son tour.

Dans un style tout différent, il était d'usage que fût fait devant la Curie romaine l'éloge funèbre de tout « éminentissime cardinal ». Celui-ci fut confié au père Léon, carme de l'observance de Touraine, prédicateur fameux attaché à la Cour de France (il confessa Richelieu mourant) qui avait bien connu Mazarin. Au-delà de l'éloquence habituelle, certains passages de son Éloge méritent quelque attention. Voici donc une partie dudit texte, tel que l'a procuré Raymond Darricau en 1960 (*Annuaire-Bulletin de la Société de l'histoire de France*, années 1958-1959) : [...] « La vie du grand cardinal Jules Mazarin est de vray un mystérieux énigme composé comme les tableaux les plus achevéz, de contrarietez opposées qui le rendent non moins admirables à tous les siècles qu'il est sans doute très difficile de l'imiter. Ah Dieu ! quelles clartez et quelles obscuritez ! quelles lumières et quelles ombres vous rehaussent la beauté de cette peinture ! Un Italien françois, un soldat Docteur aus

Lois, un layque sans ordres sacrez et un Eminentissime Cardinal, un Etranger et un Domestique, un Banni et un Plénipotentiaire, un Sujet et un Ami des Rois... Un illustre persécuté, des outrages glorieux. Un Phénix qui renaît de ses cendres. Un soleil que le retour après les ténèbres d'une épaisse nuit rend plus éclatant : “ *Post Nubila, Phoebus.* ” Enfin, enfin, l'arbitre de tant de Peuples, de Nations, devient en peu de mois la dépouille de la mort. »

Cet éloge funèbre fut imprimé en français et en italien dès 1661, sur les presses de la Chambre apostolique. Son éloquence balancée, faite d'une suite de contrastes habilement choisis, présente curieusement, au-delà d'une certaine enflure, le caractère d'une exactitude surprenante : pas un mot qui n'évoque un épisode ou une vérité, avec ces deux sous-entendus : un domestique n'est pas un valet, mais un homme de la Maison, de la Famille, et enfin cette évidence, déjà soulignée, qu'on peut être *à la fois* italien (en fait, romain) et français, puisque les lettres de naturalité obtenues en 1639 ne sont pas des lettres de naturalisation (qui me semblent inconnues à cette époque) et donnaient simplement à leur titulaire le droit de posséder, d'acheter, de vendre, de louer et de léguer dans un second pays.

Dans un autre style et avec un dessein tout autre, la mort du prélat a provoqué la rédaction d'une assez longue *relazione* destinée à rester secrète, adressée par le confesseur et le témoin essentiel de l'agonie, le père Angelo Bissaro, au père général de l'ordre théatin, à Saint-André della Valle — où elle reposait depuis près de trois siècles quand M. Darricau la retrouva et que Madeleine Laurain-Portemer la déchiffra et la traduisit avec l'aide d'Ida Maïer. La qualité essentielle de ce texte d'une dizaine de feuillets est une franchise à la fois aiguë, délicate et subtile. C'est bien pourquoi il mérite quelque attention.

Si nous laissons de côté les passages qui évoquent la maladie, les incessants soucis politiques, les intrigues des uns et des autres à l'approche d'un tel événement, la peine profonde d'Anne d'Autriche et les larmes d'un monarque sans nul doute moins affecté, il faut insister en revanche sur les expressions frappantes et fines qui pénètrent singulièrement la personnalité de Son Éminence (ce mot se trouvant toujours employé au féminin, le P. Bissaro parle toujours d'*Elle* pour désigner Mazarin).

Sur les problèmes religieux (on s'est permis de souligner quelques mots clés) : « En vérité S.E. a toujours vécu en France avec une dignité et une intégrité telles que jamais personne n'a pu la taxer de *grave* scandale, et cette justice ses ennemis eux-mêmes la lui rendent. Mais comme elle était toujours distraite par les affaires politiques et les très lourdes occupations de la guerre, *elle ne paraissait pas s'acquitter d'une manière satisfaisante* des manifestations *vraies* de piété à laquelle elle était tenue de par sa condition ecclésiastique. Toutefois, *au fond de son cœur*, elle eut toujours des *sentiments solides* de piété, un grand respect du devoir qui lui incombait, et, *le cas échéant, elle ne manquait pas de fermeté* d'âme pour conserver le respect de rigueur envers Dieu et l'Église, ainsi qu'elle fit pendant l'Assemblée publique des évêques [de 1660] en *s'opposant, tel un solide rempart, aux novateurs* [il s'agit des jansénistes], avec une vigueur, doctrine et éloquence qui rendaient muettes les pauvres têtes et apaisa tout. »

Le P. Bissaro conte ensuite comment Mazarin, après une première grosse alerte de santé, écarta toute idée de confession générale, de « sacrements » et même de communion. Puis l'Éminence fut malade huit mois (œdème pulmonaire ?), partit à Vincennes, et, le 9 février, le P. Bissaro eut « l'ordre exprès de ne la plus quitter » : « J'arrivai donc à Vincennes et m'informai de son état ; on me dit que, ne pouvant dormir la nuit, elle se faisait lire des livres de navigation et des histoires étranges » [sans doute fantastiques]. Le bon père conseilla alors à l'Éminence de se procurer de saintes lectures, comme le célèbre livre très pieux du dominicain espagnol Louis de Grenade, rédigé en castillan, que l'Éminence « parlait couramment ». Survint un autre théatin, un lecteur espagnol — qui se fit donner... le cœur même du futur illustre défunt pour Sainte-Anne-la-Royale, l'église de son ordre (théatin) ; il y alla d'ailleurs, en un premier temps.

On ne peut qu'évoquer rapidement l'extraordinaire tableau brossé par le père Bissaro décrivant Vincennes pendant l'ultime maladie de l'Éminence : autres ordres (jésuites notamment, clairement désignés sans être nommés) qui souffrent mal de ne pas être à la place des théatins ; curés de Paris, qui protestent de leur évident privilège de confesser les mourants : on en fit venir un, Joly, qui officia quelque peu, fabriqua de toutes pièces une pieuse « relation », extorqua quelques « grâces » au mourant et finit par ramasser un évêché. Foule de carrosses dans les cours du château et alentour ; à l'intérieur, foule de grands personnages et de seigneurs qui cherchent à obtenir un bénéfice, une charge, une « grâce » (monnayée) sans la moindre gêne, jusqu'à manquer d'étouffer le roi et sa mère, et le confesseur lui-même, pratiquement assailli de requêtes dès qu'il sortait de la chambre du mourant... « Et, ajoute-t-il, comme si la ville entière de Paris ne m'importunait pas assez, du royaume entier on m'apportait lettres et mémoires. »

Dans l'extraordinaire récit de ces effarantes journées de Vincennes (on y apprend en passant que l'Éminence, malade du poumon, eut droit à 80 lavements, ô Molière !) réapparaît en des sortes de « flashes » ce qui devait constituer l'un des aspects authentiques de la complexe et souple personnalité du cardinal. Ainsi : « Il était extrêmement difficile de traiter avec S.E. Elle était extrêmement avisée et subtile ; elle allait au plus profond des choses. Il lui suffisait de voir une personne pour savoir ce que celle-ci voulait ; S.E. parlait avec éloquence, persuadait fortement ; elle exprimait plus en deux mots qu'un autre en vingt. Elle avait un ascendant que chacun devant elle redoutait. *Le roi la respectait comme un père.* Son entretien était très aimable, et nul ne la quittait jamais sans être persuadé par ses raisons et lié par sa gentillesse... Plus d'un qui aurait dû perdre la vie si on avait laissé faire la justice... fut sauvé par sa naturelle bonté, ne pouvant haïr même ses propres ennemis. Qui voulait faire le malin ne devinait rien avec elle, et d. Luis de Haro, durant les traités de paix [s'en aperçut]. »

En fait, le lucide confesseur termine sa *relazione* par une seule réserve, vite atténuée : « Trois jours avant sa mort, S.E. a donné tous les bénéfices vacants et les évêchés, comme elle le faisait quand elle était bien portante et elle a nommé aux siens les personnes qui doivent les avoir après sa mort, mais elle l'a fait au nom du roi, comme si le roi nommait lui-même. Il est vrai qu'elle aurait mieux fait de se dégager de tous ces soucis, mais je crois qu'elle l'a fait à la prière du roi qui ne voulait se mettre ces affaires sur le dos. »

Pourrait-on ajouter à ces quelques exemples de pamphlets, de discours sacré et de récit de confesseur ce curieux « thème horoscopique » du cardinal, établi peu après sa mort par un certain Ismaël Boulliau, qui figurait sous le n° 11 à l'exposition Mazarin de la Bibliothèque nationale, en 1961 ? Cela risquerait de paraître, du moins aux yeux de quelques-uns, comme une aimable plaisanterie, si justement ce siècle — le XVIIe — n'avait, comme bien d'autres, cru dur comme fer aux figures astrales et aux horoscopes (qu'on dressait moins prudemment à la naissance, et non à la mort des personnages importants, ou dont on pensait qu'ils le seraient). Cet horoscope posthume permet aussi de suggérer que Mazarin, en bon Italien semi-méridional, croyait probablement au bon et au mauvais sort, aux astrologues et aux magiciens, jusqu'à un certain point sans doute. Avait-il cru ce que lui aurait dit en 1624 un astrologue de Parme sur son brillant avenir en France et son cardinalat avant l'âge de quarante ans ? Il était trop fin pour aller trop avant, et après tout le père Bissaro nous rassure (assez bien) sur sa piété. Mais qui sait ?

Peut-être serait-il utile de faire suivre ces oraisons funèbres immédiates par des oraisons funèbres postérieures, ces sortes de jugements de valeur que les historiens, ou ceux qui se disent tels, croient bon d'infliger à la mémoire de l'« Éminence seconde » ? C'est ce que Georges Dethan a fort bien fait dans son livre dédié à l'*Homme de paix à l'âge baroque*. Il paraît décent de rappeler les tri-séculaires partisans et adversaires du second grand cardinal — au moins quelques-uns, chefs de file ou épigones. Les « têtes folles et méchantes langues », comme dit joliment Georges Dethan, abondèrent parmi ses contemporains, en gros jaloux ou xénophobes (une maladie durable). Le détracteur le plus talentueux et le mieux suivi fut longtemps Fénelon lui-même, le « cygne de Cambrai » ayant le bec dur. Saint-Simon, ce magnifique écrivain et ce malhonnête historien, a renchéri en un autre style. Après de menus auteurs et même Voltaire, Michelet, que d'aucuns portent aux nues, a renchéri encore dans le mépris et l'insulte : les mots de « fourbe Italien » (nous y voilà !), de « Bouffon, Mascarille, roi des fripons » viennent naturellement sous sa plume passionnée. Ne tenait-il pas aussi la Fronde pour l'une des périodes « les plus amusantes, [...] les plus divertissantes » de notre histoire ? Plus près de nous, bien d'autres ont suivi. L'aimable romancier Paul Guth, dans un livre pourtant pas mal documenté (*Mazarin,* 1972), lui inflige tous les rôles de la comédie italienne et rit du « Raminagrobis en soutane ». Un homme aussi solide et mesuré que Georges Mongrédien, au terme d'un *Mazarin* collectif (1959), retombe, après une conclusion sereine, dans les appréciations habituelles : « âme retorse, mêlant l'hypocrisie à la flatterie, tout en ruses, en fourberies, en retournements subits », « politique tortueuse, pleine de combinaisons machiavéliques », « Italien sans ami... ni larges vues politiques, ni patriotisme, ni probité de l'esprit ». Il est vrai que le pesant érudit Adolphe Chéruel, qui publia tant de textes et consacra tant de pages à l'*Histoire de la France pendant la minorité de Louis XIV*, où il encense habituellement le cardinal, dénonce soudain, en une tardive conclusion, « les ruses, les artifices mesquins, les fourberies, l'espionnage... son avidité, ses immenses richesses... la misère de l'homme se montre tout entière ». Plus près de nous, il est arrivé qu'un collègue mal informé traite Mazarin d' « aventurier », mais ce n'était peut-être qu'un *lapsus linguae*...

Le premier sans doute, Mignet (1836), trop oublié, jugeait plus sainement, car, « garde » des archives des Affaires étrangères, il lut des dépêches de Mazarin et apprécia celui qu'il qualifiait de grand esprit, « prévoyant, inventif, le sens simple et droit, le caractère plus souple que faible et moins ferme que persévérant. [...] Il était incapable d'abattement et avait une constance inouïe, malgré ses variations apparentes. Résister dans certains cas et à certains hommes ne lui paraissait pas de la force, mais de la maladresse. Aussi ne cédait-il que pour reprendre et ne partait-il que pour revenir ». Remercions le lointain successeur de Mignet d'avoir redécouvert ce texte étonnamment juste et mesuré. Mais qui, depuis sa savante étude sur la succession d'Espagne, lit encore Mignet ? Certes, il eut quelques continuateurs en son siècle, comme Henri Martin et Victor Cousin. Mais, en fait, c'est l'énorme travail de Chéruel — 9 volumes de textes et 7 volumes de récit dans le dernier quart du XIXe siècle — qui est à l'origine non seulement des besognes de ses successeurs, mais surtout d'une éloquente et parfois fatigante réhabilitation du héros quasi adoré (malgré une ou deux bavures) de sa vie d'érudit et d'historien infatigable.

Même s'il a été plus utilisé que lu, Chéruel a suscité de nombreux disciples, habituellement moins pesants, qui ont pu donner cours à leur érudition ou à leur talent, notamment lors du tricentenaire de la mort de Giulio, très amplement célébré. Plusieurs des auteurs les plus distingués de cette époque encore proche, tout naturellement séduits par la personnalité exceptionnelle du cardinal, ont approfondi leurs recherches et leurs publications : ils ont été fréquemment cités et se retrouvent un peu plus loin.

Cela dit, on me permettra de penser que l'oraison ou la déraison funèbre peuvent constituer un genre littéraire ou para-historique, mais ne me paraissent pas devoir être le but poursuivi par un historien, ni le sentiment qui l'inspire. Sa fonction, en quelque sorte, consiste à bien voir, aussi justement et profondément que possible, à tenter de comprendre, puis — ce qui n'est pas simple — de faire comprendre. Je n'ai personnellement éprouvé à l'égard de Mazarin qu'une intense curiosité et une dilection parfois amusée envers un personnage exceptionnel. Mais ce n'est pas Mazarin qui m'a amené à Mazarin. C'est l'étude attentive (et sur archives vierges de tout regard) de la condition et de la vie du petit peuple, rural surtout mais aussi urbain, dans l'ensemble du XVIIe siècle ; puis, plus particulièrement au milieu de ce siècle, au moment de ce curieux ensemble de troubles dénommés Fronde, à laquelle j'ai pensé un moment m'attacher ; puis, les impératifs de l'enseignement universitaire, en France et hors de France, m'ont amené à élargir les horizons et révélé à l'historien des humbles que je croyais être l'importance considérable de la guerre comme facteur d'explication de ce milieu d'un siècle dont la « grandeur » n'était pas alors évidente. Et s'imposait alors l'action et la figure — j'allais dire la stature — de Mazarin. Passer du dernier des manouvriers au second cardinal-ministre, une trajectoire peut-être curieuse. Faut-il la regretter ?

Cette inhabituelle confidence m'empêchera au moins d'ajouter mon oraison funèbre aux autres, même dans une France où le ridicule ne tue plus jamais personne.

DOCUMENTS ANNEXES

Sur Mazarin : portraits et impressions

Olivier Lefebvre d'Ormesson, 1643 (lors d'une première rencontre) : « Il est grand, de bonne mine, bel homme, le poil chastain, un œil vif et d'esprit, avec une grande douceur dans le visage. »

Christine de Suède, 30 décembre 1656 (lettre au cardinal Azzolino) : « Mazarin est un homme prudent, adroit, fin, mais [qui] fait profession d'être homme d'honneur, et le contrefait assez bien quelquefois, modéré dans toutes ses passions, ou plutôt l'on peut dire qu'il n'(en) a qu'une seule, qui est la plus belle, et c'est l'ambition. Il fait servir toutes les autres à celle-là et n'a de l'amour ni de la haine qu'autant qu'il convient à son intérêt qui n'est autre qu'un immense désir de régner. Il a des pensers vastes et grands, dignes d'une ambition sans bornes, un esprit câlin, net, facile et accommodant, une connaissance infinie des affaires du monde, dont il est plus informé qu'homme que je connais, laborieux, assidu, qui apporte tous les soins imaginables à conserver sa fortune et qui fera tout ce qu'il pourra pour la pousser à bout. Tel que je vous le dépeins, il n'a pas laissé de faire plusieurs fautes dans le gouvernement, il les connaît et les avoue, mais en vous louant Mazarin, je ne prétends pas vous faire accroire qu'il soit plus qu'un autre homme, mais je crois ne vous tromper pas si je vous assure que c'est un grand homme. » (Cité sans référence par Pierre de Luz, *Christine de Suède*, p. 239, n. 1, Fayard 1951)

Le cardinal de Retz, vingt ans après.

« L'on voyait, sur les degrés du trône d'où l'âpre et redoutable Richelieu avait foudroyé plus que gouverné les humains, un successeur doux, bénin, qui ne voulait rien, qui était au désespoir que sa dignité ne lui permît pas de s'humilier autant qu'il l'eût souhaité devant tout le monde. »

Sur Anne d'Autriche

Anne d'Autriche vers 1630, vue par une dame d'honneur, Mme de Motteville : Elle se coiffait selon la mode [...] des boucles. Ses cheveux étaient devenus de couleur un peu plus brune, et elle en avait une grande quantité. Elle n'avait pas les traits délicats, ayant même le défaut d'avoir le nez trop gros, et de mettre, à la mode d'Espagne, trop de rouge ; mais elle était blanche et jamais il n'y eut une si belle peau que la sienne. Ses yeux étaient parfaitement beaux... leur couleur mêlée de vert rendait leurs regards plus vifs... Sa bouche était petite et vermeille... et ses lèvres n'avaient de la maison d'Autriche que ce qu'il fallait pour la rendre plus belle... Ses mains et ses bras avaient une beauté surprenante, et toute l'Europe en a publié ses louanges : leur blancheur égalait celle de la neige. Elle était grande et à mine haute sans être fière... »

La régente vers 1643 ; une partie de sa journée : « Elle s'éveillait pour l'ordinaire entre dix et onze heures, et les jours de dévotion à neuf, et elle faisait toujours une longue prière avant que d'appeler celle qui couchait auprès d'elle. D'abord qu'on avait annoncé son réveil, ses principaux officiers lui venaient faire leur cour. [...] Les hommes n'étaient pas exclus de ses audiences. [...] Après une demi-heure de conversation et que ceux qui avaient à parler à elle avaient eu leur audience, elle se levait, prenait une robe de chambre et, après avoir fait une seconde prière, elle déjeunait de grand appétit. Son déjeuner était toujours bon, car elle avait une santé admirable. On lui servait, après son bouillon, des côtelettes, des saucisses et du

pain bouilli. Elle mangeait de tout cela, et n'en dînait [notre déjeuner, plus tardif] pas moins. Elle prenait ensuite sa chemise, que le roi lui donnait en la baisant tendrement. Après avoir mis son corps de jupe, elle prenait un peignoir [...] et entendait la messe fort dévotement ; et, cette sainte action finie, elle venait à sa toilette... Ses belles mains faisaient l'admiration, [...] elle avait les plus beaux cheveux du monde. [...] [Plus tard], quand elle avait donné le bonsoir et que le cardinal Mazarin l'avait quittée, elle entrait dans son oratoire, où elle demeurait en prière plus d'une heure, [...] elle soupait à onze heures [et] nous mangions les restes sans ordre ni mesure [puis la conversation, puis le coucher, vers minuit-une heure...]. »
N.B. (N'est-ce pas passionnant, et Mme de Motteville n'est-elle pas un grand écrivain ?)

Anne d'Autriche vue par le cardinal de Retz, une charge. « La reine avait, plus que personne que j'aie jamais vu, de cette sorte d'esprit qui lui était nécessaire pour ne pas paraître sotte à ceux qui ne la connaissaient pas. Elle avait plus d'aigreur que de hauteur, plus de hauteur que de grandeur, plus de manières que de fonds, plus d'inapplication à l'argent que de libéralité, plus de libéralité que d'intérêt, plus d'intérêt que de désintéressement, plus d'attachement que de passion, plus de dureté que de fierté, plus de mémoire des injures que des bienfaits, plus d'intention de piété que de piété, plus d'opiniâtreté que de fermeté, et plus d'incapacité que de tout ce que dessus. »

(*Œuvres*, éd. Pléiade, p. 286)

Lettre de Mazarin à la reine (*ca.* fin février 1651)

« Madame,

« Aussitôt que j'ay veu dans la lettre que V.M. m'a fait l'honneur de m'escrire, et reconnu par elle ce que M. de Chavigny m'a advisé de sa part, que le service du Roy et le vostre demandoient que ma retraicte de la Cour fût suivie de ma sortie hors du Royaume, j'ay soubscrit avec grand respect ces sentiments, à l'advis de Vostre Majesté, dont les commandements et les loix seront tousjours l'unique règle de ma vie. J'ay desjà despeché un gentilhomme pour m'aller chercher quelque azile, et quoy que je sois en très mauvais équipage et privé de toutes les choses nécessaires pour un long voyage, je partiray demain sans faute pour m'en aller droit à Sedan, et de là passer au lieu que l'on aura pu obtenir pour ma demeure. Je dois trop defférer aux ordres de S.M. pour avoir le moins du monde hésité à prendre ces résolutions... J'aimeray mieux contenter la passion de mes ennemis que de rien faire qui puisse prejudicier à l'Estat et déplaire à V.M... ma fidélité, mon zèle pour le bien de l'Estat et mon entière résignation aux ordres de V.M... Je suis inébranlable dans mes sentiments... J'ay trop de reconnaissance, Madame, des grâces que j'ay receu de vous pour estre capable de lui déplaire et quand il faudrait sacrifier ma vie, je le feray avec joie... [heureux] dans mon malheur si V.M. a la bonté de conserver quelque souvenir des services que j'ay rendus à l'Estat depuis que le feu Roy de glorieuse mémoire me fit l'honneur de me confier la principale direction de ses affaires, et de plus a prié V.M. plusieurs fois avant sa mort de me maintenir dans la mesme place. Je me suis acquitté de cet employ avec la fidélité, le zèle et le désintéressement que V.M. sçayt, et il m'est bien sceans [?] de le dire avec quelque support, puisque toutes les personnes sensées et les Espagnols mesme avouent qu'ils se sont moins estonnés des grandes conquestes que les armées du Roy ont faites pendant les cinq premières années de vostre régence que de voir que pendant les trois derniers mois on ayt pu soustenir les affaires et sauver du naufrage un vaisseau battu de tous costés et si furieusement agité par la tempeste que les divisions domestiques avaient excitée, j'eusse bien souhaité, Madame, de pouvoir cacher aux étrangers les mauvais traitements que je reçois pour empescher que le blâme ne [tombe ?] sur une nation que j'ai tousjours honorée et chérie avec tant de tendresse... mais quand ils me verront errant parmy eux avec les personnes qui me sont plus proches pour chercher un abry, ils auront sujet de s'estonner qu'un Cardinal quy a l'honneur d'estre parain du Roy soit traité de la sorte, et que vingt-deux ans de service fidèle ne luy ayt pu acquerir une retraitte asseurée en quelque endroit d'un Royaume dont les limites ont esté assez notablement estendues par ses soins.

« Je prie Dieu, Madame, que comme ce qui m'est arrivé n'alterrera jamais les passions immutables que je conserveray jusque à la mort pour la prospérité de Vos Majestez pour agrandissement de l'Estat, je puisse aussy en faire bientôt cesser le désordre et montrer que ceux qui m'ont attaqué n'en veuillent qu'à ma personne.

« Jule card[al] Mazzarino. »

(*Chantilly*, *Musée Condé*, « Lettere del Cardinal Mazzarino », t. II, 1650 (*sic*), f° 459-462, *cote 113 A 9*)

N.B. : toutes les lettres conservées et reliées sous cette cote et les voisines sont des *copies* — admirables — et toutes ces lettres, sauf la précédente et une autre à Ondedei — sans grand intérêt — sont écrites en italien et s'adressent à des Italiens. (On aura remarqué que Mazarin est invariablement appelé *Mazzarino*.)

Retz vu par Arnauld d'Andilly

« Le Parlement dont la lascheté avoit esté telle de n'oser, durant ces quatre premières années de la Régence, faire une seule remonstrance au Roy et à la Reine touchant ces extresmes désordres... ne pretend rien moins que de s'eriger, sinon de nom, du moins par effect, en tuteur des rois... et se fait gloire de porter cet infame nom de frondeurs qui sera en horreur à toute la postérité, et dont Broussel est le patriarche.

« Le coadjuteur de Paris, dont l'ambition n'a point de bornes, ne pouvant se résoudre d'attendre que le temps l'elevast à la dignité que sa naissance, son esprit et sa charge pouvoient justement luy faire espérer, fut ravy de rencontrer cette occasion. Et ainsi, au lieu de jetter de l'eau pour tascher d'esteindre le feu qui s'allumoit en cette capitale du royaume, qui doit un jour estre son siège, il y jetta de l'huile pour en accroistre l'embrasement ; et a enfin réussi si heureusement, ou pour mieux dire si malheureusement dans son dessein qu'il a été honoré de cette pourpre qui le déshonore, estant teinte, comme elle est, du sang qui inonde aujourd'huy la France par cette cruelle guerre civile, dont il est l'une des principales causes, et faisant voir par l'un des plus pernicieux exemples qui fut jamais, que cette éminente dignité, au lieu d'estre en sa personne la recompense d'un grand service, est la récompense d'un grand crime. » (*La vérité toute nue, ou advis sincère et désintéressé sur les véritables causes des maux de l'Estat, et les moyens d'y porter le remède*, Paris, 1652, p. 7.)

Condé

Vu par Arnauld d'Andilly en juin 1652

« Jusques alors Monsieur le Prince non seulement n'avoit rien fait d'indigne de la grandeur de sa naissance, mais il l'avait encore surpassée par la grandeur de ses actions. Il avoit porté la terreur du nom François partout où il avoit porté les armes du Roy. Il pouvoit compter ses campagnes par le gain des plus grandes batailles… et par la prise des plus fortes places qui ayent esté assiégées de nostre siècle. Il passoit dans tout le Septentrion pour un autre Roy de Suède, et dans tout le reste de l'Europe pour le plus heureux, le plus vaillant et le plus grand Capitaine du monde. Et enfin pour comble de gloire il faisoit gloire d'une inviolable fidélité envers son Roy, et d'une ardente passion envers sa patrie.

« Mais par un changement non moins estrange et deplorable que criminel et funeste, cet estre qui lançoit de toutes parts les rayons d'une si vive lumière est comme tombé du firmament dans un abyme d'aveuglement et de ténèbres. Monsieur le Prince, au lieu de ne penser qu'à jouir d'une réputation dont sa prison avoit encore réhaussé l'éclat et le lustre ; au lieu de ne penser qu'à reconnoistre par de nouveaux services l'extrême obligation qu'il avoit au Roy de luy avoir donné le gouvernement de Guyenne qui vaut trois fois celui de Bourgogne qu'il avoit auparavant ; au lieu de ne penser qu'à contraindre par de nouveaux trophées nos ennemis de consentir à une paix qui ne luy auroit pas esté moins glorieuse qu'utile et honorable à la France ; — on le vit se retirer de la Cour, aller en Berry, passer en Guyenne, allumer la guerre de tous costez, se saisir de l'argent du Roy, surprendre les places, oublier jusques à un tel point sa qualité de Prince du Sang de France... que de flechir le genoüil devant l'Espagne, rechercher son assistance pour faire la guerre à son Maistre, à son bien-faiteur, à son Roy; devenir client et pensionnaire de celuy dont il foudroyoit auparavant les armées; establir dans Bourg et dans la Guyenne ceux qu'il avoit forcez dans Thionville, dans Dunquerque et dans tant d'autres places... et pour comble de transport et de fureur, implorer le Démon à son secours en implorant celuy de Cromwel, ce demon sorty de l'enfer pour tremper dans le sang de son Roy et d'un des meilleurs Rois du monde, ses mains parricides et sacrileges, ce Mahumed de nostre siecle, qui en renversant toutes les loix divines et humaines, fait le Prophete et affecte de vivre comme un simple particulier, lorsqu'il est en effet l'usurpateur et le tyran de l'Angleterre. » (*La vérité toute nue*... p. 9-10.)

N.B. : L'attribution de ce texte à Arnauld d'Andilly — fort juste — est due à Hubert Carrier.

Vu par un historien néerlandais, Ernst Kossmann

« Les ennemis de Condé ont toujours voulu voir dans ses actes une cohérence qui n'y était pas. [...] En se faisant nommer en mai 1651 gouverneur de la Guyenne à la place d'[Épernon] ne voulait-il pas [se] créer un royaume du Midi? N'exagérons pourtant pas. L'ambition de Condé, si démesurée fût-elle, était une donnée tout à fait fixe et stable... Elle était aussi insatiable qu'elle était indéfinissable; elle était sans limites aussi bien qu'elle était sans but. Elle embrassait tout sans distinction. Mais ce qui manquait complètement à Condé, c'était une politique. Il voulait du pouvoir, de l'argent, du prestige, mais ne savait que faire de toutes ces richesses. Il demandait et exigeait hautement toutes sortes de grâces, mais il n'avait nulle envie de donner une base solide à un pouvoir toujours très discuté. [Après avoir refusé d'assister à la proclamation de la majorité royale], il est devenu la victime de la Fronde plus que son instigateur. [...] Mais il est vrai que « le seul moment tragique dans la série de troubles qu'on appelle Fronde fut peut-être celui où Condé prit la résolution de faire la guerre civile. [...] Il se doutait de rester vraisemblablement bien seul à la continuer, et il se connaissait assez pour savoir que sa fierté lui défendrait de renoncer à une décision prise. Il y a, malgré tout, quelque chose de grand dans cet homme sans nuances, mais pourtant très compliqué. Il y a quelque chose d'admirable dans son endurance et son insouciance, parce qu'elles semblent sortir d'un esprit profondément égoïste, mais en même temps capable d'un héroïsme nonchalant et sans prétentions. Il y a dans la sévérité de son caractère si peu aimable quelque chose d'étonnant qui contraste avec la pénible légèreté d'un homme faible comme Orléans, d'un aventurier comme Retz, d'un diplomate comme Mazarin. Tandis que les autres semblent jouer pour le jeu, et trop souvent sans aucune élégance, Condé paraît vivre son destin en l'acceptant comme tel. Il est peut-être le seul homme sérieux de la Fronde, d'un sérieux qui pénètre jusque dans son immoralité, jusque dans son égoïsme, jusque dans les profondeurs de son ambition puérile, jusque dans la désinvolture hautaine avec laquelle il se résignait à être dupe. »

Quelques mazarinades

Julle Mazarin

Pour avoir par ses artifices diverses fois empesché la conclusion de la Paix Generalle.

Pour avoir fait commettre plusieurs assassinats, desquels il a esté par des preuves suffisantes convaincu estre le seul Auteur.

Pour avoir dérobé et transporté hors de France les deniers du Roy.

Pour avoir publiquement vendu les Benefices qui ont vaqué depuis la Régence.

Pour avoir voulu affamer la Ville de Paris, et sacrifier à sa hayne les Bourgeois d'icelle.

Pour avoir secrettement enlevé les bleds du Royaume, et vendus aux ennemis de l'Estat.

Pour avoir par ses enchantemens et par ses sortileges suborné l'esprit de la Reyne.

Pour avoir violé les coustumes de la France, et transgressé toutes les Loix divines et humaines.

Pour avoir esté recognu l'auteur des guerres civiles qui ont esté depuis deux ans en France.

Pour avoir fait des impossitions sur les sujets du Roy, et extorqué tyraniquement d'eux des sommes immenses.

Enfin le tout cy dessus spécifié, ayant esté prouvé et vérifié par tous les Parlemens de France, et en outre ayant esté convaincu du crime de leze-Majesté au premier chef. A esté condamné d'estre pendu et estranglé par la main du bourreau, et pour n'avoir encore pu estre saisi et apprehendé au corps, son portraict a esté attaché à la potence, et exposé pendant vingt-quatre heures, ès lieux communs, places publiques et tous endroicts destinez à y faire l'execution des criminels ; Sçavoir en la place de Greve, à la Porte de Paris, à la Croix du Tiroir, aux Halles, à la Place Maubert et au bout du Pont-Neuf, a esté le present Arrest exécuté, lu, publié et affiché à Paris le troisième Novembre mil six cens cinquante.

A signé à l'original...

Avant la Fronde

Savez-vous bien la différence
Qu'il y a entre Son Éminence
Et feu Monsieur le Cardinal ?
La réponse en est toute prête
L'un conduisait son animal,
Et l'autre monte sur sa bête...
(*Blot*, entourage de Gaston d'Orléans)

La mazarinade du 11 mars 1651 (première à porter ce nom)

Va rendre compte au Vatican
De tes meubles mis à l'encan ;
Du vol de nos tapisseries,
De celui de nos pierreries...
De tes deux cents robes de chambre,
De tes excès de musc et d'ambre,
De tes habits, vieux et nouveaux ;
Du beau palais de tes chevaux ;
D'être cause que tout se perde,
De tes caneçons pleins de merde...
... Rejeton de feu Conchini,
Pour tout dire Mazarini,
Ta carcasse désentraillée
Par la canaille tiraillée,
Ensanglantera le pavé ;
Ton Priape haut élevé
À la perche sur une gaule

Dans la capitale de Gaule
Sera le jouet des laquais.

Le ministre d'État flambé en vers burlesques

... Ha ! ha !, je vous tiens, Mazarin
Esprit malin de notre France,
Qui pour obséder son destin,
Faites le soir et le matin
Main basse dessus sa pitance,
À ce coup vous serez bien fin
Si vous évitez la potence.
Levez les yeux, regardez-moi,
Et n'usez d'aucun artifice :
Vous avez faussé votre foy,
Vous avez enlevé le Roy,
Vous avez trahi la justice,
Et vous aurez fait sans la loy
Enchérir jusqu'au pain d'épice
...
Vous avez fait cent mauvais tours ;
Vous avez joué tous les jours
Et créateur et créatures...
Cardinal à courte prière,
Priape est chez vous à tout vent,
Vous tranchez des deux bien souvent
Comme un franc couteau de tripière,
Et ne laissez point le devant
Sans escamoter le derrière.
... Vous n'avez jamais eu chez vous
Que des gens indignes de louange,
Vos pages sont de jeunes fous,
Vos estaffiers de vrais filous,
Votre Suisse une beste estrange,
Vos confesseurs des loups-garous
Et le diable est votre bon ange.
La Seine et le Rhin par vos lois
Vont aussi mal que la Tamise...

etc. etc. (plus de 300 vers de cette encre)

(De Cyrano, 1649)

Le Dérèglement de l'Estat (Dubosc-Montandré, agent de Condé, 1651)

Où les curieux verront que les véritables causes des désordres sont :

I. — Le mépris de la Religion dans la division de ses Docteurs, dans la politique des Prédicateurs, et dans le mauvais exemple des Grands.

II. — La confusion des trois Estats, dans l'ambition déréglée du Clergé, dans l'abus de la Noblesse et dans le luxe du Peuple.

III. — L'impunité des crimes dans les personnes publiques.

IV. — La trop grande abondance des richesses dans les Ecclésiastiques.

V. — Le mauvais usage de la Politique dans la pratique des maximes Italiennes, contraire à la simplicité des François.

(suivent 39 pages de développement de ce titre).

Quelques autres titres parmi plus de 5 000 mazarinades *

— *La gueuserie de la Cour;*
— *La Champagne désolée par l'armée d'Erlach;*
— *Plainte du poète champêtre;*
— *Mémoires des besoins de la campagne;*
— *Plainte publique sur l'interruption du commerce;*
— *Le dérèglement de l'État;*
— *Le manifeste des Bourdelois;*
— *Dialogue de Jodelet et de Lorviétan sur les affaires du temps;*
— *Que la voix du peuple est la voix de Dieu.*

* Tous titres tirés des *52 mazarinades* publiées par Hubert Carrier en 1982 (EDHIS).

Les revenus procurés à Mazarin par ses bénéfices ecclésiastiques *

1. *Revenus connus, évolution :*

1641 : 16 000 l. (Saint-Médard de Soissons)
1642 : 96 000 l. (plus Ourscamp, Corbie et Saint-Michel en L'Herm)
1643 : 138 500 l. (6 abbayes)
1644 : 158 500 l. (7 abbayes)
1645 : 147 500 l. (7 abbayes)
1646 : 193 750 l. (9 abbayes)
1647 · 218 750 l. (10 abbayes)
1648 : 228 250 l. (11 abbayes)
....
1656 : 485 630 l. (19 abbayes — dont Saint-Denis pour 140 000 l.)
1658 : 478 000 l. (20 abbayes)
1661 : 572 000 l. (21 abbayes plus une pension sur l'évêché d'Auch)

2. *Détail pour 1656* (d'après Minutier central, étude XCV 24, 1er juin 1656, contrat avec Girardin)

Cercamp : 4 600 l.
La Chaise-Dieu : 18 630 l.

* D'après Joseph Bergin, « Cardinal Mazarin and his benefices », in *French History*, 1987, pp. 11 et 23.

Chastenoy : 400 l.
Cluny : 57 000 l.
Corbie : 10 000 l.
Grand-Selve et Moissac : 38 000 l.
Saint-Arnoul, Saint-Vincent, Saint-Clément (Metz) : 10 800 l.
Saint-Denis : 140 000 l.
Saint-Bénigne de Dijon (seulement en 1658 : 10 000 l.).
Saint-Étienne de Caen : 38 800 l.
Saint-Germain d'Auxerre : 15 300 l.
Saint-Honorat de Lérins : 12 400 l.
Saint-Lucien de Beauvais : 19 000 l.
Saint-Mansuit de Toul : 3 300 l.
Saint-Médard de Soissons : 18 500 l.
Saint-Michel en L'Herm : 36 000 l.
Saint-Seyne : 8 000 l.
Saint-Victor de Marseille : 35 900 l.
Saint-Vigor de Cerisy : 14 000 l.

Trésors du Palais-Mazarin

I. ARGENTERIE (1645)

Inventario delli argenti dorati e bianchi, Gioje (?), Christalli e altri (par) Io, Bernardino d'Amico, guardarobba dell'Emm. Sr. Giulio Mazarino, en présence de Pelegro Solimano (expert)

Cette argenterie est classée par origine (Paris, Flandre, Italie, Allemagne) et par qualité : *argenti dorati* ou *argenti bianchi*. Elle a été seulement pesée en marcs (*marchi*), onces (*uncia*) et grains. C'est le marc français de 244,5 grammes environ (et l'once 20,4 gr environ).

Pour le service du cardinal et de sa famille

Tutti liquali sudetti argenti dorati insieme com supra pezano, cioè le dorati marchi 2 234 e 3 onces; le bianchi : marchi 2 528 (et 3 onces) ; *insieme marchi 4 762*. Traduisons : 1 102 kilogrammes, soit plus d'une tonne).

Pour la chapelle (*capella*)

En argent doré de Paris, des crucifix, calices, acquamaniles, clochettes, divers vases, candélabres, etc., plus des objets en cristal de roche, notamment une grande croix. Aucun de ces objets religieux n'a été pesé ni estimé.

(Chantilly, musée Condé, 720, XX A 1 21)

N.B. : dans l'*Inventaire général des meubles de S.E.* du 12 septembre 1653 (copie inachevée à XVIII A 21), on retrouve la plupart de ces objets, et cette fois on a pesé les objets de la chapelle :

8 vases de vermeil : 15 marcs 5 onces
2 burettes : 3 marcs 2 onces
calice et patène peints : 5 marcs 2 onces
la croix avec l'histoire de saint Pierre : 9 marcs 9 onces
un chandelier : 6 marcs 6 onces, etc.

II. INVENTAIRE DES MEUBLES 1653 (copie) : OBJETS ET ŒUVRES D'ART EN ARGENT (exemples)

Argent vermeil doré

Un grand bassin d'argent façon de Paris ciselé représentant le siège de La Rochelle : poids 33 marcs 2 onces ;

Un second représentant le combat de Suze (Italie) : 33 marcs 1 once ;

Une grande cuvette d'argent de Paris vermeil doré représentant Neptune, des naïades et des monstres marins, pesant 118 marcs 3 onces (= 30 kg) ;

Deux vases d'argent doré aux armes de S.E. (Richelieu) représentant l'entrée de Louis XIII à La Rochelle et Louis XIII debout ; 44 marcs les 2 ;

Deux grands seaux (?) d'argent de Paris représentant Vénus tirée par des chevaux marins (pour l'un) et Neptune dans une conque (l'autre) : 48 marcs 6 onces ;

Deux grandes « buires » (?) d'argent doré vermeil ciselé de Paris, dans leur étui de cuir : une avec l'histoire du Déluge (127 marcs), l'autre avec le passage de la mer Rouge (124 marcs) ;

Plus de nombreux drageoirs en argent doré.

Argent blanc

Une grande coquille d'argent blanc d'Italie soutenue de « broquilles » (?) qui se démontent : poids, 132 marcs (soit 32 kg) ;

Un grand limaçon d'Italie portant 4 coquilles avec 4 dauphins, 111 marcs.

En outre

Six grandes glaces de Venise de 27 à 36 pouces de large.

Dix-sept « cabinets » d'ébène incrustés de lapis, jaspe, améthystes, etc.

(Chantilly, musée Condé, XVIII A 21, *Inventaire général des meubles de S.E.*, septembre 1653, copie incomplète)

Prix du blé-froment aux halles de Paris à l'époque de Mazarin

On rappellera qu'il s'agit de l'aliment de base du petit peuple ; on admet communément que le prix du pain (toujours proportionnel au prix du blé) pouvait absorber de 30 à 50 % du « budget » du petit peuple, et plus en temps de cherté.

Prix du setier (156 litres) en livres tournois, moyenne sur douze mois.

1. par année-récolte (août-juillet)

1641-42 : 13,55
1642-43 : 18,19
1643-44 : 19,57
1644-45 : 14,62
1645-46 : 11,12
1646-47 : 13,35
1647-48 : 15,90
1648-49 : 21,35
1649-50 : 28,96
1650-51 : 24,38
1651-52 : 29,88
1652-53 : 23,46
1653-54 : 15,52
1654-55 : 13,08
1655-56 : 12,96
1656-57 : 12,79
1657-58 : 13,60
1658-59 : 17,62

1659-60 :	15,08
1660-61 :	25,38
1661-62 :	33,90
1662-63 :	24,38
. . . .	
1668-69 :	9,90

2. Prix du seigle (entre dans la composition du pain bis) à la Saint-Martin (marché le plus proche du 11 novembre)

1642 :	9,75
1643 :	13,50
1644 :	9,00
1645 :	5,25
1646 :	6,50
1647 :	8,25
1648 :	7,00
1649 :	22,00
1650 :	11,00
1651 :	21,00
1652 :	17,00
1653 :	9,50
1654 :	6,50
1655 :	7,25
1656 :	7,00
1657 :	6,50
1658 :	11,00
1659 :	9,00
1660 :	13,25
1661 :	19,00
1662 :	16,00
. . . .	
1668 :	5,00

3. « Disette » de la Fronde
prix au premier marché de chaque trimestre (seigle)

1648 : juillet, 6,25 ; octobre : 6,50
1649 : (par mois) : janvier 6,50 ; février : 36,00 ; mars : 60,00 ; avril : 18,00 ; mai : 9,00 ; juin : 9,00 ; juillet : 9,75 ; août : 15,00 ; septembre : 16,80 ; octobre, novembre et décembre : 20,00

1650 (par trimestre) janvier : 19,00 ; avril : 18,50 ; juillet : 20,00 ; octobre : 11,00
1651 : janvier : 15,00 ; avril : 13,00 ; juillet : 15,00 ; octobre : 23,00
1652 (par mois) : janvier : 24,00 ; février : 21,00 ; mars : 18,75 ; avril : 18,50 ; mai : 22,00 ; juin : 22,00 ; juillet : 24,00 ; août : 21,00 ; septembre : 17,50 ; octobre : 18,50 ; novembre : 18,50 ; décembre : 16,00
1653 (par trimestre) : janvier : 14,00 ; avril : 9,50 ; juillet : 6,25 ; octobre : 9,00.

Documents tirés de Micheline Baulant et Jean Meuvret, *Prix des céréales extraits de la mercuriale de Paris,* S.E.V.P.E.N., 1962, t. II.

N.B : on mettra en rapport cette « mercuriale » (prix sur le marché) avec les événements de la Fronde, premier et deuxième siège de Paris, notamment.

Livre et franc

Si l'on tient, malgré l'impossibilité scientifique de toute comparaison entre le milieu du XVIIe siècle et la fin du XXe, à avoir une idée de ce que pourrait représenter de nos jours la livre tournois (subdivisée en 20 sols et 240 deniers), on peut donner quelques exemples, qui seraient à réinsérer dans les conditions économiques et sociales, qui ont considérablement changé depuis Mazarin.

Dans les villes, un ouvrier non spécialisé pouvait gagner de 6 à 10 sols par jour effectif de travail (moins de 20 par mois, à cause des fêtes religieuses chômées) ; un ouvrier bien spécialisé (ébéniste, serrurier, tailleur de pierre), 20 sols. Les manouvriers de la campagne, quand ils trouvaient de l'ouvrage (150 jours par an ?), en gagnaient 5 ou 6, mais avec souvent la nourriture à midi. Un curé de paroisse (pas un vicaire), qui vivait sans difficulté, pouvait recevoir (avec de fortes variations) 300 à 400 livres par an soit 20 sols par journée effective.

Un bon veau de boucherie valait 5 à 6 livres ; un bon mouton (plus estimé) presque autant ; chez le boucher, la viande pouvait valoir 10 sols pour l'équivalent d'un kilogramme (donc, accessible aux seuls aisés). Le pain, généralement bis, se vendait environ 1 sol le kilogramme en année de bonne récolte ; le double ou le triple en année de disette et de spéculation ; or un adulte dévorait de 2 à 4 livres de pain par jour, plus quelques légumes et fruits, et presque jamais de la viande (sauf les riches et les paysans élevant des porcs).

Les dots des filles de la bonne bourgeoisie de province tournaient autour de 5 000 livres ; pour les gros négociants et le « gratin », dix à vingt fois plus. Dans la grande noblesse, parfois 100 000 livres (Mazarin dota ses nièces jusqu'à 600 000 livres).

Un bon cheval de labour ou de charroi pouvait valoir 60 livres ; les chevaux des nobles cavaliers pouvaient être payés le décuple, ou bien plus.

À partir de ces données, vraisemblables ou sûres suivant le cas, ou pourra se risquer à supputer toutes les équivalences qu'on voudra, en se souvenant qu'une livre contenait 8,33 grammes d'argent à 9/10e de fin, et 14 fois moins d'or (mais la « valeur » de l'or et de l'argent a aussi bien changé, et n'exprime plus l'essentiel...).

Il est vraisemblable qu'une famille modeste pouvait vivre décemment avec 25 livres par mois au milieu du XVIIe siècle. Le SMIC de 1990 étant voisin de 5 000 francs, on aboutit, si l'on y tient, à un « coefficient » de *200,* plus plausible que ce qui est habituellement proposé.

SOURCES ET BIBLIOGRAPHIE
(ou comment on a écrit ce livre)

Il est d'usage de donner à cette place, sous deux rubriques, une liste alphabétique ou chronologique des documents d'époque (ou à peu près) manuscrits ou publiés qui ont été utilisés, puis des livres et articles qui furent consultés, de près ou de loin. Ces derniers atteignent et souvent dépassent la centaine ; ils n'intéressent guère que les historiens de métier, qui y cherchent volontiers les erreurs, les lacunes, et quelques idées.

Pour une fois, je voudrais faire précéder ces listes rituelles, tout de même indispensables, de quelques réflexions qu'une longue pratique peut m'autoriser à présenter.

Si l'on veut aller à l'essentiel — ou à ce qu'on croit tel —, démarche sans doute louable, on avancera, d'une part, que les grands livres, les livres de base, sont peu nombreux, et pas forcément récents (il n'existe pas de « ringardise » chez Clio) ; que les contributions non françaises, surtout les anglo-saxonnes, de plus en plus considérables par la quantité et la qualité, sont habituellement « snobées » ou parfaitement ignorées dans ce pays : on a pu écrire sur le Grand Roi en les ignorant ; en dernier lieu, qu'une brochette de jeunes historiens (en cette discipline, on reste jeune au moins jusqu'à l'âge de quarante ans) français, anglais et américains surtout, a récemment renouvelé — et de quelle manière ! — des pans entiers du sujet — un sujet qui, en réalité, n'est pas Mazarin, mais son temps, centre et pivot du siècle.

Pour avoir un solide aperçu de l'époque entière — non limitée au royaume de France, trois ouvrages s'imposent : la *Prépondé-*

rance espagnole, 1559-1660, de Henri HAUSER (1re éd., 1934; 3e, utilisée ici, 1943), livre d'une pénétration, d'un esprit de synthèse et d'une langue également exceptionnels; plus encore peut-être, la *New Cambridge Modern History,* t. V, *The ascendancy of France, 1648-1688* (1961), suivie de *The Cambridge Economic History of Europe,* t. IV, 1967 (où l'on trouve un bel article de F. BRAUDEL).

Si l'on tient à se limiter à Mazarin seul, ce ne sont pas les ouvrages qui manquent. Le dernier, d'une bonne qualité, mais qui concerne surtout l'homme privé, est celui de Georges DETHAN, *Mazarin, un homme de paix à l'âge baroque, 1602-1661* (1981), dont le titre me convient médiocrement, mais qui donne une liste fort bien faite de tout ce qui a précédé. On doit signaler l'extraordinaire performance de Paul GUTH (1972) qui réussit, en un style ahurissant et involontairement comique, à gâter un matériau qui n'était pourtant pas mal rassemblé. Enfin, on a beaucoup trop tendance à passer sous silence, ou à expédier d'un mot dédaigneux, le très solide (mais inégal) *Mazarin* de Carl FEDERN, écrit avant 1914 sur des bases inébranlables bien qu'incomplètes et parfois curieusement interprétées, paru en allemand à Munich en 1922, traduit (mal) en français en 1934, réédité en 1979. Il est juste d'ajouter que le meilleur connaisseur de Mazarin, et d'assez loin, est Madeleine LAURAIN-PORTEMER, dont les nombreuses et précieuses contributions (une partie seulement est réunie dans ses *Études Mazarines,* t. I, 1981) ont été signalées.

De toute l'époque mazarine (je ne puis accepter l'expression d'« âge baroque », qui me paraît dénuée de sens), c'est évidemment la Fronde qui a retenu surtout l'attention, et suscité une littérature inépuisable, où l'on trouve de tout, y compris le pire. Le meilleur se ramène à deux grands ouvrages, et bientôt trois. *La Fronde* d'Ernst KOSSMANN (Leiden, 1954, en français), livre profondément intelligent, quasi génial par moments, en dépit d'une « classification » sociale assez discutable et (à mon sens) d'un goût malsain pour ce qu'on peut appeler des « idées » politiques, fut le point de départ de cet ouvrage; n'empêche que « le Kossmann » fut longtemps ignoré ou méprisé par des collègues sûrement éminents. Le second grand livre est un bref et riche « manuel » d'Hubert MÉTHIVIER, intitulé lui aussi, très simplement, *La Fronde,* qui a donné en 1984 une synthèse et un état des questions pratiquement parfaits. Le troisième ouvrage, en cours de parution, est une grosse thèse de lettres qui « étreint » la Fronde, le probable millier de pages d'Hubert CARRIER sur *Les Mazarinades* (t. I paru fin 1989), qui annule tout ce qui précède sur le même sujet et permettra une « réinterprétation » probable du phénomène Fronde.

Il convient désormais de souligner fortement la place qui revient à la (relativement !) jeune génération d'historiens, et à nos collègues d'expression anglaise, dont les travaux tendent à devenir les meilleurs.

Il est désormais impossible d'ignorer que, dans le domaine financier principalement, le renouvellement a été total. Après les travaux de Julian DENT (*Crisis in finance, crown, financiers and society in seventeenth century France*, New York, 1973) — simple exemple —, et de R. J. BONNEY (outre de nombreux articles) *The King's debts, finance and politics in France, 1589-1661*, Oxford, 1981), qui dirige depuis 1987 la remarquable revue *French History*, les très neufs livres et articles de Joseph BERGIN, *Pouvoir et fortune de Richelieu* (Yale, 1985 ; Paris, 1987) et « Cardinal Mazarin and his benefices » (*French History*, vol. I, mars 1987) et la quarantaine d'ouvrages en anglais recensés par A. HAMSCHER dans la revue *XVIIe siècle*, 1984, n° 145, il n'en reste pas moins que les ouvrages majeurs sont ceux de Françoise BAYARD et de Daniel DESSERT, que Fernand BRAUDEL mettait, devant moi, au-dessus de tout le lot.

De F. BAYARD, *Le monde des financiers au XVIIe siècle* (1988), condensé justement très dense d'une thèse de doctorat lumineusement neuve, et de Daniel DESSERT, *Argent, pouvoir et société au Grand Siècle* (1984) périment tout ce qui a précédé et forment évidemment le sous-bassement presque unique des chapitres de ce livre qui traitent des problèmes financiers. L'article du second sur la fortune de Mazarin (*Revue d'Histoire moderne et contemporaine*, nov.-déc. 1975), joint à celui de son ami BERGIN sur la fortune du cardinal (dans *French History*, n° 1) déjà signalé, étayent seuls le chapitre qui a été consacré dans ce livre au même sujet. Touchant en partie les aspects financiers, le *Fouquet* (1987), du même D. DESSERT, renouvelle également le sujet.

On doit enfin à la justice d'ajouter que l'activité de nos collègues américains, notamment au sein de la *Society for French Historical Studies* (colloques annuels impressionnants), n'est pas très souvent perçue convenablement de ce côté de l'Atlantique.

Si les travaux de Natalie DAVIS et de Robert DARNTON sont bien connus, il est ahurissant que le solide *Louis XIV* de John WOLF, qui fait autorité aux États-Unis, ne soit presque jamais cité. Si *The revolt of the judges* de MOOTE est mieux connu, ainsi que divers travaux sur l'Ormée (WESTRICH), sur la Fronde des curés (GOLDEN) ou sur le Parlement après la Fronde (HAMSCHER), ou ceux d'Orest RANUM (qui annonce une *Fronde*), il est encore ahurissant que soit ignorée la fine et solide *Anne of Austria* (1985) de Ruth KLEINMANN, dont la traduction est annoncée.

Pour terminer le règlement de mes dettes les plus criantes, notamment en un domaine où ma compétence est faible, je dois remercier nos solides historiens de la guerre et des guerriers, Jean BÉRENGER pour son *Turenne* (1987) si précis et secourable, et mon ami André CORVISIER pour tout ce qu'il a écrit ou dirigé, en dernier lieu son précieux *Dictionnaire d'art et d'histoire militaires* (1988), une mine — si l'on peut dire.

Avant de donner une liste à peu près muette des diverses sources et ouvrages consultés (plus ou moins utilement), je voudrais exprimer mes fortes réserves devant une catégorie habituellement dénommée « Sources », les si nombreux Mémoires de personnages plus ou moins importants. Écrits souvent après coup, pour se justifier ou se vanter, ils sont au mieux de bons documents sur les mémorialistes eux-mêmes. Même le cardinal de Retz, malgré son éclatant talent — et peut-être en partie à cause de lui —, ne peut échapper à cette appréciation qu'on jugera sévère, puisqu'il déforme ou mutile la réalité, une réalité fort lointaine au moment où il écrit.

I. SOURCES

Ce serait une singulière prétention que d'énumérer les sources, manuscrites ou publiées, qui soutiennent un ouvrage consacré à la fois à Mazarin, à la politique mazarine, à la France mazarine et plus largement encore à toute l'époque mazarine. Entre 1913 et 1935, le bon historien érudit que fut Louis ANDRÉ consacra 8 volumes à la présentation, d'ailleurs incomplète, des *Sources de l'Histoire de France, XVIIe siècle*. Bien plus près de nous, Hubert CARRIER, dans l'introduction de son impressionnant ouvrage sur les *Mazarinades* consacre six pages à présenter les pièces qu'il a repérées et étudiées dans les bibliothèques de Paris, de province (une vingtaine) et de l'étranger, y compris les États-Unis et l'URSS (près de 10 000 mazarinades à Leningrad, plus de 2 600 à Moscou) ; pour éclairer les textes qu'il étudie et leur donner toute leur signification, il met en relief l'apport des Mémoires (il n'en cite qu'une vingtaine) des contemporains, puis des gazettes (Renaudot, Loret), des journaux personnels les plus remarquables (Dubuisson-Aubenay, Jean Vallier, Olivier Lefebvre d'Ormesson) en signale d'inédits, ajoute les « nouvelles à la main », les correspondances (mal publiées ou inédites), les 33 gros volumes de papiers de Mazarin déposés aux Archives du ministère des Affaires étrangères, et ceux de Séguier partiellement publiés (par PORCHNEV, MOUSNIER, LUBLINSKAIA), les chansons et épigrammes, et les innombrables dépêches diplomatiques envoyées (ou reçues) par les ambassadeurs, diplomates ou agents de toutes les Cours d'Europe, généralement bien conservées, très rarement publiées, et dormant plus généralement dans la paix et la probable poussière de nombreux dépôts d'archives publiques ou privées. Simple exemple : Robert MANDROU avait trouvé aux Archives d'État de Wolfenbüttel une chronique hebdomadaire des années 1648-1653 envoyée au duc August par son représentant à Paris, le Hollandais Abraham de Wicquefort (qui écrivait en français) ; ce qui en fut publié en 1978 sous le titre de *Chronique discontinue de la Fronde* constitue un remarquable exemple, qu'on aimerait voir continué et imité.

Sur Mazarin

Sa correspondance — active et passive —, des dizaines de milliers de lettres, a été publiée en partie ; beaucoup d'inédits reposent aux Archives des Affaires étrangères (Correspondance politique ; Mémoires et documents) ; à la Bibliothèque mazarine : à la Bibliothèque nationale ; aux Archives du Vatican (Nunziatura di Francia, notamment) ; à la Bibliothèque vaticane (Fonds Barberini notamment), dans bien d'autres dépôts étrangers aussi. Sur ces questions, voir les précisions données par notre triade de chartistes (G. DETHAN, Cl. DULONG, M. LAURAIN-PORTEMER).

Ces sources ont été en partie publiées, par :

CHÉRUEL, A., *Lettres du cardinal Mazarin pendant son ministère,* 1872-1906, 9 vol, et « Les carnets de Mazarin pendant la Fronde », *Revue Historique,* 1877, pp. 103-138 ;

V. COUSIN, « Carnets... », dans *Journal des Savants,* 1854-56.

D'autres lettres ont été publiées par d'ALLAINVAL, 1745, 2 vol. (négociations de la paix des Pyrénées), d'autres, à la reine, en 1651-52, par RAVENEL, 1836.

On y ajoutera : LJUBLINSKAIA. A, *Lettres et mémoires adressés au chancelier Séguier* (textes en français) Moscou, 1966 et MOUSNIER (Roland), *Lettres et Mémoires adressées au chancelier Séguier (1633-1649),* 2 vol. 1964 ; MOUSNIER, LABATUT, DURAND, *Deux cahiers de la noblesse, 1649-1651,* 1965.

Vies de Mazarin écrites au XVIIe siècle :

BENEDETTI, Elpidio, (*Raccolta di diverse memorie per scrivere la vita del Cardinale Mazzarino,* s.d. (1652, selon DETHAN (on remarquera l'authentique graphie romaine : (Mazzarino).

AUBERY, Antoine, *Histoire du cardinal Mazarin,* 2 vol. 1688 et 1695, rééd. 1759.

Histoire anecdotique de la jeunesse de Mazarin (par un « ami d'enfance » ?) publ. par MOREAU (Célestin) en 1863.

BISSARO, Angelo, *La mort du cardinal Mazarin,* relation secrète retrouvée et publiée par R. DARRICAU et Mad. LAURAIN-PORTEMER, *Annuaire-Bulletin de la Société de l'Histoire de France,* 1960, pp. 59-110.

GUALDO PRIORATO (G.) *Storia del Ministerio del Cardinale Giulio Mazzarino,* Cologne 1669, 3 vol..

Mémoires

Nombreux, fort inégaux, ils ont été surtout publiés dans une vieille collection (années 1830 et suiv.) dite MICHAUD-POUJOULAT (M.P. en abrégé) et, plus récemment, dans l'excellente collection « Le temps retrouvé » (Mercure de France). À ce propos, se référer aux ouvrages des trois chartistes, et attendre surtout la *Bibliographie* promise par Hubert CARRIER au t. II de ses *Mazarinades.* (On remarquera que nous avons laissé complètement de côté ces *Mazarinades,* dont traite remarquablement H. CARRIER).

ARNAULD (abbé Antoine), M.P., 1838.
BRIENNE (Henri-Auguste, dit « le père ») M.P., 1838.
+ BRIENNE (Louis-Henri, dit « le jeune ») éd. Barrière, 1828, 2 vol. *.
BASSOMPIERRE, *Journal de ma vie,* éd. Chanterac (Soc. Hist. France), 4 vol.
BOUILLON (duc de), *Mémoires* (par son secrétaire J. de Langlade), 1692.
BUSSY-RABUTIN, *Mémoires,* éd. Lalanne, 2 vol., 1857; *Correspondance,* t. I, 1858.
CHOISY (abbé de), *Mémoires,* M.P., 1839.
COLBERT, *Lettres, instructions et mémoires,* pub. par P. Clément, t. I (1861).
+ DUBUISSON-AUBENAIS, *Journal des guerres civiles, 1648-52,* éd. Saige, 2 vol. 1883-85.
DUPLESSIS-PRASLIN (maréchal) *Mémoires,* M.P., 1838.
ESTRADES, *Correspondance authentique 1637-1660,* éd. Saint-Léger et Lemaire, Soc. Hist. France, t. I, 1924.
FONTENAY-MAREUIL, *Mémoires,* M.P., 1837.
+ GOULAS (Nicolas), *Mémoires,* éd. Ch. Constant (S.H. Fr.), 3 vol. 1879.
+ GOURVILLE (Jean HÉRAULT de), *Mémoires,* M.P., 1838.
GRAMONT (maréchal de), *Mémoires,* M.P., 1839.
+ JOLY (G.), *Mémoires,* M.P., 1838.
LA CHÂTRE (comte de), *Mémoires,* M.P., 1838.
+ LA PORTE (Pierre de), *Mémoires,* M.P., 1839.
LA ROCHEFOUCAULD, *Mémoires,* M.P., 1838;
—, *Œuvres,* éd. Gilbert, 5 vol. 1868-1883.
LA GUETTE (Mme de), *Mémoires,* « Le temps retrouvé », 1982.
LORET (J.), *La Muze historique,* éd. Ravenel et coll., 4 vol., 1857-1878.
LOUIS XIV, *Mémoires,* éd. Longnon, 1927.
LIONNE [ou LYONNE] (Hugues de), *Lettres inédites...* éd. Ulysse Chevallier, Valence, 1879.
MANCINI (Hortense, puis Marie), *Mémoires,* éd. Doscot, « Le temps retrouvé », 1965.
MAROLLES (M. de), *Mémoires...,* 2 vol., 1656-57.
+ MOLÉ (M.), *Mémoires,* éd. Champollion-Figeac (Soc. Hist. Fr.), 1855-57, 4 vol.

* Les ouvrages marqués d'une croix sont ceux à consulter plus particulièrement.

MONTGLAT (Fr. de), *Mémoires*, M.P., 1838.
+ MONTPENSIER (duchesse de), *Mémoires*, éd. Chéruel, 4 vol. 1858-68 ; rééd. 1985, Libr. Fontaine sous le titre *La Grande Mademoiselle, Mémoires*, 2 vol.
MOREAU (C.) pour ses *Mazarinades* (Bibliogr. et choix), *cf.* désormais H. CARRIER.
+ MOTTEVILLE (Mme de), *Mémoires*, éd. Riaux, 4 vol., 1855
NAVAILLES (P. de), *Mémoires*, 1701.
NEMOURS (Duchesse de), *Mémoires*, M.P., 1838.
ORLÉANS (Gaston d'), *Mémoires* (attribués à Algay de Martignac), M.P., 1838.
+ ORMESSON (Olivier Lefèvre d'), *Journal*, éd. Chéruel, t. I, 1860.
PATIN (Guy), *Lettres à Charles Spon...*, éd. Réveillé-Parise, 1846 (t. II).
—, *Lettres du temps de la Fronde*, intr. d'A. Thérive, 1921
PONTIS (L. de), *Mémoires*, M.P., 1837.
+ RETZ (Paul de Gondi, cardinal de), *Œuvres* (« Pléiade », 1984) pub. par M. Th. Hipp et Michel Pernot (remarquables présentations).
SAINT-ÉVREMOND, *Œuvres*, 1753, 12 vol. (t. IV et IX).
SÉVIGNÉ (chevalier de), *Correspondance*, éd. Lemoine et Saulnier (Soc. Hist. Fr.), 1911.
TALLEMANT DES RÉAUX, *Historiettes*, éd. Adam, « Pléiade », 2 vol., 1960-61.
+ TALON (Omer et Denis), *Œuvres*, éd. D. Rives, 1821, 6 vol.
TURENNE, *Mémoires*, M.P., 1838 ; *Lettres*, éd. S. d'Huart, 1971 (cf. J. BÉRENGER).
+ VALLIER (J.), *Journal*, éd. Courteault de Vaissière (Soc. Hist. Fr.), 1902-1918, 4 vol.

BIBLIOGRAPHIE PRINCIPALE

1. Ouvrages et articles fondamentaux

SAINT-AULAIRE (comte de), *Histoire de la Fronde,* 3 vol., 1827 (le premier en date des ouvrages de qualité).

CHÉRUEL (Adolphe), *Histoire de la France pendant la minorité de Louis XIV*, 4 vol., 1879-80, et *Histoire de la France sous le ministère de Mazarin,* 3 vol., 1882.

FEDERN (Karl), *Mazarin,* Munich, 1922 ; Paris, 1934 (rééd. 1979).

KOSSMANN (Ernst H.), *La Fronde,* Leiden, 1954. Épuisé depuis longtemps, ce livre fondamental peut être obtenu à : *University Microfilms International, 300, North Zeeb Road, Ann Arbor, Mich. 48106 (catalogue number 0P41852).*

KLEINMANN (Ruth), *Anne of Austria,* Columbus, U.S.A., 1985.

DULONG (Claude), *Anne d'Autriche,* 1980 (forte bibliographie), *Le mariage du Roi-Soleil,* 1986 (même remarque).

DETHAN (Georges), *Mazarin, un homme de paix à l'âge baroque,* 1981.

LAURAIN-PORTEMER (Madeleine), travaux d'une exceptionnelle qualité, qu'il faudrait absolument regrouper comme dans *Études mazarines,* t. I, 1981 (Paris, De Boccard) ; simple exemple : dans *L'Âge d'or du mécénat,* colloque CNRS 1983, « Un mécénat ministériel : l'exemple de Mazarin », p. 89-106 (enrichi de 163 notes infra-paginales).

MÉTHIVIER (Hubert), *La Fronde,* PUF, 1984.

2. Ouvrages novateurs

BAYARD (Françoise), *Le Monde des financiers au XVIIe siècle*, 1988.

BERGIN (Joseph), *Pouvoir et fortune de Richelieu* (Yale, 1985; Paris, 1987).

—, « Cardinal Mazarin and his benefices », *French History*, vol. I, n° 1, 1987.

DESSERT (Daniel), *Argent, pouvoir et société au Grand Siècle*, 1984.

—, *Fouquet*, 1987.

—, « Pouvoir et finance au XVIIe siècle : la fortune du cardinal Mazarin », dans *Revue d'histoire moderne et contemporaine*, avr.-juin 1976, p. 161-181.

—, « Fortune et société au XVIIe siècle : à propos de la chambre de justice de 1661 », dans *Annales E.S.C.*, juill.-août 1974, p. 847-882.

—, « Fortune politique et politique de la fortune : à propos de la succession du surintendant Abel Servien », dans *La France d'Ancien Régime*, 1984, t. I, p. 207-215.

CARRIER (Hubert), *La presse de la Fronde (1648-1653) : les Mazarinades*, t. I : *La conquête de l'opinion*, Droz, Genève, et Champion, Paris, 1989 : le t. II est annoncé pour 1990.

—, *La Fronde, contestation démocratique et misère paysanne, 52 mazarinades*, EDHIS, Paris, 2 vol., 1982.

(et divers articles dans les recueils collectifs signalés par ailleurs).

3. Ouvrages collectifs

Mazarin, coll. « Génies et Réalités », Hachette, 1959 (8 collaborateurs).

Mazarin, homme d'État et collectionneur, B.N., 1961, catalogue de l'exposition, préparée et présentée par M. LAURAIN-PORTEMER et R. A. WEIGERT.

MOUSNIER (et 15 coll.), *Le Conseil du roi de Louis XIII à la Révolution*, 1970.

Numéros spéciaux de la revue *XVIIe siècle :* n° 25-26, 1955 : *Comment les Français voyaient la France au XVIIe siècle*

(Meuvret, Mousnier, etc.); n° 41-42; 1959 : *Serviteurs du Roi. Quelques aspects de la fonction publique dans la société française du XVIIe siècle* (Bluche, Corvisier, Goubert, Mousnier, Tapié); n° 185, oct.-déc. 1984 (entièrement consacré à la Fronde). Excellentes contributions de Y.-M. Bercé, R. Descimon, Chr. Jouhaud, R. Bonney, J.-M. Constant, Fr. Bayard, H. Carrier, H. Hötting, A. Hamscher.

La France et l'Italie au temps de Mazarin, Grenoble, 1986 (15e colloque du C.M.R. 17 (Centre marseillais de rencontres sur le XVIIe siècle); 42 communications, souvent de premier ordre et très neuves.

La Fronde en questions, Actes du 18e colloque du C.M.R. 17, Marseille, 1989. 35 communications sur 416 pages, la plupart remarquables (Bayard, Bertière, Bonney, Bercé, Carrier, Constant, Descimon, Dulong, Laurain-Portemer, Jouhaud, Hamscher, Launay, Pernot, Ranum, etc.).

Il cardinale Mazzarino in Francia (Ac. Naz. dei Lincei, Roma 1977 : *cf.* DULONG et LAURAIN-PORTEMER).

La France et l'Espagne au temps d'Anne d'Autriche, colloque C.M.R. 17, Bordeaux (à paraître).

4. *Volumes de Mélanges*

Il y a assez souvent beaucoup à prendre dans les volumes de Mélanges qu'il est fréquent d'offrir à un historien chevronné, notamment lorsqu'il part en retraite (ouvrages malheureusement difficiles à trouver). Signalons au moins :

Éventail de l'histoire vivante (Mélanges Lucien Febvre), 2 vol., Colin, 1953.

Mélanges Braudel, 2 vol. Privat, 1973.

Mélanges Mongrédien, Soc. d'Étude du XVIIe siècle, 1974.

Mélanges Labrousse, Conjoncture économique et structures sociales, E.P.H.E. et Mouton, 1974.

Et, outre beaucoup d'autres, de plus récents :

La France d'Ancien Régime (S.D.H. et Privat, 2 vol., 1984) fort riche.

Mélanges André Corvisier : Le soldat, la stratégie, la mort, Economica, 1989.

5. Collection « Univers de la France » dir. Ph. WOLFF *(éd. Privat).*

Ces histoires des provinces puis des villes, dues à de nombreux collaborateurs, sont à la fois indispensables et inégales. Ont été utilisées spécialement, à cause de la Fronde :

Histoire de l'Aquitaine (dir. : Ch. HIGOUNET), 1971 ;
Histoire de la Provence (dir. : Ed. BARATIER), 1969.
Histoire d'Angers (dir. : Fr. LEBRUN), 1975.
Bordeaux de 1453 à 1715 (dir. : R. BOUTRUCHE), constitue le t. IV de l'*Histoire de Bordeaux* (dir. : Ch. HIGOUNET), publ. par la Fédération historique du Sud-Ouest (Bordeaux, 1966).

6. Ouvrages utiles

AUMALE (duc d'), *Histoire des princes de Condé pendant les XVI*^e^ *et XVII*^e^ *siècles*, t. V, 1885.
—, *Inventaire de tous les meubles du cardinal Mazarin dressé en 1653 et publié d'après les originaux*, Londres, 1861 (la publication est partielle).
BADALO-DULONG (C.), *Banquier du Roi, Barthélemy Hervart*, 1951.
BATTIFOL (Louis), *Le cardinal de Retz*, 1927.
\+ BERCÉ (Yves-Marie), « Le rôle des Suisses pendant la Fronde : maîtres ou serviteurs ? », dans *Cinq siècles de relations franco-suisses*, 1984.
\+ BÉRENGER (Jean), *Turenne*, 1987.
BERTIÈRE (Simone), *La vie du Cardinal de Retz*, 1990.
BOULENGER (Marcel), *Mazarin, soutien de l'État*, 1929.
\+ BOURGEON (Jean-Louis), « L'île de la Cité pendant la Fronde », dans *Paris et Île-de-France*, 1963, p. 23-143.
\+ —, *Les Colbert avant Colbert*, 1973.
\+ BLET (Pierre), « Richelieu et les débuts de Mazarin », dans *Revue d'Hist. moderne et contemporaine*, 1959, p. 241-268.
DARRICAU (Raymond), « Mazarin et l'Empire ottoman, l'expédition de Candie », 1660, dans *Revue d'histoire diplomatique*, 1960, p. 335-365.
DEBIDOUR (A.), *La Fronde angevine*, 1877.
DETHAN (Georges), *Gaston d'Orléans, conspirateur et prince charmant*, 1959.

DOOLIN (Paul Rice), *The Fronde,* Harvard-Cambridge, London 1935.

+ DORNIC (François), *Louis Berryer, agent de Mazarin et de Colbert,* Caen, 1968.

+ FEILLET (Alphonse), *La Misère au temps de la Fronde et Saint-Vincent de Paul, un chapitre de l'histoire du paupérisme,* 1862.

GOLDEN (Richard), *The Godly rebellion ; Parisian cures and the religious Fronde, 1652-1662,* Chapell Hill, North Carolina University Press, 1981 (et articles signalés dans la revue *XVII*e *Siècle,* 1984, p. 381).

GRAND-MESNIL (Marie-Noëlle), *Mazarin, la Fronde et la presse,* 1967.

GUTH (Paul), *Mazarin,* 1972.

HAMSCHER (Albert), *The Parlement of Paris after the Fronde, 1653-1673,* Pittsburg, 1976. *Cf.* aussi *The catholic history review,* juill. 1977 (sur le jansénisme et le Parlement).

JACQUART (Jean), *La Fronde des provinces dans la région parisienne et ses conséquences matérielles, Rev., d'Hist. mod. et contemp.,* 1960, p. 257-290.

JANSEN (Paule), *Le cardinal Mazarin et le mouvement janséniste français,* 1967.

JOUHAUD (Christian), *Mazarinades : la Fronde des mots,* 1985.

KNACHEL (Philip), *England and the Fronde. The impact of the English Civil War and Revolution in France,* Ithaca, Cornell U.P., 1967.

KNECHT (R. J.), *The Fronde,* London, 1975 (livre non vu).

KORR (Charles), *Cromwell and the new model foreign policy : England's policy toward France,* Berkeley, 1975.

LACOUR-GAYET (G.), *L'éducation politique de Louis XIV,* 1898.

LAUNAY (D.), *Fanfares, ballets et chansons. La musique au temps de la Fronde* (et article dans *La France et l'Italie,* Grenoble 1986.

+ LIVET (Georges), *Le duc Mazarin gouverneur d'Alsace,* 1954 (Strasbourg-Paris).

—, *L'Intendance d'Alsace sous Louis XIV, 1648-1715,* 1956.

—, *La Guerre de Trente Ans,* Que sais-je ?, 1963 (réédité).

LOGIÉ (Paul), *La Fronde en Normandie,* 3 vol., 1951-52.

LORRIS (Pierre-Georges), *La Fronde,* 1961.

MADELIN (Louis), *Une révolution manquée : la Fronde,* 1931.

MALO (Henri), *Le Grand Condé,* 1937 (rééd., 1980).

MERRIMAN (R. B.), *Six contemporaneous revolutions,* Oxford, 1938.

MOINOT (Pierre), *Mazarin,* 1978 (scénario et dialogues de téléfilm).

+ MONGRÉDIEN (Georges), *Le Grand Condé,* 1959.

—, *L'affaire Fouquet,* 1956.

MOOTE (Lloyd), *The Revolt of the Judges : the Parlement of Paris and the Fronde, 1643-1652,* Princeton, 1971.

+ MOUSNIER (Roland) : nombreux articles sur la Fronde, dès 1949, réunis en grande partie dans *La plume, la faucille et le marteau,* 1970.

— , *Paris, capitale au temps de Richelieu et de Mazarin,* 1978. (Autres ouvrages recensés plus haut et plus bas.)

—, *Le Conseil du roi de la mort d'Henri IV au gouvernement personnel de Louis XIV,* Études d'histoire moderne et contemporaine, t. I, 1947 (publ. de la Soc. d'Histoire moderne).

PAGÈS (Georges), *La Guerre de Trente Ans,* 1939.

PARKER (G.), *La Guerre de Trente Ans,* 1987 (pour information).

PRUNIÈRES (Henri), *L'Opéra italien en France avant Lulli,* 1913.

RANUM (Orest), *Les créatures de Richelieu,* 1966.

—, *Les Parisiens du XVIIe siècle,* 1973.

—, *A Revolution : The Fronde* (à paraître).

SINGER-LECOQ (Yvonne), *La tribu Mazarin,* 1989.

+ VAST (Henri), *Les grands traités du règne de Louis XIV,* 1893.

+ VILLAIN (Jean), *Mazarin homme d'argent,* Club du Livre d'Histoire, 1956.

WESTRICH (Sal.), *The Ormée of Bordeaux,* Baltimore, 1972 (trad. fr. 1973).

III. BIBLIOGRAPHIE COMPLÉMENTAIRE

On ne rappellera pas l'existence de nombreuses *Histoire de France* qui, depuis Lavisse — médiocre ici — jusqu'à aujourd'hui et même demain, ont été lancées par de nombreux éditeurs, qui ont fait confiance à un chef de file ; on ne citera que les plus remarquables et les plus récentes.

ANDRÉ (Louis), *Michel Le Tellier et l'organisation de l'armée monarchique*, 1906.

—, *Michel Le Tellier et Louvois*, 1942.

—, *Les sources de l'histoire de France, XVIIe siècle*, 8 vol., 1913-1935.

+ ASHLEY (Maurice), *Le Grand Siècle*, 1973.

—, *O. Cromwell and his World*, London, 1972.

BARBOUR (Violet), *Capitalism of Amsterdam in the 17th century*, Baltimore, 1950.

BAEHREL (René), *Une croissance, la Basse-Provence rurale (fin du XVIe siècle-1789, étude d'économie historique statistique*, 1961.

BARDET (Jean-Pierre), *Rouen aux XVIIe et XVIIIe siècles; les mutations d'un espace urbain.*, 2 vol. 1983.

BAULANT (Micheline) et MEUVRET (Jean), *Prix des céréales extraits de la mercuriale de Paris, 1520-1698*, 2 vol., 1962.

BENNASSAR (B.), *Histoire des Espagnols*, 2 vol., 1985.

+ BERCÉ (Yves-Marie), *Histoire des Croquants, étude des soulèvements populaires au XVIIe siècle dans le Sud-Ouest de la France*, 2 vol.

—, *Croquants et Nu-Pieds. Les soulèvements populaires en France du XVIe au XIXe siècle*, 1974.

—, *Fête et révolte*, 1976.

—, *Révolte et révolution dans l'Europe moderne ; XVIe-XVIIIe siècle*, 1980.

—, *La Vie quotidienne dans l'Aquitaine du XVIIe siècle*, 1978.

BÉRENGER, DURAND, MEYER, *Pionniers et colons en Amérique du Nord*.

BIRABEN (J.N.), *Les hommes et la peste en France*... 2 vol., 1975.

BLET (Pierre), *Le Clergé de France et la monarchie, étude sur les assemblées générales du Clergé entre 1615 et 1666*, 2 vol., Rome, 1959.

+ BLUCHE (François), *Louis XIV*, 1986.

BONNEY (Richard), *Political Change in France under Richelieu and Mazarin, 1624-1661*, Oxford, 1978.

+ —, *The King's debts : Finance and Politics in France, 1589-1661*, Oxford, 1981.

—, « The English and French Civil Wars », in *History*, 1980 (LXV), p. 365-382.

—, « Cardinal Mazarin and the Great Nobility during the Fronde », in *English Historical Review*, 1981, p. 818-833.

—, « Cardinal Mazarin and his critics : the Remonstrances of 1652 », *Journal of European Studies*, X, 1980, p. 15-31.

Nord, 1974.

BOTTIN (Jacques), *Seigneurs et paysans dans l'Ouest du Pays de Caux, 1540-1640*, 1983.

+ BRAUDEL (Fernand), *Civilisation matérielle, Économie et Capitalisme, XVe-XVIIIe siècle*, 3 vol., 1979.

—, *L'Identité de la France*, 3 vol., 1986.

—, *Écrits sur l'histoire*, 2 vol., 1988-90.

+ BRAUDEL et LABROUSSE (éd.), *Histoire économique et sociale de la France*, avec nombreux collaborateurs ; t. I (2 vol.) et II, 1970-1977.

BRIGGS (Colin), *Early Modern France, 1560-1715*, Oxford, 1977.

CABOURDIN (Guy), *Terre et hommes en Lorraine, 1550-1635*, 2 vol., Nancy, 1977.

CHAUNU (Pierre), *La Civilisation de l'Europe classique*, 1966. *La mort à Paris, XVI-XVII-XVIIIe siècles*, 1978 (et d'autres...).

+ CHARTIER (Roger) et MARTIN (Henri-Jean), *Histoire de l'édition française*, t. I, 1983, éd. brochée, Fayard, 1989.

CLARK (George), *Seventeenth Century*, 1947.

—, *War and Society in the 17th century*, Cambridge, G.B., 1958.

+ CHEVALLIER (Pierre), *Louis XIII, roi cornélien*, 1979.

CONSTANT (Jean-Marie), *Nobles et paysans en Beauce aux XVIe et XVIIe siècles*, 1981.
—, *La vie quotidienne de la noblesse française aux XVIe-XVIIe siècles*, 1985.
CORVISIER (André), *Armée et société en Europe de 1494 à 1789*, 1976.
—, *Louvois*, 1983.
+ — (dir.), *Dictionnaire d'art et d'histoire militaires*, 1988.
CORVOL (Andrée), *La forêt en Bourgogne aux XVIIIe et XVIIIe siècles*, 1984.
—, *L'homme et l'arbre sous l'Ancien Régime*, 1984.
COUTON (G.), *Corneille et la Fronde*, 1951.
+ CROIX (Alain), *La Bretagne aux XVIe et XVIIe siècles. La vie, la mort, la foi*, 2 vol., 1981.
DAY (John), *Études d'Histoire monétaire* (15 articles), Lille, 1984.
DELAFOSSE (M.) et LAVEAU (C.), « *Le commerce du sel de Brouage aux XVIIe et XVIIIe siècles, Cahier des Annales*, n° 17, 1960.
DELUMEAU (Jean), *La vie économique et sociale de Rome dans la seconde moitié du XVIe siècle*, 2 vol., 1957-1959.
+ —, *L'Italie de Botticelli à Bonaparte*, 1974.
—, *Le catholicisme entre Luther et Voltaire*, 1971.
—, *Rome au XVIe siècle*, 1975.
+ DEYON (Pierre), *Étude sur la société urbaine au XVIIe siècle : Amiens, capitale provinciale*, 1967.
+ DION (Roger), *Histoire de la vigne et du vin en France*, 1959.
DUBY, Georges (sous la direction de), *Histoire de la France rurale*, t. II, 1975.
—, *Histoire de la France urbaine*, t. III, 1981.
DUCHÊNE (Roger), *Madame de Sévigné*, 1982.
—, *Ninon de Lenclos*, 1984.
DUPÂQUIER, Jacques (et coll.), *Histoire de la population française*, t. II, 1988.
DURAND (Georges), *Vin, vigne et vignerons en Lyonnais et Beaujolais, XVIe-XVIIIe siècles*, Lyon, 1979.
ECCLES (W.-J.), *France in America*, New York, 1972.
+ ELLIOTT (J. H.), *The Revolt of the Catalans*, Cambridge, 1963.
—, *Imperial Spain, 1469-1716*, London, 1963.
FLANDRIN (J.-L.), *Les amours paysannes*, 1975.
—, *Familles*, 1976.

FERTÉ (Jeanne), *La vie religieuse dans les campagnes parisiennes, 1622-1695*, 1961.

+ GEYL (Peter), *The Netherlands in the Seventeenth century*, 2 vol., 1961-1963.

GOUBERT (Pierre), *Familles marchandes sous l'Ancien Régime, les Danse et les Motte, de Beauvais*, 1959.

—, *Beauvais et le Beauvaisis de 1600 à 1730*, 2 vol. 1960. (édition condensée sous le titre *Cent mille provinciaux au XVIIe siècle*, 1968).

—, *L'Ancien Régime*, 2 vol., 1969-1973 ; rééd. corrigée sous le titre : *Les Français et l'Ancien Régime*, t. I, 1984 (le t. II est de D. Roche)

—, *Clio parmi les hommes* (recueil d'articles), 1976.

—, *La vie quotidienne des paysans français au XVIIe siècle*, 1982.

GUTTON (Jean-Pierre), *La société et les pauvres : l'exemple de la généralité de Lyon, 1534-1789*, 1969.

HILL (Christopher), *Puritanism and Revolution*, London, 1956.

—, *The century of Revolution*, Édimbourg, 1961 (et rééd.).

+ JACQUART (Jean), *La crise rurale en Île-de-France 1550-1670*, 1974.

+ JOUANNA (Arlette), *Le devoir de révolte, la noblesse française et la gestation de l'État moderne, 1559-1661*, 1989.

+ JULIA (D.) et FRIJHOFF (W.), *École et société dans la France d'Ancien Régime*, 1975.

+ HECKSCHER, *An Economic History of Sweden*, Cambridge (Mass.), 1954.

HOCQUET (J.-C.), *Le sel et le pouvoir*, 1985.

HUVET-MARTINET (Micheline), *L'aventure du sel*, Ouest-France, 1988.

HUPPERT (G.), *Les bourgeois gentilshommes*, 1977.

LACHIVER (Marcel), *Vin, vigne et vignerons en région parisienne du XVIIe au XIXe siècle*, Pontoise, 1982.

+ —, *Vins, vignes et vignerons, histoire de vignoble français*, 1988.

+ LABATUT (Jean-Pierre), *Louis XIV, roi de gloire*, 1984.

—, *Les ducs et pairs de France au XVIIe siècle*, 1972.

—, « Aspects de la fortune de Bullion », *XVIIe siècle*, n° 60, 1962.

+ LEBRUN, (François), *Les hommes et la mort en Anjou aux XVIIe et XVIIIe siècles*, 1971.

—, *Le XVIIe siècle*, 1967, rééd. 1978.

—, *La vie conjugale sous l'Ancien Régime*, 1975.

—, *Se soigner autrefois : médecins, saints et sorciers aux* XVIIe *et* XVIIIe *siècles,* 1983.

\+ LEBRUN, QUENIART, VENARD, *Histoire générale de l'enseignement et de l'éducation en France,* t. II, 1981.

\+ LÉON (Pierre), *Histoire économique et sociale du Monde,* t. II et III, 1978.

\+ LE ROY LADURIE (E.), *Les paysans de Languedoc,* 2 vol. 1962 (éd. abrégée, 1969).

\+ LOTTIN (A.), *Vie et mentalité d'un Lillois sous Louis XIV,* Lille, 1968.

—, *Lille citadelle de la Contre-Réforme, 1598-1660,* Lille, 1984.

LUTAUD (Olivier), *Cromwell, les Niveleurs et la République,* 2e éd., 1978.

—, *Les deux révolutions d'Angleterre* (documents bilingues, riche bibliographie), 1978.

LUZ (Pierre de), *Christine de Suède,* 1951.

\+ MANDROU (Robert), *Magistrats et sorciers en France au* XVIIe *siècle,* 1968 ;

—, *Histoire de la civilisation française* (en coll. avec G. DUBY), 2 vol., 3e éd., 1968.

—, *Introduction à la France moderne (1500-1640), essai de psychologie historique,* 1961.

\+ —, *De la culture populaire en France aux* XVIIe *et* XVIIIe *siècles, la Bibliothèque bleue de Troyes,* 2e éd. revue 1975

—, *La France aux* XVIIe *et* XVIIIe *siècles* (Nouvelle Clio), 3e éd. 1974.

—, *Des humanistes aux hommes de science (*XVIe*-*XVIIe *s.),* 1973.

—, *Louis XIV en son temps, 1661-1715,* 2e éd. 1978.

—, *L'Europe « absolutiste ». Raison et raison d'État, 1649-1775,* 1977.

\+ —, *Chronique discontinue de la Fronde, 1648-1652, Abraham de Wicquefort,* 1978.

—, *Possession et sorcellerie au* XVIIe *siècle, textes inédits,* 1979.

\+ MANTRAN Robert, (et coll.), *Histoire de l'Empire ottoman,* 1989.

MARION (M.), *Dictionnaire des institutions de la France aux* XVIIe *et* XVIIIe *siècles,* 1923 ; rééd. 1968.

\+ MARTIN (Henri-Jean), *Livre, pouvoir et société à Paris au* XVIIe *siècle,* 2 vol., 1969.

MARX (Roland), *L'Angleterre des Révolutions,* 1971.

\+ MÉTHIVIER (Hubert), *L'Ancien Régime en France,* 1981.

+ MEUVRET (Jean), *Études d'Histoire économique, Cahier des Annales n° 32*, 1971.

—, *Le problème des subsistances à l'époque Louis XIV*, 3 vol., 1977.

MEYER (Jean), *La France moderne*, 1985 (t. III de l'Hist. de France dirigée par J. Favier).

—, *Les Européens et les autres*, 1975.

—, *Colbert*, 1982.

+ MORINEAU (M.), *Incroyables gazettes et fabuleux métaux*, Londres-Paris, 1985.

—, « Des métaux précieux américains aux XVIIe et XVIIIe siècles, et de leur influence », *Bull. Soc. d'hist. mod.*, 15e série, n° 18, 76e année, p. 17-33 (et bien d'autres publications de qualité).

MOUGEL (Fr.), « La Fortune des princes de Bourbon-Conti... », *Rev. d'Hist. mod.*, 1971, p. 30-49.

+ MOUSNIER (Roland), *La vénalité des offices sous Henri IV et Louis XIII*, 2e éd. 1971.

+ —, *Les Institutions de la France sous la monarchie absolue*, 2 vol., 1974.

—, *Fureurs paysannes ; les paysans dans les révoltes du XVIIIe siècle*, 1967 et 1980. (Autres ouvrages et publications de textes, voir plus haut.)

MUCHEMBLED, Robert, *Culture populaire et culture des élites dans la France moderne (XVe-XVIIIe siècles)* 1978.

—, *La sorcière au village (XVe-XVIIIe siècles)*, 1979.

—, *Sorcières, justice et société aux XVIe et XVIIe siècles*, 1987.

—, *L'invention de l'homme moderne. Sensibilités, mœurs et comportements collectifs sous l'Ancien Régime*, 1988.

—, *La violence au village*, Éd. Brepols, 1989.

MURAT (Inès), *Colbert, 1980*.

NEVEUX (H.), *Les grains du Cambrésis, XIVe-XVIIIe siècles*. 1973.

NORDMANN (Cl.), « L'armée suédoise au XVIIe siècle », *Revue du Nord*, 1939.

PEROUAS (L.), *Le diocèse de La Rochelle de 1648 à 1724, Sociologie et Pastorale*, 1964.

PILLORGET (René), *Les mouvements insurrectionnels de Provence entre 1596 et 1715*, 1975.

—, *Les problèmes monétaires français de 1602 à 1689, XVIIe siècle*, n° 70-71, p. 107-130, 1966.

+ PINTARD (René), *Le libertinage érudit dans la 1re moitié du XVIIe siècle*, 1983 (rééd.)

PORCHNEV (Boris), *Les soulèvements populaires en France de 1623 à 1648*, 1963.
+ POSTHUMUS (N. W.), *Inquiry in the history of prices (in the Netherlands)*, 1946. Documentation dans l'édition néerlandaise, *Nederlandsche Prijsgeschiedenis*, Leiden, 1943.
+ RICHET (Denis), *La France moderne : l'esprit des institutions*, 1973.
+ ROBERTS (Michael), *Sweden as a great power, 1611-1697*, London, 1967.
—, *Gustave-Adolphe*, 2 vol., London, 1953-1958.
+ ROUPNEL (Gaston), *La ville et la campagne au* XVII*e siècle, étude sur les populations du pays dijonnais*, 1922 ; rééd. 1955.
+ RULE, John C., (éd.) *Louis XIV and the craft of Kingship*, Ohio State Univ., 1969 (avec une bibliographie modèle).
SCOBBIE (Irene), *Sweden*, New York, 1972.
SPOONER (F. C.), *L'économie mondiale et les frappes monétaires en France, 1493-1680*, 1956.
+ STONE (Lawrence), *Social Change and Revolution in England, 1540-1660*, Londres, 1965.
+ TAPIÉ (Victor-L.), *Baroque et classicisme*, rééd. 1972.
+ VAN DILLEN, *Bronnen tot de geschiedenis der wisselbanken's*, Grovenhague (sources de l'histoire de la Banque d'Amsterdam), 1925, 2 vol.
VILAR (Pierre), *Or et monnaie dans l'histoire*, 1974.
WILSON (Charles), *La République hollandaise des Provinces-Unies*, 1968.
WOLF (John B.), *Louis XIV*, 1968.
—, *The formation of a king*, in RULE, cité plus haut.
+ WAILLY (Natalis de), « Mémoire sur les variations de la livre tournois depuis le règne de Saint Louis jusqu'à l'établissement de la monnaie décimale », dans *Mémoire de l'Institut académique des Inscriptions et Belles-Lettres*, t. XXI, 1857, 2e partie, pp. 177-419.
ZUMTHOR (Paul), *La vie quotidienne en Hollande au temps de Rembrandt*, 1960.

INDEX *

* Établi par Hortense SALVAY-MARTIN

TABLE DES MATIÈRES

DEUXIÈME PARTIE. LE PREMIER QUINQUENNAT (1643-1647)

TROISIÈME PARTIE. LES ANNÉES TERRIBLES (1648-1652)

QUATRIÈME PARTIE. LES ANNÉES FÉCONDES : VERS L'APOGÉE

CINQUIÈME PARTIE. L'EMPREINTE ET L'HÉRITAGE

DANS LA MÊME COLLECTION

Michel ANTOINE	*Louis XV*
Pierre AUBÉ	*Godefroy de Bouillon*
	Thomas Becket
Françoise AUTRAND	*Charles VI*
Jean-Pierre BADELON	*Henri IV*
Michel BAR-ZOHAR	*Ben Gourion*
Jean BÉRENGER	*Turenne*
Jean-François BERGIER	*Guillaume Tell*
Guillaume de BERTIER de SAUVIGNY	*Metternich*
Jean-Paul BLED	*François-Joseph*
François BLUCHE	*Louis XIV*
Michel de BOÜARD	*Guillaume le Conquérant*
Pierre BROUÉ	*Trotsky*
Michel CARMONA	*Marie de Médicis*
	Richelieu
Louis CALLEBAT	*Pierre de Coubertin*
Duc de CASTRIES	*Mirabeau*
Pierre CHEVALIER	*Louis XIII*
	Henri III
Eugen CIZEK	*Néron*
Ronald W. CLARK	*Benjamin Franklin*
André CLOT	*Soliman le Magnifique*
	Haroun al-Rachid
Ivan CLOULAS	*Les Borgia*
	Catherine de Médicis
	Laurent le Magnifique
	Henri II
André CORVISIER	*Louvois*
Hervé COUTEAU-BÉGARIE et Claude HUAN	*Darlan*
Liliane CRÉTÉ	*Coligny*
Daniel DESSERT	*Fouquet*
Jean DEVIOSSE	*Jean le Bon*
Michel DUCHEIN	*Marie Stuart*

Georges-Henri DUMONT	*Marie de Bourgogne*
	Léopold II
Jacques DUSQUESNE	*Saint Éloi*
Jean-Baptiste DUROSELLE	*Clemenceau*
Danielle ELISSEEF	*Hideyoshi*
Paul FAURE	*Ulysse le Crétois*
	Alexandre
Jean FAVIER	*Philippe le Bel*
	François Villon
	La Guerre de Cent Ans
	Les Grandes découvertes, d'Alexandre à Magellan
Marc FERRO	*Pétain*
Jean-Michel GAILLARD	*Jules Ferry*
Lothar GALL	*Bismarck*
Max GALLO	*Garibaldi*
Louis GIRARD	*Napoléon III*
Pierre GOUBERT	*Mazarin*
Pauline GREGG	*Charlers Ier*
Pierre GRIMAL	*Cicéron*
	Tacite
Pierre GUIRAL	*Adolphe Thiers*
Mireille HADAS-LEBEL	*Flavius Josèphe. Le Juif de Rome*
Léon E. HALKIN	*Érasme*
Brigitte HAMANN	*Élisabeth d'Autriche*
Jacques HARMAND	*Vercingétorix*
Jacques HEERS	*Marco Polo*
	Machiavel
François HINARD	*Sylla*
Michel HOANG	*Gengis Khan*
Eberhard HORST	*César*
Gérard ISRAËL	*Cyrus le Grand*
Jean JACQUART	*François Ier*
	Bayard
André KASPI	*Franklin Roosevelt*
Paul Murray KENDALL	*Louis XI*
	Richard III
	Warwick, le faiseur de rois
Yvonne LABANDE-MAILFERT	*Charles VIII*

Caire LALOUETTE	*L'Empire des Ramsès*
	Thèbes
André LE RÉVÉREND	*Lyautey*
Évelyne LEVER	*Louis XVI*
	Louis XVIII
Robert K. MASSIE	*Pierre le Grand*
Marc MICHEL	*Gallieni*
Georges MINOIS	*Henri VIII*
Pierre MIQUEL	*La Grande Guerre*
	Poincaré
	La Seconde Guerre mondiale
	Les Guerres de religion
Inès MURAT	*Colbert*
	La IIe République
Daniel NONY	*Caligula*
Stephen B. OATES	*Lincoln*
Joseph PÉREZ	*Isabelle et Ferdinand, Rois Catholiques d'Espagne*
Régine PERNOUD	*Jeanne d'Arc*
	Les Hommes de la Croisade
	Richard Cœur de Lion
Jean-Christian PETITFILS	*Le Régent*
Claude POULAIN	*Jacques Cœur*
Bernard QUILLIET	*Louis XII*
Jean RICHARD	*Saint Louis*
Pierre RICHÉ	*Gerbert d'Aurillac, pape de l'an mil*
Jacques ROGER	*Buffon*
François ROTH	*La Guerre de 70*
Jean-Paul ROUX	*Babur*
	Jésus
Yves SASSIER	*Hugues Capet*
Klaus SCHELLE	*Charles le Téméraire*
William SERMAN	*La Commune de Paris*
Daniel Jeremy SILVER	*Moïse*
Jean-Charles SOURNIA	*Blaise de Monluc*
Marlis STEINERT	*Hitler*
Étienne TAILLEMITE	*La Fayette*
Laurent THEIS	*Dagobert*
Jean TULARD	*Napoléon*
Bernard VINOT	*Saint-Just*

Cet ouvrage a été composé
par l'Imprimerie BUSSIÈRE
et imprimé sur presse CAMERON
dans les ateliers de la S.E.P.C.
à Saint-Amand-Montrond (Cher)
en mars 1991

35-14-7423-04

N° d'édition : 1907. N° d'impression : 718.
Dépôt légal : mars 1991.
Imprimé en France

ISBN 2-213-01650-X